ARTHUR HEULHARD

RABELAIS

SES VOYAGES EN ITALIE
SON EXIL A METZ

PARIS
LIBRAIRIE DE L'ART
L. ALLISON et Cie
29, CITÉ D'ANTIN, 29

MDCCCXCI

Ln 27
40026

RABELAIS
SES VOYAGES EN ITALIE, SON EXIL A METZ

DU MÊME AUTEUR

Étude sur Une Folie a Rome, avec un avant-propos par *Albert de Lasalle*, un portrait de *F. Ricci* à l'eau-forte (Paris, Bachelin-Deflorenne, 1870). In-12.

La Fourchette harmonique. *Histoire de cette Société musicale, littéraire et gastronomique*, etc. (Paris, Lemerre, 1872). In-12.

La Foire Saint-Laurent, *son Histoire et ses Spectacles*, avec plans et estampes (Paris, Lemerre, 1878). In-8°.

Scènes de la vie fantaisiste (Paris, Charpentier, 1884). In-12.

Jean Monnet, *Vie et Aventures d'un entrepreneur de spectacles au XVIII° siècle*, avec deux estampes (Paris, Lemerre, 1884). In-8°.

Pierre Corneille, *ses dernières années, sa mort, ses descendants* (Paris, *Librairie de l'Art*, 1884), avec gravures. In-12.

Rabelais et son maître (Paris, Lemerre, 1884). In-8°.

Rabelais chirurgien, *Applications du Glossocome dans les fractures du fémur et du Syringotome dans le traitement des plaies pénétrantes de l'abdomen*, avec quatre figures (Paris, Lemerre, 1885). In-12.

Bravos et Sifflets, *aggravés d'une Préface* (Paris, Dupret, 1886). In-12.

Rabelais légiste, *Testament de Cuspidius et Contrat de vente de Culita*, traduits et publiés d'après l'édition de Rabelais, avec deux fac-similés (Paris, Dupret, 1887). In-18.

Entre deux stations, avec des dessins de Robida (Paris, Librairie illustrée, 1888). In-12.

La Chronique musicale, *Revue de l'Art ancien et moderne*, 1873-1876, avec gravures, eaux-fortes, musique, etc. Onze volumes gr. in-8°.

Le Moniteur du Bibliophile, *Gazette littéraire et anecdotique* (en collaboration avec M. Jules Noriac), 1878-1880. Onze volumes gr. in-8°, parmi lesquels :

L'Anglais mangeur d'opium, traduit de l'anglais par Alfred de Musset, avec Notice par M. Arthur Heulhard.

Le Journal de Colletet, *Premier « Petit Journal » parisien*, — 1676, — avec Notice sur Colletet, gazetier, par M. Arthur Heulhard.

PORTRAIT DE RABELAIS
d'après le tableau conservé à la Bibliothèque de Genève.

ARTHUR HEULHARD

RABELAIS

SES VOYAGES EN ITALIE

SON EXIL A METZ

OUVRAGE ORNÉ
D'UN PORTRAIT A L'EAU-FORTE DE RABELAIS
DE DEUX RESTITUTIONS EN COULEURS DE L'ABBAYE DE THÉLÈME
DE NEUF PLANCHES HORS TEXTE
ET DE SOIXANTE-QUINZE GRAVURES DANS LE TEXTE
AUTOGRAPHES, ETC.

PARIS
LIBRAIRIE DE L'ART
L. ALLISON & C⁹
29, CITÉ D'ANTIN, 29

MDCCCXCI

AU LECTEUR

 E livre est l'histoire de Rabelais voyageur et de Rabelais exilé : on y trouvera, outre ce qu'on savait déjà, tout ce que dix années de recherches peuvent apprendre à un homme de bonne volonté.

La vie de Rabelais en France fera l'objet d'un autre volume, qui paraîtra s'il vient à point.

En attendant, j'ai quelques mots à dire de celui-ci dont je me sépare à regret, car je l'aurais voulu parfait et je sens qu'il ne l'est pas.

Rabelais a touché à tant de choses et si diverses que, pour entrer en conversation avec son ombre, il faut avoir fait tout le tour de son siècle et tout le tour de l'antiquité. L'homme de ce voyage-là ne naîtra peut-être jamais. Le XVI° siècle, salué comme une ère de lumière, est ère de ténèbres aujourd'hui. La décadence des lettres grecques et latines, la rareté des témoignages contemporains sont les deux causes de cette obscurité qui ira *chaque jour grandissant par le dédain des vivants pour la langue des morts.*

Épisode de ce grand mystère, la vie de Rabelais a presque l'air d'une légende. J'ai pensé que, pour y mettre l'ordre et la clarté, il fallait replacer Rabelais chez les du Bellay, ramener le serviteur à la maison, et l'associer, dans la mesure de son office, aux actes publics de ses maîtres.

J'ai dû, par conséquent, donner un rôle considérable, parfois prépondérant, à Jean, cardinal du Bellay, et à son frère Guillaume du Bellay, seigneur de Langey, dont Rabelais a partagé ou inspiré les travaux. La lumière que je verse sur lui, je la tire des milieux où ils l'ont mené : ils se servaient de Rabelais; à son tour Rabelais se sert d'eux.

On a cru longtemps que maître François n'avait fait qu'un voyage en Italie. Le vrai est qu'il n'en a pas fait moins de quatre.

Dans le premier, il pousse une reconnaissance archéologique.

Dans le second, il poursuit des négociations diplomatiques et religieuses.

Dans le troisième, de beaucoup le plus long, il a le personnage d'un secrétaire d'État.

Le quatrième est une retraite conseillée par la prudence — comme l'Exil à Metz, qui se place dans l'intervalle, est commandé par la sûreté personnelle.

Tous les quatre ont un point commun : le culte voué par le savant à l'Italie romaine.

Au XVIᵉ siècle, l'esprit humain eut ses Croisades. Pour les paladins de la pensée, l'Italie fut la Terre Sainte; Rome, Jérusa-

lem. On allait prier sur le tombeau de l'Antiquité : pèlerinage païen pour lequel Rabelais dépouilla le moine. Plus il se découvre à nous, et plus il apparaît comme l'agent essentiel de la Renaissance française : grand par les idées, par les goûts, voire par la fonction.

Rabelais avait plus de droits que personne à la réhabilitation; il a presque toujours été trahi par ceux-là même qui prétendaient le connaître le mieux. Par quelques-uns il n'a été aimé que pour l'ordure. A le voir criblé de contresens et d'interprétations fantastiques, on songe au géant tiraillé par les nains ou à quelque énorme lion abritant dans sa crinière tout un peuple de parasites.

L'érudition moderne, plus scrupuleuse, a tenté de louables efforts pour l'arracher à ces bourreaux de petite taille. Mais le mouvement est encore tout jeune, et il ne s'adresse guère qu'à l'éclaircissement du texte ou à quelque spécialité traitée par l'auteur.

D'ouvrage d'ensemble sur Rabelais, point. Ce livre est le premier combat engagé avec un sujet devant lequel ont reculé les plus rudes jouteurs, épouvantés par la difficulté et la multiplicité des recherches. Toutefois, je ne chante pas victoire. Les admirateurs de Rabelais ont presque tous la même manie : chacun croit être seul à le posséder. Cette manie, je ne l'ai pas; le hasard a trop de part dans les découvertes pour que je me vante de ce qu'il m'a livré. En disant que j'ai fait de mon mieux, j'aurai tout dit de cet énorme travail : ma vanité ne va pas au delà.

Outre les matériaux inédits que j'ai rassemblés, on en rencontrera qui tirent leur intérêt d'un classement plus méthodique : je me suis attaché à donner une chronologie véritable aux actes importants de Rabelais, à enfermer certains autres entre deux dates certaines, et à créer par là de nouvelles pistes. Papiers d'État, archives municipales, correspondances diplomatiques et littéraires, poésies, monuments, estampes, tout y a passé. J'ai demandé aux villes, à Paris, à Rome, à Turin, à Chambéry, à Metz, à Toulouse, à Aix, à Montpellier, au Mans, ce qu'elles savaient de Rabelais et de ses amis. Dans un pareil amas de faits, il est impossible que l'erreur ne se soit pas glissée. N'en accusez pas que moi, et croyez qu'il y a bien un peu de la faute du temps.

Je recommande à l'attention les pages où j'examine l'influence de Rabelais en Piémont, après l'annexion de cette province à la couronne de France. Il n'y en a guère de plus propres à lui restituer dans l'esprit public la physionomie de citoyen et de patriote qu'il eut dans la réalité. Osera-t-on encore voir Rabelais dans Panurge, comme Shakespeare dans Falstaff?

En remontant le cours des choses auxquelles Rabelais a été mêlé, je devais être entraîné fatalement à des considérations politiques et religieuses. Pour rendre aux idées les couleurs qu'elles avaient au XVIe siècle, je me suis évadé du XIXe, et singulièrement de mes opinions personnelles qui importent peu à mes contemporains et dont beaucoup me sont indifférentes à moi-même. Les questions soulevées par la rivalité de François Ier et de Charles-Quint ont ceci de grave qu'elles offrent une analogie frappante avec les préoccupations actuelles. J'en parle comme on en parlait en ce temps-là : ce sont mes héros qui jugent et non moi. Je leur restitue les pensées et passions qu'ils avaient; j'envisage tout à leur point de vue, non au mien.

Des détails pourront sembler inutiles, qui m'ont paru, à moi, *indispensables, comme des pièces de dossier. J'ai fourni le bloc : quelqu'un viendra qui taillera la statue.*

Parmi les hommes dont je m'occupe, j'en qualifie de « fameux » qui n'ont même pas laissé leur trace dans les dictionnaires, ces nécropoles de la Renommée. Tant d'intérêt accordé à des oubliés fera sourire quelques hommes de ce temps-ci qui diront : à quoi servent de pareils travaux ? Je réponds : « à fortifier notre modestie ; à mesurer l'orgueil de ceux qui croient à la postérité. »

En tout, j'ai essayé d'atteindre la Vérité. Il est vrai qu'étant femme, elle ne se donne pas toujours à qui l'aime le plus, et c'est pourquoi on peut en vouloir aux peintres de l'avoir faite si jolie !

Arthur Heulhard.

P. S. — Le tableau, gravé à l'eau-forte par M. Giroux, en tête de ce volume, a été donné à la Bibliothèque de Genève, le 16 juin 1702, par un magistrat distingué, le syndic Jean-Robert Chouet, en même temps que trois autres portraits, dont l'un est une très belle répétition du Descartes de Franz Hals qui se trouve au Louvre. Sur la carrière de J. R. Chouet (1642-1731), qui avait été professeur de philosophie à Saumur, à l'âge de vingt-deux ans, voyez Haag, *France protestante*, t. III, p. 454-455.

Selon quelques experts, le tableau daterait du xvi° siècle : il est malheureusement chargé de repeints, très apparents, qui sont de la fin du xviii°. Il est certain que le peintre a voulu représenter Rabelais ; l'inscription mise au bas du tableau ne permet pas d'en douter. Maintenant est-ce bien le portrait, sont-ce les traits authentiques de Rabelais ? Il est d'autant plus téméraire de l'affirmer que les repeints en ont altéré la ressemblance. Nous le donnons parce que, nonobstant ce cambouis, la figure est caractéristique de malice et d'énergie, et que, n'ayant jamais été reproduite, c'est une curiosité pour les amateurs.

Nous remercions le savant bibliothécaire de Genève, M. Dufour, de l'obligeance avec laquelle il a facilité notre tâche.

Dans les quatre compositions relatives à l'abbaye de Thélème, M. Léon Dupray s'est directement inspiré de la description de Rabelais. Rabelais lui-même a servi de guide à l'imagination de l'artiste. Il est aisé de voir par les effets obtenus que le monument-modèle, rêvé par lui, était très réalisable, et que, réalisé, il eût pu lutter avec les plus belles constructions de la première Renaissance.

L'illustration de notre ouvrage offrait de grandes difficultés et nous ne sommes pas sûr de les avoir toutes résolues. Outre les photographies prises sur place en France et à l'étranger, nous avons largement puisé dans les trésors des Bibliothèques de Paris pour constituer la partie artistique du volume ; nous renvoyons pour le détail à la *Table des gravures*.

PREMIER VOYAGE

A ROME

(JANVIER-FÉVRIER-MARS 1534)

PREMIER VOYAGE
A ROME
(JANVIER-FÉVRIER-MARS 1534)

I

Esprit artistique de Rabelais. — Sentiment qu'il a du pittoresque. — Attention qu'il prête aux industries d'art : les Gobelins. — Ses idées en architecture : aménagement des demeures seigneuriales. — Sa conception de l'abbaye de Thélème. — Plan et exécution de cette construction. — Son assiette au point de vue hygiénique. — Matériaux employés. — Détails intérieurs. — Confort de l'installation. — Dépendances. — Initiation de Rabelais au monde romain : les antiquités du midi de la France.

Lors que les grands écrivains du siècle s'enferment dans Platon et dans Cicéron, Rabelais est le seul qui secoue les chaînes forgées au Moyen-Age contre la liberté de l'analyse.

Débarrassé de la scolastique, il ne tombe pas dans le piège de la rhétorique. Il introduit l'observation dans la littérature, il s'émeut devant les phénomènes de la vie humaine, il s'arrête devant les formes de l'art, il est sensible à un facteur inconnu, à l'esthétique, poésie des lignes et des couleurs. Et pour être compris, pour faire entrer dans le monde le culte du beau, il admet qu'un sentiment puisse naître de l'expression d'un objet. L'art d'envelopper toute une description dans un tour de phrase a Rabelais pour père.

Dans la Renaissance, il voit autre chose qu'un retour à Athènes et à Rome. Ce qu'il y applaudit, c'est la réaction contre le cloître et le moustier « séparés, comme il le dit, de toute conversation politique ».

Il admet qu'une époque ait son miroir dans les choses et

qu'une idée pénètre dans l'esprit par la rétine : il avait fallu des siècles pour découvrir cette vérité, germe d'une révolution dans l'enseignement. Les mots qu'on négligeait comme bas et vulgaires surgissent tout à coup dans l'épopée de Gargantua et de Pantagruel. Il envoie un rayon de soleil sur l'acier flamboyant des armures, sur les étoffes à grands ramages, sur les dressoirs où des pots d'étain tendent le cou aux bons buveurs. C'est un fourmillement de bibelots amusants et curieux, sur lesquels l'œil des littérateurs ne s'était jamais arrêté. Pour placer tout cela devant le lecteur, il prend la voie du roman, et ce roman, tour à tour héroïque et familier, se déroule dans un musée.

Aussi, n'admet-il pas qu'on le confonde avec les romans de chevalerie, dont les âges gothiques avaient fait leurs délices : *Fessepinthe, Robert le Diable, Fierabras, Guillaume sans peur, Huon de Bordeaux, Monteville et Matabrune*. Et à cette liste, il ne craindra pas d'ajouter, à son retour d'Italie, l'*Orlando furioso* de l'Arioste, dont aucun enseignement ne se dégage.

Nous voyons apparaître au seuil de son livre, et cités comme curiosités, les gros Piliers d'Enay, près Lyon; la Pile Saint-Mars, près Langeais; la Tonne de Cîteaux, qui passait pour tenir trois cents muids; la Botte Saint-Benoît, de Bologne; la Tour, la grande Auge en pierre près le palais de Bourges; les grosses Chaînes qu'on tendait le soir entre les grosses tours du port de la Rochelle; celles de Lyon et d'Angers; la grosse Arbalète de Chantelle en Bourbonnais; la Pierre-levée qui sert aux divertissements des étudiants de Poitiers; le Tombeau de Geoffroy de Lusignan, à l'abbaye de Maillezais; le Clocher de l'église Saint-Aignan et l'église Sainte-Croix, d'Orléans; les Moulins du Bazacle, à Toulouse; les Horloges ou Jacquemarts de Rennes, Poitiers, Tours, Cambrai; le Pont de Monstrible, et même des monuments étrangers : Sainte-Sophie de Constantinople, et l'Aiguille de Virgile, à Rome.

Quel autre que Rabelais eût parlé alors de la manufacture

que Jehan Gobelin avait, dès 1450, établie sur les bords de la Bièvre, au faubourg Saint-Martin? Pour lui, la teinture des laines d'écarlate — à laquelle succéda la tapisserie — n'est point un métier tant vil : Gobelin exerce une industrie où il est maître, il s'est enrichi, sa maison est populaire, le ruisseau qui la baigne a pris son nom, autant de circonstances qui suffisent à Rabelais pour lui faire les honneurs d'une citation.

A propos du ruisseau formé par l'urine des chiens que Panurge ameute contre certaine dame de ses désirs, Rabelais ajoute : « C'est celuy russeau qui de présent passe à Saint-Victor, auquel Guobelin tainct l'escarlatte, pour la vertu spécifique de ces pisse chiens, comme jadis prêcha publiquement nostre maistre Doribus. » Fi! dira un sot, voilà qui est peu ragoûtant! et il ne s'apercevra pas qu'un enseignement s'abrite derrière la plaisanterie. C'était, en effet, une croyance répandue que l'écarlate des Gobelins s'obtenait grâce à l'urine d'hommes soumis à un régime spécial qui passait pour abréger leur vie : il arriva même que des condamnés à mort demandèrent la commutation de leur peine en celle du régime en question. Rabelais ne partage pas cette superstition bizarre, et, avec le tour de raillerie qui lui est propre, il la met sur le compte d'un prêcheur arriéré[1].

Mais, à défaut d'autre preuve, la description de l'abbaye de Thélème suffirait seule à classer Rabelais parmi les apôtres de la Renaissance.

Le morceau est typique. C'est un acte d'adhésion pleine et entière à la vie civile, après rupture complète avec la vie religieuse. Nulle part on ne peut mieux saisir l'idéal que Rabelais se fait d'une société choisie. A cet endroit, il ne parle pas pour le peuple, — son programme est irréalisable en bas, — il se tourne vers la Cour et développe au roi son plan d'organisation.

On a beaucoup écrit sur l'abbaye de Thélème, dans laquelle

[1]. Qu'il s'agisse du jacobin P. Doré ou du dominicain Mathieu d'Orry, l'intention est claire.

Antoine Leroy, le vieux biographe de Rabelais, reconnaît l'abbaye de Fontevrault[1]. Mais rien n'y ressemble moins et comme régime et comme habitation.

Frère Jean des Entommeures, à la requête de qui Thélème est fondée, écarte toute assimilation conventuelle. Il refuse les abbayes de Saint-Florent et de Bourgueil, ces superbes bénéfices qu'on lui offre en récompense de ses exploits. Il proscrit de sa demeure d'élection les cadrans et les horloges dont les sonneries faisaient écho dans sa tête aux cloches du monastère ; il supprime la perpétuité des vœux à laquelle il ne substitue aucune discipline ; il admet le mélange des sexes, à la réserve de la promiscuité ; enfin, il permet le mariage. Comment aller plus loin dans la voie de la liberté ? M. César Daly, dans un admirable morceau de critique architecturale, a défini Thélème d'un mot : c'est l'*anti-monastère*[2].

Mais Thélème n'est pas ici une « utopie » sociale, imitée de celle de Thomas Morus et applicable à la masse. Si c'est une utopie, elle ne convient qu'à la Cour d'un monarque : elle ne peut être réalisée que par une aristocratie riche et instruite, avec une liste civile formidable ; si la maison reflète les mœurs de celui qui l'habite, si l'architecture est vraiment le miroir d'une société déterminée, il faut le reconnaître, Thélème est bâtie pour François I er. Et, à la vérité, quand je veux suivre le train dont vont les Thélémites, il me semble lire un *État de la maison du roi,* avec toutes ses conséquences somptuaires.

Au moment où Rabelais écrit, François I er, las des guerres qu'un souverain expie par la captivité, songe à se bâtir un château qui ne soit ni Blois ni Amboise où ses prédécesseurs ont la plus grande part ; il rêve de sceller sa personnalité avec des sceaux en pierre de taille assez puissants pour défier le temps,

---

1. « Potuisset Putherbæus thelemiticus innuere dubitantibus istam non aliam esse quam Fontebraldei conventus descriptionem. »
2. *Revue d'architecture*, 1841, t. II.

il cherche un emplacement de construction assez voisin de Paris. (Le projet aboutit à cette colossale fioriture, le château émaillé de Madrid.)

Rabelais le sait ; il a depuis longtemps quitté le cloître pour le château, les moines pour les évêques influents, il a chanté la gloire du roi, célébré l'avènement de mœurs plus douces ; il n'a pas pleuré une minute sur les ruines des temps gothiques, il attend un sourire de la Renaissance. Les serviteurs du roi à Amboise, à Blois, à Saint-Germain, cette trinité de la Cour, sont ses amis et ses soutiens. Espérant y être appelé un jour, il rapproche de lui le paradis de délices que le roi veut abandonner, il bâtit Thélème au jardin de France, sur la Loire, le fleuve des Valois.

Thélème est le plan d'une Cour, sur le modèle de celle qui existe déjà, mais avec des éléments qui supposent un progrès dans la civilisation, un perfectionnement dans la vie matérielle, intellectuelle et morale. Avant de distribuer le manoir des Thélémites, il en choisit les hôtes. Il écarte du bâton les hypocrites et les cafards, plus Goths « que n'estoient les Goths » ; les gens de justice, « mangeurs de populaire » ; les usuriers, les avares, les malsains d'esprit et de corps.

Thélème — lisez l'inscription mise sur la grande porte — est un refuge *de civilité* pour les nobles chevaliers et gentils compagnons, les prêcheurs évangéliques et fondateurs de la foi profonde, tels que les entendait la bonne Marguerite dont la Cour est invitée par cette strophe :

> Cy entrez, vous, dames de haut parage,
> En franc courage. Entrez y en bon heur,
> Fleurs de beauté, à céleste visage,
> A droit corsage, à maintien prude et sage.

Quant à l'architecture de Thélème, c'est une sorte de manifeste et les esprits sérieux l'ont ainsi compris. Rabelais y étale ses connaissances spéciales avec une propriété de termes remarquable. Nul doute que pour cette description topique il n'eût sous les yeux un plan dessiné par lui.

Au commencement du xvi° siècle, l'architecture n'est point une profession tranchée. Pour la direction de leurs travaux, les seigneurs s'adressaient le plus souvent à un maître maçon ou charpentier, à un peintre, à un notaire même, — dont enrage Philibert de l'Orme. Quant au dessin, l'architecte attachait peu d'importance à ce qu'on appelle aujourd'hui le *rendu :* nous avons là-dessus la déclaration du même Philibert de l'Orme « qu'il suffit de pourtraire médiocrement, proprement et nettement, pourvu que les mesures soient bien gardées », avec cette réflexion ironique d'Alberti : « Ceux qui se sont amusés à faire beaux dessins sont ceux qui moins ont entendu l'art. » Le plan, qui avait certainement les qualités requises, — car Rabelais écrit d'une main superbe et dessine très joliment, — a été habilement restitué de nos jours[1], et il nous est permis de l'apprécier au moins dans ses grandes lignes.

Et, tout d'abord, Thélème n'est point construite pour la guerre. Se figure-t-on Thélème assiégée et frère Jean saisissant, comme à Seuillé, le bois de la croix pour la défendre? Il est vrai que le plan hexagonal de l'édifice et les six grosses tours construites aux angles répondent plutôt à l'image d'un donjon qu'à celle d'un château. Quel que fût son désir d'innover, Rabelais ne pouvait tant faire qu'il n'eût encore devant les yeux les colossales épaves du Moyen-Age, les tours rébarbatives de Chinon et d'Angers.

Toutefois, la figure géométrique adoptée, les mesures de hauteur et de diamètre données également à chacune des tours, l'absence de créneaux, de fossés et de pont-levis, impliquent un ensemble de régularité, d'harmonie et de paix qui s'écarte absolument des conceptions féodales. Les tours sont la consé-

---

1. Afin de rendre plus sensibles les rapprochements qu'on a relevés entre l'abbaye de Thélème et le château de Chambord, nous donnons de celui-ci un *plan* et une vue de *la façade occidentale*. Les hommes du métier pourront ainsi se faire une opinion.

A. Tour Arctice
ou du Nord.

F. Tour Crière
ou Tour froide.

E. Tour Calaër
ou du Bel-Air.

E. Tour Hespérie
ou de l'Ouest.

G. Tour Anatole
ou de l'Orient.

D. Tour Mésembrine
ou du Sud.

PLAN GÉOMÉTRIQUE DE L'ABBAYE DE THÉLÈME
Par M. Léon Dupray.

ABBAYE DE THÉLÈME
LE GRAND ESCALIER

PLAN DU CHATEAU DE CHAMBORD.
D'après du Cerceau.

quence naturelle du plan, le tempérament apporté à l'acuïté des six angles blessante pour les yeux. Ce sont là les honnêtes tours de la Renaissance ligérine qui se développait parallèlement à la Renaissance italienne. Nous les retrouverons, sept ou huit ans après, à Chambord, plus écrasées et plus lourdes malheureusement.

Rabelais a observé qu'on abandonne la montagne pour construire en plaine, aux dépens de la vue : il veut rattraper artificiellement la hauteur perdue dans les combinaisons nouvelles et sauver Thélème de la tristesse produite par l'encaissement. (Thélème a cinq étages au-dessus du sol, sans compter les caves qui en forment un sixième.) Il croit à la puissance des beaux paysages sur l'épanouissement de l'esprit, et pour que les hôtes de Thélème planent de toutes parts sur les eaux, les prés et les bois, loin de développer sa construction sur une seule façade, il la développe sur six façades à la fois inclinant aux quatre points cardinaux.

C'est là une idée magistrale quant à l'assiette : il est difficile de juger de l'effet qu'eût produit la construction au point de vue monumental, mais il est aisé de voir ce que l'habitation y gagnait en gaieté. Les architectes de Chambord et de Fontainebleau eussent pu, sans déchoir, emprunter quelqu'une de ces prudentes dispositions à celui de Thélème. Le « magnifique bastiment de Bonnivet » (comme on le nommait communément) était achevé : Rabelais n'est pas ébloui par les splendeurs qu'y avait accumulées l'amiral; il déclare son château « cent fois plus magnifique que n'est Bonnivet »[1], et longtemps après il le préfère encore à Chambord et à Chantilly, devant lesquels il ne désarme pas.

Au surplus, le gros œuvre abonde en dispositions nouvelles qui sont restées la propriété de la Renaissance.

---

1. Bonnivet seul figure dans la plus ancienne édition de *Gargantua*. Chambord, qui ne fut commencé qu'en 1536, et Chantilly, que le duc de Montmorency rebâtit plus tard, apparaissent en leur temps, dans les éditions postérieures.

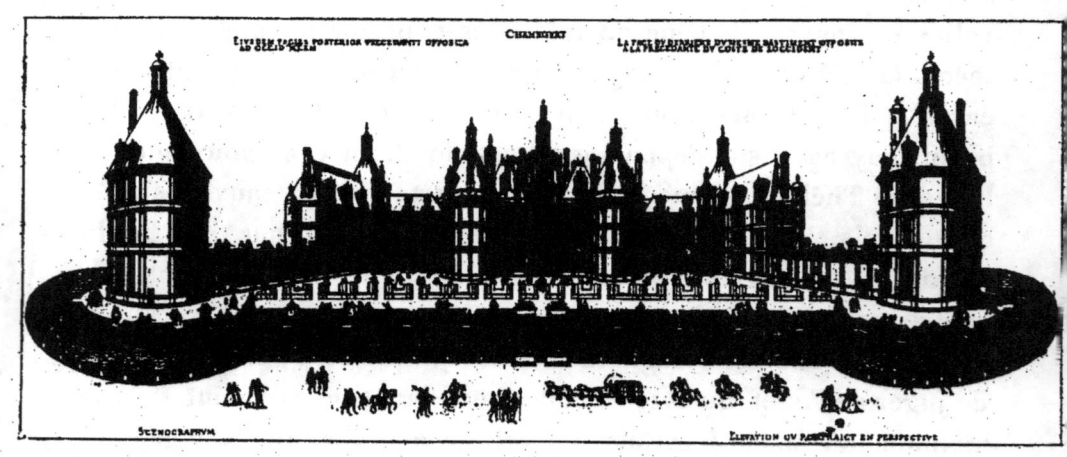

FAÇADE OCCIDENTALE DU CHATEAU DE CHAMBORD.
D'après du Cerceau.

Afin de supporter cette masse énorme de constructions, Thélème est élevée sur doubles voûtes : outre les caves, Rabelais voûte son premier étage « en forme d'anse de panier », c'est-à-dire à cintre surbaissé ; les autres, il les plafonne plus légèrement avec des revêtements de « gui de Flandres », plâtre à la fois maniable et solide qui se prête à la décoration en culs-de-lampe et compartiments.

La toiture et la canalisation d'eau sont d'une richesse inouïe : à la lourde tuile, Rabelais substitue la fine ardoise d'Angers avec des endossures de plomb à figures de mannequins (grotesques) et animaux ; aux gargouilles qui vomissaient sur le passant, des gouttières peintes d'or et d'azur en diagonale, filant le long des croisées et aboutissant à des chéneaux qui allaient eux-mêmes à la rivière [1].

Les escaliers ne se ressentent plus de la raideur et de l'étroitesse gothiques : ils se développent en vis, majestueusement, par marches alternées de porphyre, de pierre numidique et de marbre serpentin, longues et plates, douces au pied, avec de fréquents repos qu'éclairent des arceaux à l'antique formant cabinets à claire-voie et finissant en pavillon au-dessus du toit [2]. C'est là une disposition neuve et curieuse, qui toutefois n'est pas sans analogie avec les moucharabis d'Orient : on la retrouve dans ces cabinets montés sur balcons qui, rompant la symétrie, donnent une pointe de ventre aux surfaces planes dans les constructions de la Renaissance fleurie.

La cour intérieure du monument est peut-être ce qu'il y a de plus remarquable par l'unité du style. Je passe sur la fon-

---

[1]. « Par-dessous le logis », dit Rabelais, le long de la muraille évidemment. On ne se figure pas autrement l'écoulement des eaux pluviales.

[2]. M. Lenormant les accuse de lourdeur. Ils ont cependant pour but de rompre la symétrie et de former un accident pittoresque ; Pierre Lescot les loge à l'intérieur, ce qui paraît plus noble à M. Lenormant ; mais Lescot va contre la commodité des escaliers, et c'est d'ailleurs par là qu'il pèche. Pendant la seconde époque de la Renaissance, on ne se fit pas scrupule de répandre l'idée de Rabelais. Notons aussi que cette superposition aboutit à un pavillon qui lui communique beaucoup de légèreté.

taine d'albâtre surmontée de la statue des trois Grâces qui se dresse au milieu : à part la sculpture, qui est de source grecque, c'est un édicule traditionnel. Mais les colonnades de calcédoine et de porphyre à beaux arcs antiques constituent une série de loggias aériennes fort bien comprises : elles fournissent une ample lumière aux bibliothèques hébraïque, grecque, latine, toscane et espagnole, ainsi qu'aux galeries étalant les peintures des anciennes prouesses ou les représentations géographiques renouvelées du Vatican — c'est-à-dire relevées de pourpre et d'azur, animées de poissons, sillonnées de vaisseaux, grouillantes de figures destinées à faciliter les études ethnographiques.

Et ces galeries, ces bibliothèques, il les veut précédées, à leur entrée sur la façade, d'une sorte d'arc de triomphe d'un goût absolument antique et d'une dimension considérable en comparaison des entrées étroites qu'on fit plus tard à Écouen et à Chambord.

Observons aussi que Rabelais préconise la polychromie des marbres associée à l'austérité de la pierre de taille, sans aller toutefois jusqu'aux placages de terre cuite émaillée introduits en France par les della Robbia.

La même recherche de l'élégance et du confort éclate dans l'aménagement et les dégagements des appartements : n'est-ce pas une prescience du confort actuel que cette arrière-chambre à coucher ornée de miroirs encadrés d'or et de perles, et assez hauts pour refléter toute la personne? Ces cabinets et garde-robes comptant chacun pour une pièce ne révèlent-ils pas des préoccupations toutes modernes? Ces tapisseries suspendues selon les saisons? Ce drap vert appliqué sur le pavé? Ces lits tout de broderie? Ces coiffeurs, ces parfumeurs qui vont accommodant les têtes, entretenant les cassolettes et diluant la rose, la fleur d'orange, le myrte? Que penser de tout cela?

Si nous jetons les yeux sur les dépendances de Thélème, quelle richesse et que d'apprêts!

Jardin, verger et parc, lices, hippodrome, théâtre et jeu de paume, offices, écuries, fauconnerie, chenils, toutes les ressources du plaisir sont groupées d'une main savante autour du château.

Un bâtiment d'une longueur exagérée à dessein — une demi-lieue — est réservé aux corps de métier qui travaillent sans relâche à rehausser le prestige des châtelains par le costume et les modes. Qu'on se reporte aux étincelantes descriptions où Rabelais, devançant les temps, fait monter de la roture à la noblesse tous les mots employés dans notre industrie nationale! En vérité, tout son monde semble convié à une éternelle *Entrevue du Drap d'or.*

Pour donner un premier coup à l'institution monastique, Rabelais a rasé la muraille derrière laquelle des milliers de moines abritaient la crasse de leur ignorance et de leur peau [1]; il termine sous François Ier l'œuvre d'Hercule commencée sous Augias, en creusant autour de Thélème les *natatoria*, avec les bains mirifiques à triple gradin où le Thélémite va chercher, dans les parfums de l'eau de myrte, cette propreté qui est la politesse du corps.

Il s'était initié au monde romain par les monuments de l'ouest et du midi de la France. De l'Ouest d'abord. A Saintes et aux environs de Saintes, où il alla souvent, chez le président Bouchard, chez l'évêque Soderini, chez le seigneur du Douhet, il trouva comme un prolongement de Rome dans l'amphithéâtre, dans l'arc de triomphe dédié à Germanicus, dans les aqueducs, dans ce capitole qui complétait la ressemblance.

Dans ses pérégrinations à la suite de ses héros, il a une prédilection marquée pour le Midi. Est-ce que Rome n'était pas chez nous, et fallait-il aller la chercher jusqu'en Italie? Serlio

---

1. « Ou mur y a et devant et derrière y a force murmure », dit-il par provision au mot fameux : « Le mur murant Paris rend Paris murmurant. » M. Daly relève dans le plan de Thélème l'oubli des cuisines ; c'est une observation des plus piquantes qu'un moine du temps de Rabelais eût transformée en un grief personnel. L'oubli des cuisines nous paraît volontaire ; en tout cas, c'est un argument de plus contre l'opinion d'Ant. Leroy, qui voit Fontevrault dans Thélème ; à Fontevrault, précisément, les cuisines étaient monumentales.

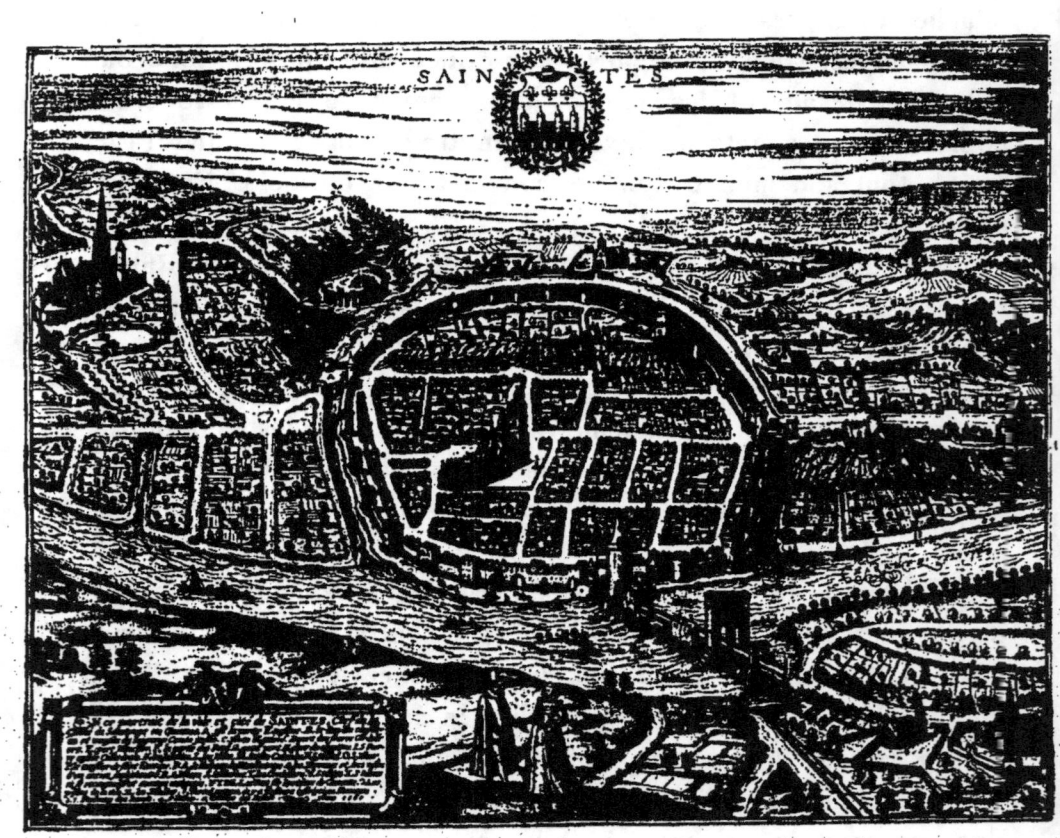

ANCIENNE VUE DE LA VILLE DE SAINTES.

l'avoue implicitement quand il dit, en tête des *Antiquités romaines*, qu'il manque à son ouvrage une description des Antiquités de France : elle eût demandé un volume à elle seule.

Nîmes, la ville d'Antonin le Pieux, offrait son bel amphithéâtre dorique, si solidement construit qu'il était encore debout dans son intégrité, ses statues de marbre, ses innombrables inscriptions latines et grecques, ses deux tours octogones reliées aux murailles de la ville par lesquelles on pouvait juger des moyens de défense dont usaient les anciens, sa splendide fontaine, semblable à un lac, au pied de la montagne où s'élevaient le temple corinthien de Vesta et le tombeau appelé Torre Magna, le palais corinthien si parfaitement conservé qu'il était encore habité.

A quatre lieues de là, c'est l'aqueduc (pont du Gard), monument unique, qui surpasse en hauteur toutes les constructions de ce genre. A Saint-Remi, c'est le mausolée et l'arc de triomphe avec ses batailles sculptées, qui se dressent dans les champs d'oliviers encadrés à l'horizon par les rochers des Alpines. A Arles, l'amphithéâtre ; à Fréjus, le palais et l'amphithéâtre extra-muros, « cosa grande a miracolo » ; à Saint-Chamas, c'est le pont Flavien, que termine à chaque bout un arc de triomphe ; à Vienne, le temple corinthien de la Madeleine [1]. Serlio en passe et des meilleurs, comme l'arc d'Orange. Rabelais, constamment sur la route de Montpellier à Lyon, s'était écarté de la droite ligne pour s'aller réchauffer à ce foyer archéologique que le même soleil entretenait depuis des siècles, et que ni Cimbres, ni Teutons, ni Sarrasins n'avaient pu éteindre sous les ruines.

---

1. J'emprunte cette description à Serlio lui-même, chez qui elle est beaucoup plus complète. Il tenait ces renseignements de son protecteur, Pelicier, évêque de Montpellier et ambassadeur à Venise, que Rabelais connaissait bien, comme on le verra plus loin. En les lui fournissant et en les lui faisant inscrire en tête d'un livre consacré exclusivement aux monuments de Rome (*Il terzo libro*), Pelicier proteste contre l'opinion commune en Italie, qui nous déniait presque, à force d'ignorance et de présomption, nos richesses monumentales. Serlio insiste particulièrement, d'après Pelicier, sur l'aqueduc de Nîmes et le mausolée de Saint-Remy. Il remet le reste de sa description au jour où il pourra admirer, mesurer et dessiner les monuments conservés au royaume de France.

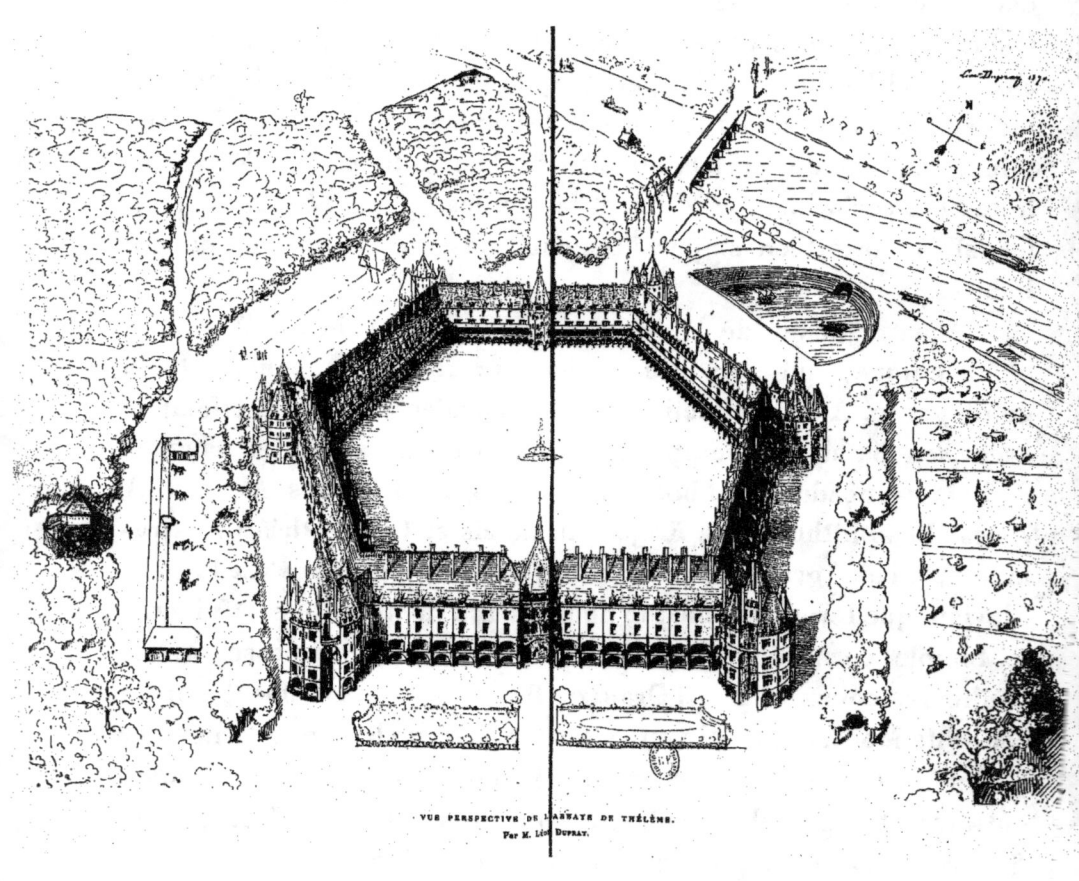

VUE PERSPECTIVE DE L'ABBAYE DE THÉLÈME.
Par M. Léon Dufray.

ABBAYE DE THÉLÈME
UNE DES TOURS

L'AMPHITHÉATRE DE SAINTES.
D'après Chastillon.

Il n'a pas attendu le premier voyage de Rome pour promener Pantagruel aux antiquités de la Provence et du Dauphiné.

Devant les colossales épaves de la civilisation gallo-romaine, par l'amphithéâtre de Nîmes et par le pont du Gard, où des générations d'ouvriers avaient uni leur force, il est pris de cette piété qui arrache à J. J. Rousseau ce cri naïf : « Que ne suis-je né Romain! » Ce sont les seules constructions qu'il juge dignes d'être attribuées à son gigantesque héros, à l'Hercule enfanté par son imagination. « Au chemin, il fit le pont du Gard et l'amphithéâtre de Nismes, en moins de trois heures, qui toutefois semble œuvre plus divine que humaine. » Dans cette formule plaisante, Rabelais cache l'admiration, l'étonnement que lui causent ces travaux — pantagruéliques à son sens.

Premier voyage à Rome avec Jean du Bellay. — Portrait de l'évêque de Paris. — But diplomatique du voyage : le divorce d'Henri VIII. — Partie liée entre du Bellay et Rabelais contre les théologiens rebelles au divorce. — Rabelais instrument de la politique royale. — But particulier : études d'histoire naturelle ; description des antiquités de Rome. — Départ en janvier 1534. — Arrêt à Ferrare. — Vue de Rome. — Compagnons d'études de Rabelais. — Essais topographiques sur la Rome latine. — Rabelais et Marliani. — Système topographique de Rabelais. — Supercheries italiennes en matière philologique. — Rabelais secrétaire de du Bellay pendant les débats du divorce d'Henri VIII. — Retour à Lyon (avril). — Publication de la *Topographia Romæ* de Marliani, par Rabelais. — L'édition italienne et l'édition française.

E premier voyage de Rabelais à Rome date de 1534 : il a duré environ trois mois, qui sont janvier, février et mars.

Comme tous ses autres voyages, il a fait celui-ci à la suite des du Bellay, ses protecteurs. Retour imprévu des choses d'ici-bas ! c'est le serviteur qui protège, devant la postérité, la mémoire de ces grands hommes ensevelie sous la poussière des siècles. Et il s'acquitte magnifiquement : il paye sa dette en gloire.

Par un reste de féodalité qui s'explique, tous les hommes de condition moyenne — eussent-ils le génie en partage — portent au cou la marque du collier qui les attache aux grandes maisons. Rabelais, selon le mot du temps, était aux du Bellay. Partout où apparaît leur politique singulièrement large et tolérante, on est sûr de voir passer l'ombre de Rabelais, tour à tour leur agent ou leur conseil, selon qu'il faut agir ou délibérer.

S'il est plus souvent à la peine qu'à l'honneur, comme sa naissance le veut, il a cette sublime consolation, d'être hautement avoué par eux, quand il pense et quand il écrit : s'il augmente leur prestige, il leur doit la vie et la liberté.

Les du Bellay, particulièrement Jean et Guillaume, sont pour la littérature des figures amies.

Dans un temps où l'on tient surtout compte des privilèges de la naissance, ils reconnaissent d'instinct la supériorité de l'esprit; ils se fortifient à la Cour par une instruction et une éducation admirables; ils tirent à eux toutes les forces de la philosophie, de la science et des arts groupées pour les conquêtes de la civilisation. Bons courtisans, mais esprits de forte trempe, s'ils ont la fortune à cœur, c'est pour le bénéfice du progrès. La faveur de Rabelais et la tolérance extraordinaire qu'on eut pour l'écrivain se mesurent exactement au crédit des du Bellay : il monte et baisse avec leur fortune politique, mais il n'est jamais abandonné.

A ces prodiges de savoir, à ces généreux dispensateurs d'influence et de ressources, si on comparait nos grands seigneurs d'à présent, ces derniers feraient piteuse mine. On ignore vers quelle époque exacte Rabelais entra dans le cercle d'élite dont ils s'entourèrent, et rien ne prouve qu'il ait été élevé avec eux dès l'enfance au couvent de la Basmette; mais une lecture attentive du *Gargantua* et du premier livre de *Pantagruel*, paru avant le voyage de 1534, nous les montre tous trois en communion de doctrines et d'opinions sur des questions politiques et religieuses évidemment débattues entre eux dans des entretiens familiers.

Fixons d'abord les traits de ce Jean du Bellay qui, le premier, emmena Rabelais en Italie. Michelet nous le donne comme un « jeune diable » amusant, flatteur, insinuant, plein d'esprit, dans le temps de ses ambassades en Angleterre, vers 1527. Il le juge un peu sur l'enveloppe légère qu'il savait prendre au besoin, et doute qu'il ait jamais vu Bayonne, son évêché. Il est vrai qu'il n'y résida guère, étant constamment en mission pour les grandes et petites affaires de François Ier. Mais il y avait en lui une solidité d'idées et une fermeté d'action qu'on ne voit pas dans le portrait tracé par Michelet.

Tout jeune, il avait étonné l'Université de Paris par l'étenduc de ses connaissances sacrées et profanes. Rompu de bonne heure aux exercices de la dialectique et aux disputes publiques,

JEAN, CARDINAL DU BELLAY.

il avait, à la façon des héros de Rabelais, tenu tête aux théologiens les plus robustes; dédaigneux des relations banales que lui assurait la hauteur de sa noblesse, il avait cherché et trouvé le succès dans l'enseignement ; autant, et plus peut-être que Budé, car il pouvait davantage à la Cour, il avait jeté les fondements du Collège de France en obtenant du roi les lettres patentes de 1529.

Né pour les offices diplomatiques, où il déployait précisément cette souplesse de moyens et cette variété de séductions qui ont pu donner le change à Michelet sur son vrai caractère, il avait obtenu d'Henri VIII à peu près tout ce que le roi de France pouvait attendre de l'Angleterre en subsides et en bons procédés. Par plusieurs ambassades successives, menées de concert avec son frère Guillaume, par l'influence qu'il avait prise sur Henri VIII, il s'était fait une situation prépondérante à la Cour de France, qui recherchait alors l'alliance anglaise. De l'évêché de Bayonne, il avait sauté d'un bond à celui de Paris, qui lui conférait des bénéfices considérables.

Il en était à ce degré de sa carrière lorsque fut évoqué à Rome le procès en divorce d'Henri VIII et de Catherine d'Aragon.

Comme Guillaume du Bellay, — en cette occasion, la carrière des deux frères est inséparable, — l'évêque de Paris tenait virilement pour le divorce.

Derrière les scrupules d'orthodoxie dont il fait montre par égard pour la Sorbonne, il ne dissimule pas sa volonté de souder l'Angleterre à la France par l'à-propos des services rendus ; à tout prix, il fallait mater Charles-Quint, en commençant par chasser sa sœur du lit de Henri VIII. Selon du Bellay, il y allait de l'intérêt même de l'Église romaine. Depuis trois ans environ, Henri VIII, irrité de la sourde opposition que le pape faisait au divorce, s'armait de résolutions violentes qui présagent déjà la prochaine venue de Cromwell ; en attendant que Clément VII se prononçât, il avait payé le clergé d'Angleterre pour casser son mariage ; par Ghinucci, évêque de Worcester, — un ami de Rabelais, comme on le verra plus loin, — il avait travaillé les universités d'Italie dans le sens du divorce ; par les du Bellay, — Jean singulièrement, — il avait gagné l'Université de Paris à sa cause, puis couronné solennellement Anne de Boleyn et — coup plus hardi — proclamé sa suprématie spirituelle en Angleterre, à l'exclusion de celle du pape.

Clément VII, ouvertement bravé, n'osait pourtant se décider, quoique la faction d'Espagne, très forte à Rome, le pressât d'annuler les résolutions du clergé d'Angleterre et des universités qui y avaient adhéré.

A l'entrevue de Marseille (octobre 1533), où François Ier tâcha de convertir le pape à des intérêts qu'il avait faits siens, du Bellay fit merveille d'éloquence et de diplomatie. Montaigne y était, presque enfant, et nous a transmis le souvenir de ses impressions. C'est là que du Bellay se fit agréer le seul médiateur possible entre le roi d'Angleterre et Clément. Pour ne point se départir de son attitude conciliatrice, il offrit d'aller plaider la cause du divorce auprès du Saint-Siège, à certaines conditions auxquelles Henri VIII déclarait plus ou moins sincèrement souscrire. Dans l'intervalle (en décembre), il avait eu le temps de passer en Angleterre et de s'inspirer des sentiments du roi.

A Lyon, il prit Rabelais qui, vraisemblablement, l'attendait. Il l'emmenait avec le titre de *médecin*, mais des considérations tout à fait étrangères à sa santé, qui n'était pas troublée en ce moment-là, dictaient son choix.

Médecin, oui ! mais à la Coictier !

Dans le débat — religieux à la surface, politique au fond — qui allait s'engager, Rabelais apportait à l'évêque de Paris l'appoint d'une intelligence merveilleuse, incomparable même, en toutes matières de théologie et de jurisprudence canonique. Personne ne le savait mieux que du Bellay, dont Rabelais avait épousé la querelle contre les docteurs de l'Université de Paris.

C'est un point facile à établir : les railleries énormes dont Rabelais barbouille la face des *mathéologiens* (mauvais théologiens) de Paris, les traits sanglants dont il leur barbèle les flancs, la guerre de vingt ans qu'il leur déclare, tout cela n'est pas inspiré à Rabelais par une rancune personnelle.

Les sophistes ne l'ont pas encore dénoncé, ni repris de propositions hérétiques (la censure n'a pas pu précéder le livre), mais ils ont fait pis. Ils ont, sinon en masse du moins en notable proportion, barré la procédure des du Bellay et suscité les obstacles d'un formalisme étroit ; le capuchon sur les yeux, ils se sont faits aveugles devant les conséquences politiques prévues par les négociateurs du divorce pour la paix de l'Église et du monde ; ils se sont levés sourdement contre le roi, ostensiblement contre la reine de Navarre ; ils ont divisé la Cour et les ministres en greffant sur les embarras de la question politique les périls de la question religieuse.

Guillaume du Bellay, parlant contre Béda, n'a pu enlever le vote de l'Université pour le divorce qu'à une majorité de cinquante-trois voix contre quarante-deux, plus cinq indécises. Jean, malgré son prestige d'évêque de Paris, est paralysé par Béda, Barthélemy et autres, qui intriguaient au sein de la Faculté pour la révision du vote ; il est obligé de prier François Ier d'intervenir et d'arrêter ces ingérences dans la politique royale ; quant à Guillaume Parvi, évêque de Senlis, requis par eux de communiquer à la Faculté les papiers d'État, il a refusé, alléguant « que le roi était père de celle qu'ils lui disaient être sa mère » (c'est l'Université).

Dans leur rage, Béda et ses partisans n'ont pas craint d'agiter le soupçon d'hérésie autour des deux évêques, qu'ils associent aux accusations portées contre Érasme et Reuchlin, les grands savants et les grands penseurs. Ils ont joué Marguerite, la sœur du roi, sur des tréteaux infâmes, et l'ont déclarée « bonne à jeter en Seine ». Enfin, — dernières nouvelles, — ils ont compris dans la même censure et dans la même accusation d'hérésie le premier livre de *Pantagruel* et le *Miroir de l'âme pécheresse,* un ouvrage innocemment mystique de Marguerite de Navarre.

Rabelais n'avait pas attendu qu'on le touchât directement pour prendre parti contre les Sorbonistes.

C'est lui qui, avec l'agrément du roi, leur baille les étrivières que du Bellay lui fournit de loin. Plus on pénètre le sens de son œuvre et moins on s'étonne des franchises de langage qu'on laisse à Rabelais. Il est, en politique au moins, un instrument entre les mains des du Bellay, et il parle haut et clair quand ceux-ci se sentent puissants auprès du roi.

La Faculté de théologie fait son entrée dans *Gargantua* (paru dès 1532), sous les traits de *notre maître* Janotus de Bragmardo, député à Gargantua pour lui réclamer les cloches de Notre-Dame, au son desquelles les Sorbonistes ont coutume de « mouvoir le peuple en sédition »; Rabelais s'étonne de la patience du roi pour ces troubles de nature particulière, et il l'invite à en rechercher les fauteurs ordinaires, qui ne sont pas difficiles à trouver : « Plût à Dieu, s'écrie-t-il, que je sçusse l'officine en laquelle sont forgés ces schismes et monopoles pour les mettre en évidence ès confrairies de ma paroisse! »

Dès qu'il tient les Sorbonistes, il ne les lâche plus; il leur fait dire les plus cruelles vérités par les leurs, par maître Janotus lui-même, qui les menace de les dénoncer au roi « comme boulgres, traistres, hereticques et seducteurs, ennemis de Dieu et de vertu ». Cette profession de foi faite, Rabelais ne s'arrête plus.

Dans le *Gargantua*, il s'en était tenu à des déclarations de principe; dans le premier livre de *Pantagruel,* il fouaille et dénonce nominativement les docteurs qui avaient pris parti contre ses protecteurs et amis. Le catalogue fictif des livres contenus dans la bibliothèque de l'abbaye Saint-Victor est une des plaisanteries les plus téméraires du *Pantagruel,* une des plus propres à amener l'auteur devant la juridiction qui devait un jour brûler Dolet. Non seulement il y attaquait, sous couleur de calembredaines, les préjugés et les doctrines d'un corps qui, en pleine Renaissance, rétrogradait jusqu'au Moyen-Age, mais encore il rallumait des querelles éteintes, il se constituait à ciel ouvert le défenseur des hommes censurés pour cause de religion, et versait un ridicule éternel sur les pédants qui, non contents de bâillonner la philosophie et la pensée, s'avisaient de brouiller le jeu du roi de France.

Ce n'était pas seulement la raillerie impitoyable d'un système d'éducation suranné, la condamnation par le rire — arme souveraine en France — de tyrannies exorbitantes, c'était encore une œuvre de polémique contre les personnes. Saisir au collet les fanatiques qui avaient le pouvoir d'envoyer à la mort, et les secouer jusqu'à l'étouffement, c'était une audace stupéfiante qu'un autre eût payée de la vie.

Nul doute que les ennemis des du Bellay, les quarante-deux qui s'étaient prononcés contre le divorce, ne soient cloués à ce gibet grotesque! car voici dans la liste, — outre Ortuinus de Graëtz, le docteur de Cologne acharné sur Érasme, — Pépin d'Évreux, le prêcheur jacobin; Tartaret, le docteur en Sorbonne, dont la gloire consiste à avoir demandé que l'*h* dans *mihi* se prononçât comme la *jota* espagnole; Guillaume Bricot, le pénitencier de Notre-Dame; Noël Béda, principal du collège de Montaigu, l'ennemi juré de tous les amis de Rabelais (Budé entre autres), celui-là même qui avait mené la campagne contre le divorce; *nos maitres* Jean Major, Guillaume Duchesne, qui « faisoient les hérétiques comme de cire »; Pierre Couturier ou Cordonnier, le chartreux, opinant que les fripons ne sont pas damnés par l'Église; Pierre Cornu, tous ceux enfin qui, soit en France, soit en Allemagne, avaient déclaré la guerre à l'Évangile.

Enfin, toutes les fois que l'occasion s'y prête, c'est un déchaînement, un réquisitoire contre les Sorbonistes, Sorbonagres,

Sorbonisants, pour lesquels il invente les appellations les plus bizarres et tous les termes du mépris.

A tout cela du Bellay trouvait un air de représailles légitimes et, en arrêtant le choix de l'exécution par le plus grand satirique que la langue française ait jamais suscité, on peut dire qu'il a, lui aussi, fait preuve de génie.

Ainsi liés par les mêmes passions et les mêmes haines, sincèrement attachés tous deux à l'intérêt de la France un instant confondu avec la cause du roi d'Angleterre, du Bellay et Rabelais partirent pour Rome au mois de janvier 1534.

Rabelais, médecin en chef de l'hôpital de Lyon, abandonnait son poste sans congé de la municipalité dont il relevait ; là, il ne semble pas qu'on lui ait gardé rancune de cette infraction à la bonne règle : apparemment il ne s'en allait pas sans avoir assuré le service médical qu'il reprit à son retour[1].

En dehors de la grande question politique dont ils allaient chercher la solution à Rome, l'évêque et le médecin avaient en tête d'autres projets sur la satisfaction de leurs goûts personnels.

Savants, poètes, artistes, universels à la façon dont on l'entendait alors, ils étaient attirés vers la Terre Sainte de l'antiquité classique par cette soif ardente de voir, de comparer et de philosopher, d'où Pantagruel tire son étymologie et sa caractéristique. Rabelais s'était assigné un but qu'il a défini nettement. Bien avant son arrivée à Rome, — je me sers ici de ses propres

---

1. Nous admettons qu'il ait touché en personne ses gages échus en janvier 1534, que le comptable porte comme lui ayant été payés à lui-même : « Submedy dix septiesme du moys de Janvier, l'an mil cinq cens trente troys (vieux style)... Plus payé à M⁰ Françoys Rabellais, médecin du present hospital, en deducion de ses gaiges a lui deus depuis la fin du moys de janvier MDCXXXII, la somme de vingt sept livres tournoys. » Il n'en est pas de même de ceux du 28 février suivant, au sujet desquels le comptable se montre moins affirmatif : « Submedy, dernier jour du moys de febvrier, l'an mil cinq cens trente troys... Plus payé au medecin du present hospital pour ses gaiges cinq escus vallans onze livres cinq sols. » (*Documents sur le séjour de Rabelais à Lyon* [1532-1534], par M. de Valous. Lyon, 1873. In-8°.) Le 28 février, Rabelais était à Rome avec du Bellay. Voyez, dans les preuves de l'*Histoire du divorce*, la lettre du secrétaire Raince, écrite le 22, où il traite de chef-d'œuvre la négociation de Monseigneur de Paris.

paroles traduites du latin, — il s'était fait par l'imagination une certaine idée des choses qu'il désirait tant voir. Et d'abord il avait résolu de s'aboucher avec les savants renommés dans les endroits qui se trouvaient sur son chemin, de converser familièrement avec eux et de les interroger sur quelques problèmes qui le tenaient depuis longtemps en inquiétude.

En second lieu, par raison de métier, il voulait examiner les plantes, les animaux et les nombreux médicaments qu'on disait manquer en France et abonder en Italie. Il voulait enfin, se servant de la plume comme d'un pinceau, décrire l'état et la physionomie de Rome de telle manière qu'à son retour il ne lui restât plus rien à tirer des livres.

On commençait à ne plus écrire sur l'antiquité sans le secours du dessin; en 1532, Lazare de Baïf, avant de terminer son traité *De Re navali*, demandait à l'ambassadeur Tinteville, évêque d'Auxerre, de lui faire copier par un peintre les modèles de navires qu'il trouverait représentés sur les fresques ou sur la pierre des arcs triomphaux, dans ses visites aux ruines romaines.

Pressés par les circonstances, contrariés par les rigueurs de la saison, du Bellay et maître François n'eurent guère le temps de s'arrêter dans les villes et d'appeler les savants à ces controverses où ils quinaudaient si habilement leurs adversaires. Apparemment, ils se reposèrent à la cour de Ferrare, où la bonne Renée de France se plaisait à attirer et à retenir tous ceux qui venaient à elle avec des nouvelles de France.

Ferrare était une étape d'usage pour les Français de marque et les hommes de lettres. Dussent-ils s'écarter de la droite ligne, ils poussaient jusque-là, toujours sûrs de faire bonne chère à la table de la duchesse. Les fortifications, où les ingénieurs italiens avaient montré la fertilité de leur invention, frappèrent sans doute Rabelais, fervent disciple de Vitruve et de Végèce, car il les mentionne, substituées à celles de Carpentras, dans l'édition du premier livre de *Pantagruel* qu'il revit à son retour. Nous retrouverons ailleurs, et en abondance, les traces de sa compétence en matière d'art militaire et de la curiosité qu'il marque pour les machines de guerre.

Mais il ne fut aucunement influencé par la manie qu'avaient les Italiens de mettre au superlatif tout ce qui regarde l'Italie; on ne lui en impose pas, on ne détourne pas son sens critique, il n'ouvre pas des yeux émerveillés sur des phénomènes vulgaires.

Ainsi, — il nous le dit lui-même, — en matière d'histoire naturelle et de botanique, animaux et plantes, l'Italie ne renfermait rien qu'il n'eût déjà vu et noté. Si la déception ne fut pas radicale, s'il n'eut pas proprement à se plaindre, il n'eut pas lieu non plus d'être absolument satisfait. Pour découvrir un spécimen d'arbre inconnu, il fallut que ses rêveries le conduisissent au milieu de la campagne romaine, sous les ombrages du lac Némi, au *Miroir de Diane Aricia*, où il put admirer un platane d'espèce particulière.

Mais la vue de Rome dut causer une émotion profonde à Rabelais.

Cette sainte émotion, nous la retrouvons dans Montaigne qui part de Rossiglione trois heures avant le jour, « tant il avoit envie de voir le pavé de Rome ».

Les voyageurs modernes ne la ressentent plus. Ils n'y sont plus préparés par les environs de Rome, par cette campagne coupée de chemins dallés, le long desquels tremblaient des masures « évidemment très antiques et des pierres que les papes y ont fait relever pour l'honneur de l'antiquité. La plupart des ruines sont de briques, temoins les thermes de Dioclétian, et d'une brique petite et simple comme la nôtre, non de cette grandeur et espesseur qui se voit aux antiquités et ruines anciennes en France et ailleurs. Rome ne faisoit pas grand'monstre à la reconnoître de ce chemin. Nous avions loin sur nostre main gauche l'Apennin, le prospect du païs mal plaisant, bossé, plein de profondes fendasses, incapable d'y recevoir nulle conduite de gens de guerre en ordonnance ; le terroir nud sans arbre, une bonne partie stérile, le païs fort ouvert tout autour et plus de dix mille à la ronde et quasi tout de ceste sorte, fort peu peuplé de maisons. » Ainsi jusqu'à la porta del Popolo par où on entrait.

En vérité, c'était un spectacle merveilleusement fait pour alimenter chez le pantagruéliste l'opinion qu'il avait sur le néant des fortunes humaines, — pantagruélisme, c'est dédain des choses fortuites. — Éloignez de vous l'image de la Rome actuelle, nivelée par les terrassements et les constructions, appauvrie dans ses grandes lignes par les volutes de l'architecture *jésuite*. Prenez, au contraire, une de ces estampes de Piranesi, de Pinelli, où, sous le ciel mélancolique, un colisée se dresse dans un éboulement de colonnes et de statues, avec des chèvres perchées sur des blocs de marbre et de grands bœufs dormant dans l'herbe sur leurs genoux repliés.

Élargissez-en le cadre par l'imagination, multipliez les écroulements, agrandissez les proportions, peuplez l'espace de palais de thermes et de temples aux murs verdis par les mousses et roussis par les lierres. Un tombeau de civilisation, une prison de derniers soupirs, une mine de grandeurs effacées, un trophée d'armes rouillées, c'était Rome. Par places, c'était Pompei, une ville qui pleure ici ses fondements, là ses toits, et qui, faute de canaux, crève de soif. Avec cela, par la force des destinées, une promiscuité effroyable dans l'habitation : le pape logé chez le Grand Augure, Dieu le Père chez Jupiter, la Vierge chez Vénus, Jésus chez Mars, les pèlerins chez Pétrone. Sur les Sept collines les grands de l'Église, les cardinaux, entretenaient sous forme de *vignes* les *hortuli* embaumés des sénateurs.

En vain le catholicisme essayait de refouler le souvenir des dieux païens, en édifiant avec les vieilles pierres des sacrifices, avec les débris des rostres, les dalles des piscines, les tables de marbre des Trimalcions. A Rome, le voyageur susceptible de pensée était saisi d'une émotion toute païenne. Libre aux pèlerins stupides, aux *romipètes,* comme les appelle Rabelais, d'être attirés là par l'aimant des indulgences et de la mule papale.

A côté du Vatican, la voix des tribuns tonnait encore dans le Forum, et le sable du Capitole criait comme aux temps césariens, sous les chars de triomphe. Il n'y avait pas plus de sept ans que les lansquenets de Charles-Quint avaient saccagé l'*Urbs,* et que le pape Clément VII avait vu passer le cheval d'Attila dans ce renouveau des pillages antiques.

C'est dans cette Rome toute bouleversée qu'entraient du Bellay et maître François, l'un et l'autre pour la première fois. Du Bellay, dont la mission devait être de courte durée, n'avait pas alors le train de maison, la cour princière qu'il eut plus tard dans ses séjours prolongés.

La tradition romaine, encore très vivace de nos jours, veut que Rabelais soit descendu à l'*albergo del Orso,* où descendit également Montaigne en 1580 : « Nous vinmes loger à *l'Ours,* dit celui-ci, où nous arrestàmes encore le lendemain. » C'était l'usage, en effet, parmi les Français, fussent-ils de marque, de mettre pied à terre à *l'Ours,* — le long du Tibre, sur la rive opposée au château Saint-Ange, — et de chercher ensuite un appartement en ville, lorsqu'ils avaient l'intention d'y séjourner.

Montaigne était accompagné de M. d'Estissac, un des descendants de cette famille à qui Rabelais devait tant, et leur attirail de route, moindre sans doute que celui de du Bellay, était encore considérable. On les voit toujours s'arrêter dans les meilleures hôtelleries : dans Florence, à *l'Ange,* dans Sienne, à *la Couronne,* et cependant ces hôtelleries renommées n'avaient « ni vitres ni chassis » à leurs fenêtres.

Avec Rabelais, son secrétaire et confident, du Bellay avait encore dans sa maison deux jeunes gens « fort honnêtes et fort studieux de l'antiquité », qui pouvaient lui être utiles dans le détail de ses négociations : l'un, Claude Chappuis, sommelier de la chapelle royale depuis 1521, venait d'être nommé libraire, c'est-à-dire bibliothécaire, de François Ier (1533), et se préparait une petite renommée dans la poésie française; l'autre, Nicolas Le Roy, commençait à faire parler de lui parmi les jurisconsultes qui inclinaient à la Réforme [1].

Après l'*albergo del Orso,* ils habitèrent sans doute le palais de l'ambassadeur régulier, Charles Hémard, évêque de Mâcon, prélat bienveillant et éclairé, fermement attaché aux du Bellay et qui demeura un des meilleurs amis de Rabelais. Le personnel de l'ambassade extraordinaire menait une vie très extérieure dont le chef donnait lui-même l'exemple.

Leur première visite fut sans doute pour le grand promoteur des études grecques en Italie et en France, pour le noble Lascaris qui était bien vieux alors. Rabelais l'avait connu à Paris, dans l'entourage de Budé, avant qu'il prit la détermination d'aller mourir à Rome (ce qui arriva l'année d'après). Souvenez-vous des passe-temps de Gargantua « quand l'aër estoit pluvieux ». Rabelais nous le dépeint « revoquant en usage l'antique jeu des tales (dés), ainsi qu'en a fait Leonicus, et comme y joue nostre bon amy Lascaris ». Malgré ses quatre-vingt-dix ans, notre bon ami Lascaris avait encore la tête pleine de projets; mais Rabelais ne le retrouva pas si dévoué serviteur de François Ier qu'au temps où « l'aër était pluvieux » : le bonhomme s'était laissé gagner par Pichrochole (Charles-Quint) pour qui il venait d'inventer je ne sais quelle machine servant à la navigation, un embryon confus de la machine à vapeur. Nous voilà loin des tales !

---

1. Nicolas Le Roy enseignait la jurisprudence à Bourges, vers l'an 1534. (Voyez sa lettre à Daniel, datée de Bourges, 25 mars. Bibl. de Berne, vol. n° E 141, cp° 250°.) Je crois qu'il était de la Touraine ou de l'Orléanais. C'était, en tout cas, un ami des Daniel, d'Orléans. Le 7 mars 1532, François-Daniel écrit, *latine,* d'Orléans, à Calvin, alors à Paris : « J'ai fait parvenir votre envoi à Bourges, en même temps que mes lettres à La Brosse et à Le Roy, que j'ai tous salués de ta part. » Calvin lui répond le mois suivant, en le chargeant d'envoyer cinq exemplaires de ses commentaires sur le traité de Sénèque *De Clementia,* qui vient de paraître, à ses amis de Bourges, parmi lesquels Le Roy.

Ami de Dolet et de Boysson, qui dit de lui dans ses *Lettres inédites* : « Vir doctissimus, primus inter homines suæ familiæ. » (De Toulouse, juillet 1537.)

L'ALBERGO DEL ORSO.
D'après une photographie de M. Le Lieur.

Du Bellay ne se sépare guère de Rabelais. Tout le temps qu'il peut prélever sur sa laborieuse mission, il le consacre à l'investigation des monuments antiques ; il ne se borne pas à ceux qui sont à découvert, il facilite à Rabelais ses travaux de topographie souterraine. Nous voyons les deux archéologues « acheter ensemble une *vigne* » et y ordonner des fouilles importantes.

Du Bellay prélude ainsi à la formation de sa Collection d'Antiques, une des plus belles de Rome, la plus riche en morceaux rares, la plus digne d'exciter la jalousie d'un musée, à en juger par le catalogue[1].

Rabelais se préparait depuis longtemps à des études topographiques de l'ancienne Rome, et — rapprochement curieux entre deux génies si dissemblables — il semble qu'il se soit inspiré des idées que Raphael avait soumises à Léon X sur cette matière. Dans l'abandon où la ville était tombée, il était à craindre que le souvenir des monuments antiques survécût seul et qu'il devînt bientôt impossible d'en déterminer même l'emplacement. Insensiblement on avait pris l'habitude de considérer les édifices purement romains comme autant de carrières d'où chacun, à pleines charretées, extrayait les matériaux nécessaires pour les constructions nouvelles.

Montaigne a dit « qu'on ne voyoit rien de Rome que le ciel sous lequel elle avoit été assise et le plan de son gîte ; que cette science qu'il en avoit estoit une science abstraite et contemplative, de laquelle il n'y avoit rien qui tombât sous les sens ; que ceux qui disoient qu'on y voyoit au moins les ruines de Rome en disoient trop, car les ruines d'une aussi espouvantable machine rapporteroient plus d'honneur et de révérence à sa mémoire : ce n'estoit rien que son sépulchre. Le monde ennemi de sa longue domination avoit premièrement brisé et fracassé toutes les pièces de ce corps admirable, et

---

1. Publié par M. L. Clédat dans le *Courrier de l'Art* (année 1883, p. 99 et 208) et extrait de l'*Archivio di stato* de Rome : Registre du notaire Savius ou Le Save (le 2ᵉ de 1556), sous le n° 31.

parce qu'encore tout mort, renversé et desfiguré il lui faisoit horreur, il en avoit enseveli la ruine mesme ; que ces petites montres de sa ruine qui paraissent encore au dessus de la bière, c'estoit la fortune qui les avoit conservées pour le tesmoignage de ceste grandeur infinie que tant de siècles, tant de feux, la conjuration du monde réitérée à tant de fois à sa ruine, n'avoient pu universellement esteindre. Mais estoit vraisemblable que ces membres desvisagés qui en restoient, c'estoit les moins dignes, et que la furie des ennemis de ceste gloire immortelle les avoit portés premièrement à ruiner ce qu'il y avoit de plus beau et de plus digne ; que les bastiments de cette Rome bastarde qu'on alloit à cette heure attachant à ces masures, quoiqu'ils eussent de quoi ravir en admiration nos siècles présents, lui faisoient ressouvenir proprement des nids que les moineaux et les corneilles vont suspendant en France aux voutes et parois des églises que les Huguenots viennent d'y démolir. Encore craignoit-il, à voir l'espace qu'occupe ce tombeau, qu'on ne le reconnût pas tout et que la sépulture ne fût elle-mesme pour la plupart ensevelie. Que cela, de voir une si chétifve descharge, comme de morceaux de tuiles et de pots cassés, estre anciennement arrivé à un monceau de grandeur si excessive qu'il égale en hauteur et en largeur plusieurs naturelles montaignes, c'estoit une expresse ordonnance des destinées pour faire sentir au monde leur conspiration à la gloire et prééminence de cette ville, par un nouveau et extraordinaire tesmoignage de sa grandeur... Il croyoit qu'un ancien romain ne sauroit reconnoître l'assiette de sa ville quand il la verroit. Il est souvent advenu qu'après avoir fouillé bien avant en terre, on ne venoit qu'à rencontrer la teste d'une fort haute colonne qui estoit encore en pied au dessous. On n'y cherche point d'autres fondemens aux maisons que de vieilles masures ou voûtes comme il s'en voit au dessous de toutes les caves, ny encore l'appuy du fondement ancien ni d'un mur qui soit en son assiette. Mais sur les brisures mesmes des vieux bastiments, comme la fortune les a logés en se dissipant, ils ont planté le pied de leurs palais nouveaux comme sur des gros lopins de rochiers fermes et assurés. Il est aysé à voir que plusieurs rues sont à plus de trente pieds profond au dessous de celles d'à cette heure. »

Avec la Renaissance, les esprits cultivés sentirent de quel poids était dans la balance de l'histoire la conservation des preuves matérielles et des formes d'art visibles, palpables. Raphael, en patriote ému, en artiste menacé dans ses propres œuvres, avait, dès 1518, imploré la protection de Léon X pour ces ruines où vivait encore un souffle de l'âme antique : il avait insisté sur la nécessité de relever le plan des monuments précieux, avec indication de la coupe et de l'élévation.

Cette préoccupation du passé où se trahissent les craintes de l'artiste pour son propre avenir, nous la retrouvons dans Rabelais et c'est un des côtés les plus originaux de son génie. Tout son œuvre est un vaillant combat contre cette conception d'une distinction dédaigneuse entre les *arts majeurs* et les *arts mineurs* proposée par certains hommes de la Renaissance française. S'il s'incline devant les sciences et les lettres, admises au rang d'*arts majeurs ou libéraux,* il ne reconnaît pas l'expression d'*arts mineurs* appliquée à l'architecture, à la sculpture, à la peinture, à tous les degrés de l'art plastique enfin, sous le prétexte que la pensée perd de sa noblesse en s'aidant d'un travail matériel.

Ceux qui ont le plus agi sur lui — Budé, par exemple, à qui il emprunte la définition du pantagruélisme — échouent à lui faire dire cette énormité que les artisans sont « la boue des villes[1] », il en eût été la première victime.

On avait commencé à suivre le mouvement déterminé par Raphael. Fabrizio Peregrino, l'ambassadeur de Mantoue à Rome, envoie au duc, le 8 juin 1532, un *disegno di Roma,* une restitution de Rome telle qu'elle était dans les temps antiques, imprimé

---

1. « Artifices sunt fæces urbium », c'est le mot de Budé, *De asse.*

LA VIA DEL ORSO.
D'après une photographie de M. Le Lieur.

tout nouvellement[1]; le 29 du même mois, il lui annonce l'apparition d'un nouveau dessin, *pur di Roma,* celui-là même de Raphael d'Urbin, qu'il dit être une très belle chose. Avant de passer à la topographie générale, c'était procéder méthodiquement que de lever le plan de la ville.

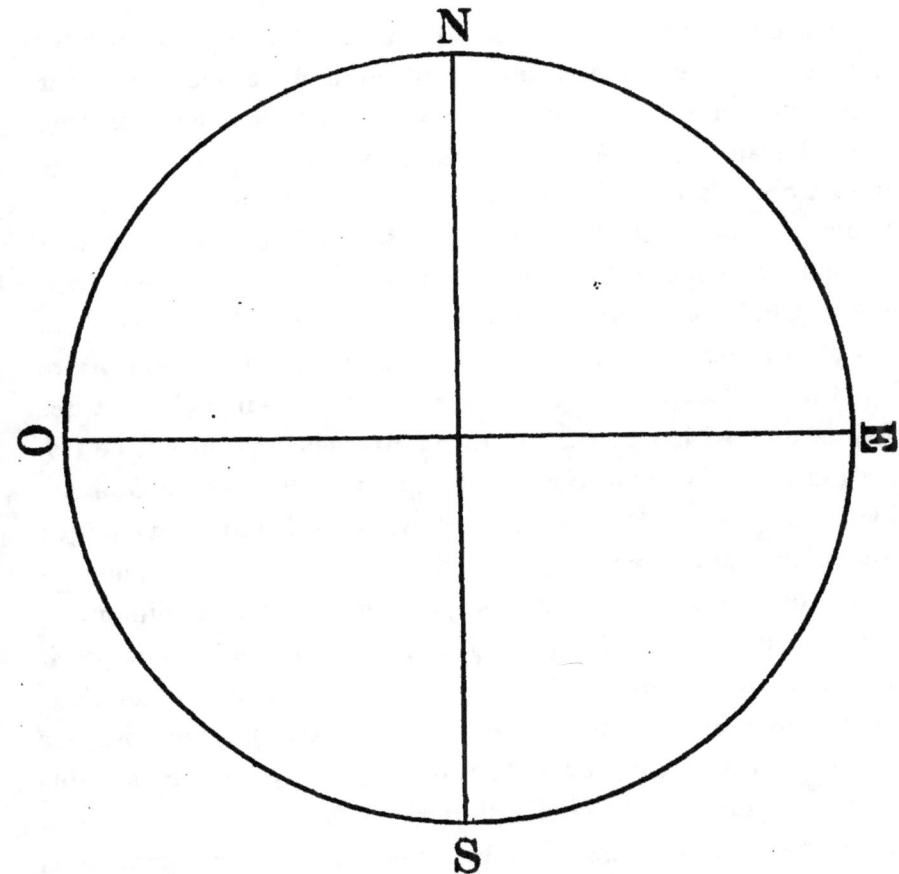

Le système de Rabelais, pour arriver à ses fins, renouvelé de celui de Thalès de Milet, consistait à diviser la ville à l'aide du cadran solaire, quartier par quartier, selon une ligne transversale menée de l'est à l'ouest et du midi au nord, en la façon géométrique marquée ci-dessus.

1. In-folio plié in-4°. *Archives de Gonzague,* dépouillées par M. Alessandro Luzio. Voyez le *Giornale degli eruditi,* février 1884, vol. III, n° 46.

Après quoi il abordait successivement chaque quartier, rue par rue, place par place, monument par monument. Autour de chacun, il groupait les témoignages, l'énorme moisson de notes qu'il avait prises dans les auteurs latins et qu'il avait apportées avec lui pour les classer dans un travail définitif.

A force de creuser son sujet, il en était arrivé à connaître Rome et ses recoins mieux qu'aucun homme sa maison[1]. Sur ces entrefaites, il apprit qu'un noble milanais, Gian Bartolommeo Marliani, l'avait devancé et se préparait à mettre au jour une *Topographie de Rome* faite au même point de vue.

Marliani, procédant différemment, descendait graphiquement du sommet des sept collines à leur base, ce qui était plus conforme à la tradition et plus favorable à l'harmonie des recherches.

Si Rabelais s'aidait du zèle plus vif qu'adroit de M. le libraire du Roi, Claude Chapuis, et de Nicolas Le Roy, Marliani avait des auxiliaires non moins zélés, et mieux dressés peut-être à ce travail : le Florentin Antonio Alegreti, Luigi Fabri de Fano en Ombrie, Annibal Caro, le poète et l'épistolaire que l'Italie revendique encore aujourd'hui pour sa gloire; dans l'aristocratie romaine et dans la Rota, des collaborateurs précieux, Jacques Simoneta, évêque de Pesaro; l'Espagnol Louis Gomez, qui avait écrit sur le Tibre. Le Milanais n'avait pas été frappé moins douloureusement que le Français de la revanche terrible des peuples vaincus sur le vainqueur, sur cette Rome « demeurée dans sa caducité comme l'otage de la civilisation aux mains des barbares [2] ».

Avec une entière bonne foi, Rabelais avoue l'avantage de la méthode de Marliani sur la sienne. Loin de le détourner de son projet, c'est lui qui abandonne le sien; il s'abouche avec son

---

1. Tel Montaigne. « Au commencement, il avoit pris un guide françois ; mais celui-là, par quelque humeur fantastique, s'étant rebuté, il se piqua par son propre estude, de venir à bout de cette science, aidé de diverses cartes et livres qu'il se faisait lire le soir, et le jour alloit sur les lieux mettre en pratique son apprentissage : si que en quelques jours il eut aisément reguidé son guide. »

2. Épître de Marliani en tête de son édition de la *Topographia Romæ*.

concurrent et le félicite d'être arrivé avant lui; il est décidé que, pour reconnaître la loyauté du serviteur, Marliani dédiera son travail au maître, à du Bellay; l'ouvrage est livré aux imprimeurs avec cette destination.

Rabelais devait aussi être attiré par l'épigraphie, qui est un des fondements les plus sûrs de l'archéologie, mais sur ce point il est tombé dans un piège, tendu d'ailleurs avec un art qui l'absout. Pomponius Lætus et Jovien Pontan, qui écrivaient le latin avec une désinvolture toute cicéronienne, avaient mis cette facilité à profit pour fabriquer de toutes pièces, le premier, un *Testament*, le second, un *Contrat de vente*, présentés aux savants comme authentiques : le Testament était celui de Lucius Cuspidius; quant au Contrat de vente, on n'en pouvait contester l'ancienneté.

Comment soupçonner l'imitation? Les deux actes avaient pour eux la vraisemblance : c'étaient deux formules rarissimes de droit romain. Rabelais n'hésita pas à les publier comme telles chez Gryphe en 1532 [1].

On a dit que, sensible à cette déconvenue, il avait raillé Pontan en divers endroits. Au contraire, il ne paraît pas que la fraude archéologique ait été découverte de son vivant, et beaucoup, parmi les plus huppés, en furent victimes. Henricus Glareanus a donné, en 1534, une réédition du Testament forgé par P. Lætus; de même Paul Manuce — Paul Manuce! — dans ses Commentaires sur le *De Officiis* de Cicéron; ce qui prouve que ni l'un ni l'autre ne se tenaient sur leurs gardes. Cent cinquante ans plus tard, Daniel

---

1. Sous ce titre : *Ex reliquio venerandæ Antiquitatis : Lucii Cuspidii Testamentum; Item Contractus Venditionis, antiquis Romanorum temporibus initus. Lugd. Gryphe, 1532, in-8°.*
« Ce n'est qu'une simple feuille in-octavo, dit Prosper Marchand dans son *Dictionnaire*, mais si rare, selon le sort ordinaire de ces pièces volantes et fugitives qui se perdent facilement, que j'ai vû païer celle-là un ducat par un Amateur de ces espèces de monuments antiques. Le Père Labbe n'en fait aucune mention dans sa *Mantissa suppellectilis Antiquariæ*, mise au bout de sa *Bibliotheca bibliothecarum* et de sa *Bibliotheca Nummaria*. J'ai vu, je ne saurais plus dire où, que ce *Testament* est le plus ancien acte connu des Romains, mais... cela est peu fondé. » Jusqu'à 1887, on a cru l'ouvrage absolument disparu, bien qu'il eût été tiré à deux mille exemplaires. A cette date, j'ai été assez heureux pour retrouver un de ces exemplaires que j'ai réédité sous ce titre : *Rabelais légiste*. (Dupret, petit in-12, avec deux fac-similés.)

Gaultier, de Béziers, professeur de jurisprudence à l'Université de Toulouse, croyait encore à l'authenticité de ce Testament [1].

Si Rabelais s'est moqué de Pontanus, c'est par où celui-ci lui a prêté le flanc, et non par ressentiment d'avoir été trompé. S'il montre plus que de la circonspection pour les vanités et les incertitudes de la science épigraphique (notamment au chapitre de la généalogie de Gargantua), il ne cesse de prêcher à ses héros la vénération de l'antiquité (L. IV, chap. 25); dociles à ses conseils, ils se penchent sur les « vieux temples ruinés, obélisques, pyramides, monuments et sépulchres antiques, avecques inscriptions et épitaphes divers : les uns en lettres hiéroglyphiques, les aultres en langage ionique, les aultres en langue arabicque, agarène, sclavonique et aultres, desquels Épistemon fit extraict curieusement ». Le tombeau du Romain qui se plaint, dans son épitaphe, d'avoir été mordu par une chatte, se voyait-il encore, au temps de Rabelais, le long de la via Flaminia [2]? C'est probable : le souvenir au moins nous en est plaisamment rapporté par lui.

Pendant que Rabelais et du Bellay retournaient ainsi le champ de l'antiquité, l'affaire du divorce venait devant le Consistoire avec des lenteurs qui désespéraient du Bellay, pressé de retourner en France. Quelque finesse qu'il déployât à triturer la matière cardinalice, il la sentait contre les rois de France et d'Angleterre et tout entière à l'empereur.

Quoique son frère Langey, au *sacco di Roma*, eût tenté de sauver Rome du pillage, — comme il en avait sauvé Florence, — et qu'il y eût créé des sympathies françaises, du Bellay ne se sentait pas soutenu. Le pape et le Consistoire résistaient au charme de l'envoyé de France, qui croyait gagner les consciences en gagnant les esprits.

---

1. Il ignorait qu'Antonius Augustinus, le célèbre critique, en avait dénoncé la fausseté dans ses *Dialogues*, et que Brisson, livre VII de ses *Formules*, avait, de même, averti les savants.

2. « Hôte, apprends un nouveau genre de mort. Pendant que je tire (ou que je tiens) une chatte, la perfide me mord et je meurs » :

> Hospes, disce novum mortis genus, improba felis
> Dum trahitur (*alias* dum teneo) digitum mordet, et intereo.

Au fond, tout en l'écoutant, ils avaient la sentence en poche. Du Bellay s'imaginait s'en rendre maître par l'éblouissement des belles paroles, par ces feux d'artifice célébrés par Montaigne et Brantôme.

Au Consistoire, tenu le 23 mars pour trancher la question, il fit miracle. Quels furent ses arguments ? On le devine. Il les tira de l'intérêt même du pape. Décider contre le roi d'Angleterre, c'était consacrer un schisme. En catholique pratique, il conseillait toutes les concessions envers Henri VIII, afin de retenir l'Angleterre sous l'obédience du Saint-Siège.

Le Consistoire ferma l'oreille à ces raisonnements, par crainte de l'Empereur ; il brusqua même la solution en une seule séance, et refusa d'attendre le retour du courrier que du Bellay avait envoyé à Windsor. Sur vingt-deux cardinaux présents, trois seulement, consentant à un nouveau délai, s'abstinrent de voter. Le reste, sur le rapport de Simoneta, évêque de Pesaro, repoussa les conclusions de du Bellay. Savaient-ils qu'en maintenant la validité du mariage, ils confirmaient l'Église anglicane ? La joie des Impériaux, à la nouvelle du vote, répond clairement : on avait voté plus contre le roi de France que contre celui d'Angleterre.

Rabelais, qui remplissait ses fonctions de secrétaire aux côtés de du Bellay, nous a laissé le souvenir de cette séance mémorable, avec l'orgueil non dissimulé d'avoir été mêlé à des événements qui ont bouleversé la face du monde catholique :

« Les bienfaits dont vous avez cru devoir me favoriser et m'honorer sont gravés si profondément dans ma mémoire que je désespère de les en bannir jamais ou de les oublier avec le temps. Et plaise à Dieu que je puisse vous payer mon éternel tribut de louanges avec autant de facilité que je mets de résolution à payer ma dette de reconnaissance, sinon par l'égalité des services (est-ce possible ?), du moins par des hommages rendus du fond du cœur ! Car ce que j'ai souhaité le plus depuis que j'ai quelque sentiment du progrès des belles-lettres, c'est de parcourir l'Italie et de visiter Rome, tête du monde ; et ce vœu, vous l'avez exaucé, réalisé avec tant de bonté que j'ai vu non seulement l'Italie (chose déjà louable en soi), mais encore avec vous, le plus savant homme qui soit sous la voûte des cieux, et le plus généreux aussi (ce dont je n'ai pas encore dit tout le prix). Oui, j'aime mieux vous avoir vu à Rome que d'avoir vu Rome elle-même.

« Voir Rome, c'est une bonne fortune que tout homme d'une certaine condition peut se procurer, pourvu qu'il ne soit ni manchot ni perclus de tous les membres ; mais vous avoir vu à Rome dans l'éclat de félicitations inouïes, ô joie ! Avoir été mêlé à la gestion des affaires, dans le temps de la noble ambassade que vous avait confiée notre invincible roi François, ô gloire ! Avoir été auprès de vous quand vous prononciez le discours sur le cas de la reine d'Angleterre devant le Sacré Collège, ô bonheur !

« Quel charme j'ai ressenti, quels transports de plaisir et d'allégresse j'ai éprouvés en vous voyant parler, au grand saisissement du pape Clément lui-même, à l'admiration des juges revêtus de la pourpre du Sacré Collège, aux applaudissements de tous ! Quel aiguillon vous laissâtes avec le plaisir dans l'esprit de vos auditeurs ! Quelle ingéniosité dans les pensées, quelle habileté dans la dialectique, quelle majesté dans les répliques, quelle véhémence dans la réfutation, quelle liberté d'élocution dans votre harangue ! Votre diction était si pure vraiment que vous sembliez être le seul à parler latin en terre latine ; et si grave aussi, qu'à l'extrême dignité vous joigniez toute douceur et tout charme[1]. »

Toute réserve faite sur le ton d'enthousiasme que donne à cet éloge la pompe obligatoire de la période cicéronienne, du Bellay eut le succès oratoire de la séance. Tout ce qu'il y avait là d'hommes au flair subtil salua en lui — c'est encore Rabe-

1. Épître dédicatoire de la *Topographia Romæ*. Voyez page 45, note.

lais qui recueille ces propos flatteurs — la *fleur des Gaules* (dans le sens du poète Ennius). On proclama hautement que jamais évêque de Paris ne s'était exprimé avec une franchise si véritable et que c'était un grand bonheur pour le roi François d'avoir dans ses conseils ces du Bellay tels que la France n'en a guère produits de semblables, d'une gloire plus éblouissante, d'une autorité plus sérieuse et d'un savoir plus orné.

Trop fin pour se laisser prendre à cette glu, refroidi toutefois par cette eau bénite de cour romaine, du Bellay se prépare à rentrer en France. Le soir même, il écrit au roi qu'il compte se mettre en route dans trois ou quatre jours.

Dans Rome, les Impériaux triomphaient avec mille insolences. Inutile d'assiéger de récriminations et de doléances Clément VII, qui la veille encore promettait d'accéder à ce divorce dont du Bellay s'était quasiment porté garant auprès des rois de France et d'Angleterre. « Sur si mauvais air, écrit du Bellay, M. de Mascon et lui n'eussent pu composer de chanson. »

La leçon de la curie romaine ne fut perdue ni pour l'ambassadeur ni pour son conseiller : ils savent maintenant que le pape ment comme les autres et qu'il ne faut pas convaincre le Consistoire, mais l'acheter. Ils ne s'en vont qu'après avoir préparé les voies pour de futures missions, créé des intelligences françaises en plein camp impérial, ranimé le zèle des poètes qui, comme Modestus[1], tenaient pour François Ier contre Charles-Quint, et attiré à la France trois cardinaux influents : Trivulce, Rodolphi, Pisan ; nombre d'évêques, celui de Faenza entre autres, se font les serviteurs de du Bellay[2].

---

1. Voyez la lettre de François Modestus à du Bellay, 12 mai 1534. Mss. Dupuy, 699.
Le pape lui avait fait une pension de quatre-vingts ducats, à la recommandation du cardinal de Grammont, son protecteur. A la mort de Grammont, du Bellay lui avait promis de la lui faire continuer ; il avait laissé cette commission à monseigneur de Mâcon et à Amaret, son serviteur. Modestus, très gêné, le prie d'intervenir. Il réclame ses lettres de naturalité française, dont il ne se croit point indigne ; ses ouvrages de Venise font foi de son dévouement au roi. Au moment de monter à cheval pour retourner en France, et par un clignement d'yeux bien plus que par paroles, du Bellay lui a donné de l'espoir. Modestus écrit également à Jacques Collin, abbé de Saint-Ambroise, pour lui recommander une nouvelle pièce de vers à la louange du roi.

2. Celui-ci lui écrit, à la date du 2 juillet 1534 : « Spero vedere anchora V. S. in Roma et

Grosley, dans son ouvrage sur *Londres,* admet avec raison que Rabelais a été initié à tous les secrets de la politique romaine, et il se fonde sur les lettres de du Bellay qui forment la partie capitale des preuves de l'*Histoire du Divorce de Henri VIII,* lettres intéressantes par les anecdotes et par mille traits de naïveté, de finesse et de gaieté qui semblent déceler la plume de Rabelais.

Mais du Bellay avait lui-même la plus belle humeur du monde dans le privé, la plaisanterie mordante, l'imagination vive, et quand il passe la plume à Rabelais, ce n'est point un pauvre qui demande, c'est un riche qui prête. Ç'a été un signe de l'époque, un privilège de l'ancienne diplomatie, que la gaieté des yeux perçât à travers la gravité des masques : la bêtise ne s'était pas encore construit le refuge de la prudhommie. J'imagine aisément que, l'affaire du divorce terminée, l'ambassadeur, ancien compagnon de chasse d'Anne de Boleyn, et le père de Panurge eurent de belles histoires à se conter pour égayer le retour.

Le 15 avril, ils étaient à Lyon.

Là un autre incident vint les mettre en garde contre les belles promesses des Italiens. On se rappelle que Rabelais avait renoncé à sa *Topographie* de Rome sous le bénéfice de la dédicace à du Bellay. Avant de quitter Rome, il avait laissé des instructions pour qu'un exemplaire du livre de Marliani lui fût envoyé dès son apparition ; un de ses amis, Jean Sevin, « homme de véritables ressources », fit si bien et en telle diligence qu'il le lui fit parvenir à Lyon avant la mise en vente.

Rabelais ne put s'empêcher de s'étonner qu'il fût dédié non à du Bellay, mais au cardinal Trani[1]. Il perdait ainsi le béné-

con manco travaglio andar rivedendo le anticaglie, con ragunarne alcune per portare a San Mauro, et di modo che la diligenza del vice armiraglio non possa mettere a pericolo li disegni sopra di quelle. » Les fautes d'italien doivent être attribuées au copiste.

1. La première édition de la *Topographia Romæ* fut imprimée à Rome « per Antonium Bladum de Asula in Campo Floræ, in Ædibus D. Joan. Bap. de Maximis. Anno Domini MDXXXIIII.

fice des notes qu'il avait volontairement sacrifiées. « Pour que le livre ne vînt pas à la lumière comme un être difforme et acéphale », Rabelais prit le parti de le livrer à son tour aux presses de Sébastien Gryphe, avec une épitre à du Bellay dans laquelle il remet les choses en l'état.

Marliani reconnaissait, dans sa dédicace à Trani, que Rome devait peut-être plus à ses sauveurs qu'à ses fondateurs et se vantait d'être sinon le seul qui eût cherché à la rappeler à la vie, du moins le seul qui, après avoir remué les auteurs de tout genre et de tout âge, eût travaillé à la renaissance des choses antiques en y apportant l'ordre et la clarté. Et, pour comble, il disait n'avoir trouvé personne à qui dédier plus sûrement cette restitution qu'au cardinal Trani, tous les gens de bien voulant être à lui comme à un Mécène béni.

Rabelais rétablit les faits, et dès la fin d'août, — trois mois jour pour jour, après l'apparition de l'édition romaine, — l'édition lyonnaise de la *Topographie* de Marliani venait à la lumière. Sans accuser directement l'archéologue milanais d'avoir oublié sa parole, Rabelais est piqué, et il regrette avec raison que son maître, « rappelé par la voix du prince et de la patrie », ait été obligé de rentrer en France avant l'achèvement de l'édition romaine[1].

Ultimo Mensis Maii ». Avec privilège du pape pour dix ans, et dédiée « Jo. Dominico Cupo, cardinali Tranensi ».

Elle est divisée en sept livres, comme celle de Rabelais, qui s'est contenté du rôle d'éditeur, complétant la Table des matières, et ajoutant au texte des notes marginales destinées à faciliter les recherches, sans aucun souci de personnalité.

L'impression de Gryphe est supérieure par la qualité du tirage et la correction typographique, attendu qu'elle ne contient pas d'erratum. Au surplus, elle reproduit d'assez près la disposition et les caractères italiques de Blado d'Asola, à l'exception toutefois des erreurs que les imprimeurs romains, *festinantes ad lucrum*, avaient commises en l'absence de Marliani. Elle a le même nombre de chapitres par chaque livre ; Rabelais n'y a donc aucune part d'auteur. Il a même supprimé l'*Index* des noms d'auteurs cités par Marliani.

1. M. Paul Lacroix, en traduisant à contresens deux passages importants de cette Épitre, a mis dans la circulation deux erreurs capitales.

M. Rathery les a justement et péremptoirement relevées. M. Lacroix fait dire à Rabelais : « qu'il voulait employer *la plume et le crayon* pour faire une description topographique de la ville de Rome ». (*François Rabelais, sa vie et ses ouvrages*, Paris, 1854.) Dans la phrase « depingere faciem urbis calamo *perinde ac* penicillo », la locution adverbiale *perinde ac* ne saurait être

Mais, à d'autres points de vue, il était grand temps vraiment que du Bellay reprît auprès du roi son beau rôle. Croyons-en l'évêque de Carpentras, le grand Sadolet, qui lui mande[1] combien lui et les siens se sont sentis seuls pendant l'absence du vrai rempart des gens de lettres à la cour. Vatable et Toussaint avouent que les professeurs de langues au Collège de France tremblaient quand Langey et lui n'étaient pas là pour les défendre[2]. C'est par du Bellay que Paulus Paradisus et Oronce ont eu paiement de leurs leçons. J. Stracelius a été obligé de retourner dans son pays, ce qui est à la honte de la France. Qu'il intervienne s'il ne veut pas que le besoin force Vatable et Toussaint à faire de même !

interprétée autrement que nous ne l'avons fait. Plus loin, M. Lacroix applique à Rabelais le sujet de la phrase « principis patriæque voce *revocatus* », qui vise clairement le cardinal du Bellay. Il part de là pour attribuer à Rabelais une mission officielle à Rome ; le voyage de Rabelais n'eut point ce caractère, et la version que nous donnons du participe passé *revocatus* est la seule que commande l'analyse grammaticale.

1. 30 juin 1534. Il a appris par M⁰ Paul, médecin de Raince, que du Bellay est revenu à la Cour, et espère que le voyage lui aura été propice et honorable.

2. La lettre des professeurs du Collège de France est de mai. Je la crois de 1534. Voyez Mss. 699, fonds Dupuy, p. 71.

SECOND VOYAGE

A ROME

(JUILLET-AOUT-SEPTEMBRE-OCTOBRE-NOVEMBRE-DÉCEMBRE 1535
JANVIER-FÉVRIER-MARS 1536)

SECOND VOYAGE

A ROME

(JUILLET-AOUT-SEPTEMBRE-OCTOBRE-NOVEMBRE-DÉCEMBRE 1535
JANVIER-FÉVRIER-MARS 1536)

I

Note.

La difficulté de concilier la supputation romaine, qui consiste à prendre le 1ᵉʳ janvier comme point de départ de l'année, avec la supputation française, qui faisait commencer l'année à Pâques, est la cause de beaucoup d'erreurs et de confusions chez les historiens de Rabelais. La plupart, y compris les meilleurs, comme M. Rathery, ont postdaté son second voyage en Italie, qui eut lieu, non dans les années 1536 et 1537, mais bien en 1535 et 1536. C'est une rectification irréfragable et qui remet en leur place quantité de faits mentionnés par Rabelais dans ses *Lettres écrites de Rome* à G. d'Estissac, évêque de Maillezais.

Les frères de Sainte-Marthe, lors de la publication qu'ils en firent en 1651, chez Charles de Sercy, in-8°, les divisèrent en seize épîtres, dont trois seulement sont datées. Dans le volume DCVI de la collection Dupuy (Bibliothèque nationale), qui nous en a conservé la copie, elles ne forment que trois divisions.

Dans leur édition MM. Rathery et Burgaud des Marets reproduisent cette forme, qui leur paraît plus naturelle, d'après le rapprochement des dates et la difficulté des communications à cette époque.

Je ne sais s'ils ont bien fait d'adopter cette disposition

arbitraire, mais j'ai la certitude qu'ils ont eu tort de dater de 1536 la première lettre de Rabelais, écrite le 30 décembre. La première lettre est, à n'en pas douter, de 1535, et la dernière, de février 1536. Ce sont là évidemment les épaves d'une correspondance beaucoup plus volumineuse.

Il faut admettre, en effet, que Rabelais a suivi du Bellay en Italie dès le 15 juillet 1535 et qu'il y a passé huit mois. Or, les lettres recueillies par les frères de Sainte-Marthe portent seulement sur les deux derniers mois de son séjour à Rome.

Ordre rectifié des lettres de Rabelais à Geoffroy d'Estissac, évêque de Maillezais.

1535.

1° De Ferrare, un paquet de lettres *(perdues)*.

2° De Rome, un paquet de lettres, avec un chiffre conventionnel pour correspondre secrètement *(perdues)*.

3° De Rome, 18 et 22 octobre, un paquet de lettres contenant quatre signatures relatives aux bénéfices du frère dom Philippe, religieux de Maillezais *(perdues)*.

4° De Rome, une lettre en date du 29 novembre 1535, avec des graines de Naples pour les salades des jardins de l'Ermenauld et Ligugé, hormis la *pimprenelle* que Rabelais n'a pu trouver encore *(perdues)*.

5° De Rome, le 30 décembre, un paquet de lettres, avec la *pimprenelle*, le *Livre de pronostics pour l'an qui vient 1536* (date indiquée dans le manuscrit 606 du fonds Dupuy), l'*Entrée de l'Empereur* à Messine et à Naples, et l'*Oraison funèbre* du duc de Milan. Rabelais a reçu de M. de Maillezais une réponse à ses deux premières lettres, mais pas aux dernières. C'est la dernière lettre de ce paquet que les frères de Sainte-Marthe ont datée 1536 au lieu de 1535, dans l'édition qu'ils en ont donnée. MM. Burgaud des Marets et Rathery ont eu le tort d'épouser cette erreur.

Il suffisait, pour la rectifier, de se reporter aux dates des faits énoncés dans la lettre en question.

« Je vous envoye un livre de prognosticz dont toute la ville est embesoignée, intitulé *de Eversione Europæ* », écrit Rabelais à la date du 30 décembre (1535). Or, à la date du 12 février 1536, Hémard écrit au chancelier du Bourg : « Vous aurez, avec la présente, deux prognostications nouvelles », et, au mois de novembre 1535, il avait écrit au même, pour lui annoncer la mort du duc Sforza, avec cette réserve peu élogieuse : « Vixit ut vulpes, mortuus est ut canis. » Rabelais annonce encore l'envoi de l'*Entrée de l'Empereur* à Messine et à Naples, et l'*Oraison funèbre* faite à l'enterrement du duc de Milan : ce sont là des événements de 1535 ; l'Empereur est entré à Naples le 25 novembre, et le duc Sforza est mort le 2 novembre 1535, à une heure de l'après-minuit. L'évêque de Mâcon fait part de ces événements à leur date, dans ses dépêches à du Bourg. (Mss. fr., 19.751). Le 6 décembre, il lui envoie l'*Entrée de l'Empereur* à Naples, « imprimée en cette ville ».

Quand Rabelais dit : *l'an qui vient 1536,* il compte à la romaine, et il ne faut pas lire, comme le proposent l'éditeur de 1651 et MM. des Marets et Rathery : *l'an qui vient 1537.*

1536.

6° De Rome, un paquet de lettres, dont la dernière est du 28 janvier 1536. Rabelais y accuse réception de la réponse de M. de Maillezais, datée du 2 décembre (1535) et relative aux paquets des 18 et 22 octobre, contenant les signatures du frère dom Philippe (paquet n° 3).

7° De Rome, un paquet de lettres, dont la dernière est du 15 février.

Il y accuse réception de la réponse de M. de Maillezais, datée du 10 janvier et arrivée, dix-sept jours après, le 28.

Les paquets n°ˢ 5, 6 et 7 forment la matière des lettres retrouvées et publiées. Somme toute, il manque environ la moitié de cette correspondance.

II

Opinions des du Bellay sur la question religieuse. — Leur attitude vis-à-vis des protestants d'Allemagne. — Leurs agents ordinaires. Tout est bon contre Charles-Quint. Rôle de Rabelais. — J. du Bellay nommé cardinal. Son départ pour Rome (juillet 1535) avec Rabelais et Pellicier. — Séjour à Ferrare ; à Florence. La ménagerie du seigneur Strozzi. Frère Bernard Lardon et les beautés de la Piazza della Signoria.

u Bellay absent, la Sorbonne n'avait pas désarmé. L'affaire du divorce n'avait été qu'un dérivatif à sa préoccupation dominante : l'extermination de la secte luthérienne que les Sorbonistes voyaient partout et mêlaient à tout.

Les théologiens, revendiquant plus ferme que jamais la connaissance des crimes contre la foi, agitaient le peuple de Paris et paralysaient la juridiction de l'évêque en arrachant au roi des lettres patentes et, au Parlement, des arrêts.

Tiraillé entre la Sorbonne et le Parlement d'une part, la reine Marguerite, les du Bellay et l'amiral Chabot d'autre part, hésitant, flottant, appartenant le matin aux catholiques, l'après-midi aux protestants, la nuit aux femmes, François Ier abandonnait la politique à la versatilité la plus troublante. A l'intérieur, c'est le règne des sous-entendus, des contresens, des revirements accumulés dans la même heure. Il y en a qu'on ne croirait jamais si les dates n'étaient là pour les corroborer. A l'extérieur, où il est moins sous l'œil des théologiens, le roi consent parfois à dessiner une attitude.

Les du Bellay avaient conçu le plan, qui étonne par sa simplicité hardie, de désagréger l'empire d'Allemagne, frémissant sous la main de Charles-Quint, en constituant François Ier arbitre de la question religieuse. Pour l'exécution, les du Bellay n'eurent pas d'autres ministres qu'eux-mêmes : de leurs paroles et de leurs actes il ressort sans conteste qu'ils cherchaient la solution dans l'établissement d'un *modus vivendi* entre les deux Églises. Ils

GUILLAUME DU BELLAY, SEIGNEUR DE LANGEY.
D'après un dessin du Cabinet des Estampes.

admettent la Réforme en tant que religion d'État et traitent directement avec elle.

C'est là un fait certain et que les dénégations mêmes des partis ne sauraient détruire.

Sous le coup des persécutions de la Sorbonne contre les leurs, les protestants d'Allemagne se détachaient du parti français auxquels ils avaient donné des gages, prêts à se jeter dans les bras de l'Empereur. Depuis la fameuse affaire des placards sacrilèges (octobre 1534), on brûlait couramment dans Paris. On avait brûlé huit personnes en novembre et décembre, dix autres en janvier et février 1535. « Sans les du Bellay, écrit Sturm, à Mélanchthon (de Paris, en mars), l'Allemagne serait remplie de fugitifs. »

Langey[1] surtout n'avait pas attendu les supplices pour se mettre contre les pourvoyeurs du bûcher. Il fait des ouvertures aux théologiens de Suisse, à Bullinger, à Pelicanus, à Myconius, à ceux d'Alsace, comme Bucer, pour rétablir la concorde entre les deux Églises, et, — chose plus difficile, — pour disculper le roi des mesures coercitives qu'il prend au dedans. Langey, homme admirable non moins versé dans la controverse religieuse que dans l'art militaire, va les trouver lui-même pour les convertir (à Zurich, mai 1534); c'est à lui que Mélanchthon dédie et adresse son sentiment sur la paix de l'Église *(Sententiæ de pace Ecclesiæ)*. Alors que les docteurs font les démoniaques, — même après les placards, — il ne désespère pas de convaincre les protestants de la nécessité d'une alliance.

Son frère et lui combinent une action commune pour amener la Cour à leurs idées; ils rédigent le manifeste de François Ier aux États de l'Empire (février 1535); ils le poussent à écrire directement à Mélanchthon; ils lui arrachent, en juillet suivant, l'édit de tolérance de Coucy et, pendant toutes ces agitations, ils ne cessent de faire échec à la Sorbonne, en discutant publiquement avec elle, en la montrant au peuple sous son véritable

---

1. On n'appelait pas autrement Guillaume du Bellay, qui était seigneur de Langey, au Maine.

aspect, c'est-à-dire plus esclave de ses privilèges qu'amie de la France et du roi. S'ils échouent finalement, s'ils ne peuvent ouvrir ces yeux qui ne voient point et déboucher ces oreilles qui n'entendent point, ce n'est, de l'aveu même des contemporains, ni faute de talent oratoire, ni faute de génie politique.

CHATEAU D'ESTE, A FERRARE.

Les du Bellay engagèrent-ils Rabelais dans cette campagne où, sur tous les points, leurs agents vont, viennent de France en Alsace et en Suisse, appelant partout à des conférences et à des colloques les hommes capables de rallier l'opinion par la ferveur de leur piété ou l'éclat de leur enseignement ?

Quoi qu'il en soit, un fait singulier, qui coïncide avec ces événements, et que je suis tenté d'expliquer par eux, se passe dans la carrière médicale de Rabelais ; sans propos, sans donner avis ni demander congé au Consulat, après avoir touché ses gages, il abandonne le Grand-Hôpital de Lyon et la ville même. Ceci se produit le 13 février 1535 et, le lendemain, maîtres Charles, Pierre du Castel et Jehan Canappe demandent sa place ; je conclus de cette précipitation qu'ils étaient prévenus, et du départ de Rabelais et de son intention de résigner ses fonctions. J'ajoute que la nomination de son successeur ayant eu lieu à l'unanimité des voix, ses amis ne durent pas s'y rallier sans avoir acquis préalablement la certitude qu'il ne reviendrait pas.

Il était allé à Grenoble, se rapprochant du pays des Farel, et, sans tirer de ce fait des déductions rigoureuses, il n'est pas invraisemblable d'admettre que les du Bellay lui avaient confié quelqu'une de ces missions secrètes où il apportait le tact et la discrétion désirables. Ses relations avec les chefs du protestantisme le désignaient plus qu'aucun autre pour débattre les intérêts en jeu. Un autre agent des du Bellay, Jean Sturm, était constamment sur la route de Paris à Strasbourg pour le même objet. Brantôme a constaté chez eux l'existence d'un personnel spécial, toujours en mouvement pour leur compte, et se déplaçant avec une rapidité qui conjure la difficulté des communications.

J'ai montré du Bellay et Langey se partageant l'exécution des plans que le roi avait agréés. Le mouvement leur était favorable : Chabot était avec eux, Montmorency lui-même n'était point ennemi. Langey, plus patient, plus grave d'aspect, s'attribue l'Allemagne, où il va préparer les voies à la grande conférence projetée entre la Sorbonne et les protestants. Ses hommes de confiance sont Barnabas de Voré, seigneur de la Fosse, Ulrich Chelius et Jean Sturm, et, spécialement pour la Suisse, Guillaume Farel, un véritable correspondant. Il fait provision d'arguments pour l'assemblée de Smalkalden (décembre 1535).

RENÉE DE FRANCE, DUCHESSE DE FERRARE.
Dessin du Louvre.

A du Bellay échoit l'Italie; on compte sur lui pour travailler Paul III, le nouveau pape[1].

Le 15 juillet, il est à Lyon, où il rencontre le conseiller Picart et autres, députés par le roi pour l'éclaircissement des abus genevois; le 18, à Carmagnole; le 22, à Ferrare. Cette fois, il avait besoin des ordonnances de Rabelais, étant souffrant et, de son propre aveu, peu propre à courir la poste. Évidemment, Rabelais l'accompagna, et, avec lui, Guillaume Pellicier, évêque de Montpellier. Deux Farel, Claude et Gaucher, qui traversaient le Piémont, croisent la petite troupe; ils l'écrivent de Turin à Genève, ils ont rencontré en route le cardinal du Bellay qui va prendre le chapeau rouge; le bruit se répand qu'il sera légat du pape en France en remplacement de Duprat.

A Ferrare, nos gens s'arrêtent quatre ou cinq jours. Rabelais y réconforta ceux qui, comme lui, pâtissaient pour la liberté de conscience. Marot, exilé, venait d'arriver à la cour de la bonne Renée (en avril)[2]. Un autre poète, recherché pour ses idées, Lyon Jamet, de Sanxay, en Poitou, protégé de Geoffroy d'Estissac, seigneur du Bois-Pouvreau, y avait également trouvé asile[3]. Marot méditait alors son poème de l'Enfer, qu'il dédia au compagnon Jamet[4].

---

1. Une de ses lettres au roi, de Rome, novembre 1535, prouve avec quel esprit de tolérance il envisageait la question des hérétiques. Le roi avait eu des conférences avec les théologiens de Paris pour appointer les différends de la religion. Les Impériaux ayant empêché Mélanchthon, qui avait écrit à Langey, d'aller trouver le roi pour chercher un terrain d'accommodement, Paul III et du Bellay accusent les théologiens d'avoir entravé l'action des gens de sens rassis et modéré; d'être gens réputés séditieux, « ressemblant le chien du jardinier », et indignes pour la plupart « de traiter matière requérant tant de prudence ». Le pape ordonne donc à l'archevêque de Brindes, nommé Aleander, de conférer avec du Bellay des expédients à opposer aux progrès de l'hérésie et dit que « qui vouldra guérir le mal tout a ung coup y mettra le feu et ne l'aura en rien amandé ». Bibliothèque nationale, Mss. fr., 5.499, p. 239.

2. Le signalement de la bonne duchesse tient dans cette phrase de Brantôme : « Jamais françois, passant par Ferrare, ayant nécessité et s'adressant à elle, n'a party d'avecques elle qu'elle ne luy donnast une ample aumosne et bon argent pour gaigner son pays et sa maison. »

3. On l'y trouve encore en 1551.

4. Paru pour la première fois, du moins en France, chez Dolet, en 1542, il circula longtemps à l'état manuscrit parmi ses amis. Ce n'est pas proprement pour l'Enfer que Marot fut

De là, ils vinrent à Florence, qu'ils visitèrent. Philippe Strozzi les logea probablement dans son palais. C'est une figure curieuse que celle de ce Strozzi : son aversion, tardive mais sincère,

FAÇADE DU PALAIS STROZZI, A FLORENCE.
(Fin du xve siècle.)

pour Alexandre de Médicis, l'homme de Charles-Quint à Florence, faisait de lui l'homme de François Ier. (Son fils, Pierre, a tenu sur les champs de bataille les promesses du père.) C'est, à

poursuivi, mais ses tendances étaient connues et jamais les procès de tendances ne furent plus communs qu'au xvie siècle.

l'estime de Rabelais, le plus riche marchand de la chrétienté après les Fugger d'Augsbourg ; il avait habité Lyon, où il possédait une succursale importante, et, magnifique à la façon des Médicis, adopté les savants et les lettrés de la ville, qui ont célébré tour à tour ses lumières et sa munificence. Étant venu un jour pour ses affaires, il prétendit garder l'incognito ; mais, comment ? Le poète Ducher le découvre aussitôt, et aussitôt les autres poètes de chanter sa venue [1].

A Florence, son palais ainsi que sa cassette étaient ouverts à tous les curieux de l'histoire naturelle et de l'antiquité. Comme ses études portaient principalement sur Pline l'Ancien et Suétone, dont il a épuré les textes, il trouvait dans Rabelais et Pellicier un écho tout prêt à répondre. Il avait contracté le goût des animaux rares, non pour obéir à ce sentiment de gloriole héraldique qui pousse Florence et Pérouse à entretenir dans leurs fosses des armes rugissantes, mais pour suivre une tendance zoologique en harmonie avec les *orti botanici*, dont les Italiens revendiquaient la priorité.

Il ne s'agit plus ici d'une curiosité badaude qui se tourne, à un moment donné, en un plaisir barbare ; — il y avait eu, sur la Piazza della Signoria, des combats où le lion, le taureau, le cheval, le sanglier, le chien, voire la candide girafe, s'étaient poursuivis ou déchirés ; — c'est l'exhibition de ménageries qui annotent et vulgarisent Élien et Pline. Ces *serragli*, qu'à l'instar des Médicis et des Visconti, Philippe Strozzi montre avec orgueil à ses hôtes, font partie du programme de la Renaissance. Tout le monde n'en sent point l'utilité ; à propos de cette visite aux choses et aux bêtes, Rabelais daube pour la centième fois les moines qui fuient la civilisation sous toutes ses formes et se ruent en cuisine, attirés vers les marmites par l'irrésistible vertu de l'aimant.

Comme il traite ces bélîtres par la bouche d'Epistemon ! « Il

1. Gilbert Ducher, *Épigrammes latines* (Lyon, Seb. Gryphe).

PORTE DU PALAIS STROZZI, A FLORENCE.

y a environ vingt ans [1], nous estions bien bonne compagnie de gens studieux, amateurs de peregrinité et convoiteux de visiter les gens doctes, antiquitez et singularitez d'Italie. Et lors curieusement contemplions l'assiette et beauté de Florence, la structure du Dôme, la somptuosité des temples et palais magnifiques. Et entrions en contention qui plus aptement les extolleroit par louanges condignes, quand un moine d'Amiens, nommé Bernard Lardon, comme tout fasché et monopolé, nous dit : « Je ne sçay que diantre vous trouvez icy tant à louer. J'ai « aussi bien contemplé comme vous et ne suis aveugle plus que « vous. Et puis : qu'est-ce ? Ce sont belles maisons. Mais Dieu « et Monsieur Saint Bernard, notre bon patron, soient avec « nous! en toute cette ville encores n'ay je veu une seule rou- « tisserie, et y ay je curieusement regardé et considéré..... Je « ne sçay quel plaisir avez pris voyans les lions et africanes « (ainsy nommiez vous, ce me semble, ou bien ours bistides [2], « ce qu'ils appellent tigres) près le beffroy : pareillement voyans « les porcs epics et autruches, au palais du seigneur Philippe « Strozzi. Par ma foy, mes fieulx, j'aimeroys mieulx voir un « bon et gras oison en broche. Ces porphyres, ces marbres « sont beaux, je n'en dis point de mal. Mais les darioles d'Amiens « sont meilleurs à mon goust. Ces statues antiques sont bien « faites, je le veux croire. Mais par saint Feréol d'Abbeville, les « jeunes bachelettes de nos pays sont mille fois plus adve- « nantes [3]. »

---

1. *Pantagruel*, livre IV, chap. xi. Ce chapitre fait partie de la fraction du *Quatrième livre*, parue en 1548, avec cette mention : « il y a environ douze ans », ce qui reporte le souvenir a 1535 environ. Dans l'édition complète parue en 1552, on lit : « il y a environ vingt ans », ce qui est une défaillance de mémoire.

2. Bistides, dit l'édition Rathery et B. des Marets. Lybistides, dit Sardou. De Libye, dirons-nous.

3. Écoutons Montaigne sur le même sujet. Il visite l'écurie du duc, « fort grande, voutee, où il n'y avoit pas beaucoup de chevaux de prix; aussi n'y estoit-il pas ce jour-là. Nous vismes là un mouton de fort estrange forme ; aussi un chameau, des lions, des ours, et un animal de la grandeur d'un fort grand mastin, de la forme d'un chat tout martelé de blanc et de noir qu'ils nomment un tigre. » De là, comme Rabelais, il va voir le Dôme et les chefs-d'œuvre de Michel-Ange à San Lorenzo. Malgré la grandeur de ce spectacle, son domestique, qui prend la

L'ironie gouailleuse avec laquelle Rabelais fait ressortir la rustauderie de ce moine réfractaire à l'architecture, à la statuaire, en même temps qu'à la science de l'histoire naturelle, nous est un témoignage précieux de l'élévation de ses goûts artistiques.

PIAZZA DELLA SIGNORIA, A FLORENCE,
au commencement du XVIᵉ siècle.

Ce Bernard Lardon, qui met les « roustisseries roustissantes » d'Amiens au-dessus des chefs-d'œuvre, est vraiment une naïve

plume en ce moment, est assiégé des mêmes préoccupations que frère Bernard Lardon, et il prête quelques basses réflexions à son illustre maître, qui trouve les logis beaucoup moins commodes qu'en France et en Allemagne; « car les viandes n'y sont ni en si grande abondance à moitié qu'en Allemagne ni si bien apprêtées. On y sert sans larder et en l'un et en l'autre lieu, mais en Allemagne, elles sont beaucoup mieux assaisonnées, et diversité de sauces et de potages. Les logis en Italie de beaucoup pires; nulles salles; les fenêtres, grandes et toutes ouvertes, sauf un grand contrevent de bois qui vous chasse le jour, si vous en voulez chasser le soleil ou le

et piquante expression de l'incivilité monacale opposée à la politesse de mœurs, au raffinement de goûts que Rabelais pourtraicture dans Epistemon et ses amis, c'est-à-dire dans lui-même.

J'insiste sur ce trait de son œuvre ; s'il en a d'autres plus forts pour attaquer l'ignorance des moines, il n'en a guère de plus fins pour blesser leur amour-propre.

On s'est demandé[1] si Rabelais par ses *africanes* ne faisait pas allusion à des sculptures exposées près du Beffroi, comme le lion en pierre qui est à l'angle du Palazzo Vecchio, et le lion de Flaminius Vacca, sous la Loggia. Non, Rabelais parle de panthères et de tigres vivants ; il les désigne du nom même qu'ils avaient dans l'ancienne Rome et que leur donnait Philippe Strozzi, d'après Pline[2]. Ces bêtes, tous les voyageurs contemporains ont pu les voir : elles composaient en partie la ménagerie attenante aux écuries ducales, et le sire de Villamont, passant par Florence à la fin du siècle, ne les oublie pas : « Joignant icelles est un lieu où sont les lions, ours, tigres, onces, léopards, loups serviers et autres sortes de bestes et oyseaux sauvages qu'on void en donnant quelque chose à celuy qui les a en garde. »

Vers le milieu d'août, du Bellay et les siens sont à Rome[3]. Le retour de l'évêque de Paris fut salué avec joie par tous ceux qui étaient à la France, et célébré comme une fête. Le chapeau rouge l'avait haussé dans la faveur de la Cour. L'évêque de Mâcon, Charles Hémard, toujours ambassadeur, l'attendait avec impatience, étant de ceux qui, avec le cardinal de Boulogne, avaient le plus intrigué pour enlever sa nomination (en mai et

---

vent... Égale ou plus grande faute de linge. Les vins communément pires, et à ceux qui en haïssent une douceur lâche, en ceste saison (en hiver) insupportables. »

1. Un éditeur de Rabelais, M. Sardou.
2. « Senatus consultum fuit vetus ne liceret *africanas* in Italiam advehere ». (Livre VIII, p. 78.)
3. Le 18, ils sont arrivés depuis quelques jours. J'emprunte ce détail, avec beaucoup d'autres aux correspondances manuscrites, à celles d'Hémard, de Chapuis, de Marrecte.

juin, contre les Impériaux qui avaient tout fait pour en détourner le pape). De même, Raince, qui depuis tantôt dix-sept ans était secrétaire de l'ambassade. Le libraire du roi, Chapuis, était-il encore là? Il se peut, on l'avait donné pour cicerone aux cardinaux français venus pour le conclave de 1535.

Beaucoup de grands seigneurs et gens de bien le désirent merveilleusement à Rome, étant en opinion qu'il y fera un grand fruit pour toute la chrétienté. Sur le bruit de sa venue, le pauvre M. de Montluc s'arrête, dans l'espoir d'être retenu à son service, et prend une *lecture* que Messieurs de la Ville lui donnent en attendant[1]. On se dispute à qui lui portera le chapeau. Il y a là un certain Cane, scripteur apostolique, enfant de Paris, bien connu de M. de Langey, qui donnerait volontiers cinq cents écus pour être député à cet office : homme de bon crédit et réputation, à la garantie duquel on trouverait argent en suffisance s'il en était besoin, et qui ne demande que bonne grâce en échange de la course. Il n'attend qu'un mot du cardinal. On lui trouvera le logis le plus beau du monde; s'il veut loger chez le cardinal Pisan, au palais Saint-Marc, il le peut, le pape l'occupera jusqu'en septembre seulement. S'il veut loger chez Mgr Cibo, il n'a qu'à parler. Sa cave est encore bien fournie de vin et bois[2].

Tout le monde est à sa dévotion. Les armoiries qu'il a commandées pour sceller les pardons sont prêtes : l'oncle de la petite Martia, l'idole de M. le secrétaire Raince, en a la commande, et pour les faire graver il attend qu'elles lui plaisent; d'ailleurs, M. le secrétaire n'entend pas qu'un autre s'en mêle, tenant l'oncle

---

1. Jean de Montluc. Il nous donne une fière idée de la hardiesse propre aux agents des du Bellay; il alla seul, et *sans lettres de personne*, vers Barberousse pour le bien disposer envers François I"". (Voyez les *Négociations du Levant*, dans les *Mémoires inédits sur l'Histoire de France*.)

2. Du Bellay se connaissait bien en vins. Il en avait de toutes sortes à Paris, voire de Languedoc, pour délier les langues et tourner les têtes. Je lis dans une lettre de son frère René que « ses vins de Barbeau » sont excellents et qu'il les faut mettre en lieu sûr « ou dans la maison de Barbeau louée à Magistri... Je fis hier taster de vos vins de Saint-Cloud au gros Lhermitage qui dist n'en avoir beu de cest an d'aussi bons nouveaux. Je vous les ferai bien garder. » Sa lettre semble contemporaine du second voyage à Rome.

par la nièce. L'architecte Bonacurio et ses frères le supplient d'appuyer auprès de M. l'amiral une dépense qu'ils ont faite pour la grande nef et qui ressortit à son conseil. Les plus empressés de savoir de ses nouvelles sont les cardinaux Trivulce, Pisan, Trani, Gadi, Salviati, Ridolfi et Campeggio. Quant au poète Modestus, il attend les Français, lyre en main. Un autre, Antonio Thebaldeo, se joint à Modestus et prie son vieil ami Sadolet de le recommander à du Bellay[1].

1. La lettre de recommandation de Sadolet est datée de Carpentras, en juillet 1536. Nous donnons le portrait de Thebaldeo d'après un médaillon reproduit dans le livre de Mazzuchelli.

ANTONIO THEBALDEO.

III

Arrivée à Rome. Lettres de Rabelais à G. d'Estissac, évêque de Maillezais. Types de gentils-hommes campagnards. Rabelais pourvoyeur des jardins du Maine et du Poitou. — Nouvelles courses aux antiquailles. La *vigne* de Saint-Laurent in Palisperna. Rabelais guide du voyageur Thevet. Les architectes archéologues : Sébastien Serlio, Philibert de l'Orme. Entourage du cardinal et relations de Rabelais. — Situation de Rabelais au point de vue des règles monastiques. Sa supplique au pape Paul III. Faveurs dont il est l'objet en Cour de Rome. — Feintes du cardinal pour échapper aux pièges de Charles-Quint. Une ordonnance de Rabelais. Retour précipité (mars 1536). — Instruction commencée contre Rabelais à Lyon. Lettre du cardinal de Tournon. Le *quart d'heure de Rabelais*.

Aussitôt fixé, Rabelais commence à s'acquitter de son engagement envers Geoffroi d'Estissac.

On voit d'abord que sur certaines matières dans lesquelles l'évêque de Maillezais avait sans doute un intérêt personnel, Rabelais correspond en chiffres arrêtés entre eux pour la commodité du mystère. Je ne suis pas éloigné de croire qu'il avait vu M. de Maillezais avant son départ, car, en dehors des affaires particulières dont il poursuivait la solution devant la Curie, il avait accepté diverses commissions pour le compte de l'évêque, avec la charge de lui mander les nouvelles politiques affluant au siège de la chrétienté.

Dans ses lettres, Rabelais nomme des personnages amis dont quelques-uns nous sont inconnus. Tel M. de Saint-Cerdos ou plutôt Saint-Sardos[1] qui lui écrit de Dijon pour lui recommander « un procez qu'il a pendant en ceste court de Rome ». L'affaire ne prend pas bonne tournure et Rabelais en est très fâché « attendu la bonne amour que luy portez, dit-il à d'Estissac, et aussi qu'il m'a de tout temps favorisé et aimé ». Saint-Sardos

---

1. Saint-Cerdos n'existe point. En revanche, il existe deux villages du nom de Saint-Sardos, l'un dans le Lot-et-Garonne, à 24 kilom. d'Agen, l'autre dans le Tarn-et-Garonne, à 20 kilom. de Castelsarrazin. Rabelais, qui connaissait bien le pays, parle sans doute d'un seigneur ou abbé de Saint-Sardos, également ami de d'Estissac.

devrait venir en personne à Rome. « En mon advis, M. de Basilhac, conseiller de Tholoze, y est bien venu cest hiver pour moindre cas et est plus vieil et plus cassé que luy, et a eu l'expédition bien tost à son profit. » Sur d'autres nous avons quelques renseignements : tel Michel Parmentier, libraire, à l'enseigne de l'*Écu de Bâle*, à Lyon, et qui servait d'intermédiaire entre Rabelais et d'Estissac. « Vous pouvez estre asseuré, dit-il à celui-ci, que les pacquetz que je vous envoiray seront fidèlement tenuz d'icy à Lyon. Car je les metz dedans le grand pacquet ciré qui est pour les affaires du Roy : et quand le courrier arrive à Lyon, il est déployé par M. le gouverneur. Lors son secrétaire, qui est bien de mes amis, prend le pacquet que j'adresse, au dessous de la première couverture, audit Michel Parmentier. Pourtant n'y a difficulté sinon depuis Lyon jusqu'à Poictiers. C'est la cause pourquoy je me suis advisé de le taxer, pour plus seurement estre tenu à Poictiers par les messaigiers, sous l'espoir de y gaigner quelque teston. De ma part j'entretiens toujours ledit Parmentier par petits dons que luy envoye des nouvelletés de par deça, ou à sa femme, afin qu'il soit plus diligent à chercher marchands ou messaigiers de Poictiers qui vous rendent les pacquetz. » D'Estissac lui-même préférait ce moyen à celui des banques, craignant que par les banquiers les paquets ne fussent « crochetés et ouverts ». Aussi Rabelais est-il d'avis que d'Estissac écrive à Parmentier pour le remercier et réchauffer son zèle au moyen d'un écu « en considération des diligences qu'il fait de m'envoyer vos pacquets et vous envoyer les miens ».

Hôte des deux ambassadeurs et admis à leurs conversations intimes, présent aux arrivées et départs des courriers, il était admirablement placé pour renseigner d'Estissac.

C'est d'abord la guerre sourde d'Alexandre de Médicis, premier duc de Florence, contre Philippe Strozzi, ses embûches pour emprisonner l'homme dont les biens lui portaient ombrage et le tentaient[1] ; Rabelais nous dit comment Strozzi, averti du piège, allait ordinairement par la ville accompagné de trente soldats « bien armés à point » ; un instant, Strozzi dut se jeter dans les bras de l'Empereur, offrant trois cent mille ducats pour informer sur la tyrannie et méchanceté des Médicis.

C'est ensuite la mort du duc de Milan, Sforza (le 2 novembre), dont Mâcon fait cette cruelle épitaphe : « Il a vécu comme un renard, il est mort comme un chien[2] » ; la défaite des Turcs par le Sophi de Perse à Betelis et leur prompte revanche ; les préparatifs du pape pour la réception de l'Empereur, qu'on attendait au commencement de janvier ; les dispositions du duc de Ferrare à entrer dans la Ligue impériale, malgré Renée de France dont il remplace la gouvernante, Mme de Soubise, par des Italiennes, « qui n'est pas bon signe » ; les armements d'André Doria contre les corsaires. Dans l'appréciation de ces nouvelles, Rabelais fait montre d'un esprit politique très fin et qui envisage immédiatement toutes les conséquences d'un fait ; il lit clairement dans le jeu de Charles-Quint : l'Empereur vient à Rome soutirer l'argent du pape, il cherche à se rembourser de ses frais de guerre, alléguant qu'il a sauvé l'Italie en tenant tête au Turc et à Barberousse.

L'évêque de Maillezais est avec celui du Mans, René du Bellay, une des curieuses figures de gentilhomme campagnard produites par le xvie siècle : l'art des jardins, la chasse et la pêche ont eu aussi leur Renaissance. Alors que la plupart des évêques se consacrent à la diplomatie et abandonnent leur siège pour se rapprocher de la Cour, quelques-uns, en compagnie des vieux guerriers usés sur les champs de bataille, se renferment dans les plaisirs de la vie rustique. S'excitant à l'agriculture par la

---

1. Les frères de Sainte-Marthe (édition des *Épîtres de Rabelais*) ont nié que le Strozzi dont le duc Alexandre convoitait les biens fût de la famille si connue par ses alliances avec les Médicis et par les hommes de guerre qu'elle a fournis à la France, Pierre et Philippe Strozzi ; ils se trompent.

2. « Vixit ut vulpes, mortuus est ut canis. » Lettres d'Hémard, Mss. 19751.

lecture des Romains et des Grecs qu'ils entendent suffisamment, ils retournent aux charrues de Columelle et Varron, ils philosophent par leurs allées bordées de buis, comme autrefois les Athéniens dans les jardins d'Académus. On les voit ordonner leurs vergers et leurs parcs selon les méthodes antiques, distribuer logiquement saulaies, véneries, héronnières et garennes, dessiner leurs parterres cloisonnés comme des plafonds à compartiments, s'entourer des arbustes et des fleurs que les bucoliques ont célébrés dans leurs vers, s'enivrer avec délices des parfums respirés par les naturalistes anciens, et attirer dans leur enclos les oiseaux chanteurs qu'on entendait au temps de Théocrite et de Tibulle.

Les louanges que Cicéron a données au repos des champs les grisaient par-dessus les siècles : la nature eut un réveil charmant dans cette atmosphère de souvenirs littéraires. Geoffroi d'Estissac ne se plaisait pas à la Cour; il y vint peu (sous le patronage de la reine de Navarre), et ne s'y tint pas. Riche des belles propriétés qu'il avait en Poitou et de celles dont il jouissait en Guyenne comme tuteur d'un sien neveu, il y dépensa son activité et y forma ses goûts.

Chez lui, le séjour à la campagne tourna au bénéfice de ses études qui furent celles d'un naturaliste. Rabelais et Jean Bouchet ont chanté les délices des jardins qu'il avait plantés autour de ses châteaux de L'Ermenauld et de Ligugé : ils passaient pour les plus beaux qui fussent en Poitou, comme ceux de Touvois pour les plus beaux qui fussent au Maine. Le gros souci de l'évêque était de les enrichir de plantes pour la médecine ou de légumes pour la table; il s'adressa à Rabelais, comme René de Bellay à Pierre Belon. Rabelais n'avait-il pas gardé bon souvenir à ces demeures qui lui avaient apporté l'oubli du cloître et les premières bouffées d'air libre ?

N'avait-il pas quelque reconnaissance pour ces potagers qu'il pourvoit abondamment de toutes sortes de salades ? Ces graines de Naples, « desquelles le Saint-Père fait semer en son jardin secret du Belvédère », iront le rappeler à la jeune femme de Louis d'Estissac quand elle viendra voir son oncle : en voici de toutes sortes, hormis de *nasicord* et d'*arrouse* qui sont meilleures à Ligugé qu'en Italie et plus douces à un estomac d'évêque : voici des graines de *cardes*, de *melons* et de *citrouilles* avec des recommandations pour les fumer et armer de joncs contre les gelées tardives : en voici d'autres encore, des *œillets d'Alexandrie*, des *violes matronales*, des *belvédères* pour tenir les chambres fraîches en été, des plantes médicinales, mais ce serait mieux l'affaire de Mme d'Estissac[1]. Pour elle aussi, ces mille petites *mirolifiques* que les Florentins et les Lucquois, passant par Rome, apportent de Chypre, de Candie et de Constantinople. Mirolifiques ? Rabelais tient l'expression de Villon[2].

> Je vis tant de mirolificques,
> Tant d'ameçons et tant d'afficques
> Pour attraper les plus huppez.

Elles sont à bon marché, c'est vrai, mais encore faut-il ne pas manquer l'occasion.

Or, Rabelais a dû se mettre en frais pour tenir son rang et faire figure à la Coûr : « Je suis contraint, écrit-il à l'évêque, de recourir encore à vos aumosnes, car les trente escus qu'il vous plût me faire icy livrer sont quasi venus à leur fin, et si n'en ay rien despendu pour ma bouche ni en meschanceté, car je boys et mange chez Monsieur le Cardinal de Bellay ou Monsieur de Mascon. Mais en ces petites barbouilleries de dépêches et louage de meubles de chambre et entretenement de habillemens s'en va beaucoup d'argent, encore que je m'y gouverne tant chichement qu'il est possible. Si vostre plaisir est de m'envoyer quelque lettre de change, j'espère n'en user qu'à vostre

---

1. Ce n'est pas la belle-sœur de l'évêque, c'est sa nièce. Il ne s'agit pas en effet de Catherine Chabot, sœur de l'amiral et femme de Bertrand d'Estissac, lieutenant général en Guyenne, quoique tous les commentateurs l'aient dit, mais bien d'Anne de Daillon, femme de Louis d'Estissac, fils de Bertrand. Rabelais, pendant son séjour à Maillezais, acheva l'éducation du neveu et pupille de l'évêque.
2. Préambule des *Repues franches*, v. 216.

service et n'en estre ingrat au reste. » Tout ce passage est d'une bonhomie charmante; il respire la simplicité dans les mœurs et la naïveté dans le désir; je devais le citer comme un naïf témoignage du contentement intérieur qu'en ressent le philosophe qui l'a écrit.

Hormis le séjour qu'il fit à Pérouse avec M. de Mâcon aux mois de septembre et d'octobre[1], du Bellay ne s'éloigna pas de Rome, et la course aux antiquailles recommença de plus belle.

Vous rappelez-vous la petite vigne que Rabelais et son maître, à leur premier voyage, avaient *achetée ensemble*, pour y faire des fouilles? Je crois bien en avoir retrouvé l'emplacement : ce devait être « la petite vigne *du côté de Saint-Laurent in Palisperna* » que du Bellay garda toute sa vie et laissa par testament à son valet de chambre, Charles Marault « pour en disposer selon son commandement »[2]. Rabelais ne vécut pas assez longtemps pour en devenir propriétaire; mais il en avait l'usufruit avec les serviteurs du cardinal qui s'y allaient ébattre en liberté, selon le témoignage de Joachim du Bellay, en ses *Regrets*[3].

> Maraud, qui n'es Maraud que de nom seulement,
> Qui dit que tu es sage, il dit la vérité :
> Mais qui dit que le soin d'éviter pauvreté
> Te ronge le cerveau ta face le desment.
> Celuy vrayment est riche et vit heureusement,
> Qui s'esloignant de l'une et l'autre extrémité,
> Prescrit à ses désirs un terme limité :
> Car la vraye richesse est le contentement.
> Sus donc, mon cher Maraud, pendant que nostre maistre
> Que pour le bien public la nature a fait naistre,
> Se tormente l'esprit des affaires d'autruy,
> Va devant à la vigne apprester la salade :
> Que sçait-on qui demain sera mort ou malade?
> Celuy vit seulement lequel vit aujourd'huy.

---
1. Pour les affaires de la succession du cardinal de Médicis et d'Alphonsine Ursin.
2. Cette vigne contenait une maison dont Marault prit possession à la mort du cardinal.
3. Vers 1557.

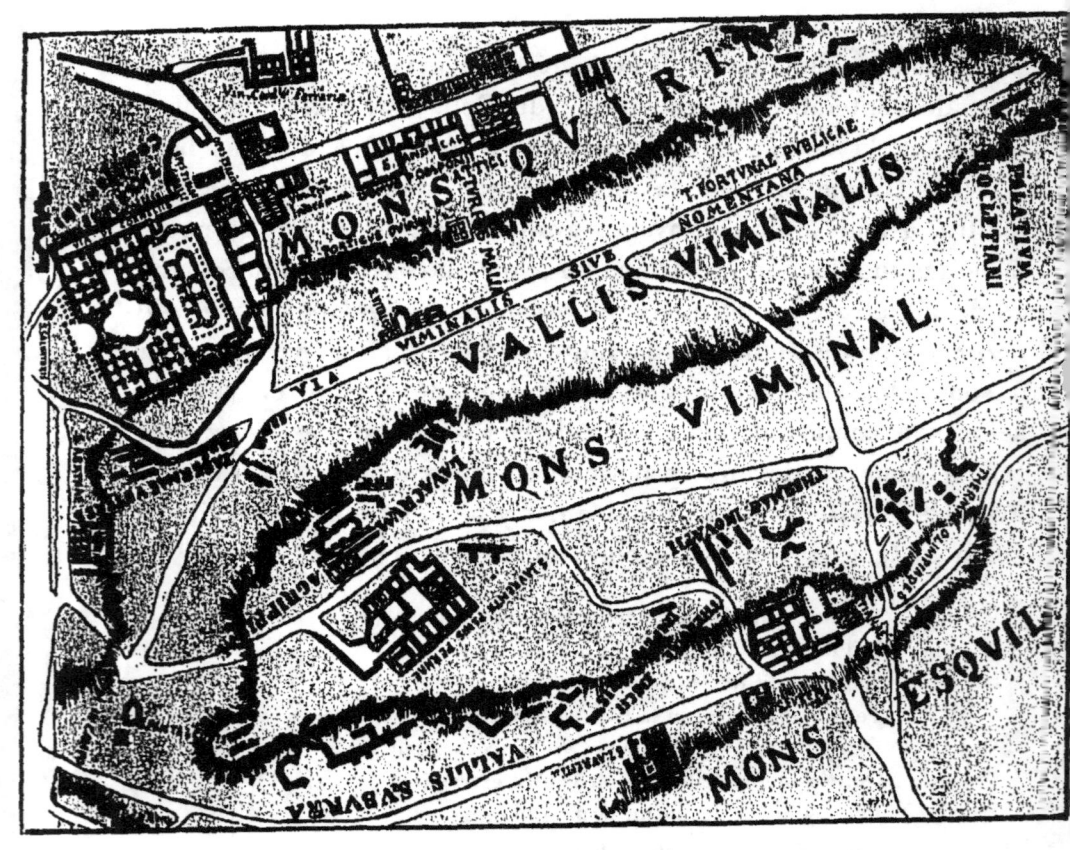

PLAN DU QUARTIER SAINT-LAURENT IN PALISPERNA.
D'après Bufulino.

Les autorités romaines en arrivèrent à s'inquiéter pour la conservation de ce qu'elles considéraient comme le patrimoine de la ville. Du Bellay accaparait. Le cardinal Pisan lui ayant fait cadeau d'un « beau pillon antique », les gouverneurs du Capitole s'en plaignirent au pape, alléguant que ce cadeau leur faisait grief, et demandèrent au Consistoire que le pilon leur fût rendu comme dépendant d'eux. Pisan, pour toute défense, dit l'avoir donné.

Mais le pape fut obligé de céder aux instances réitérées des gouverneurs, regrettant toutefois que l'objet ne fût pas en la maison de du Bellay, « et, ajoute un secrétaire écrivant à du Bellay, commandant qu'on en trouvast des plus beaux qu'on pourroit et qu'on les luy apportast pour vous en faire part, donnant charge à M. le prothonotaire Carnesecque vous escrire bien au long comment l'affaire s'estoit passée, ce que je croy il fera, et Mess. l'ambassadeur et secrétaire qui ont fait tout tant qu'il a été possible que le dit pillon demourast pour vous être envoyez[1]. »

Rabelais était de moitié avec du Bellay dans toutes les opérations de ce genre. Aussi quand l'Angoumois Thevet fit le voyage de Rome, c'est à Rabelais qu'il s'adressa pour visiter les palais, les musées particuliers et les *vignes*.

On ne consulte pas assez Thevet. Il aimait passionnément la sculpture tant ancienne que moderne, et s'il tomba souvent dans l'erreur scientifique, s'il a, comme Pline, des candeurs de commère, il en a aussi les curiosités inquiètes et frétillantes. Il a laissé des descriptions curieuses, uniques même, de belles images de bronze, de porphyre, de jaspe et de marbre qui ont frappé ses yeux. « La plupart des palais à Rome çà et là en sont parez, dit Thevet[2], mesme les grands Seigneurs ès

---

1. Lettre de Marrecte à du Bellay, le 15 avril (1536 sans doute), époque à laquelle du Bellay était rentré en France. (Bibliothèque nationale, F. fr., Mss. 19751.) Des termes de cette lettre, il résulte que le cardinal Pisan lui a fait le cadeau du pilon « estant à Venise ». C'est Pisan, ce me semble, qui était à Venise et non du Bellay.

2. *Cosmographie*, t. II, p. 731 *bis*.

courts de leur logis, ès allées, et aux fontaines de leurs jardins en font parade, ou sur des perrons aux entrées de leurs salles :

THEVET, COSMOGRAPHE DU ROI.

comme au nouveau Palais des Farnèses, où je veis de mon temps un Hercules de marbre, tout nud, appuyé sur une pierre mal polie, avec la massue et la peau d'un lyon sous son bras gauche : et autres infinies antiquitez que je pourrois vous deduire, n'estoit que j'evite prolixité, tant qu'il m'est possible. Il me souvient que, contemplant telles antiquitez à la Court et jardin d'un Seigneur romain, on me cuyda oultrager, disant que j'estois trop hardy et que par adventure j'estois espion[1]; mais estant ledit seigneur adverty par Rabelais qui a tant fait depuis parler de luy, de ma curiosité, et voyages par moy faicts, lors j'eus entrée de toutes parts. Telle fortune m'est souvent advenue en plusieurs païs de l'Italie et ailleurs pareillement. Et n'ay eu chose mesmorable pour antiquité de Rome que la teste et le col d'un Vitellius, faits de marbre blanc antique, par un *Ambransius,* sculpteur du temps dudit Vitellius, et quelques autres pieces faites par Michel Ange que j'ay en mon cabinet, que les Princes de France ont admiré de telle sorte qu'ils l'ont estimé comme chose des plus antiques[2]. Voilà comment moy, pauvre Thevet, je me suis comporté suyvant la curiosité qui m'a ainsy commandé. »

Vers le même temps, le Bolonais Sébastien Serlio arrive pour visiter et dessiner les monuments antiques. Il se place de lui-même sous les ordres du Siennois Baldassare Peruzzi qu'il avoue pour son maître et précepteur, quoiqu'il fût déjà en état de donner des leçons au lieu d'en recevoir. Mais en ces âges on recommençait volontiers son éducation, passât-elle pour complète sous une latitude voisine. Serlio poursuivait le même but que Philibert de l'Orme : ses fouilles au temple de Marcellus avec Peruzzi l'occupaient principalement. Plus encore que l'architecte français, il se rend l'esclave de Vitruve dont il fera triompher la doctrine à Venise, auprès du magnifique Gabriel Vendramini,

1. Pareille mésaventure lui arriva à Gênes, en visitant le palais Doria; arrêté comme espion, il est délivré par Doria lui-même.
2. Thevet est très affirmatif en ce qui touche le génie de Michel-Ange, « la fleur des peintres de toute l'Europe que j'ai vu de mon temps à Rome, peintre et tailleur d'images. Il s'est rendu égal aux plus excellens de tous les anciens. »

de Marc Antonio Michiele ; à Bologne, chez le chevalier Bocchio, Alessandro Monzolo et Cesare Cesareano Lombardo ; à Rome, parmi tous les amateurs capables d'une opinion critique.

A Rome, il recherche surtout l'élément français avec lequel il s'était mis en contact, au temps où Lazare de Baïf était ambassadeur à Venise (1533) : les maisons de du Bellay, de Pellicier, d'Hémard lui sont ouvertes. Il y intrigue pour entrer au service de François Ier dont il entend chaque jour célébrer la libéralité : il y plaide adroitement la cause de l'art classique, il se défend par anticipation contre le reproche de sacrifier à la fantaisie déréglée. Valerio Porcaro et ses frères se lèveraient du tombeau pour protester contre qui l'accuserait de manquer à la doctrine de Vitruve, au cas même où ses détracteurs seraient passés en France, dit-il. Et encore trouverait-il là des défenseurs, Baïf, Georges d'Armagnac, évêque de Rodez, l'*universalissime* Pellicier, le roi enfin dont l'ombre seule épouvanterait qui voudrait contrarier Vitruve en lui [1].

Vers le même temps aussi, un jeune homme, presque un enfant, le père de l'architecture française, Philibert de l'Orme, enfin, battait la ville, mesurant les proportions des édifices antiques, prenant des croquis, levant des plans, achevant son éducation de constructeur par une étude patiente des matériaux anciens, enduits, ciments, revêtements et mosaïques, avec une escorte d'hommes qui le suivaient, dit-il : « les uns, pour gagner deux *jules* ou *carlins* par jour ; les autres, pour apprendre, comme estoient ouvriers, menuisiers, scarpelins ou sculpteurs et autres semblables. »

C'est peut-être en haut d'un échafaudage que Rabelais et Philibert de l'Orme firent connaissance. Ils étaient quasiment compatriotes ; l'un, pour avoir sa demeure à Lyon ; l'autre, pour y être né, et il appartenait à maître François de signaler au cardinal la précocité extraordinaire de ce garçon qui, dès l'âge

---

1. Détails empruntés au *Terzo libro* des œuvres de Serlio, traitant des *Antiquités romaines* et paru à Venise, chez Marcolini, en mars 1540. Il en sera de nouveau question.

de quinze ans, dirigeait déjà des ouvrages d'architecture avec trois cents ouvriers sous la main. Plus tard, au déclin de sa carrière, maître Philibert rappelait encore avec orgueil le beau stage qu'il fit à Rome [1]. « Ay servy papes, roys, et plusieurs cardinaulx et grands seigneurs, et feu mons. de Langey, Guillaume du Bellay, mons. le cardinal son frère, me débauchairent du service du pape Paulle à Rome où j'estoys et avoys une belle charge à Saint-Martin dello Bosco, à la Callabre. »

C'était le premier voyage de Philibert de l'Orme en Italie; il était dans toute la ferveur des impressions neuves, il s'abreuvait aux mêmes sources que Rabelais, et parmi les amateurs d'architecture chez lesquels on fréquentait avec le plus de fruit, il en nomme deux : l'évêque de Santa Croce, depuis cardinal et pape Marcel, qui lui montra, en son palais, les dessins ou modèles d'architecture dont il s'occupait, et messer Vincenzio Rotholano, gentilhomme romain, logé au palais San Marco.

C'est à Rome et dans ce milieu que se noua, entre Rabelais et de l'Orme, une amitié solide et dont les preuves sont nombreuses.

Je ne sais de qui était composée la maison de du Bellay. Il avait auprès de lui un de ses cousins [2], Jacques d'Angennes, seigneur de Rambouillet, qui servit dignement pendant les guerres d'Italie [3], et Charles Juvénal des Ursins, abbé de Saint-Nicaise de Reims, un petit homme tout éveillé, bien connu à la cour sous le nom de l'archidiacre des Ursins [4]. On eut quelques visites : Lyon Jamet, venu pour les affaires de Madame Renée;

---

1. Mémoire manuscrit conservé à la Bibliothèque nationale et cité par M. Berty.
2. Philippes du Bellay, aïeule du cardinal, avait épousé Jean d'Angennes, grand-père de Jacques. Les du Bellay n'ont pas peu contribué à l'élévation des d'Angennes.
3. C'est de celui-là qu'il s'agit, d'après les frères de Sainte-Marthe (annotations des *Épîtres de Rabelais*), mais ne s'agirait-il pas plutôt de Charles d'Angennes, fils de Jacques et plus tard évêque du Mans, par la résignation de du Bellay en sa faveur ? Le cardinal l'envoie avec l'abbé de Saint-Nicaise aux obsèques du baron de Cère, ne pouvant y assister en personne (février 1536). « Avec quelques autres de ses prothenotaires », ajoute Rabelais. Il semble bien par là que M. de Rambouillet est un homme d'église plutôt qu'un homme de guerre.
4. « Je croy que l'ayez veu en court », écrit Rabelais à d'Estissac

PHILIBERT DE L'ORME.

Jean de Basillac, conseiller au Parlement de Toulouse, venu pour un procès ; le Florentin Juliano Soderini, évêque de Saintes, envoyé de François Ier vers l'Empereur à Naples, et qui avait eu de bonnes relations avec ses voisins de Maillezais [1] ; M. de Tremelières, gentilhomme attaché à M. de Montreuil ; La Grise, ancien secrétaire du cardinal de Grammont et qui, à la mort de son maître, était passé au service d'Hémard. Enfin, l'ambassadeur envoyé à la rencontre de l'Empereur, le Lyonnais Claude Dodieu, seigneur de Velly, venait souvent chez du Bellay prendre le mot d'ordre et tâter la châtaigne arrosée d'un joli vin de France [2].

Parmi les familiers du cardinal, on trouve beaucoup de Grecs, de Levantins parlant arabe, qui s'entremettaient pour l'acquisition de manuscrits précieux : Christophe Contelcon, de Malvesia en Laconie, qui obtint par du Bellay ses lettres de naturalisation française [3] et vint habiter Paris vers 1538 ; Petreius, de Corcyre, qui était au cardinal de Pisan et qui s'attacha fortement à la France. C'est un des premiers qui aient mis leurs relations avec la Grèce au service des ambassadeurs pour le recrutement des manuscrits destinés à la Bibliothèque royale de Fontainebleau. Il avait traduit du grec, et pour la première fois, le traité de Meletius d'Antioche *De structura hominis* et le voulait dédier à du Bellay. J'ignore pourquoi il ne donna pas suite à son projet ; le livre ne parut que beaucoup plus tard, en 1552, à Venise, dédié, contre l'intention première du traducteur, à Jérome Saulius, archevêque de Gênes.

Mais cela ne tint pas à Pellicier et à Hémard, qui l'avaient chaudement recommandé à du Bellay. Quand nous en serons à l'ambassade de Pellicier à Venise, nous retrouverons Petreius à

---

1. Rabelais est chargé de lui remettre plusieurs lettres de d'Estissac. Julien Soderini, mort en 1544, est enterré dans la cathédrale de Saintes.
2. « Je vous ay bien pourveu de logis près de moy, lui écrit du Bellay le jour de Noël 1535, et aurons vins françois et chastaignes. » (Bibliothèque nationale, F. fr., Mss. 5499.)
3. Le cardinal Ridolphi prie du Bellay de faire expédier ces lettres. Pellicier s'en est occupé aussi ; il en a écrit à maître Jean Chappelain.

Raguse, posté sur la route de Venise à Constantinople et facilitant nos négociations avec les Grecs lettrés.

Dans cette société, où se mêlent jusqu'à des Orientaux venus d'Asie Mineure, Rabelais s'exerce au rudiment de la langue arabe, afin d'étudier les Averroïstes dans le texte même. L'évêque de Keramo — l'ancienne Cérame, une des villes assises au bord du golfe de Cos — lui en donna les premières leçons. « L'évêque de Caramith, celuy qui en Rome, fut mon premier précepteur en langue arabique, m'a dit que l'on oyt ce bruit (le bruit des Cataractes du Nil) à plus de trois journées loing, qui est autant que de Paris à Tours [1]. »

Rabelais devait tout naturellement songer à profiter des relations que sa science et son caractère lui avaient créées à la Cour de Paul III et dans le Sacré Collège pour régulariser sa situation au point de vue de la jurisprudence canonique. La sagesse, autant et plus peut-être que sa conscience religieuse, lui conseillait de rentrer dans la règle canonique. D'une part, le cardinal lui avait promis des bénéfices dont il fallait jouir sans risquer d'être dépossédé; d'autre part, il était à craindre que les Sorbonistes, dans un accès d'humeur comburante, ne tirassent de l'irrégularité de sa situation un argument de plus pour étayer contre lui quelque accusation d'hérésie.

Il présenta donc à Paul III une requête à fin d'absolution pour *apostasie*. Voilà un bien gros mot, si on le prend dans le sens qu'il a communément! Mais la jurisprudence canonique distingue entre l'apostasie par rapport à Dieu et l'apostasie par rapport à la règle de l'Église [2]. Aussi, et quelles qu'aient été

---

1. *Briefve Déclaration d'aucunes dictions plus obscures*, à la suite du *Quart livre*, au mot *Catadupes* (cataractes).

2. Leroy, dans ses *Elogia Rabelæsina*, a parfaitement reconnu cette distinction. C'est lui qui nous a conservé le texte de la *Supplicatio* de Rabelais *pro apostasia* et l'*Absolutio pro apostasia et irregularitate*. Il tenait ces deux actes de Jacques Mantel, professeur à la Faculté de Paris, qui les tenait lui-même d'Antoine Grandet, Parisien, prévôt de Saint-Nicolas du Louvre, auparavant curé de Meudon. Ce dernier, dit Leroy, a bien mérité des lettres par ses écrits publics et pour avoir sauvé des archives de l'église de Meudon ces témoignages de l'honnêteté de Rabelais. Il fait

au fond les opinions de Rabelais, ne saurait-on inférer de sa supplique qu'il ait voulu se laver du soupçon d'hérésie par une absolution en bonne et due forme.

Aucun document n'est plus flatteur pour Rabelais que la bulle du 17 janvier. Après lui avoir donné du « cher fils », Paul III le couvre d'éloges pompeux. « Le Saint-Siège, dit-il en substance, accueille volontiers ceux qui s'adressent humblement à lui pour la rémission de leurs fautes, et à plus forte raison ceux qui se recommandent par l'éclat de leurs vertus. » Il célèbre à la fois son zèle pour la religion, sa science des lettres, l'honnêteté de sa vie et de ses mœurs, sa probité, la variété de ses vertus et de ses talents. Il le relève à jamais des sentences, censures et peines qu'il a encourues. Il l'autorise à exercer la médecine dans les conditions où il le demande, avec ce correctif *pietatis intuitu sine spe lucri vel quæstus*, soit à la Cour romaine où l'on avait eu l'échantillon de ses mérites, soit ailleurs. Enfin, il le plaçait par grâce spéciale dans une situation unique, car il l'autorisait non seulement à jouir de tous les bénéfices de la règle conventuelle, mais encore à s'en détacher, après y être rentré, si bon lui semblait[1].

Pour toute condamnation, il lui ordonnait d'accomplir la pénitence qui lui serait infligée par un confesseur de son choix. En l'autorisant à choisir lui-même son propre confesseur, l'indulgence papale allait jusqu'au bout.

Rabelais ne rencontra pas de résistance à la Curie ; au contraire, on se fit un plaisir de lui faciliter les moyens de rentrer en grâce. Deux cardinaux, Geronimo Ghinucci, juge du palais, et

---

observer, avec Thomas le docteur angélique, que l'*irrégularité* s'encourait beaucoup moins par la faute que par l'inaptitude de la personne.

1. « ... Decernentes te, postquam ad aliquod Monasterium seu alium regularem locum translatus fueris, ut præfertur, eidem Ecclesiæ Mallecensis seu illius Episcopo pro tempore existenti, aut dilectis filiis Capitulo seu personis minime teneri aut obligatum fore... » Dans cette bulle, Rabelais est encore considéré comme moine de l'église de Maillezais, ordre de Saint-Benoît : « Dilecto filio Rabelais, monacho Ecclesiæ Malcacensis, Ordinis S. Benedictini Paulus PP. III. » Il semble même qu'à ce moment Rabelais ait fait croire à l'intention de revenir à Maillezais, auprès de d'Estissac.

LE PAPE PAUL III FARNÈSE.
Buste de Michel-Ange.

Simonetta, auditeur de la Chambre, s'employèrent pour lui ; son affaire fut vivement expédiée.

Le pape était d'avis qu'elle passât *per Cameram ;* pour plus de sûreté, Ghinucci et Simonetta la firent trancher par la *Cour des contredits,* alléguant que les sentences rendues *in foro contentioso* étaient irréfragables en France où elles avaient force de chose jugée, tandis que les décisions de la Chambre étaient susceptibles de révision. Ce n'est pas tout, contre tout usage et « de son propre gré », Paul III lui octroya *gratis* la composition des bulles d'absolution ; il ne lui en coûta que l'expédition, dit Rabelais avec son mépris de la paperasserie, à savoir les honoraires des « référendaires, procureurs et autres tels barbouilleurs de parchemin ». Il s'applaudit beaucoup d'un résultat qui dépassait ses espérances mêmes : « Et crois que vous trouverez le moyen assez bon, et n'ay rien impétré par icelles (bulles) qui ne soit civil et juridique. Mais il y a fallu user de bon conseil pour la formalité. Et vous ose bien dire que n'y ay quasi en rien employé M. le cardinal du Bellay ny M. l'ambassadeur (M. de Mâcon) combien que de bonnes graces se fussent offerts à y employer non seulement leurs paroles et faveur, *mais entièrement le nom du Roy.* »

Cependant l'Empereur approchait, et Rome avait déjà la fièvre de cette Entrée.

« ... On a fait, par le commandement du pape, un chemin nouveau par lequel il doit entrer, écrit Rabelais, savoir est de la porte Saint-Sebastien, tirant au Camp Doly *(Templum pacis)* et l'amphitheatre. Et le fait on passer sous les antiques arcs triomphaulx de Constantin, de Vespasian et de Titus, de Numetianus et autres. Puis à costé du palais Saint-Marc, et de là, par le camp de Flour, et devant le Palais Farnese où souloit demeurer le pape, puis par les banques et devant le chasteau Saint-Ange. Pour lequel chemin dresser et esgaler, on a desmoly et abattu plus de deux cens maisons, et trois ou quatre

PONT ET CHATEAU SAINT-ANGE.
D'après Izraël Silvestre.

eglises raz terre... C'est pitié de voir la ruine des maisons qui ont este desmolies, et n'est fait payement ou recompense aucune es seigneurs d'icelles. »

Fallait-il rester? Fallait-il partir? Du Bellay était perplexe.

Ici se place une anecdote qui caractérise bien le temps et les hommes. A Rome, le poison et le poignard s'employaient couramment dans les haines de famille et dans les questions de la plus haute politique. Un jour de mars, un mois environ avant la venue de l'Empereur, du Bellay apprend qu'il est guetté par les Impériaux. (Charles-Quint se fût très bien débarrassé de lui comme il avait fait de l'ambassadeur Merveille et comme il fit d'autres envoyés du roi, Rincon et Fregose.)

Il se résout à lui jouer un tour de sa façon : il s'enferme dans sa chambre, il fait colporter par les médecins le bruit d'une migraine qui le force à garder le lit, il saute à cheval et regagne secrètement la France, dans une fuite précipitée, par la Romagne, Bologne et Montcalieri. Rabelais, son complice, l'accompagnait certainement. Cette fuite fut conduite avec une promptitude et une habileté qui flattèrent énormément les cardinaux dans leurs goûts d'Italiens. C'est un trait qu'ils comparent aux plus grandes audaces des anciens capitaines romains. Nous avons là-dessus une lettre du cardinal Gaddi qui respire l'enthousiasme[1]. Et le plus extraordinaire fut que les domestiques de du Bellay vécurent pendant deux jours dans l'ignorance absolue de son départ, s'inquiétant bonnement de sa santé[2].

Je crois que Brantôme nous apporte le véritable argument de cette comédie par laquelle on jugerait témérairement du

---

1. Voyez cette lettre en italien, reflet admirable des mœurs du temps. (Bibliothèque nationale, Mss. 19751, F. français.) Elle est du 9 mars (1536). Autres lettres de Sadolet constatant le retour de du Bellay en France au même mois de mars. Le 11 mars, Gregorio Casale, arrivant à Rome, n'y trouva plus le cardinal.

2. Il me semble que Pellicier était encore à Rome au mois d'août. (Dans une lettre d'août, sans date (Mss. 17951), il dit que les amis et les serviteurs de du Bellay font bonne chère : Monseigneur Faustus attend les Épigrammes promises ; Augustinus Eugubinus s'est retiré dans les montagnes de son pays, fuyant le chaud.) Quant à Hémard, il y était encore en mai 1537.

caractère de du Bellay, « valeureux et généreux » entre tous, « prompt, soudain et tout à la main, et capable de s'aider aussitôt de son épée que de sa langue », et à ce titre, le premier de son époque pour les ambassades où il fallait pratiquer le coup de main. Mais avec un adversaire comme Charles-Quint, toute ruse était de bonne guerre. Un Corse, nommé San Petro, qui fut colonel au service de la France, avait proposé à du Bellay d'assassiner très proprement l'ennemi juré du roi François. Se jeter sur lui lorsqu'il passerait le pont Saint-Ange, le poignarder, sauter dans le Tibre d'où il s'échapperait nageant comme un poisson, puis gagner Venise ou Constantinople, tel était le plan de San Petro qui l'eût exécuté en maître.

Cette vendetta patriotique n'était pas pour faire honte à un cardinal diplomate en l'an 1536 ; du Bellay « prêta l'oreille à la résolution », il en référa même au roi, voulant bien être confident, mais non acteur. Les Impériaux éventèrent-ils le secret ? Est-ce à cause de cette affaire que du Bellay eut la migraine et que Rabelais lui prescrivit la chambre ?[1]

Je ne suivrai pas l'auteur de *Pantagruel* sur le sol français ; on sait que cela n'entre pas dans mon plan. Mais je retiens, comme résultant de ses relations avec l'Italie, la menace d'emprisonnement que lui fit le cardinal de Tournon, au mois d'août suivant[2].

---

[1]. En tout cas, l'anecdote peut être tenue pour vraie, quoique Brantôme la date mal. En donnant à entendre que le cardinal était à Rome en même temps que l'Empereur, en ajoutant qu'il arrangea les choses que MM. de Mâcon et de Velly avaient gâtées au Consistoire d'avril 1536, il a induit plusieurs historiens dans l'erreur, et, parmi ceux-là, M. Génin (édition des *Lettres de Marguerite de Navarre*).

On a prêté plus tard à du Bellay, ainsi qu'au cardinal de Guise, je ne sais quel plan d'assassinat contre André Doria. Sur quoi du Bellay écrit audit cardinal de Guise qu'il n'est « d'estat, de lieu, de mœurs et de volonté d'estre assassin par lui-même ni aussi peu pour conseiller ou conduire un assassinement ». Si le roi François avait eu envie de se débarrasser de l'amiral génois, il n'aurait pas manqué « de gens qui se fussent faits tailler en pièces jusques dans les bras de tous ses parents et amys », mais, ajoute-t-il dédaigneusement, ce n'est pas la coutume de France.

C'était au moins la coutume du temps, et il ne dut pas être autrement surpris de la proposition de San Petro.

[2]. Ç'a été le point de départ, d'ailleurs obscur, d'anecdotes plus obscures encore et dont ensemble constitue ce qu'on entend par « le quart d'heure de Rabelais ».

On se rappelle qu'étant à Rome Rabelais mettait ses lettres pour la France dans le paquet du roi et que, à Lyon, le secrétaire du gouverneur les envoyait à leur adresse. On va voir que le moyen ne valait rien pour l'Italie. Le cardinal de Tournon

Oyez plutôt l'auteur des *Particularités sur la vie et les mœurs de M. François Rabelais*, dans les éditions à *la Sphère* (1669 et autres).

« ... Il est ordinaire aux ambassadeurs d'aller baiser les pieds de Sa Sainteté, ce qu'aucuns appellent adoration; le cardinal du Bellay l'ayant fait et ceux de sa suite, il ne resta que Rabelais lequel se tenant contre un pillier dist assez haut que, que puisque son maître qui était grand seigneur en France, n'estoit pas digne de baiser les pieds du Pape, partant qu'on lui fist baisser ses chausses et laver le derrière afin qu'il l'allast baiser. Cela commença a le mettre en fort mauvais prédicament.

« Une seconde fois le cardinal l'ayant mené avec toute sa famille pour demander quelque grâce au Pape, et estant requis de faire sa demande, il dit qu'il ne demandoit rien au Pape sinon qu'il l'excommuniast.

« Cette demande impertinente etant mal receue, il fut pressé de dire pourquoy, et lors il dit : S. Père, je suis françoys et d'une petite ville nommée Chinon, qu'on tient estre fort sujette au fagot, on y a desja brulé quantité de gens bien et de mes parens; et si vostre Sainteté m'avoit excommunié, je ne brulerois jamais.

« Et ma raison est que venant ces jours avec Monsieur le cardinal du Bellay en cette ville nous passames par les Tarantaises où les froidures estoient fort grandes, et ayant atteint une petite case ou une pauvre femme habitoit, nous la priasmes de faire du feu à quelque prix que ce fust pour allumer un fagot, elle brusla de son lit, et ne pouvant avoir du feu, elle se mit à faire des imprécations et dire : Sans doute ce fagot est excommunié de la propre gueule du Pape, puisqu'il ne peust brusler : et fusmes contraints de passer outre sans nous chauffer. Ainsi donc s'il plaisoit à Vostre Sainteté de m'excommunier, je m'en irois sain et libre dans ma patrie.

« Ces petites libertez qu'il prenait à Rome le contraignirent à se sauver en France en fort mauvais équipage, sans argent, mal vestu et à beau pied sans lance. Ayant gagné la ville de Lion il s'avisa d'un plaisant stratageme et qui eust été fort dangereux à un homme moins cogneu : à la porte de la ville par où il entra il prit de meschants haillons de diverses couleurs, les mit dans une petite valise qu'il portoit, et ayant abordé une hostellerie il demanda à loger, une bonne chambre, disant à l'hostesse qu'encore qu'elle le vist en mauvais etat et à pied, il estoit homme pour luy payer le meilleur escot qui fust jamais fait chez elle; demanda une chambre escartée et quelque petit garçon qui sceut lire et escrire, avec du pain et du vin : cela estant fait en l'absence du petit garçon, il fait plusieurs petits sachets de la cendre qu'il trouva dans la cheminée; et le petit garçon estant arrivé avec du papier et de l'ancre, il lui fist faire plusieurs billets en l'un desquels il y avoit *Poison pour faire mourir le Roy*, en l'autre *Poison pour faire mourir la Royne*; au troisième *Poison pour faire mourir Monsieur le duc d'Orléans*; et ainsi des autres enfants de France; appliqua les billets sur chacun des petits sachets, et dit au petit garçon : Mon enfant, gardez vous bien de parler de cela à vostre mere ni à personne, car il y va de vostre vie et de la mienne : puis remirent tout en sa valise, et demanda à disner qu'on luy apporta.

« Pendant son disner l'enfant compta tout à sa mère, et elle transie de peur creut estre obligée d'en advertir le Prevost de la ville, veu la mauvaise mine du pelerin.

« C'estoit en ce temps là que Monsieur le Dauphin avoit été empoisonné et que toute la France avoit été affligée au dernier point. Le Prevost est adverti de tout, fait quelques legeres informations, entre dans la chambre de Rabelais, se saisit de luy et de sa valise : sa mauvaise mine, le travail qu'il avoit souffert par le chemin et les mauvaises reponses qu'il rendoit le firent gran-

venait de succéder à Trivulce comme gouverneur de Lyon : une indiscrétion lui livra certaines lettres que Rabelais envoyait à Rome, par le même intermédiaire sans doute. Prompt à la dénonciation comme à l'arrestation, Tournon, qui venait de manquer un Farel, — il le confesse avec dépit, — fut évidemment séduit par l'idée de mettre Rabelais sous clef.

« Monsieur, écrit-il au chancelier du Bourg[1], je ne vous feray pas longue lettre, car vous verrez ce que j'escripts au Roi, a quoy il est bien besoing que vous pourvoyez pour ceste paye de septembre. Il est vray que ce payement est deu aux Italyens, mays puis je vous ay escript assez souvent, je leur ay faict couler leur payement jusqu'à la fin du moys, et l'ont après avoir bien cryé, ainsi souffert ; de sorte que en les payant au commencement de septembre, ils serviront tout le moys qui sera gaigné au Roy.

« Monsieur, vous m'escripvez que le Roy commande que l'on garde mon crédit et que vous y tiendrez la main, dont je vous supplye et mercye bien fort ; et de vray quand mondit crédit seroit rompu, j'en auroys la honte et le dommage ; mais je croy que le Roy y perdroit encore plus que moy, qui ne l'employe que pour son service. Je vous ay envoyé autrefoys le mémoire de ce que je doibs a ceste foyre en laquelle nous sommes entrez déjà bien avant, et si cela est une fois bien payé, comme j'espère qu'il sera a l'ayde de Dieu, pour ung escu que j'ay trouvé, j'espère par cy après en trouver quatre. Vous pouvez bien estre seur que sans la seureté que j'ay en vous, je ne m'y feusse pas mys si avant.

dement soupçonner, car il ne leur dit rien sinon : Prenez bien garde à ce qui est dans ma valise, et me menez au Roy, j'ai des choses estranges à luy dire.

« Il est empaqueté, mis sur un bon cheval, et fait partir sur l'heure ; on luy fist bonne chere sur le chemin sans qu'il luy coustast rien. et en peu de jours arrive à Paris, est presenté au Roy qui le cognoissait fort bien, et luy demande où il avoit laissé Monsieur le cardinal du Bellay et qui l'avoit mis en cest estat ; le Prevost fait son rapport, montre la valise, les paquets et les informations qu'il avoit faites ; Rabelais raconte son histoire, prend devant le Roi de toutes les poudres qui estoient de pures cendres : le tout se termina à rire et la Cour à s'en moquer. »

Quelle belle chose que l'imagination !

1. *Cabinet historique*, t. IV, p. 348-351, Paris, 1858, in-8°.

« Monsieur, il est passé par ceste ville un frère de Farellus (Farel), le plus grand mutin et le plus mauvais paillard qu'il est possible, luthérien et zuynglien jusques aux dents et est de Gap, en Daulphiné ; qui le pourroit faire prendre ce seroyt une belle aulmosne ; toutefois pour ce que nous avons affaire pour ceste heure de ceulx de Berne qui prendroient cela a cueur, je le remets a votre bonne discretion.

« Monsieur, je vous envoye une lettre que Rabelezus escripvoyt a Rome, par où vous verrez de quelles nouvelles il advertissoit ung des plus maulvais paillards qui soit a Rome ; je luy ay faict commandement que il n'eust à bouger de ceste ville jusques a ce que j'en sceusse votre voulonté : et s'il n'eust parlé de moy en ladite lettre et aussy qu'il s'advoue au roy et royne de Navarre, je l'eusse faict mectre en prison pour donner exemple a tous ces escripveurs de nouvelles. Vous m'en manderez ce qu'il vous plaira, remectant a vous d'en faire entendre au Roy ce que bon vous en semblera.....

« Monsieur, je prye Notre Seigneur qu'il vous donne très bonne vye et longue.

« Votre bon frère et meilleur serviteur,

« F., CARDINAL DE TOURNON.

« De Lyon ce x d'aoust. »

L'instruction commencée n'aboutit pas. Il faut croire que le péché n'était pas bien gros. Mais ce qui est tout à fait exorbitant, c'est la couche de légendes stupides dont on a barbouillé ce petit point d'histoire, origine du fameux *Quart d'heure de Rabelais*.

SÉJOUR EN PIÉMONT

(1539-1540-1541-1542)

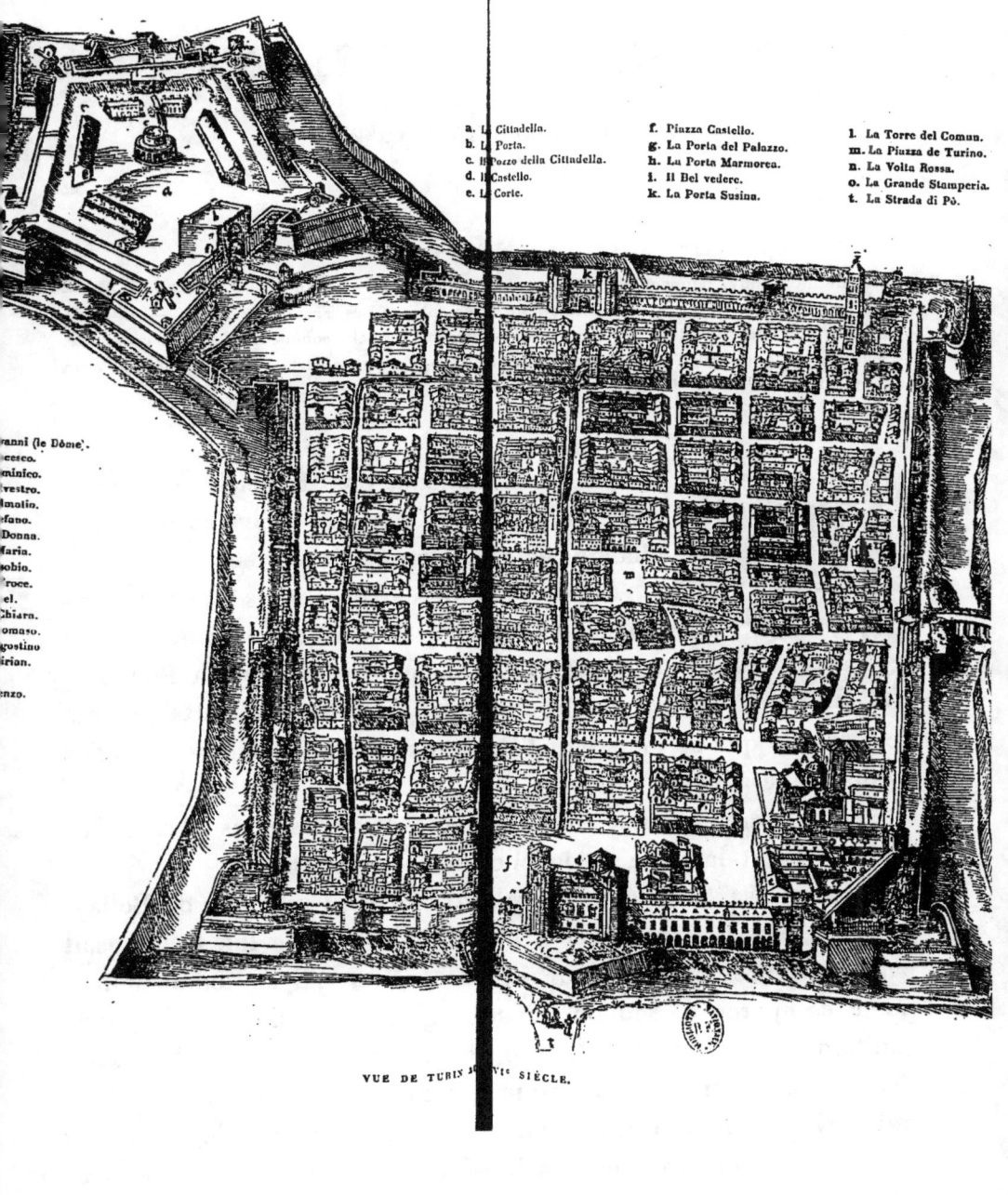

VUE DE TURIN AU XVIe SIÈCLE.

SÉJOUR EN PIÉMONT

(1539-1540-1541-1542)

I

Guillaume du Bellay, seigneur de Langey, nommé gouverneur de Turin. — Sa carrière diplomatique et militaire. — Administration du Piémont. — Les Français à Turin. — Cour de Langey. — Théodule Rabelais : sa mort. — Rabelais appelé comme médecin et conseiller. Souvenirs d'Ambroise Paré. — Sa science utilisée pour la défense et la « colonisation » du Piémont. — Ingénieurs italiens.

ORSQUE nous rencontrons Rabelais en Italie pour la troisième fois, la face des choses a changé avec la fortune des armes.

Charles-Quint s'arrête épuisé par les sacrifices d'hommes et d'argent. François Ier a conquis la Savoie et pris racine en Piémont.

Il s'approche ainsi du Milanais, cette pomme de discorde que se disputent l'Empereur et le roi avec des façons d'enfants terribles.

Langey commandait en Piémont. Arrêtons-nous devant ce nom-là. C'est la fleur de la chevalerie française.

Tête et bras, tout était d'égale force chez Guillaume du Bellay. C'est un héros. Pantagruel a été modelé d'après lui. Il imposait par sa stature, par le tour romain de sa physionomie. On a pu le comparer à Scipion sans exagération. Aucun des grands capitaines de François Ier n'approche de lui pour la hardiesse des combinaisons diplomatiques, pour la prudence des plans militaires, pour l'initiative en tout. Le plus bel éloge qui ait été fait de lui est de Charles-Quint[1]. Il donne l'idée de ce qu'était un gentilhomme achevé.

---

[1]. Voyez la fin du *Séjour en Piémont*. Il avoue que Langey lui a déconcerté plus de plans que tous les Français ensemble.

Instruit comme pas un, il a étudié dans toutes les Universités de France. Il tourne le vers latin avec la facilité de son frère le cardinal. Il protège les poètes et les savants, il est l'ami de Budé, de Longueil, d'Érasme, de tout ce qui est grand par la pensée. A la cour de Marguerite de Navarre, à celle de François Ier, il séduit par son esprit, quoiqu'il l'ait plus sévère que le cardinal. Il se partage entre les Universités, les ambassades et les champs de bataille.

Rien ne lui fait peur. Après Pavie, le roi étant prisonnier à Pizzighettone, il essaye de lever des lansquenets pour le délivrer, fait deux voyages en Italie sans sauf-conduit, au péril de sa tête, et il ne dépend pas de lui qu'il ne réussisse. Étant en Lorraine, il est choisi pour accompagner Marguerite en Espagne auprès du roi prisonnier; il y retourne une seconde fois sans sauf-conduit. A peine rentré en France, il est envoyé dans les Grisons pour empêcher le passage des lansquenets; il y parvint, « grâce aux connoissances qu'il avoit avec les principaux du pays, qui avions esté nourriz ensemble aux escoles ». Dans les campagnes d'Italie contre le traître Bourbon, il préserve Florence du pillage; au sac de Rome, il sauve, avec Rentio Cérès, l'honneur des armes françaises par sa belle défense du château Saint-Ange, et déjoue par ses intelligences les plans les plus secrets des Impériaux.

Dépêché sur mer, il y reste sept mois; en Sardaigne, il emprunte pour payer les gens de guerre mutinés faute de solde. De Sardaigne, il repart pour l'Italie vers Lautrec, et, assailli par quatorze vilains, il serait déconfit sans son harnois secret. A Gênes, il sonde adroitement André Doria qui le loge dans son palais; il revient précipitamment à la Cour et démontre que s'aliéner l'amiral c'est ruiner l'armée de Lautrec devant Naples (l'avis de Duprat l'emporta malheureusement). Dans ces rudes aventures, il y va de son argent sans même attendre les ordres du roi.

Il arrive un moment où il s'est engagé si avant que ses créanciers vont se rembourser sur ses biens, et chasser son père de la maison qu'il avait bâtie et meublée pour y finir ses jours. (Son père! un vieux gentilhomme de quatre-vingt-un ans passés, dont la famille comptait sept cents ans de services; qui avait eu neuf frères tués en une seule bataille; à qui il ne restait plus que cinq enfants échappés à l'ennemi!) Voilà donc la récompense de Langey[1]!... Sa colère éteinte, il passe en Angleterre et trois fois, de 1529 à 1531, prenant Henri VIII par son faible, — la femme, — il en obtient et subsides et traités d'alliance.

Je l'ai montré attelé, avec son frère, à l'œuvre épineuse du divorce.

L'autre action de Langey, sa caractéristique, s'exerce surtout auprès des protestants d'Allemagne et de Suisse. Dès 1531, il avait représenté la France à Smalkalden; en novembre et décembre 1533, il était allé à la diète d'Augsbourg (par Soleure) prononcer deux harangues pour le rétablissement des ducs de Wurtemberg; du même coup, il disposait des ducs de Bavière par une magnifique combinaison financière (voyez ses *Mémoires*) : double échec à l'Empereur. Trois ans plus tard, il retourne en

---

1. Voyez sa supplique à la reine de Navarre. (Bibliothèque nationale, Mss. 5152.) Rien de plus émouvant que cette page, dans laquelle Langey proteste, avec des cris de piété filiale, contre l'énorme injustice et iniquité dont on use envers lui. S'il ne craignait pas de s'emporter devant la reine, il irait la trouver immédiatement! Alors que tous ses compagnons d'Espagne ont été bien payés, lui seul n'a rien reçu. De ses avances en Sardaigne, il n'a rien recouvré. Il est accablé de dettes et décrété comme son père. Les créanciers, dit-il, « menacent les vieux jours de celuy auquel, outre la naissance, je me sens debvoir tout ce que fils peut debvoir à père en quelconque sorte de bienfaits et obligation », et ils l'eussent jeté hors de la maison qu'il avait toujours habitée sans l'aide d'un honnête magistrat qui remit l'audience pour lui donner le temps de se libérer. Le vieux Langey était « le dix-neuvième puiné de sa maison d'Anjou, qui sont titres de peu de richesse : au service de Louis XI et de Charles VIII, il avait plus dépensé qu'acquis. Mal traité dans le partage de la succession, il n'avait eu d'autres logis et meubles que ceux de sa femme, avait dépensé beaucoup en procès et élevé dix enfants avec la plus grande peine ». La supplique de Langey doit être de 1527 environ. Le roi et le Conseil avaient ordonné son paiement, mais un homme se permettait d'entraver la volonté royale, « essayant de le perdre même d'honneur, disant que j'ay faict au service du roi tant de follyes qu'il ne lui fauldroit guères d'autres serviteurs pour le ruyner ». Cet homme qu'il charge avec indignation, c'était le chancelier Duprat.

Allemagne, poursuivant toujours son plan de pacification religieuse; traqué par la police de l'Empereur, c'est à peine s'il peut voyager la nuit [1]. Sans l'assistance d'un hôte généreux qui le cache, en Saxe, il était pris. A Munich, on le supplie de regagner la France pour éviter d'être livré. Malgré tout, il mène à souhait cette négociation dangereuse, et met dans les intérêts français bon nombre de marchands allemands qui revenaient des foires de Lyon.

Pendant la campagne de Provence, il rend d'éminents services au roi en l'instruisant de tous les mouvements de l'ennemi; après la retraite de l'Empereur, il est envoyé à Aix pour refaire la ville à demi brûlée et saccagée.

Tant d'aptitudes, et si différentes, le désignaient pour une situation plus stable. A partir de 1537, Langey fut attaché plus spécialement au gouvernement du Piémont que le roi croyait avoir conquis. Mais c'était une conquête précaire : le plus difficile était de la garder.

Langey entreprit cela : il est constamment sur la route des Alpes, entre Turin et la Cour [2]. Sur ses conseils, avec les lansquenets du duc Christophe de Wurtemberg et la cavalerie de d'Humières, on force les troupes de du Guast à abandonner successivement les plaines où elles campaient, les forteresses où elles se jetaient inopinément. Malgré les dissensions qui

---

1. Diverses lettres du temps qu'il fut en Allemagne, Mss. 19751. Il demande au roi une provision pour ce voyage, qu'il ne peut faire sûrement et sans grands frais « à cause du guet qui est sur lui. Plaise au roi remettre l'argent à maître Claude Chapuis, son libraire, qui le remettra contre quittances à Langey ».

2. Après la prise de Hesdin, en Picardie, Langey arrive à Conti, venant rendre compte au roi des affaires du Piémont et s'en retourne (vers juin 1537).

Vers septembre, il revient en France pour le même objet. Comme il était à Briançon, les juges et gens du roi saisissent, sur un de ses émissaires pour l'Allemagne (natif du diocèse d'Embrun), des papiers et des livres qui sentaient l'hérésie. Il s'entremet vivement pour qu'on les rende à son homme, comme à un homme d'étude ne se mêlant point de dogmatiser et chargé desdits papiers comme de documents utiles à la controverse religieuse. Il le dit en propres termes : il poursuit toujours « l'union de l'Église germanique avec la nôtre », et assure aux gens d'Embrun que « le roi y travaille par sa naturelle inclination et d'accord avec le Saint-Père ». Bibliothèque nationale, Mss. fonds Delamare, 19751.

SUSE, A LA FIN DU XVI° SIÈCLE.

éclataient entre les chefs italiens à la solde du roi, la mutinerie des lansquenets de Wurtemberg, il rétablit les communications interrompues entre Pignerol, — clef du val de Suse, par où venaient les courriers de France, — et Turin, dont la garnison ne tenait plus, réduite à la famine.

Il détermine le roi à marcher personnellement contre du Guast ; après le brillant fait d'armes où Montmorency força le pas de Suse, il nettoie la plaine devant lui et s'assure des places fortes rentrées sous notre obéissance.

Il aurait fallu profiter de cette brillante campagne pour reprendre le Milanais ; on n'osa pas, on se contenta de nommer Langey au gouvernement de Turin, après la trêve conclue avec les Impériaux le 28 novembre 1537. Au-dessus de lui, on mettait le maréchal de Montejean, avec le titre de lieutenant général du roi en Piémont. De même, d'Annebaut remplaça Montejean mort l'année suivante.

Montejean avait la main trop rude. Les syndics et conseillers de Turin furent obligés de s'en plaindre au connétable : ils lui envoyèrent un des leurs, porteur de doléances et remontrances : c'était maître Georges, médecin et châtelain de Ciriay. Arrêté sans cause à Briançon et enfermé à Suse par ordre de Montejean (août 1538), maître Georges dénonce au roi l'administration de son lieutenant en Piémont :

« Sire, dit-il, j'ai mis corps et bien à vostre service et de ce sera bon témoin Monsieur de Burie, Monsieur de Boutières et de présent Monsieur de Langey, gouverneur de Turin ; à la vérité sans reproche pour le service que j'ay faict, vous m'avez par vostre benigne grace constitué et retenu vostre conseiller et medecin, et aussi chastelain de Ciriay en Piémont ; pour mes gages, Sire, vostre bon plaisir sera m'avoir en sa bonne grâce. Tout ce que j'ay souffert, c'est pour vous faire service croyant que le profit et soulagement de vos villes de Piémont soit le profit et honneur de V. Majesté et que vous aimés regner en bonne amitié et sans tyrannie, ainsi que vrayment croit tout le pays de Piémont. »

Maître Georges découvre la conduite de Montejean qui est telle que les gens du pays seront contraints de mourir de nécessité ou de déserter. A quoi Montejean a osé répondre en présence des députés de toutes les communes : « Allez-vous-en à tous les cent mille diables; car le roy ne se soucie pas de vostre nécessité, et aussi je ne me fie point en vous autres du pays; en dépit de vous je tiendray dix ans les gens de guerre en Piemont, allez hors du pays si vous voulez, je le garderay bien sans vous. » Le remède est « premièrement que vostre pays de Piemont soit régi par bonne et vraye justice, et qu'il soit pourveu de gens sçavants, prudents et sages et de bonne conscience, et qu'il n'y ait Lieutenant Royal, Gouverneur, Capitaines, Gentilshommes et populiers qui n'obéissent à la justice; secondement, de dresser l'étude dans Turin et y pourvoir de lecteurs suffisans à l'honneur et profit de vostre Majesté et de tout le pays de Piemont, lequel seroit en peu de tems sans gens de vertu; troisièmement, de restituer aux gens les grains, vins et autres choses qu'ils ont prêtées pour les munitions et vivres; quatrièmement, de mettre en vente douze mille sacs de blé à prix raisonnable, afin de secourir les pauvres gens pour semer et qu'ils puissent faire une bonne cueillete[1]. » Il attire encore l'attention sur les fortifications de Turin qui n'est point en état de défense, et sur la frappe des monnaies qui doit être faite à l'étalon de France. « Maret Valimbert de Guyers, maistre de la Monnaie, et Monsieur Antonin, docteur en lois, député par Langey pour ladite Monnaie, supplient qu'on leur délivre des lettres patentes » à ce sujet.

Le duc de Savoie se plaint aussi des rigueurs de Montejean; il se recommande à Langey, ayant en lui « parfaite fiance », et s'en remettant à sa loyauté chevaleresque.

Les gens de Piémont investissent Langey d'une sorte de

1. Ribier, *Mémoires* (1666, in-folio, t. Ier).

souveraineté morale dont Montejean prend ombrage : il y a entre eux mésintelligence avouée [1].

C'est donc avec l'année 1538 que commença le gouvernement de Langey en Piémont [2]. Charles-Quint gardait le Milanais ; à son lieutenant, Alphonse d'Avalos, marquis del Guasto, à ce grand capitaine, terrible en guerre comme en paix, François Ier opposait Langey. Le poste commandait des qualités exceptionnelles : génie militaire et génie de colonisation.

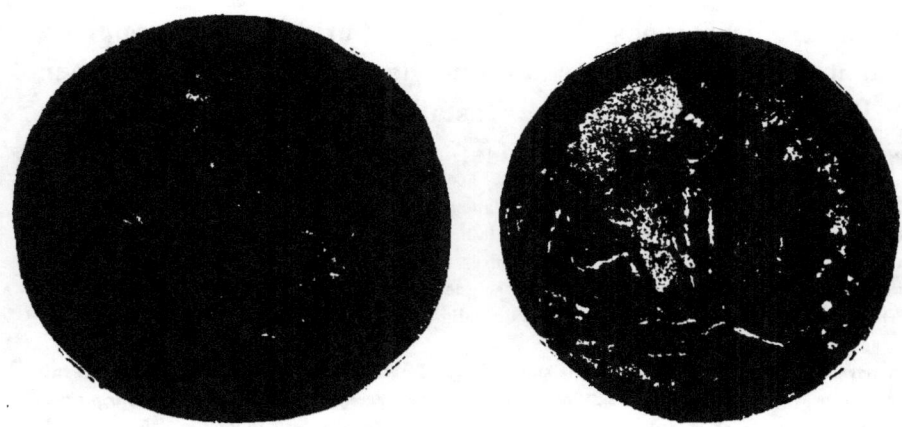

ALPHONSE D'AVALOS, MARQUIS DU GUAST.
D'après le médaillon de Cesare da Bagno.
Au droit : ALF. D'AVL. MAR. GV. CAP. G. CAR. V. IMP.
Au revers : STATVS MEDIOL. RESTITVTOR. OPTIMO. — SECVRITAS PADI.

Langey comprend qu'il exerce là une vice-royauté. Il réunit une sorte de Cour digne de la grande. Il fait venir sa femme pour les premiers soins de l'intérieur : il prend dans sa garde et dans son état-major de vaillants soldats dont plusieurs lui tenaient déjà par les liens du sang : son frère Martin du Bellay, seigneur de la Herbaudière, avec une belle compagnie de chevau-légers ; Malicorne, qui eut le guidon de sa compagnie

1. Dans plusieurs lettres recueillies par Ribier. (*Mémoires*, tome Ier.)
2. Sinon officiellement, du moins moralement et effectivement.

à la recommandation du cardinal [1]; de Chesmeré, de Gonnort, d'Ursay (ou Urfé), qui eut l'enseigne destinée primitivement à Gonnort; de Crissé, qui fut fait maréchal des logis. Dès son arrivée à Turin, il juge la situation : « il y a prolongation de trêve plutôt que paix. »

Il faut armer Turin, point de mire des Impériaux, s'y établir solidement et faire venir de France « huiles, épiceries, poisson salé pour le Carême, choses médicinales dont il n'y a pas en Piémont, etc. » Ce sont d'énormes services à organiser ; mais il ne faut pas s'y épargner; au contraire, il s'agit de profiter des bonnes dispositions du peuple de Turin qui ne craignait rien tant que de retourner au duc de Savoie ou de retomber sous le joug des Impériaux[2]. Installer à Turin un parlement chargé d'appliquer la loi française, pourvoir aux offices de judi-

---

1. Ce Malicorne était sans doute Félix de Chaources, seigneur de Malicorne, né en 1509, plus tard cornette du maréchal de Brissac, capitaine de cinq cents hommes de pied en Piémont et grand veneur du roi de Navarre. Il avait épousé Madeleine de Baïf, dame de Mangé, la Court du Maine, etc., dont il eut Jean de Chaources, seigneur de Malicorne, écuyer de Charles IX et gouverneur du Poitou, fort mêlé aux guerres de religion. Voir *Généalogie de Malicorne*, Bibliothèque nationale, Mss. F. fr. 20228.

La persistance avec laquelle Rabelais parle de M. de Malicorne donne à penser qu'il devait beaucoup à ce seigneur. Au chapitre : *Comment Pantagruel receut lettres de son pere Gargantua, et de l'estrange manière de sçavoir nouvelles bien soudain de pays estrangiers et loingtains* [1], il montre Malicorne « escuyer tranchant de Gargantua », chargé non seulement de messages importants, mais de pigeons voyageurs dressés comme on les dresse aujourd'hui. Et, à ce propos, je me demande si Rabelais préconise un système idéal ou bien s'il dévoile un système en pratique dans la maison du Bellay : « Telle estoit l'usance des nobles Gargantua et Pantagruel quand sçavoir promptement vouloient nouvelles de quelque chose fort affectée et vehementement desirée, comme l'issue de quelque bataille, tant par mer, comme par terre, la prise ou la défense de quelque place forte; l'appointement de quelque different d'importance; l'accouchement heureux ou infortuné de quelque royne ou grande dame; la mort ou convalescence de leurs amis ou alliés malades, et ainsi des autres. Ils prenoient le Gozal (*nom hébreu du pigeon*), et par les postes le faisoient de main en main jusques sus les lieux porter dont ils affectoient les nouvelles. Le Gozal portant bandelette noire ou blanche selon les occurrences ou accidens, les ostoit de pensement à son retour, faisant en une heure plus de chemin par l'air que n'avoient fait par terre trente postes en un jour naturel. Cela estoit rachapter et gaigner temps. Et croyez comme chose vraysemblable, que par les colombiers de leurs cassines, on trouvoit sus œufz ou petits, tous les mois et saisons de l'an, les pigeons à foison. Ce qui est facile en mesnagerie, moyennant le salpetre en roche et la sacrée herbe Vervaine. »

Pline et Frontin recommandent l'usage des pigeons pour correspondre avec les assiégés. Rabelais, par ses études, était conduit à le ressusciter.

2. Mss. 19751, fonds Delamare, p. 18 et 30-31.

1. *Quatrième Livre*, chap. III et IV.

cature, mettre en état les fortifications des châteaux et des villes, c'était l'exercice de prérogatives vraiment royales.

Pour cette œuvre considérable de civilisation, Langey devait s'entourer de toutes les lumières de l'expérience et de la raison : à la tête du Parlement, il fit placer un Angevin, François Errault, seigneur de Chemant [1], conseiller au Parlement de Paris, et comme il fallait un homme de confiance avec qui délibérer et décider : suivant l'exemple de son frère le cardinal, il choisit Rabelais pour médecin et secrétaire.

Vers quel temps Rabelais alla-t-il rejoindre Langey à Turin [2]? Est-ce dès le début de la colonisation ou un peu plus tard, lorsque les bases en furent jetées? Je ne sais [3].

1. Chemant était né à Durtal; Marie de Beauveau, qui semble avoir été sa mère, eut la terre de Parillé en 1518.
2. Voici l'itinéraire que suivit tant de fois Rabelais allant de Lyon à Turin. C'est encore aujourd'hui la route de première classe : Lyon, Saint-Laurent, La Vorpillière, Bourgoin, Sessieu, La Tour-du-Pin, Pont de Beauvoisin. — *Ici est séparé le Dauphiné d'avec la Savoye.* Le Pin, Aiguebellette. — *Montée de la montagne d'Aiguebellette.* Chambéry, Montmélian, Chamenis (Chamoux), Aiguebelle, Argentin, La Chapelle, La Chambre, Saint-Jean-de-Maurienne, Saint-Michel, Saint-André, Bregarre, Selier, Tresmignon, Lasnebourg (Lanslebourg). — *Mont Cenis.* Chapelle des Transis, La Tavernette sur le mont Cenis, La Ferrière. — *Descente du Mont.* La Novalaise, Suze, Saint-George, Saint-Ambroise, Saint-Michel, Viglanne, Rivoli, Turin.
3. Du premier trimestre de l'année 1538, — à la fin duquel il professe encore à Montpellier, — jusqu'en juillet 1540, Rabelais échappe à toutes mes recherches. Est-il à Saint-Maur ? A Lyon ? En Italie ? Autant de questions auxquelles je ne puis répondre. Les amateurs d'autographes, moins embarrassés, ont mis en circulation, à plusieurs reprises, des lettres aux termes desquelles Rabelais eût couru l'Italie dès le mois de mars 1538. Dans la vente d'autographes du chevalier R...y, faite le 30 novembre 1863, il a paru une lettre ainsi décrite :

« L. aut. sig. au cardinal Du Bellay (ambassadeur à Rome, et dont Rabelais était alors le secrétaire); Plaisance (Italie), 21 av. (1538), 2 p. in-fol. Belle et précieuse pièce.

« Relative à la *trêve de dix ans*, entre François Ier et Charles-Quint, et à l'entrevue que ces deux princes devaient avoir à Nice. Celui que le pape avait envoyé à Nice auprès du duc de Savoie pour avoir la forteresse (qui devait être mise entre les mains du pape comme gage de la trêve) est revenu après avoir essuyé un nouveau refus. Toutefois, des lettres de la cour d'Espagne annoncent que les galères de Gênes sont arrivées à Barcelone le 14, et que, le 22, *qui sera demain*, l'empereur (Charles-Quint) devait s'embarquer pour venir à Villefranche. Cela donne espérance à Sa Sainteté. D'ailleurs le légat Jacobas (légat auprès de Charles-Quint) « luy a escript de faire que toutes escuses cessans, ledict duc baillera ladicte forteresse de Nyce. Ce « neantmoings sadicte Saincteté ne sy voulant du tout fyer, nest délibéré partir dicy quelle nen « soit assurée. » Par quoi il pense qu'ils demeureront encore ici dix ou douze jours. Les légats Jacobas et de Carpy, qui devaient se trouver le 20 à Avignon, en repartiront en poste; ils sont attendus ici à la fin de cette semaine. — Par des lettres de Venise on apprend que 20,000 Turcs,

ARC DE TRIOMPHE D'AUGUSTE, A SUSE.

Que Rabelais se soit senti porté vers le plus grave des du Bellay, c'est affaire d'âge et de raison [1]; il était alors assombri par le chagrin d'avoir perdu son unique fils. C'est un fait, demeuré longtemps mystérieux, à peine soupçonné jadis, aujourd'hui bien prouvé, et qu'il faut, selon moi, rapprocher de cette époque. Rabelais avait un petit garçon né à Lyon d'une mère qui nous est inconnue; le père, en qui il ne restait rien de l'homme d'église, avait, — comme Luther, avec le sacrement en

---

arrivés à Zebenizo, en Dalmatie, ont assiégé *Hadyn* ou *Vadyn*, place forte vénitienne. La Seigneurie, *fort ennuyée*, accuse l'empereur de ne pas tenir compte de la Ligue. Les Impériaux assurent que Sa Majesté avait eu pour sa part du *Perone* un millier et deux cents écus d'or et 150 mille écus en argent. Le marquis d'Aguillar l'a dit de même à M. Lavaur, ajoutant qu'il ne l'avait voulu publier avant d'en avoir eu nouvelle de l'Empereur lui-même. — Il termine ainsi sa dépêche : « Je ne veulx oublier vous suplier, Monseigneur, que pour honneur de Dieu vous ayez pitié de ma povreté me faisant payer de ma pension dont il mest ja deu demye année. » (V. le n° 47 de l'*Amateur d'autographes*, où cette lettre sera publiée avec des éclaircissements historiques.)

Les éclaircissements promis ne la rendent pas plus authentique, au contraire. L'annotateur déclare d'abord qu'on ne connaît que quatre lettres autographes de Rabelais, toutes adressées au cardinal du Bellay, en 1538, et relatives à la *trève de dix ans*, conclue à Nice entre Charles-Quint et François I". « La première de ces lettres, datée de Rome, 23 mars, a passé dans la vente du baron Laroche-Lacarelle, 4 février 1847, et a été achetée 421 francs par M. Chambry ; la deuxième, écrite de Plaisance, le 13 avril, s'est vendue 210 francs (Tremont, 1852), et 510 francs (Lajariette, 1860) ; la troisième (21 avril) est celle que nous publions ici ; quant à la quatrième, nous ne savons ni quelle en est la date précise, ni en quelles mains elle se trouve. » Je ne transcris pas les éclaircissements qui fourmillent d'erreurs. Ils représentent Rabelais comme correspondant de du Bellay en Italie et suivant le pape Paul III pendant son voyage de Rome à Nice, où devait avoir lieu l'entrevue des deux princes. L'autographe fut vendu 475 fr., ce qui est un beau chiffre pour une pièce fausse.

On trouvera, dans le n° 94 de l'*Amateur d'autographes*, 16 novembre 1865, un article intitulé : *les Autographes de Rabelais*.

Ils provenaient, dit le rédacteur, d'une trouvaille autographique faite dans le cabinet généalogique de M. Le Tellier. M. Charon acheta le tout à M. Le Tellier et en fit figurer quelques-uns dans la vente Laroche-Lacarelle, qui commença le 4 février 1847.

Le 10 mars, le bibliophile Jacob en signala la fausseté dans le *Bulletin de l'Alliance des arts*.

Le 21 mars, quelqu'un répondit dans *le Courrier français*.

Le 10 juin, réplique du bibliophile Jacob dans le *Bulletin de l'Alliance des arts*. Il en a été fait un tirage à part.

Il serait intéressant de savoir ce que sont devenues ces pièces fausses et si elles n'ont pas été représentées depuis comme authentiques. La lettre datée du 23 mars 1538 (1 p. in-folio) et commençant par ces mots : « Monseigneur, nostre Saint Père le pape au Consistoire qu'il tint le XX fist et publia legats... », a repassé à la vente de la collection Chambry, mais elle a été reconnue fausse par M. Étienne Charavay. (*L'Amateur d'autographes*, avril-mai 1881.)

1. Langey, né en 1491, marchait vers la cinquantaine : Rabelais, né on ne sait quand, l'avait peut-être dépassée.

moins, — fait œuvre de chair [1] ; non content de reconnaître son enfant, il lui avait donné le nom de Théodule (que penser de ce prétendu *athée* qui appelle son fils *esclave de Dieu ?*), il l'avait présenté à ses amis. Les cardinaux du Bellay, Hémard, d'autres encore, l'avaient tenu sur leurs genoux, émerveillés de cette intelligence précoce où la flamme paternelle s'allumait déjà [2].

La mort vint qui prit le petit Théodule âgé de deux ans.

L'histoire de ces temps est vide de larmes ; les larmes tacheraient les Bibles et rouilleraient les épées. Rabelais ne nous a donc rien dit de Théodule ; mais nous savons par un ami intime — par Boysson dont il sera question tout à l'heure — quelle perte ce fut et quelles espérances on fondait sur lui.

Boysson est littéralement obsédé par le souvenir de Théodule. Il y revient constamment, et dans toutes les divisions de ses poésies. Cette insistance, ces regrets attendris sont d'un homme pour qui la vie privée de Rabelais n'a pas de mystère ; Boysson pourrait au besoin nommer la mère ; il a entendu jargonner l'enfant, il l'a peut-être vu naître ; je me demande même s'il n'en serait pas le parrain ? Il lui consacre des *Hendécasyllabes*, des *Élégies*, des *Distiques*, des *Vers ïambiques*.

---

1. M. Rathery a fait remarquer dans son article *Rabelais*, de la *Biographie générale*, que « parmi toutes les ordures mises sur le compte de Rabelais par ses biographes, on ne rencontrait pas une histoire de femme » ; Antoine Leroy avait déjà fait la même remarque : « Ne in minimam quidem suspicionem venit licentiosius adamati retrolabentis ejusmodi sexus ». (*Rabelæsina Elogia*, p. 393.)

2. En ce temps-là les cardinaux n'étaient pas gens à se scandaliser pour un fils naturel.

Suivant Brantôme (*Discours IV*, art. 3 des DAMES GALANTES), du Bellay avait commerce charnel avec Blanche de Tournon, sœur du cardinal de Tournon, veuve en premières noces de Raimond d'Agout, comte de Sault, en Provence ; en secondes noces (1505) de Jacques de Coligny, seigneur de Châtillon-sur-Loing.

Le cardinal l'aurait même épousée clandestinement, étant évêque et cardinal. Mme de Châtillon, aussi discrète que son époux, garda bien leur secret. Brantôme nous a conté la stupéfaction de M. de Manne, provençal, de la maison de Seulal et évêque de Fréjus, lorsqu'on dit plus tard devant lui que le cardinal, dont il avait été un des privés protonotaires, était réellement marié. Mystérieuse, sage et rusée, Mme de Châtillon a, d'après la légende, conseillé à la reine Marguerite de se taire, lorsque Bonnivet tenta de l'avoir par surprise.

Le cardinal de Châtillon, lui, ne se gêna pour divulguer son mariage.

Aux *Hendécasyllabes* d'abord [1] :

De Théodule Rabelais mort âgé de deux ans.

« Tu demandes qui repose en ce tombeau si petit? C'est le petit Théodule lui-même; à la vérité, en lui tout est petit, âge, forme, yeux, bouche, enfin pour le corps c'est un enfant. Mais il est grand par son père, le savant, l'érudit, versé dans tous les arts qu'il convient que connaisse un homme bon, pieux et honnête. Ce petit Théodule les aurait tous tenus de son père, si le destin l'avait fait vivre, et de petit qu'il était il serait un jour devenu grand. »

Ailleurs, dans ses *Élégies* [2], il lui parle comme s'il était à son chevet et qu'il eût recueilli son dernier soupir :

---

1. *De Theodulo Rabalæso puero bimulo defuncto.*

    Quæris quis jaceat sub hoc sepulchro
    Tam parvo? Theodulus ipse parvus,
    Parva ætate quidem, simulque forma,
    Et parvis oculis et ore parvo :
    Toto denique corpore ipse parvus,
    Sed magnus patre docto, et erudito,
    Instructo artibus omnibus, virum quas
    Æquum est scire bonum, pium atque honestum.
    Has omnes Theodulus iste parvus,
    Vitam si modo fata non negassent,
    Erepturus erat patri, exque parvo
    Magnus tandem aliquando erat futurus.

    (*Hendecasyllaborum liber*, p. 31.)

2. *Ad Theodulum Rabalæsum puerum bimulum morientem.*

    Cur nos tam subito, rogo te, Rabelæse, relinquis?
      Gaudia cur vitæ negligere est animus?
    Cur cadis ante diem, tenera fraudate juventa?
      Cur te immatura morte necare paras?

    Respondet

    Non odio vitæ vitam hanc, Boyssone, relinquo;
      Verum ut perpetuo non moriar, morior.
    Vivere cum Christo vitam, Boyssone, putavi
      Solam quæ in pretio debeat esse bonis.

    (*Elegiarum liber.*)

A Théodule Rabelais mourant à l'âge de deux ans.

« Pourquoi nous quitter si tôt, je te le demande, Rabelais? Pourquoi ce désir de renoncer aux joies de la vie? Pourquoi tomber avant l'heure, en fraude de la tendre jeunesse? Pourquoi s'apprêter à mourir d'une mort prématurée? »

Et l'enfant lui répond :

« Boysson, ce n'est point par haine de vivre que j'abandonne la vie; si je meurs, c'est pour ne pas mourir à jamais. La vie avec le Christ, ô Boysson, c'est la seule dont les bons doivent faire état. »

Boysson lui parle encore en *distiques* [1] :

Au même.

« Aller si petit au ciel, Théodule, n'est-ce pas démontrer que ceux-là seuls sont aimés de Dieu (qui meurent jeunes)? »

Autre.

« Moi qu'on avait nommé Théodule, je prie pour que vous me ressembliez par le nom et par la chose. »

Autre.

« Celui qui repose dans le petit tombeau que vous voyez, reçut vivant les soins des prélats romains. »

---

1. *Ad eundem, distichon.*

Quod, Theodule, petis cœlum tam parvus, an illud
Monstras, hos solos nempe placere Deo ?

Aliud.

Nomine qui fueram dictus Theodulus, ut et vos
Mi similes sitis nomine, reque precor.

Aliud.

Quem cernis tumulo exiguo requiescere, vivens
Romanos habuit pontifices famulos.

Aliud.

Lugdunum patria, at pater est Rabalæsus : utrumque
Qui nescit, nescit maxima in orbe duo.

Autre.

« Lyon est sa patrie, et Rabelais est son père : qui ne connaît ni l'un ni l'autre, ignore deux très grandes choses au monde. »

Enfin, dans ses *Iambes*[1], il explique la mort de l'enfant par une vocation quasi divine tirée du prénom de Théodule, « esclave de Dieu » :

« Craignant de devenir esclave des hommes, et ne voulant obéir qu'à un seul Dieu très bon et très haut, pour ne pas être forcé de descendre des chevaux aux ânes (de déchoir), moi qui avais deux ans ici-bas, je quitte les mortels et je m'envole aux cieux. »

A défaut d'autres renseignements, je pense que sa mort doit être contemporaine de ces poésies mêmes[2], et qu'elle date de l'époque où Boysson et Rabelais vécurent de la même vie politique, l'un à Chambéry, l'autre à Turin, rapprochés à chaque instant dans leur amitié par les devoirs de leur charge[3]. Il se pourrait bien que Théodule, né à Lyon, fût mort à Turin.

---

1.   *Theoduli Rabalæsi pueri defuncti.*
   Dum timeo servus effici mortalium,
   Qui solius Dei optimi atque Maximi
   Imperia obire, jussaque exequi volo,
   Ne ab equis ad asinos cogerer descendere,
   Annos qui eram natus sub id tempus duos,
   Relinquo mortales et ad cœlum evolo.
                              (*Iambicorum liber.*)

2. J'en ai soigneusement relevé le texte dans les Mss. 835 et 836 de la Bibliothèque de Toulouse.

3. Après les *Distiques* à Théodule, vient une pièce *Aux Mânes de Gilbert Ducher*; puis, après quelques autres, une pièce à Rabelais sur la mort de Mme de Langey (que je cite plus loin) et qui est de 1541. Après l'*Hendécasyllabe*, viennent des vers sur François Olivier, créé chancelier (1545). C'est entre ces diverses dates que doit se placer la mort de Théodule.

M. Rathery incline à la rapprocher des deux premiers voyages de Rabelais en Italie, en considération des vers où Boysson montre les cardinaux romains (*pontifices romanos*) empressés autour de l'enfant. Je crois qu'il ne faut pas prendre ceci au pied de la lettre et supposer que Rabelais aurait emmené Théodule à Rome. *Pontifices romanos* sont sans doute ici pour *cardinaux*, et les prélats amis de Rabelais se sont arrêtés si souvent à Lyon!

En appelant Rabelais en Piémont comme médecin, on ne lui offrait pas une sinécure.

Langey, attaqué par la maladie, ne connut plus de répit. Dès juillet 1538, il se ressent de fièvres pernicieuses à ce point que les médecins lui conseillent de changer d'air « sous peine d'inconvénient de sa personne », ainsi qu'à Mme de Langey. Un clerc meurt en écrivant sous sa dictée[1]. En septembre, il a quatre médecins « faisant autour de lui tout ce qu'il est possible et confessant que oncques ne virent l'homme plus obeyssant à medecin ». En octobre, il lui arrive un nouvel accident et tel qu'il ne peut ni parler, ni écrire, ni même lire ; il en est persécuté depuis cinq ou six mois. Néanmoins il ne prit pas de congé avant décembre, auquel mois il alla en Cour[2].

Si Rabelais fut appelé en ce temps-là, il put se rencontrer avec Ambroise Paré, qui était le chirurgien du maréchal de Montejean (en 1536 déjà, alors que Montejean était colonel-général des gens de pied). Maître Ambroise assistait à l'affaire du pas de Suse et à l'assaut du château de Vegliano où il s'est distingué. C'est là qu'il appliqua pour la première fois sa méthode pour guérir les blessés par poudre à canon et hacquebutes, méthode dont il a fait un traité spécial. Ailleurs j'ai montré maître Ambroise imitant les instruments de maître François dans le traitement des fractures du fémur[3]. Mais où il déploie une initiative vraiment exorbitante, c'est quand il soigne des plaies d'arquebuse avec un baume composé de chiens nouvellement nés, bouillis dans de l'huile de lis, et de vers de terre macérés dans la térébenthine de Venise !

La mort de Montejean augmenta encore l'autorité de Langey qui exerça la lieutenance générale en l'absence de d'Annebaut[4].

---

1. Cosnan, La Josselinière et autres lui recommandent un autre clerc, le neveu du feu receveur de Touraine. Mlle de Nimgodan, une demoiselle de la compagnie de Mme de Langey sans doute, est également fort ébranlée. Mss. 19751.
2. Jean du Bellay écrit de Saint-Maur, le 21 mars 1539, que Langey se refait à Paris.
3. Voyez *Rabelais chirurgien*, avec figures (Lemerre, 1886).
4. Montejean mourut dans l'été de 1538. Martin du Bellay prit alors le gouvernement de Turin sous les ordres de son frère Guillaume.

Langey avait pris sur l'entourage et sur le peuple un tel ascendant que le maréchal en avait conçu de la jalousie[1]. Langey offre alors de se constituer prisonnier et d'être suspendu de toutes ses charges jusqu'à justification d'avoir attenté en quoi que ce fût aux pouvoirs de son chef. La duchesse d'Étampes et Montmorency, d'accord sur ce point-là, répondirent pour lui. Mais, tout en ménageant le connétable sans lequel on n'était rien à la Cour, Langey se sépara nettement de sa politique : brave capitaine et prompt au combat, Montmorency ne sut jamais lire dans le jeu de l'Empereur, et pendant tout le temps qu'il gouverna les affaires de France, il se laissa bercer par la chimère d'une réconciliation possible entre Charles-Quint et François Ier, née elle-même d'une autre chimère : retour du Milanais à la France par les voies diplomatiques[2].

Avant toutes choses, Langey avait à mettre le Piémont en état de défense : il y a en lui du Vauban. Le caractère des événements lui faisait une loi de se prémunir contre la surprise et la trahison, car du Guast ne reculait ni devant l'une ni devant l'autre. Mais sur le fait de la guerre, Langey avait cette opinion qu'outre le stratagème et la ruse, la fortification pouvait défier une brusque attaque.

La présence de Rabelais auprès de lui est très significative. C'est le mathématicien, le géomètre, l'ingénieur consultant.

---

1. Parmi les faits pantagruéliques de Langey, il faut citer celui-ci :
En 1538, Montejean, faute d'argent, avait dû laisser l'armée vivre à sa discrétion et sans contrôle. Tout fut mangé ; la famine, suivie de tueries, se mit même parmi le peuple de Piémont, qui, « désespéré de faim », n'avait pas ensemencé les terres. Si l'ennemi, rompant la trêve, eût fait retour offensif, c'était la perte du pays. Langey prend l'affaire des grains à sa charge. Il négocie avec André Doria, qui lui donne licence d'en envoyer par mer à Savone, et de là, par terre, en Piémont. Il les fait venir de Bourgogne par la Saône et le Rhône ; de là, à la mer jusqu'à Savone. Ensuite, il fait trancher la montagne de la Douillane et, par charroi, les transporte à Quieras, de là à Raconis, en trois jours, les distribue à tous à trois écus le sac, au lieu de dix, donnant crédit aux laboureurs, le tout avec tant de rapidité que les villages eurent le temps d'ensemencer et de sauver la récolte suivante. Il s'y endetta gros, car, après sa mort, Martin, son frère, en paya 100,000 livres de retard à un seul fournisseur, « mais il ne luy challoit la despense, moyennant qu'il feit service à son prince ».
2. Lisez le travail de M. Francis Decrue sur *Anne de Montmorency* (Plon, 1885, in-8°).

Même en l'absence d'autres preuves, quel moyen de n'être pas frappé par le grand étalage de termes spéciaux dont Rabelais use quand il s'agit de défense militaire? Le prologue du *Troisième livre* m'avait singulièrement saisi à ce point de vue, et

LA PORTE PALATINE, A TURIN.

dans l'éclat guerrier qu'il respire j'avais deviné la traduction d'impressions personnellement ressenties.

Dans le grand essor de la Renaissance, le Piémont était resté en arrière : pays rude en art, gent montagnarde, il n'avait guère fourni que des ingénieurs militaires, comme ce Marino da Pinerolo, ce Freylino de Mercadillo da Chieri, ce Giannino da Vigone que les Milanais et les Florentins attirèrent à eux dans les guerres de la fin du xv° siècle. Ce qu'étaient au juste les Universités de Turin et de Savigliano, l'histoire ne le dit pas. Pauvres en sculpteurs et en peintres, voire en architectes, les Turinois avaient dû appeler un Florentin, Meo del Caprino, pour construire, en 1492, la façade de leur cathédrale [1]. A Turin, l'antiquité n'était attestée que par un seul monument, la porte Palatine, très remaniée déjà. Le torrent barbare avait roulé sur la ville, impétueux et farouche, balayant devant soi ce qu'avaient édifié les Romains dans leur Augusta Taurinorum. Rien ne pouvait inspirer un poète, sinon la campagne où coulent le Pô et la Doire, avec ses horizons si vastes dans le bleu limpide de l'été [2]. Écoutons plutôt Desachius s'adressant au légiste Boysson :

« Ici le ciel est riant et l'air très agréable, la ville est bien construite et en bonne assiette, partout les prés sont verts, les jardins embaumés de fleurs, la vigne étale ses grappes joyeuses; ici un fleuve se répand en flots clairs, une rivière arrose les champs par l'industrie des hommes; ici sont par surcroît des jeunes filles dont la rare beauté peut l'emporter sur Vénus elle-même et fléchir même Caton, l'austère Caton! tant il y a de grâce dans leur forme et de douceur dans leur visage. D'où

---

1. Et non Baccio Portelli. Voyez pour ce détail et beaucoup d'autres le beau livre de M. Eugène Müntz : *la Renaissance en Italie et en France à l'époque de Charles VIII*.

2. Profondément remaniée aux xvii° et xviii° siècles, la ville ne subit guère de modifications pendant le xvi° : elle resta ce que les Italiens et les Français l'avaient faite pour les besoins de la défense, c'est-à-dire la ville forte, solidement embastionnée, que Rabelais compare à un pâté de jambon bien dressé. Aussi n'a-t-elle guère tenté les peintres et les dessinateurs, et il n'en existe pas de représentation graphique absolument contemporaine de Rabelais. Le plan qui accompagne ce chapitre nous est présenté par Pingonius, dans son *Augusta Taurinorum*, 1577, in-fol., comme « le premier portrait » de Turin ; je n'en connais pas de plus ancien et même pour en rencontrer d'autres à peu près convenables, il faut attendre le xvii° siècle avec les guerres de Louis XIV.

A part « les Jésuites » et « la grande imprimerie », qui n'étaient pas encore là, les autres monuments sont presque tous contemporains de Rabelais.

FORTERESSE DE PIGNEROL.
Commencement du XVIIᵉ siècle.

vient que tout nous manque, alors qu'il ne nous manque rien, veux-tu le savoir? Tu n'es pas là [1]. » Mais Boysson ne vint pas, il ne pouvait pas venir. Le temps n'était pas encore aux légistes; il était à l'art militaire.

Et, en effet, les fortifications, l'organisation du matériel de guerre durent prendre, au début de la conquête, tous les instants de Guillaume et de son secrétaire. Langey commence par explorer topographiquement les défilés des Alpes. Guillaume Paradin, dans ses *Chroniques de Savoie*, dit avoir emprunté ce qu'il sait « de la situation et diversité des noms des Alpes » à G. du Bellay, « lequel estant lieutenant général du roi en Piémont, voulut diligemment enquérir et veoir à l'œil » ce qu'étaient ces montagnes « et conférer ce que les anciens et modernes en ont escrit, avec la veue oculaire des lieux et limites ».

On retrouve dans Rabelais un souvenir de ces excursions topographiques. (Livre III, chap. LII : *Comment certaine espèce de Pantagruelion ne peut estre par feu consumée.*) A l'incombustible chanvre, il ne veut pas qu'on compare « ceste espece d'arbres que voyez es montaignes de Briançon et Ambrun, laquelle de sa racine nous produit le bon agaric; de son corps nous rend la resine, tant excellente que Galen l'ose equiparer à la terebentine; sur ses feuilles delicates nous retint le fin

---

1. Cl. Desachius à J. de Boysson, Taurini, idibus Augusti 1533. (*Epistolæ Boyssonci*, Mss. 834, Bibliothèque de Toulouse.)

  Hic ubi sum ridet cœlum, est gratissimus aer,
   Urbs patet insigni non male structa loco.
  Undique prata virent, exhalant floribus horti,
   Depromit botros vinea læta suos.
  Limpidus hic amnis placidis dilabitur undis,
   Humana per agros rivulus arte fluit.
  Adde quod et sunt hic præstanti corpore Nymphæ.
   Quæ Veneres ipsas exuperare queant,
  Et quæ vel durum possint mollire Catonem,
   Tanta est in facie gratia, forma, lepos.
  Cum nihil hic desit, nobis tamen omnia desunt.
   Forte rogas quænam causa sit hujus? Abes.

miel du ciel, c'est la manne; et quoy que gommeuse et unctueuse soit, est inconsumptible par feu. Vous la nommez *Larix* en grec et latin [1]; les Alpinois la nomment Melze (*mélèze*); les Antenorides (*Padouans*) et Venitiens, Larège, dont fut dit *Larignum* le chasteau en Piedmont, lequel trompa Jules Cesar venant ès Gaules. Jules Cesar avoit fait commandement a tous les manans et habitans des Alpes et Piedmont qu'ils eussent à porter vivres et munitions en estapes dressées sur la voye militaire, pour son ost passant outre. Auquel tous furent obeïs-

1. Il y a un hommage naïf et grand à la nature dans le culte qu'ont eu les hommes de science pour certaines herbes réputées divines à raison de leur utilité. De ce nombre sont l'agaric et le larix dont Rabelais parle avec une sorte de tendresse. Même vénération touchante chez Sébastien Munster, en sa *Cosmographie universelle*, quand il en arrive au régime végétal du Valais :

« Les montagnes de ce pays là produysent plusieurs excellentes herbes et racines, ce que les medecins et apothicaires sçavent bien. Davantaige les vallées ont de grands arbres, et les petites montagnes aussi, et singulierement de pins, sapins, et aultres semblables espèces. Il y a une sorte de sapins qu'on appelle en latin *Larix* et au pays de Suisse Lerchen qui sont merveilleusement haultz, et ont le bois dur, roux et odoriférant qui sert à plusieurs choses. En may on cueille les rameaux les plus tendres d'iceulx, desquels ils usent dedans leurs baings pour remède contre plusieurs maladies, et principalement contre la ladrerie. L'eaue aussi qu'on distille d'iceulx, est fort bonne contre la ladrerie. Outre plus ceulx qui ont leurs maisons et poisles bastiz de ce boys sont asseurez de ne devenir point ladres. On fait aussi des pertuys en ces arbres, par lesquelz on tire la poix resine, laquelle nous appelons vulgairement terebenthine et les Valesiens *hertschinen*. Ceste resine est un remède excellent pour guerir les playes et aultres maladies. Toutefois quand un de ces arbres a esté entamé pour en tirer de la résine, il perd beaucoup de sa nature et vertu, de son odeur et vigueur. En l'escorce aussi de cest arbre croist une sorte de champignon, qui est de couleur blanche et a une grande propriété de medecine, lequel les medecins appellent *Agaric* qui est une chose excellente contre la douleur de teste, comme Pline en scrit au 25 livre chap. 6. On dist aussi qu'il en croist à l'entrée du Bosphore, comme aussi en la Gaule cisalpine ou Lombardie, mais de dire qui est le meilleur je m'en rapporte aux medecins. C'est arbre cy est de façon de pins, mais il est different en beaucoup de choses. Aulcuns sont droitz et haultz comme les sapins, les aultres estendent leurs branches par les costez, et les petitz bourgeons qui sortent des plus grandz ont de petits boutz en grande quantité, desquelz sortent des feuilles verdoyantes, comme le genièvre en porte, excepté qu'ilz sont fort tendres et non plus longs que la jointure du doigt, et ne demourent point en hyver en l'arbre, en quoy ils different du pin et sapin qui retiennent leurs feuilles. La pomme que ces arbres portent est semblable à celle des pins, toutefoys elle est plus petite et plus tendre. Leur escorce est velue et rougeastre, et n'est pas grandement differente de celle des pins saulvages. Davantage il y a es montaignes de Vualaiz des sapins rouges et blancz distillantz aussi la poix resine. Mais la resine est estimée plus precieuse laquelle destille des sapins blancs. Les pins aussi produisent de la resine, et en plus grande quantité que ne font les sapins, mais elle ne vault rien. Pline, liv. 16, cap. 10, appelle cest arbre *Pinaster*, c'est à dire pin saulvage. Les fruitz venantz de ces arbres sont appelez pommes de pin. On dict que ce fruict est d'une nature chaulde et que le goust ne differe pas beaucoup du goust d'une noix avelaine et on faict des confections ou confitures d'icelluy.

sans excepté ceux qui estoient dedans Larigno, lesquels, soy confians en la force naturelle du lieu, refuserent à la contribution. Pour les châtier de ce refus, l'empereur fit droit au lieu cheminer son armée. Devant la porte du chateau etoit une tour bâtie de gros chevrons de *larix*, lassés l'un sur l'autre alternativement comme une pile de bois, continuans en telle hauteur, que des machicoulis facilement on pouvoit avecques pierres et leviers debouter ceux qui approcheroient. Quand Cesar entendit que ceux du dedans n'avoient autres deffenses que pierres et leviers, et qu'à peine les pouvoient-ils darder jusques aux approches, commanda à ses soudars jetter autour force fagots et y mettre le feu. Ce que fut incontinent fait. Le feu mis és fagots, la flambe fut si grande et si haute qu'elle couvrit tout le château. D'ond penserent que bien-tôt après la tour seroit arse démolie. Mais cessant la flambe, et les fagots consumez, la tour apparut entiere, sans en rien être endommagée. Ce que considerant Cesar, commanda que hors le jet des pierres tout autour, l'on fit une seine et fossez et bouclus. Adoncques les Larignans se rendirent à composition. Et par leur recit cognut Cesar l'admirable nature de ce bois, lequel de soy ne fait feu, flambe, ne charbon : et seroit digne en cette qualité d'être au degré mis du vray pantagruelion, et d'autant plus que Pantagruel d'iceluy voulut être faits tous les huis, portes, fenêtres, goutieres, larmiers et l'embrun de Theleme : pareillement d'iceluy fit couvrir les poupes, prores, fougons, tillacs, coursies et rambades de ses carracons, navires, galleres, gallions, brigantins, fustes et autres vaisseaux de son arsenac de Thalasse, ne fut que larix, en grande fournaise de feu provenant

L'AGARIC.
D'après Sébastien Munster.

d'autres especes de bois, est enfin corrompu et dissipé, comme sont les pierres en fourneau de chaux. »

LE LARIX.
D'après Sébastien Munster.

Poussant des reconnaissances sur tous les points, de la plaine aux sommets, des sommets à la plaine, Langey négocie l'achat de Cahours avec les châtelains de l'endroit; c'était une assiette importante sur trois passages allant en France ; il fait dresser le plan de la forteresse avec un modèle en relief qu'il envoie au roi (octobre 1538). Il rend Turin imprenable autrement que par trahison : « Frère Jean apporta quatre horrificques pastés de jambon si grands qu'il me souvint des quatre bastions de Turin », dit Rabelais [1] en mémoire des boulevards et fossés qu'on avait dressés aux quatre angles de la ville. A Pignerol, on édifie un château neuf, l'ancien laissé au milieu pour servir de roquette. Pignerol était considéré déjà comme imprenable, et du Guast avait échoué devant les fortifications que l'ingénieur bolonais Jérôme Marin avait construites (1537). On renforce Moncalieri, Savigliano, Cental, Beynes, toutes les places un peu exposées. Après quoi, on s'occupe du matériel de la défense ; à tous ses correspondants Langey donne mission de lui envoyer des ingénieurs et des artificiers : dès octobre 1538, il a près de lui le capitaine Goulphe « dont il y a peu de pareils en artifice de feu ».

Pellicier, ambassadeur de France à Venise, se met en campagne de son côté[2], offrant d'envoyer à Langey « Jheronimo de Trevise, fort ingénieux a faire machines de guerre tant offensives que défensives, dit-il. Et mesmement m'a montré un modelle d'ung pont pour entrer en une ville par force et a l'emblée, fort subtil s'il peut aussy bien operer par effect qu'il démontre par son idée ; et pareillement le vieil homme qui a ung fils qui scayt faire le bronse sans y mettre mixture d'aucun autre métal qui sera aussi bon et qui resistera mieux contre le feu deux foys que l'autre... Il est tous les jours apres moy[3]... »

Depuis quatre ans déjà, Jérôme de Trévise tourmentait les ambassadeurs, à commencer par M. de Lavaur, pour entrer au

---

1. *Pantagruel*, l. IV, chap. 65.
2. Le 24 septembre 1540, il demande une réponse à Langey au sujet des ingénieurs dont il lui a parlé dans sa lettre du 20 août.
3. Il n'entrait ni laiton ni étain dans cette composition, qui permettait à l'artillerie de résister davantage, en tirant plus longtemps et plus souvent.

CHATEAU DE TURIN.

service de la France, et peu s'en fallut qu'au temps de la campagne de Provence il n'allât soumettre ses inventions au roi lui-même [1]. Il était d'autant plus urgent de s'approprier ces procédés d'attaque et de défense que les Impériaux ne renonçaient nullement à l'espoir d'enlever Turin à l'improviste : c'est ainsi qu'un cordelier, frère Jean de Piémont, avait fait le beau projet d'entrer dans la place pendant une absence de Langey, de mettre le feu aux poudres et de se saisir de la ville, à la faveur de l'incendie [2].

Après trois années d'un travail que les contemporains déclarent surhumain, Langey en était arrivé à pouvoir répondre de la sécurité du Piémont : en mai 1541, le chevalier de Villegagnon, parent du président de Turin, homme de grandes lettres, intrépide voyageur, va porter au roi les plans et dessins des places et châteaux de la montagne et de la plaine, avec un état complet des dispositions prises en cas de rupture avec les Impériaux [3]. Le président Chemant allait aussi en France, avec des recommandations de Langey pour le roi, le connétable, le chancelier, d'Annebaut, le cardinal de Tournon, et l'amiral Chabot que les du Bellay n'avaient point abandonné dans sa disgrâce. Né avec le génie des voyages et des aventures, Villegagnon, à peine de retour à Turin, offrait d'aller à Alger pour le roi sur les galères de Doria (septembre).

Mais n'anticipons pas.

---

1. 7 novembre 1540, Pellicier au connétable, à d'Annebaut.
2. Pendant que Langey conférait avec du Gunst, à Milan, vers septembre 1540. Le 10, Pellicier l'avertit de se tenir sur ses gardes. Un piège d'autre sorte, tendu auparavant à M. de Boutières, avait failli réussir.
3. Le 7 mai, Langey recommande Villegagnon au roi.
Ce Villegagnon, qui mériterait une étude spéciale (on consulterait avec fruit les *Mémoires de Claude Haton*), est le même qui fonda un des premiers établissements français au Brésil. Au Musée de Dieppe, on conserve une carte historiée de J. de Vau de Claye, appelée : *le Vrai pourtrait de Gencure* (Rio-de-Janeiro) et datée : 1579. Sur la rive sud de la baie, on voit deux petites îles : « *l'isle ou M. de Villegagnon avait basti son fort* et l'isle de la Croix ».

CHAMBÉRY A LA FIN DU XVIe SIÈCLE.

A. Le Chateau.
B. La Sainte Chapelle où estoit le Saint Suaire.
C. Tour de la prison.
D. La Salle de l'Empereur.
E. Saint-Léger.
F. Les Cordellières.
G. Saint-Antoine.
H. Tour où on garde les pappiers et chartres de la ville.
I. Les Jacobins où le Parlement est séant.
K. Faubourg du Reclus.
L. Le Prieuré de Lesman.
M. Faubourg de Mecis.
N. Faubourg de Mont-Melien.
O. Montagne de Nivolet.
P. Torrent de Liesse.
Q. Abbaye de Sainte-Marie.
R. Montagne d'Aiguebelette.
S. Augustins déchaussés fondés par le prince Thomas.

II

Amis de Rabelais ambassadeurs en Italie. — Pellicier à Venise. — Correspondance entre Langey, Rabelais et Pellicier (1540). — Le cas de messer Philippus Saccus. — Publications de Paul Manuce. — Manuscrits grecs. — Herbes et plantes. — Amis de Rabelais au Parlement de Savoie. Jean de Boysson s'appuie sur Rabelais pour obtenir les bonnes grâces de Langey. Guillaume Bigot va à Turin. — Rabelais, allant en France, passe par Chambéry (janvier 1541). — *Triomphe* de Bigot. Retour de Rabelais à Turin. Nouvelle correspondance avec Pellicier. — *Orationes* de Cicéron dédiées à Langey, par P. Manuce. — Serlio entre au service de François I*er*. — Mort de M*me* de Langey. Poésies de Boysson à Rabelais. — Assassinats de Rincon et de Fregose, envoyés de France à Venise. Représailles conseillées par Langey.

Dans ses fonctions de secrétaire d'État, Rabelais ne se sépara guère de son maître. Il l'accompagne où il va, il est où il demeure.

Le baron Gros n'a pas eu la prétention de faire acte d'historien en plaçant Rabelais et Marot dans son célèbre tableau : *Charles-Quint et François I*er* visitant les tombeaux de Saint-Denis*. L'Empereur fit son entrée à Paris le 1*er* janvier 1540, traversant la France comme bon ami et allié du roi. Sous mine d'embrassades et de gentillesses, l'Empereur, toujours retors, bernait le roi, toujours crédule. Montmorency servait de truchement.

Dans la vaste composition de Gros, François I*er* sert de guide à Charles-Quint ; à côté de l'Empereur se tient le dauphin Henri, sa toque à la main ; à la gauche du roi, Charles d'Orléans, son plus jeune fils. Au bas des degrés, le cardinal de Bourbon, abbé de Saint-Denis, crosse en main. Sur les degrés, derrière les princes, le connétable Anne de Montmorency, l'épée nue ; le duc de Guise, Henri d'Albret, Antoine de Bourbon, le légat et les cardinaux du Bellay et de Lorraine.

Dans les deux tribunes, pleines de grandes dames et de grands seigneurs, Amyot, Jean Goujon, le jeune Michel de Montaigne, le Primatice, Pierre Lescot, Jean Bullant, et enfin Clément Marot et Rabelais s'entretenant avec mystère. Je doute que Rabelais ait assisté aux fêtes données à Pichrochole [1].

Car Langey ne s'absenta guère de Turin pendant toute l'année 1540 [2], en apparence immobile, inondant en réalité l'Allemagne d'agents, et souvent mieux instruit que le lieutenant de Charles-Quint à Milan. Brantôme a eu raison de dire qu'il dépensait fort en espions.

Quant aux nouvelles d'Italie, jamais Rabelais n'avait été plus près des sources.

La faveur, autant que le mérite, avait porté Pellicier à l'ambassade de Venise et Georges d'Armagnac à celle de Rome : par leurs soins toutes les nouvelles se concentraient à Turin avant d'arriver à la Cour. Il ne reste rien de la correspondance de d'Armagnac, mais celle de Pellicier suffit à nous montrer quelle considération l'un et l'autre avaient pour Rabelais, et quel service ces hommes de science rendaient à la politique française en Italie [3].

1. Mais si on admet qu'il était alors à Paris, il put le voir encore de plus près qu'à Saint-Denis. En effet, Charles-Quint fut reçu à l'évêché par Jean du Bellay.

2. En mai, M. de Langey est à Turin. En juin, le docteur Ulrich (Chelius) lui envoie un double de la réponse faite par les protestants d'Allemagne aux propositions de l'Empereur, avec prière de ne pas en divulguer les termes. Langey l'envoie au cardinal pour la montrer ensuite à d'Annebaut. Ailleurs, il dit qu'il écrit hardiment à d'Annebaut tant des choses légères que des importantes. Il ménage beaucoup Montmorency, tout-puissant à la cour ; il lui envoie des harnois qu'il fait déposer à Lyon dans la maison de M. du Peyron. En octobre, il envoie Crissé à sa maison pour ses affaires ; en novembre, il est à Turin.

M. Rathery dit, sans ombre de vraisemblance, que, vers 1540, Rabelais alla s'installer à l'abbaye de Saint-Maur et qu'il allait de là voir dans son château « son patron et supérieur ecclésiastique, le cardinal du Bellay, abbé de Saint-Maur, magnifique résidence bâtie par Philibert de l'Orme, dont les portes lui étaient toujours ouvertes et dont on retrouve quelques traits dans la description de l'abbaye de Thélème ». Le château n'était pas bâti quand Rabelais fit, dans le *Gargantua*, antérieurement à 1532, la description de l'abbaye idéale des Thélémites.

3. Pour les relations de Pellicier avec Rabelais, j'ai consulté le Mss. 570 (Mélanges 230) de la collection Clairambault, conservé à la Bibliothèque nationale, et le Mss. n° 142, conservé à la Bibliothèque d'Aix, composés tous deux des lettres de Pellicier. Ces recueils ne sont point originaux ; ce sont des copies plus ou moins complètes et souvent incorrectes. Loin de respecter les fautes d'orthographe et de ponctuation, je les ai, au contraire, rectifiées pour l'intelligence des choses, et je reproduis, pour la première fois, dans leur intégrité, les documents relatifs à Rabelais. Pour entrer plus avant dans le détail de l'ambassade de Pellicier à Venise, il est indispensable de lire le curieux ouvrage de M. Zeller : *la Diplomatie française vers le milieu du XVIe siècle*, d'après la correspondance de Pellicier, in-8°.

Le Mss. Clairambault porte le titre de : *Volume II des Missives de messire Guillaume de*

Sous les détails familiers perce la préoccupation des grandes affaires. Il semble au premier aspect que Pellicier néglige les intérêts diplomatiques pour les herbes, les plantes, et les manuscrits grecs : au fond, il se met en rapport avec toutes sortes de gens qui le renseignent sur les intrigues de l'Empereur avec le Turc, et sur les intentions de Barberousse. On le voit ramasser tous les manuscrits grecs que le commerce de Venise avec Constantinople, la Grèce et l'Orient amène jusqu'aux alentours du palais Dandolo, c'est-à-dire jusqu'à l'ambassade; il les garde pour sa collection, il en enrichit celle de Rabelais [1] ou les fait parvenir à Fontainebleau, selon que le roi l'ordonne et sans crainte de s'endetter; il va jusqu'à parler de mettre sa crosse en gage plutôt que de manquer les occasions, et pour ne pas laisser sans vivres les douze scribes de son cabinet.

Proclus in Hesiodum

Φραγκίσκος ῥαβελαίος κ̄ τῶν αὐτῷ φίλων.

AUTOGRAPHE DE RABELAIS.

Un des plus empressés à le servir est ce Nicolas Petreius que nous avons vu à Rome et qu'il appelle « son ami, presque son frère ». Petreius, devenu secrétaire de l'archevêque de Raguse, était placé comme en avant-garde [2]. Dans la correspondance de Pellicier avec ce qu'il y a de plus vertueux et de plus

---

Pellicier, du 1ᵉʳ jour de juillet 1540 (jusqu'en août 1542). Le *Volume I* est malheureusement perdu. Le manuscrit d'Aix n'est guère qu'une variante, mais très augmentée, du recueil Clairambault.

1. Rabelais possédait un nombre respectable de manuscrits grecs. La signature autographe que nous reproduisons se trouve à la fin d'un très joli manuscrit, conservé à la Bibliothèque nationale sous le n° 2777. Le titre de l'ouvrage : *Proclus in Hesiodum*, est également sur le parchemin de la couverture avec la date : 1537.

2. 12 juillet 1540. Pellicier dit qu'il n'a encore rien à lui écrire de digne de ses hautes et érudites pensées.

savant à la Cour de France, nous allons rencontrer plusieurs fois le nom de Rabelais. A Venise comme à Montpellier, à Florence et à Rome, Pline est le trait d'union de ces deux hommes.

Le roi ayant plaisir « de voir et de connoître toutes choses nouvelles et rares, mesme en arbres et en herbes », Pellicier a chargé les marchands qui vont en Syrie, à Candie et à Alexandrie, de lui en rapporter[1]. Pour sa part, il fait des essais d'acclimatation dans son petit jardin : il y plante la *colocasia*[2] qui vient bien à force de soins, des plants de Malvoisie et autres vignes qui viennent également bien ; si ces plants passent l'automne, il en fera venir de plus purs pour la France, car pourquoi, venant bien là, ne viendraient-ils pas au pays du roi ? De la viticulture à Rabelais, de Rabelais à tous sujets de médecine et de littérature ancienne, il n'y a qu'un pas, et Pellicier le franchit dès le début de sa correspondance.

C'est d'abord le cas folâtre et singulier de messer Philippus Saccus, président du Parlement de Milan[3] :

A Monsieur le docteur Rabelais.

Venise, le 23 juillet 1540.

Monsieur, je ne vous escripvis point dernierement tant pour la presse que j'avois que aussi pour ce que ne avois receu aucune lettre, ne sçaurois argument meritant vous faire entendre. Ce neanmoins, pour m'entretenir toujours que puissions avoir nouvelles l'un de l'autre, n'ay point voulu discontinuer de vous escrire, et pour n'avoir a present meilleure matiere, vous ay bien voulu advertir de ce que nous avons icy touchant certaine consultation qui me semble appartenir, pour vostre profession

---

1. Dès son arrivée à Venise.
2. Très belle plante d'ornement. Sert aussi comme aliment.
3. 22 juillet. Prévoyant que M. de Villandry sera absent de la cour, Pellicier écrit à Bochetel, secrétaire du roi, de différentes affaires, notamment de celle de Philippus Saccus, président de Milan, qui fait un bruit d'enfer.

et suffyence, a vous. C'est que Mons. Philippus Saccus, president de Milan, a mandé icy et a Boulogne a consulter aux colleges des docteurs si une fille que luy est née est sienne, et est pour vuivre et si doibt estre tenue pour legitime; et ce d'autant que du 1539 le xxv d'octobre, a quatre heures de nuit, avant la pleine lune, se assembla la première foys avecque elle; or du 1540 le xiij d'avril, sa dicte femme luy a fait « una picta piche [1] ». Si disputa si cest enfantement est de sept mois et s'il est pour vuivre et est legitime. Tous les docteurs se travaillent, mais en somme quasi la plus grande partie se incline à l'opinion qu'elle ne soit point de sept mois. Par quoy ne pourroit survivre, et advenant d'aventure qu'elle survesquit, ne l'estimeroit point legitime ne de sept mois, ains de neuf, a la barbe del signor presidente. A Boulogne, sont encores ceux qui attendent la resolution du dit college, ce neanmoins certains icy treuvent, tant pour la raison d'Hipocrates comme de Avicene et de Pline, que cest enfantement peut arriver au semestre et par consequent estre vital et legitime, et tous leurs fondemens sont que les anciens non seulement Hebrieux mais Arabes et Chaldeens, content leurs mois selon le cours et peregrination de la lune, et selon icelle considerent le tems de l'enfant, de sorte que toutes et quantes fois que à ung enfantement se trouvoient sept lunes, ils le tenoient pour sepmestre, comme se peut voir par ce que Pline en escript en son libvre septiesme au chapitre 5; et Hipocrates, au libvre de semestre, en parle, nonobstant que ledict libvre soit corrompu en ce lieu la, et par ainsi mal traduit par Mons. Labro de Ravena. Je auroîs bien a plaisir que vous m'en mandassiez vostre advis, d'autant que la chose de soy mesmes est digne d'estre examinee, et le sieur merite bien que tous les serviteurs du Roy luy disent le proficiat, tout ainsi qu'il a merité et est affectionné de Sa Maiesté.

Pellicier.

1. Inintelligible : au lieu de *picta* il faut sans doute lire *finta*. *Piche* est peut-être là pour *piccina*? En ce cas, Pellicier voudrait dire que messer Philippus Saccus a eu là une « fausse petite fille ». Je donne cette explication pour ce qu'elle vaut.

La question ressortissait bien à la capacité de l'auteur du chapitre *(Comment Gargantua fut onze mois porté on ventre de sa mère)* où sont raillés les anciens qui ont déclaré « non seulement possible, mais aussi légitime l'enfant né de femme l'unzième mois après la mort de son mary ». Tels Hippocrate, Pline, Plaute, Marcus Varro, Aristote, Censorinus, Aulu-Gelle, Servius, « et mille autres fous, le nombre desquelz a esté par les légistes accreu ». A ce compte et moyennant ces lois, ajoute Rabelais, « les femmes veuves peuvent franchement jouer du serre-cropiere deux mois après le trespas de leurs maris... et se au troisième mois elles engroissent leur fruict sera héritier du défunt. »

La femme de Messer Philippus Saccus s'était, comme on l'a vu, montrée plus gaillarde que Gargamelle : nous ne connaissons pas l'opinion de Rabelais sur les femmes qui accouchent à sept mois, et cela vaut mieux, je crois, pour la feue épouse légitime du feu président de Milan ; mais c'est assurément une perte pour le lecteur.

A un autre ordre d'idées maintenant.

Paul Manuce recherchait les bonnes grâces de Langey, par l'intermédiaire de Pellicier et de Rabelais. C'était le temps où les ouvrages de Cicéron, épurés, annotés, sortaient de ses presses dans toute leur splendeur typographique ; aussitôt qu'un volume était tiré, il le portait à Pellicier qui se hâtait de prévenir ses bons et affectionnés Cicéroniens de Turin ; il leur fait parvenir ainsi les *Épîtres familières,* les *Épîtres à Atticus,* les dernières nouveautés de l'imprimerie aldine [1].

Le 20 août, « il avertit Langey des *Épîtres ad Atticum,* de M. Paulo Manutio », qu'il lui envoie sous noble reliure [2]. La majeure partie de cette correspondance a disparu, mais il nous en reste assez pour reconstituer ce fraternel commerce de litté-

---

[1]. Ces éditions, avec les scholies de P. Manuce, ont paru, l'une en juillet, l'autre en août.
[2]. Mss. Clairambault.

rature. Le 10 septembre[1], il se félicite de l'accueil réservé à ses envois de même nature ; il recommande en même temps à Langey et à Rabelais un gentilhomme italien, qui s'offrait à servir la cause du roi : « ..... J'ay esté adverty qu'avés trouvé les *Epistres familières*, que vous avoys mandé dignes d'être envoyées à la Cour ; par quoy m'a semblé vous en debvoir encores envoyer d'autres, avec celles *ad Atticum* qui ont esté depuis parachevées. Si j'entendray que les dites œuvres vous soient agréables, je ne fauldray a vous les mander ainsy qu'elles se parfairont, car en cela ainsy qu'en toutes autres choses je desire singulierement vous agreer et complaire.

« Monsieur, j'ay esté adverty par Monsr Rabellays de l'amyable et gratieuse response que luy avés faicte touchant ung personnage duquel luy avois escript pour estre employé au service du Roy soubz votre charge, vous priant doncques, Mr, vouloir continuer en cette bonne volonté, car vous puis bien asseurer que, mais que vous ayés cogneu ledit personnage, n'aurez que plaisir de m'avoir porté telle faveur pour estre autant homme de bien et suffisant d'employer a quelque bon service que nul autre que je cognoisse deça les monts, et croy qu'avecques le temps ne me sçaurez que bon gré de vous l'avoir adressé et si me sera une obligation perpetuelle ; et, pour ce que j'escris plus amplement de ses qualités et affaires à Mr Rabellais, de peur de vous ennuyer trop ne vous en diray autre, sinon dere-

---

1. A cette date, le manuscrit porte en marge : « *Nota qu'il a esté escript* à cette depesche ledit X de septembre à Messire le bayly d'Orléans, *le docteur Rabelais*, Saint Pol, et au sire Laurens Charles. » (Dans une lettre précédente, il recommande au bailli d'Orléans, et très chaudement, ce Laurent Charles, homme très sûr, qu'il employait à ses affaires.)

Il nous manque cette lettre à Rabelais, ainsi qu'une lettre du 24 septembre ainsi mentionnée en marge : « Nota que cedit jour il feust escript a M. Rabelais », et où il devait lui recommander des ingénieurs italiens, entre autres Geronimo de Trévise.

Saint-Pol est le prieur de Saint-Pol, grand ami de Pellicier. Mais qui était Laurent Charles ? Peut-être un des fils de Geoffroy Charles, bibliophile passionné, qui fut, en 1500, sous Louis XII, président du Sénat de Turin et du Parlement de Grenoble. Geoffroy Charles a été chargé de diverses missions ; il est mort vers 1516, laissant plusieurs enfants, dont l'un, Antoine, fut conseiller au Parlement de Rouen et ambassadeur, en 1530, auprès du duc de Milan. La famille Charles ou Carles, originaire du marquisat de Saluces, s'est éteinte au XVIIe siècle, dans le Dauphiné.

chef vous le recommander tant qu'il m'est possible, et moy a votre bonne grace. »

L'Italien qui se réclamait de Pellicier et de Rabelais auprès de Langey s'appelait Antonio Terzo, ainsi qu'on va le voir dans cette nouvelle lettre :

A Monsieur le docteur Rabelais.

Venise, le 17 octobre 1540.

Pour n'avoir point receu lettres de vous depuis que vous ay escript, et aussi, a vous dire la verité, pour la presse et occupation que je eus faisant la derniere depesche à Thurin, n'eus bonnement loysir de vous escripre. Si est ce toutefois que si j'eusse eu chose digne de vous faire sçavoir n'eusse demeuré pour rien du monde à vous le faire entendre, et a present mandant le porteur de ceste, mon maistre d'hostel, jusques au pays pour mes affaires, ne l'ay voulcu laisser passer sans vous presenter mes bonnes et affectueuses recommandations et faire offre que n'espargniés aucunement tout ce que cognoistrés estre commode en ma maison tant pour Monsieur de Langey que pour vous, car, luy en donnant charge, il a commission de moy de l'accomplir, et pareillement de vous dire de ma part quelques propos touchant le gentilhomme Mr Antonio Terzo, duquel depuis la bonne esperance qu'il vous pleut m'en donner, laquelle luy fis entendre, m'a sollicité grandement de luy en donner la totalle resolution ; et de faict, ainsi que j'ay entendu d'autres que de luy, il a delaissé depuis de beaux partis ausquels n'a voulcu entendre jusques a ce qu'il ayt eu responce de Monseigneur de Langey et de vous, laquelle je vous prie de me faire scavoir le plustost qu'il vous sera possible, et m'esbahis bien que nous sommes si longuement sans avoir aucunes nouvelles de vous, dont je suis entré en doubte que n'ayés quelque indisposition que Dieu ne veuille. Derechef je vous recommande ceste affaire, car ce me sera, entre les autres obligations que j'ay à Monsieur de Langey et a vous, l'une des plus grandes, ainsi que vous dira led. porteur. Quant aux nouvelles de deça il n'y a autre sinon que Martin et moy avecque quatre autres collateurs sommes tous les soirs apres a recouvrer libvres grecs et mesmement des œuvres de Galien, les meilleures comme vous feray entendre mais que les ayans parachevés, suivant ce que Monsieur de Thulles m'a dernierement escript par commandement de Sa Maiesté, et pour ce faire a ordonné qu'il sera baillé quelque provision; je ne scays quelle sera, mais si est il que avecques la despense qu'il faict faire pour faire transcrire libvres, se montent a peu pres autant que ma despense ordinaire. Si ne suis je encores pour quitter le jeu, quelque advancement que je y face, tant que je trouveray moyen par moy et mes amys que je n'aye avancé plus en œuvre[1]. Je attends en grande dévotion les racines de la Nardus celtica et de l'anthora avec leurs terres dedans quelques petites boëtes pour, s'il est possible, les faire alumnes[2] et citoyennes en nostre jardin de ceste ville, et, avecques ce, des autres telles pour la medecine, comme m'avez mandé vouloir faire : qui sera l'endroit que me recommande de bien bon cœur a vostre bonne grace et prie le Createur, etc.

PELLICIER.

Rabelais apparaît en plusieurs circonstances comme un trait d'union entre le Parlement de Savoie et celui de Piémont :

---

1. Nous avons relevé ce qui suit sur le Mss. 142, d'Aix. M. l'abbé Verlacque et ceux qui ont reproduit la lettre d'après lui terminent ici leur copie.

2. M. Zeller lit ici *aliminées*, ce qui n'a pas de sens. Il est clair qu'il faut lire *alumnes*. *Alumnus terræ*, enfant de la terre, a dit Virgile.

Le *Nardus celtica*, c'est la *valeriana celtica*. Il est probable que Rabelais tirait la sienne des montagnes de la Suisse, où elle croit en abondance et d'où on l'expédie encore aujourd'hui « sous forme de paquets ronds et plats, dit M. O. Reveil, mélangés de terre sablonneuse; sa saveur est amère, son odeur ressemble à celle de la valeriane ». On l'employait beaucoup comme parfum au xvie siècle.

L'*anthora*, c'est l'*aconitum anthora*, sorte d'aconit, nommé *anthora* par contraction de *antithora* (sorte de renoncule vénéneuse), parce qu'on supposait, à tort, que cet aconit était un contre-poison de cette renoncule.

ces Parlements étaient des étapes de l'influence française. Un édit du 6 janvier 1539[1] avait organisé le Parlement de Chambéry, créé trois ans auparavant[2]. Dans l'espoir d'un retour du Milanais à la France par voie d'échange, les serviteurs du roi s'étaient établis en Savoie, prêts à répondre au premier appel.

Les conseillers les plus influents étaient des amis de Rabelais : parmi eux, Jean de Boysson, qui avait professé le droit à Toulouse. Boysson voulait être conseiller au Parlement de Milan, car le bruit courait qu'à la suite d'un accord entre l'Empereur et le roi, Milan allait être rendu à la France. On citait déjà le futur président du Parlement milanais : Bertrandi, chargé de recruter les conseillers; à la Cour on avait promis un siège à Boysson. Puis, la reddition du Milanais n'ayant pas eu lieu, on avait adjoint Boysson à Pellicier, évêque de Montpellier, nommé ambassadeur à Venise. En route, il apprit sa nomination à Chambéry, il s'y fixa. Avec lui, toute une colonie de juristes et de lettrés : le Lyonnais Maurice Scève, Jean Truchon, poète, ancien professeur de l'Université d'Orléans et qui avait beaucoup voyagé aux pays lointains; l'abbé Alardet, un défenseur d'Érasme; Pierre Bachet, un jeune Bressan accouru d'Avignon auprès de Boysson.

Entre Rabelais et Boysson il y avait un lien étroit d'éducation et de pensée. Comme Rabelais, Boysson était prêtre[3]; comme lui, ami de Dolet[4], de Marot, de Gilbert Ducher, et très répandu à Lyon qui dispensait la renommée à l'égal de Paris. Très jeune, il avait été distingué de Longueil[5], comme Rabelais

---

1. Je trouve Pellisson président dès l'été de 1538. (Ribier, *Mémoires*, tome Ier.)
2. Grillet, *Dictionnaire historique*, etc., *des départements du Mont-Blanc et du Léman*, contenant l'histoire de la Savoie ancienne et moderne (1807, 3 vol. in-8º).
3. Abbé Joly : *Remarques sur le Dictionnaire de Bayle*.
4. En ce temps-là on était encore bien avec Dolet qui venait de dédier à Langey, par « recognoissance de sa libéralité envers lui », son traité de *La Manière de bien traduire d'une langue en aultre* (mai 1540).
5. Longueil lui a adressé une Épître latine.
Dolet lui a dédié le Troisième livre de ses *Epigrammata*.
Coras, *Com. de Impuber.*, a laissé un magnifique éloge de Boysson.
Ses démêlés avec les autorités de Toulouse sont connus ; ils prennent naissance en 1532. Ils

l'avait été de Budé; il était entré dans le cénacle de Marguerite de Navarre :

> Viens, Boyssoné, Villas et la Perrière,
> Je vous invite avec moy à dîner,

dit Marot. De bonne heure suspect et poursuivi par les Toulousains, il avait failli être « brûlé vif comme hareng soret », à l'instar du régent Caturce; mais les *diables* (ce sont calomniateurs) s'usèrent la dent à le mordre. Toutefois il ne lui fallut rien moins que les protecteurs ordinaires de Rabelais, à savoir Marguerite de Navarre et le roi, pour le tirer de là [1].

On ne peut imaginer les difficultés qui attendaient Boysson et le Parlement lui-même dans l'exercice de leurs fonctions. Cette histoire voudrait un livre : aux procès créés par la conquête s'ajoute le cas extraordinaire, inouï, incroyable du procureur général Julien Tabouet en révolte permanente contre le

reprennent en 1534-1535, après son retour d'Italie (ce voyage date de la fin de 1532) ; il en sort vainqueur, en 1536, devant le Grand Conseil, alors à Lyon avec toute la Cour. C'est cette victoire que Ducher a célébrée. Nul doute que Rabelais ne s'y soit employé de toutes ses forces. Voyez, pour plus de détails, Guibal : *De Boyssonæi vita et scriptis* (*Revue de Toulouse*, juillet 1864).

Voici la pièce de Ducher :

A Guillaume Scève.

La noire impiété a failli engloutir dans ses flots inconstants Boysson, c'est-à-dire ce qu'il y a de plus vertueux au monde. La piété est venue un peu tard au secours de l'affligé et a réussi à le tirer, à demi mort, de mains cruelles. Enfin, cependant, l'inique impiété a cédé devant la piété en lui abandonnant la place. C'est ainsi que la Fortune est ordinairement la mère des scélérats et la dure marâtre des hommes vertueux.

Ad Gulielmum Scævam.

> Pœnè Boyssonem, quo uno nil sanctius, atra
>   Absorpsit variis fluctibus impietas.
> Afflicto Pietas propè tardius adfuit : imo
>   Seminecem diris eripuit manibus.
> Tandem aliquando tamen Pietati cessit iniqua
>   Impietas, æque Scæva, locumque dedit.
> Sic solet esse viris mater Fortuna scelestis,
>   Sic solet esse viris dura noverca piis.

Gilberti Ducherii Epigrammata, liber II.
(Lyon, S. Gryphe, 1538.)

1. Lettre de Fontainebleau, 1537. Il est allé saluer la reine de Navarre et son médecin, Schyron (parrain de Rabelais, à l'Université de Montpellier).

Parlement presque tout entier[1]. On ne put rien contre Boysson qui était, avec le président Pellisson, le plus écouté, le plus influent des magistrats de Savoie.

Boysson oublie toutes ces misères dans le culte de Cicéron. Il a une villa qu'il appelle *Tusculane* par religion pour son modèle, il continue à se soutenir par ses relations, à ouvrir sa maison aux hommes doctes et qui pensent librement. Ceux qui appartiennent à Langey sont ses hôtes préférés. Dans l'été de 1540, il lui renouvelle ses protestations de dévouement et de fidélité sans bornes[2] : il s'appuie sur Rabelais pour garder ses

---

1. On n'a pas idée de la violence de ces luttes. Voyez le Mss. 3905 du fonds français à la Bibliothèque nationale : c'est une dénonciation de Tabouet pour péculat, faux, vol, recel de pièces, prévarication, concussion, détournement de deniers fiscaux, etc., etc.; contre Pellisson, président; Benoît Crassus, conseiller, natif de la Maurienne; Louis du Rozet et Celse Morin, conseillers prêtres; Guillaume Pellicier, Nicole de la Chesnaye, Humbert Veillet et Boysson. La dénonciation est de mars 1546, mais le conflit a été presque immédiat (dès juillet 1538) entre la cour et le procureur général, celui-ci a toujours repoussé comme riotteux et querelleux », menacé même de prison quand il élevait trop la voix. De son côté, Tabouet prend directement les conseillers à partie dans ses Mercuriales; en 1540, il requiert Pellisson de réprimander Boysson, qui avait facilité un élargissement. Sur le refus de Pellisson, il se plaint d'être persécuté, notamment par Pellicier, qui lui répond en pleine audience : « Vous êtes un calomniateur et menteur et n'estoit le lieu j'useroys de soufflets. » A leur tour et incontinent, les conseillers se portaient partie contre Tabouet. Crassus le menaça du couteau. Ce Crassus, soupçonné de luthéranisme et puni par le bailli de Mâcon, avait étudié à Bourges. Je n'ai pas relevé d'accusations de péculat contre Boysson, mais simplement des requêtes à fin de récusation et de remontrance. Ce qui indigne Tabouet, c'est qu'en 1543, Boysson, Veillet, La Chesnaye, du Rozet et Pellicier ont été nommés commissaires par la cour pour informer contre lui. Je ne crois pas qu'il existe rien de comparable à l'histoire du Parlement de Chambéry pendant ses quinze premières années. Tabouet finit par arracher une amende contre Boysson (8 août 1551) et une note d'infamie contre Pellisson au Parlement de Dijon. Il fallut cinq ans pour amener une réaction de l'opinion publique contre Tabouet, qui fut enfin condamné à être promené, tête et pieds nus, la corde au col, dans Paris et dans Chambéry. (Voy. Berriat Saint-Prix : *Histoire de l'Université de Grenoble.*)

2. A Langey.

« Quoique je sache parfaitement par quelles grandes et nombreuses affaires vous êtes occupé, de quelles fonctions publiques vous êtes chargé sans relâche, surtout depuis que le très brave et très prudent maréchal d'Annebaut est parti pour la Cour, vous laissant à sa place, je n'ai pu cependant m'empêcher de vous écrire et de vous témoigner un attachement que François Rabelais vous a déjà exprimé abondamment pour moi, et que mes petits vers vous ont démontré selon le pouvoir de mon esprit. La seule chose qui me tourmente vraiment, c'est que je ne me vois pas en situation de vous servir à quoi que ce soit, ce dont (croyez-moi) je ne suis pas moins désireux que de revenir à l'ancienne santé. En effet, peu de temps avant de vous écrire ceci, j'ai souffert d'une fièvre tierce qui m'a tenu deux jours sur trois. J'en aurais souffert davantage si,

bonnes grâces : « François Rabelais vous l'a déclaré abondamment il n'y a pas longtemps », lui écrit-il.

En effet, Boysson était allé à Turin, en avril précédent, avec Piochet (de Beauvais) et Scève. D'Annebaut et Langey leur avaient fait le plus chaleureux accueil. Ils avaient vu également Chemant, président du Parlement de Turin, dont Boysson vante les vertus et la science : « Plût à Dieu, lui écrit-il le 10 juillet, que le Roi, en me nommant conseiller, m'eût placé dans le corps que vous présidez. » A son retour, il est atteint d'une fièvre tierce assez grave, mais un serviteur de Langey, Guillaume Bigot, allant rejoindre son maître à Turin, s'est arrêté à Chambéry et il y a passé la saison près de l'ami Boysson.

dès le principe, votre dévoué Bigot n'était venu ici, au sortir de Lyon, pour passer l'été avec moi; dès qu'il m'a vu malade, il n'a rien négligé de ce qu'il a jugé appartenir à l'office du médecin le plus diligent et le plus fidèle. En un pareil moment, il m'a semblé l'envoyé non du hasard mais de Dieu. A partir de son arrivée, je me suis senti mieux. Il vous portera lui, ou quelque autre, le témoignage le plus absolu de mon respect lorsqu'il viendra vers vous. Je n'ai pas voulu qu'il se mît en route par ces grandes chaleurs, mais, au contraire, qu'il attendît la fin de l'été. Aussi longtemps vous vous plaindrez qu'il soit loin de vous, aussi longtemps je vous aimerai, pardonnez-lui comme à nous et laissez-le-nous jusqu'à ce qu'il nous communique un peu de sa science. S'il en est ainsi, comme je l'espère, c'est moins à lui qu'à vous, soutien de ses études, que nous en devrons reconnaissance et, ne pouvant vous rendre la pareille, nous demeurerons vos débiteurs, ce qui nous sera commun avec beaucoup d'hommes de notre temps. »

« Et si probe scirem te multis, magnisque negociis distineri, et curis publicis nunquam non opprimi, hoc potissimum tempore, quo Hannebaldus inter Gallorum Equitum præfectos strenuissimus et prudentissimus in Aulam profectus est, et te in suum locum suffecit : continere me tamen non potui quin ad te litterarum aliquid darem, et voluntatem erga te meam tibi significarem, quam Franciscus Rabalæsus tibi aliquando abunde declaravit et ego versiculis meis, quantum per ingenium licuit, tibi planam feci. Hoc unum mediusfidius me male habet quod in mea manu positum non videam ut mea opera tibi ullo usui esse possit. Cujus rei non minus (mihi crede) cupidus sum, quam recuperandæ pristinæ valetudinis. Nam paulo ante quam hæc ad te scriberem, tertianam laboraveram, quæ jam uno, atque altero die mihi molesta fuit. Molestior plane futura, si non Bigotius tuus sub ipsum meæ febris principium huc advenisset, qui cum mei tantum gratia Lugdunum reliquisset, ut æstatem mecum transigeret, ubi me ægrotare vidit, nihil prætermisit, quod ad officium diligentissimi, fidelissimique Medici pertinere arbitratus sit. Ut non fortuitum quod id temporis venerit, sed plane divinum mihi esse videatur. Ab illius..... adventu melius me habere sensi. Hic sane, si quis alius, meæ erga te observantiæ locupletissimum testimonium dabit cum ad te venerit. Nolui vero ut in viam se daret in ista calorum magnitudine, sed potius æstatis exitum expectaret. Illum si a te tamdiu abesse doles, amabo te tantisper, illi nobisque indulge, donec in nos aliquid suæ eruditionis transfundat. Quod si nobis, quod spero, contingit, non tam illi, quam tibi, qui illius studio sustentas, habenda erit gratia, quam si parem referre nequimus, in tuo ære manebimus. Quod quidem cum permultis nostræ tempestatis hominibus commune nobis erit. » (*Epistolæ Boissonæi*, p. 127.)

Après l'avoir soigné et remis sur pied, il a pris, au mois d'août, le chemin du Piémont, tandis que Boysson prend celui de la Cour[1]. Le 4 décembre, il est de retour et envoie des nouvelles de son voyage à Bigot[2]; il a dîné à Lyon avec Dolet, et il a rencontré, à Paris même, Cotereau qui lui a donné des nouvelles de Bigot, de Fossanus et de Rabelais, tous en bonne santé à Turin :

« Ton valet est passé par ici, allant à Lyon, et il m'en a dit long tant sur ta bonne santé que sur ton acharnement à l'étude. Cette nouvelle m'a fortement réjoui, surtout lorsque j'ai su que Langey t'avait fait l'accueil que tu en attendais, lorsque tu étais ici. Mais je ne croyais pas que tu fusses maintenant à Turin, car Cotereau, à sa venue à Paris, m'a dit que tu étais alors en Ligurie d'où tu devais partir au premier moment pour Venise. Mais par ta lettre à Vallée et par ce que me dit ton valet, je vois qu'il n'en est pas ainsi, que tu vis en Piémont et que tu es retiré au camp de Rivoli, afin d'avoir plus de loisir

---

[1]. *Epistolæ Boyssonæi*, Bibliothèque de Toulouse, Mss. 834. Ces lettres, curieuses pour l'histoire littéraire, mériteraient une édition et une traduction. Ce travail devrait tenter un érudit du lieu.

[2]. Gulielmo Bigotio.

« Puer tuus Lugdunum proficiscens hoc iter fecit, et de tua valetudine percommoda simul de vehementi, et pertinaci tuo studio plurimis mecum egit. Quo nuntio vehementer sum exhilaratus, præsertim cum intellexi Langayum eo in te esse animo, quo tu cum erga te futurum, cum hic esses, sperabas. At ego nunc te Taurini esse non credebam. Nam Cotereus nuper, cum Luteciam venissem, mihi narravit te tunc temporis apud Ligures esse, indeque primo quoque tempore Venetias profecturum. Verum non ita esse ut ille mihi dixit, et ex tuis litteris ad Vallam, et ex tuo puero intelligo. Sed te nunc apud Pedemontios vivere, et in Castrum Rivollium, quo plus otii ad bona studia tibi compares, secessisse. Ego nuper ex Aula redii. Per id tempus quo in ea fui, Rex Luteliæ semper moratus est, quod mihi sane percommodum fecit. Quid ego in Aula egerim, quibuscum vixerim, qui lene me exciperint, qui non, quid interim acciderit, neque mihi satis otii est ad scribendum neque tutum esse puto nostra hac tempestate, qua scripta, malorum hominum improbitate, in aliam partem interpretantur quam scriptor senserit..... »

« ..... Quod negotium tuum in Aula confici non potuerit ex animi tui, meique sententia, moleste fero. Cotereus rem omnem mihi in Aula narravit, de Fossano et Rabeleso, et de litteris e Roma in Aulam perlatis, et est quod uterque reprehendi possit, hic quod de tam magnis, non habito delectu ad quos scribat, et de quibus rebus scribat : ille quod amici litteras passim omnibus ostendat. Intelligis quid dicam. Sed de his alias inter nos.

« Crassus, Scève et Tabouet sont à la Cour. Boysson a salué Pellisson de la part de Bigot, ainsi que Duguer, et Thomas Rhætus. »

CHATEAU DE CHAMBÉRY.

à consacrer aux bonnes études. Je suis revenu dernièrement de la Cour. Pendant tout le temps que j'y fus, le Roi n'a pas quitté Paris, ce qui m'a été excessivement commode. Ce que j'ai fait à la Cour, avec qui j'ai vécu, ceux qui m'ont bien reçu ou non, ce qui est arrivé dans l'intervalle, je n'ai pas le temps de te l'écrire, et je ne crois pas prudent de le faire en ce temps-ci où les méchantes gens interprètent des écrits dans un sens différent de celui qu'y a mis l'auteur. » Sur ces entrefaites, Boysson reçoit une lettre de Bigot : il reprend immédiatement la plume, et, dans une courte réponse, il fait allusion à un incident mystérieux auquel il mêle le nom de Rabelais :

« Je suis fâché que ton affaire n'ait pas réussi à la Cour au gré de ton désir et du mien. Cotereau m'a conté toute la chose à la Cour, le rôle de Fossanus et de Rabelais, et les lettres apportées de Rome à la Cour ; et c'est de quoi on peut les reprendre tous deux, l'un de ne pas distinguer assez à qui il écrit en si haute matière et de quoi il écrit, l'autre de montrer à tous les lettres d'un ami. Tu me comprends, mais nous en reparlerons ailleurs entre nous. » Cet incident ne laissa pas de traces dans l'esprit de Boysson.

Au commencement de janvier 1541, une bonne aubaine lui échoit : il reçoit la visite de Rabelais lui-même qui traverse Chambéry, pour les affaires de Langey sans doute : il l'écrit à Bigot : « Rabelais est passé par ici ces jours derniers et m'est venu voir. Je ne sais s'il retournera vers vous par cette même route, car il était incertain de ce qu'il ferait quand il m'a quitté. S'il passe par ici, je n'hésiterai pas à t'écrire ce qu'on raconte de ce côté, bien que les nouvelles de France nous arrivent moins souvent et moins vite qu'à vous [1]. » Où allait

---

1. Cette lettre à Bigot est datée du 14 janvier ..... (1541 évidemment, car elle fait suite à celle du 4 décembre 1540), et, certainement, elle a été écrite de Chambéry : « ... Rabalæsus his diebus hac iter fecit meque invisit. Nescio si per hanc ipsammet viam ad vos redibit, nam neertus erat quid ageret, cum hinc abiit. Si hac transit, non committam quin ad te scribam de rebus quæ hic narrantur, quamvis si quid est rerum novarum in Gallia, ad nos rarius et tardius commeat, quam ad vos. »

Rabelais? A la Cour? A Lyon? Je ne sais. Ce qui frappe, c'est l'incertitude où il est de l'itinéraire qu'il suivra pour rentrer en Piémont. Peut-être va-t-il en Suisse [1] et se dispose-t-il à revenir à Turin par les cantons [2].

Peut-être va-t-il en Provence où Langey avait dépêché deux gentilhommes de son entourage pour lui rapporter l'état du schisme vaudois à Cabrières et à Mérindol. Langey inclinait aux mesures de douceur : il obtint même du roi des lettres de sursis (en février) à l'horrible répression qui fut faite. Il craignait que les protestants d'Allemagne, longtemps bridés par son éloquence, ne se dégoûtassent du roi persécuteur et ne se missent d'eux-mêmes sous le joug de Charles-Quint [3]. Le cousin Gonnort était revenu des principautés avec des nouvelles inquiétantes [4].

Mais, où qu'il aille, l'arrêt de Rabelais à Chambéry s'explique assez par les intérêts privés qu'y avait son maître. Langey avait les marchands de Chambéry pour principaux fournisseurs de deniers, entre autres, Gaspard Darmel, correspondant de Raphael Coursin, bailleur de fonds lyonnais. Il s'était fortement endetté avec eux et deux ans plus tard, trois jours après sa

---

1. Panurge, à qui Rabelais prête quelquefois ses souvenirs personnels, dit au chap. xxviii du Livre III :
« ... Quand la neige est sur les montaignes, la fouldre, l'esclair, les lanciz, le maulubec, le rouge grenat, le tonnoire, la tempeste, tous les diables sont par les vallées. En veux-tu voir l'expérience ? Va au pays de Souisse, et considere le lac de Wunderberlich, à quatre lieues de Berne, tirant vers Sion. »

2. Quoi qu'il en soit, ce passage à Chambéry a été mal daté et mal interprété par M. Rathery (Notice biographique). Rabelais ne va pas rejoindre Langey en Italie ; il ne va pas à Turin, il en vient. M. Rathery ajoute qu'il a eu connaissance et communication du manuscrit de Boysson par MM. Guibal, auteur de la Vie de Boysson, déjà citée, et Gatien-Arnoult, secrétaire perpétuel de l'Académie des sciences de Toulouse. Comment expliquer qu'ils aient lu « 18 décembre 1539 » là où il y a « 14 janvier 1540 », et alors que l'ordre de la correspondance établit que cette date est de l'ancien style ?

3. Michelet et les Histoires de Provence sont d'accord sur l'intervention de Langey dans la question des Vaudois.

4. En janvier, Langey réclame à du Guast la justice promise touchant Gonnort, que les gens d'Ivrée ont arrêté l'été précédent, après lui avoir volé ses paquets. Mss. 5153.

En février, il a entendu dire que Bertrandi se faisait évêque. Il recommande Chemant au connétable, au cas où la promotion de Bertrandi laisserait des présidences vacantes.

mort, nous verrons Gaspard Darmel et Vincent de Saint-Douyno réclamer au cardinal remboursement des sommes et paiement de la vaisselle d'argent par eux envoyées à Langey.

L'arrivée de Bigot à Turin fut célébrée par des fêtes. Après des vicissitudes semblables à celles de Panurge, après un long exil en Allemagne, il se flattait de l'idée d'un repos bien gagné. Langey s'en était servi pendant ses missions secrètes, lorsque, sous le vêtement vert d'un marchand de pierres précieuses, il se faufilait auprès des princes allemands [1]. Le nouvel Ulysse fit quelque chose pour l'exilé ; il obtint sa grâce. On a vu que Bigot s'était signalé grandement à Chambéry comme médecin : il ne tenait qu'à lui de s'y établir définitivement, car le président Pellisson et Boysson le voulaient retenir [2] ; mais il était attendu par Langey qui lui réservait un *triomphe* exceptionnel en l'honneur de son doctorat en médecine. Cette cérémonie eut de l'éclat : Boysson et Pellicier [3] s'en réjouirent et Rabelais ne s'y épargna point sans doute. Le succès ne grisa pas Bigot : il refusa les offres de l'Université de Padoue qui lui offrait de beaux écus d'or pour professer [4].

L'absence de Rabelais fut de courte durée [5]. De flatteuses nouvelles l'attendaient à son retour (environ mars). Paul Manuce, encouragé par le succès, forme alors le projet de dédier à Langey le second volume des *Orationes* de Cicéron : le premier

---

1. Bellaius... sub viridi falsaque toga... has gemmas circum ferebat, hujus alioqui mercemoniæ. (*Bigotii præludium christianæ philosophiæ*, 1549.)
2. Pellisson écrivit à Langey : « de luculenta civitatis ex Bigotii discessu jactura », espérant par là le recouvrer.
3. Bigot était très apprécié de Pellicier, qui partageait ses opinions et ses goûts « ob paritatem quandam doctrinæ et studiorum ». (*Ibidem.*) Le *triomphe* de Bigot eut lieu au mois de juillet 1541.
4. « Quingentenum aureorum recusat honorarium. »
Toutefois, il était à Padoue le 14 septembre 1541. Pellicier l'y avertit de ce que Langey lui a écrit touchant MM. de Nîmes.
5. Langey en avait plus besoin que jamais. En février, l'humeur qu'il a à la cheville du pied le tourmente horriblement dans une tournée aux fortifications du Piémont, à ce point même que de Ciriay (c'est maître Georges dont j'ai conté l'aventure) le fait revenir en arrière.

avait paru en octobre 1540, dédié au cardinal Benedict Accolto ; le second se trouva prêt en février 1541 [1]. C'est encore Rabelais qui se chargea d'avoir l'agrément de Langey. (Je suppose qu'il avait rencontré le célèbre éditeur à Rome lors de son second voyage [2].)

Nous en avons le témoignage dans cette lettre de Pellicier :

A Monsieur de Langey.

Du 3 avril (1541).

..... Je pense qu'avez entendu par Mr Rabellais comme Mr Paulo Manutio, fils de Mr Aldo, homme d'immortelle memoire, desirant pour les rares quallitez et vertus qui sont en vous obtenir votre grace patrocine et amitié, faisant imprimer toutes les œuvres de Cicero, vous en vouloit desdier partye des Oraisons, et à cet effet recherchoit de recouvrer l'ecusson de vos armes ce que a fait parachever, et m'a baillé le Tome desdites Oraisons a vous desdiées [3] pour vous les faire tenir, me priant

---

1. Le troisième parut en mars suivant, dédié au cardinal Cesarini.
2. En effet, Manuce y alla en 1535.
3. Voici la dédicace :

GVLIELMO BELLAIO LANGEO, APVD SVBALPINAS GENTES PRO REGE,
PAVLVS MANVTIVS ALDI FILIVS S. P. D.

Magni refert, Bellai ornatissime, quo quidque tempore agatur, et ad omnes res non parvum habere momentum solet occasio quædam, et commoditas, qua uti dicuntur ij, qui nihil, nisi loco, facere consueverunt. Nam quemadmodum pictorum tabulæ certo loco positæ delectant : eædemque minus bono lumine constitutæ, non item eorum, qui spectant, oculos tenere solent : sic actiones nostræ, mirum est, quantum opportunitate commendentur : ut interdum plus in tempore, quam in ipsa re positum esse videatur. Quod ego cum semper judicassem, tamen non sum veritus, quin tibi in ijs rebus vel maxime occupato, quas Rex Christianissimus, et post hominum memoriam maximus tuæ fidei, diligentiæque mandavit, hoc ipsum, quod nunc a me proficiscitur, officium futurum esset vel jucundissimum. Nam etsi magna tibi est gravissimorum negotiorum imposita moles, quam tu summa tua cum laude, et omnium pene gentium admiratione sustines : tamen in ipsa illa occupatione ita te literarum tractatio delectat, ut et legas cum voluptate quæ alij scripta reliquerunt, et scribas ipse quæ a posteris cum admiratione legentur, ex quo illud consequeris, ut non modo Regis voluntati servias, quod est summa laude dignum ; sed etiam posteritati consulas, quo laudabilius esse nihil potest. Itaque tantum abest, ut a majoribus tuis omni decore affluentibus ad te ornandum quicquam haurias, ut etiam

vouloir plus recommander la bonne volonté qu'il a en meilleures choses de vous faire service et honneur, que ce petit présent. Sur quoy M^r je vous prie croire qu'il est homme digne d'un tel pere et d'un tel protecteur et patron que vous, dont vous supplie le vouloir mettre au nombre de vos plus familiers et serviteurs, comme il est de tous les gens de bien et de savoir qui sont en cette Italie et ailleurs, qui le cognoissent tous, asseurant pour beaucoup de choses voire pour le service du Roy que ce ne sera pas petit instrument que luy pour les cognoissances, amitiés et dexterités qu'il a, et combien qu'il soit déjà beaucoup affectionné au party du Roy et de toute la nation, ce néanmoins je n'ay laissé ne laisse occasion quelconque de l'incliner davantage a cette devotion, dont ces jours passez estant banny d'icy pour quelque cas, un frere sien qui fait toute leur manufacture et œuvre d'imprimerie, a obtenu son sauf conduit pour cinq ans de ces seigneurs, qui est le plus que l'on puisse en tel cas impetrer de cette seigneurie, et de rechef je vous suplie M^r le voulloir avoir en vostre bonne recommandation et grace et prendre sa dedication en plaisir et gré.

in te sit, quod ad illos redundet. Nam si tibi aliunde petenda sit laus, unde plura suppetant ornamenta, quam a fratribus tuis, maximeque ab eo, qui a Paulo III ita est in Cardinalium collegium cooptatus, ut ei summus Pontifex amplissimam dignitatem non quasi optatam concessisse, sed quasi debitam persolvisse videatur? cui quidem viro cum ad summam gloriam nihil desit; cumque item tibi eæ res abunde adsint, quibus homines hominibus antecellere videntur: tamen sit vestra bonitate et sapientia, ut vicissim et tu in illius dignitate atque amplitudine, et ille in ingenio atque in virtute conquiescat tua. Uterque vero magna apud Regem prudentissimum, et summo judicio præditum auctoritate, magno estis apud omnes nomine et gloria. Nam tu quidem, quis est tam longinquus, cui notissimus non sis? non ex præsenti corporis forma (quanque multas provincias Regis Legatus obiisti) sed ex imagine ingenij tui, quam verissimis eloquentiæ coloribus expressam in tuis scriptis licet intueri. In hac cum et naturæ tuæ bonitas, et virtutis eximia præstantia cernatur: sequitur, ut, ex ea qui te norunt, iidem ament. Quorum ego in numero cum ita essem, ut nemini concederem: tamen non est credibile, quantum ad illam ipsam animi erga te mei voluntatem addiderit Gulielmi Pellicerii, oratoris in hac urbe Regij, hominis præstantissimi prædicatio. Cujus multi, et egregij de tua laude sermones me jam antea commotum impulerunt, ut ex orationibus Ciceronis, cujus tu libros e manibus dimittere non soles, alteram partem cum tui nominis inscriptione divulgarem. Qua in parte ab erroribus et mendis vindicanda quantum operæ studiique posuerim, mihi ipse sum testis; quantum autem profecerim, et tu, et alij indicabunt. Tibi quidem, si consequar, ut nostra diligentia probetur: sane meos labores non exiguo compensatos esse fructu existimabo. Vale. Venetiis.

(Apud Aldi filios, M. D. XLI, mense februario.)

Monsieur, j'ay envoyé appeler ce jourd'huy le s^r Azulanus [1] pour disner avec moy auquel n'ay failly faire entendre ce qu'il vous a pleu m'escrire des jumans que luy envoyerez comme il avoit demandé et la charrette aussy avec forces plantes là où me faites savoir qu'il y en aura pour moy, dont je vous en remercie de bien bon cœur...

Autre preuve plus directe dans cette autre lettre :

A Monsieur Rabelais.

Venise, le 20 mai 1541 [2].

Monsieur, je pense que aurés veu le libvre d'une bonne partie des Oraisons de Cicero que Messire Paulo Mannucio a corrigées fort diligemment, lequel, comme aurés peu voir par mes lettres et aussi par icelluy libvre en decoration et exaltation de Monseigneur de Langey, lui a desdié et envoyé, sur quoy ledit sieur m'a faict réponse l'en remerciant fort affectionnement et que bientost auroit de ses nouvelles plus amplement, et aussy qu'il envoyeroit au sieur Asilanus la charrette et les jumens que luy avoit promises, ausquels ay faict entendre le tout et montré ses lettres, dont depuis se sont enquis de moy plusieurs fois si en avois rien entendeu autre chose ; je n'ay seu que leur repondre, si non que ay exposé que l'indisposition que a eue mon dit sieur de Langey et grandes affaires qu'il a ordinairement ont esté cause qu'en mon advis n'a eu loisir de le faire, mais que j'esperois bien que ne pourroit guères

---

1. Il s'agit sans doute de Federigo Torresano d'Asola, un des fils de cet André d'Asola, qui, à la mort d'Alde l'ancien, dirigea les travaux de l'imprimerie vénitienne jusqu'en 1529, date de sa mort. Après avoir donné ses soins à diverses éditions, il venait de laisser l'imprimerie à la direction de Paul Manuce seul. Ses rapports avec Pellicier s'expliquent par leur commune admiration pour Pline, dont il avait donné tout récemment une réédition, la dernière publication à laquelle il ait pris part officiellement comme associé des Aldes.

Peut-être s'agit-il, — mais c'est moins probable, — de François d'Asolo ?

2. M. l'abbé Verlacque a lu ici 20 mars et la lettre est partout imprimée avec cette fausse date.

tarder que ne eussions de ses nouvelles quant a cette affaire : par quoy je vous prie que quand vous viendra a propos, afin qu'ils ne pensent plus que on les ayt mis en oubly ou autrement laissés en arriere, d'en recorder Monsieur de Langey et vous souvenir de m'envoyer les plantes qu'il m'a donné esperance que me debvez envoyer avecque la dicte charrete du dict sieur Asilanus; et de mon compte je ne faudroy aussy a vous envoyer des nouveautés de deça quand il m'en viendra entre mains, comme dernierement je fis de l'*amomon*[1] et de l'*origano*[2] *heracleatico de Candia*. Je suis toujours apres a faire transcripre libvres grecs, et continueray pendant que j'en trouveray qui en soient dignes, de sorte que j'espere en faire une aussi bonne provision que nul de mes predecesseurs qui ait esté ici parcy devant, aydant le Createur, lequel, apres m'estre recommandé a vostre bonne grace, prieray vous donner en santé bonne et longue vie[3].

PELLICIER.

Cette correspondance, tout à Cicéron et à Pline, à l'éloquence et à la botanique, était bien faite pour toucher l'esprit de Rabelais. A Turin, le mouvement des lettres et des sciences était plus lent qu'ailleurs, à Milan, par exemple. La vie avait quelque chose de la vie des camps. Le milieu était administratif et militaire. Les gens de justice n'avaient pas de loisirs : partant point de gloses sur Horace. Chaque fois qu'il était question de troquer le Piémont[4], le Parlement, institué avec la

1. M. Zeller dit qu'il est impossible de savoir ce qu'on entendait par là; que Pellicier ne le sait trop lui-même; que les savants avaient trouvé le nom dans les auteurs grecs et le donnaient aux plantes les plus diverses. En tout cas, c'était un parfum.

2. L'*origan* est bien connu pour ses propriétés excitantes et toniques. Il entrait, au Moyen-Age, dans la composition des philtres, et il a joué un grand rôle dans la sorcellerie. Au point de vue médical, où se place évidemment Pellicier, on l'employait avec succès, en infusion ou fumigation, contre l'asthme, le catarrhe et le rhumatisme.

3. Revu dans le Mss. d'Aix les mots mal transcrits par M. l'abbé Verlacque.

4. 13 décembre 1538. Langey, allant à la Cour, passe par Lyon, d'où il écrit qu'il est question de rendre le Piémont; on disait que le roi et l'Empereur devaient, à cet effet, se rencontrer à Milan en mars suivant, ce qui n'eut pas lieu, bien entendu.

conquête, s'en remettait à Langey du soin de son avenir. C'est à peine si nous savons quels hommes y siégeaient. François Errault, seigneur de Chemant, en était, nous l'avons dit, président ; plus tard ce fut René de Birague, avec Jean Vaillant pour procureur du roi [1]. Parmi les conseillers, on trouve, dès 1537, Antonin d'Androis, et plus tard maître Étienne Maury que Langey qualifie de « ci-devant conseiller » et recommande vivement au cardinal en juillet 1542. A la Chambre des Comptes, instituée en juin 1539, il y avait sans doute quelques hommes de mérite.

Hubert Susanneau, grammairien et poète, appelé par Langey, n'alla pas jusqu'au bout : on lui joua le tour de le marier en route. Il nous dit comment allant à Turin il s'arrête au pied des montagnes des Allobroges, à Grenoble. On le retient, on le nomme professeur de poésie, recteur des écoles [2], on veut le marier par peur du « mal espagnol » et pour qu'il ne retombe pas dans les pièges de Cythère. Il en rit selon sa coutume, mais quelque temps après, voilà qu'on l'invite à un festin arrosé de vins généreux ; deux avocats se jettent sur lui, lui attachent les bras et l'entraînent à l'église où le suivent plus de trois mille personnes. On le force à dire oui ; toujours lié, on le reconduit avec sa femme à sa maison au son de la cornemuse. Il se couche, et le lendemain matin se réveille, étonné, auprès d'une fillette de douze ans à peine... dont il ne fit sa femme que dix mois plus tard [3].

O XVIe siècle, voilà bien de tes coups ! Après celui-là, on te comprend mieux, ô Panurge !

---

1. Je trouve Chemant président à la date du 22 avril 1539.
2. 9 février 1540, en remplacement d'Adam, provisoirement, jusqu'à la Saint-Jean.
3. Outre la *Métrique*, d'Alexandre de Villedieu, annotée par lui et dont la seconde édition a paru en 1542, Susanneau a donné des commentaires sur l'*Art versificatoire*, de Despautère, dont la seconde édition est de 1543, chez Colines. A la suite, se trouvent des Mélanges de vers dédiés à divers, à Pierre Galand, recteur de l'Université ; à Sylvius, médecin ; à Mustel, médecin ; à des compatriotes, etc. C'est dans l'une d'elles qu'il raconte comment on le maria malgré lui.
Ce que Susanneau oublie de dire c'est qu'il fut destitué le 31 mars 1542, étant « homme de mauvays exemple et tel que quand il a commencé ung livre, il ne continue sinon deux ou troys chapitres et puis en commence un autre, et puis est blasphémateur de Dieu et la pluspart

En juillet 1541, Langey perdit sa femme, Anne de Créqui, dame de Pontdormy[1], enterrée dans la cathédrale de Turin. Ce fut un grand deuil pour Guillaume dont elle partageait les fatigues, et pour toute la colonie française qui la tenait en grand respect et affection. Rabelais avait tout fait pour la sauver, mais les efforts de la science furent inutiles.

Boysson en gémit dans ces vers :

A François Rabelais.

Aussitôt qu'on apprit la mort de Mme de Langey et que le bruit parvint à nos oreilles qu'elle avait succombé à une fièvre chaude pendant que Phœbus conduit ses chevaux vers le milieu de la canicule, je m'en suis affligé, j'en ai gémi, bien que je ne la connusse même pas de vue. Ne suffit-il pas qu'elle ait été l'épouse du grand Langey pour que je la chante avec tristesse ? Elle n'était pas si âgée, au dire de tous, qu'elle ne pût vivre longtemps encore. Mais il en a paru autrement aux dieux qui l'enlèvent à son mari au moment où la guerre redouble de tous côtés, car si tu dis vrai dans la lettre que tu m'as fait remettre par le fidèle médecin Grégoire (Gregorio peut-être), Mars frappe à nos portes, et déjà Bellone embouche ses rauques trompettes... Pour ne pas les entendre ou pour ne pas voir pis, la voilà qui meurt, laissant ce spectacle aux hommes forts. Maintenant, pour consoler le cœur affligé de Langey, je lui offre ces vers si faibles qu'ils soient. Tu les diras, toi, Rabelais, malgré leur faiblesse, à cause de la vieille amitié qui existe entre nous.

---

du temps yvre, montrant mauvays exemple aux escholiers, pourtant espacez, se battant avecques l'un et avecques l'autre. »

1. 22 juillet. Lettre à du Guast à l'occasion de la mort de sa femme. Mss. 5153. Il lui demande un sauf-conduit pour un exprès afin d'acheter à Milan les choses nécessaires aux obsèques.

13 septembre. Brouillier, grand-vicaire du diocèse du Mans, propose au Chapitre de faire un service pour feu Mme de Langey, belle-sœur de monseigneur l'Évêque. (*Archives du Chapitre*, cathédrale du Mans.)

SAN GIOVANNI, ÉGLISE CATHÉDRALE DE TURIN.

Ad Franc. Rabelæsum.

Audita ut primum Langæi conjugis est mors,
    Famaque cum nostris auribus increpuit
Hanc calida febre esse extinctam, sydere siccæ
    Dum canis in medio Phœbus equos traheret :
Perdolui, gemitumque dedi : etsi non foret illa
    Unquam visa mihi, nota nec ex facie,
Nupta quod hæc magno Langæo vixerit olim,
    Hac illi erepta, non ego triste canam ?
Nondum id (sic referunt omnes) ætatis agebat
    Ut non illa diu vivere posset adhuc.
Verum aliter Superis visum, hanc auferre marito
    Tempore, quo bellum gliscit in omne latus.
Nam, si vera mihi tua narrat epistola, nuper
    Fido Gregorio quam medico dederas,
Non procul a foribus distant Mavortia bella,
    Et jam Bellonæ buccina rauca sonat.....
..... Illa hæc ne audiret ne vel pejora videret
    Ecce obit, et liquit fortibus ista viris.
Nunc nos Langæi pectus solemur ut ægrum,
    Parva licet sint hæc carmina nostra damus,
Quæ tu pro vetere illo inter nos vinculo amoris,
    Ut non sint, dices, tu Rabalæse, bona.

Selon toute apparence, on reçut la visite de Serlio, l'architecte bolonais, qui, de Venise, s'achemina vers la France au mois d'août suivant. Depuis de longs mois, maître Sébastien de Bologne attendait la bonne parole du roi pour entrer à son service. Georges d'Armagnac, pendant son ambassade à Venise, avait distingué ses talents. Sur ses conseils, Serlio avait dédié à François Ier des livres d'architecture, mais il en avait été médiocrement récompensé, car on lui avait fait attendre les trois cents livres qu'on lui avait promises pour sa besogne et sa flatterie. Quoique tout son avoir fût parti en frais d'impression et de gravure, il ne voulait se donner ni à Charles-Quint, qui l'avait fait tâter par du Guast, ni à la reine de Pologne qui le demandait : il préférait être à François Ier et à la reine de

Navarre [1]. Pellicier plaida chaudement pour l'artiste à qui toute satisfaction fut donnée, et n'eût été la rigueur de la saison menaçante pour sa femme et son petit enfant qui n'étaient point en état de supporter la fatigue, Serlio eût gagné la Cour de France en plein hiver [2]. Il partit lorsque la température se montra plus clémente. Serlio ne perdit pas pour avoir attendu : enthousiasmé du bon traitement qu'il reçoit à la Cour, il dit à Pellicier qu'il espère finir ses jours au service de la France [3]. On l'établissait à Fontainebleau avec « trois cents escus d'estat » et avec une jolie maison d'habitation [4].

Il ne paraît pas que Rabelais ait eu le temps de pousser jusqu'à Venise, bien qu'il fasse allusion çà et là aux travaux de l'Arsenal [5]. En ce temps, l'Arsenal avait déjà sa porte corinthienne de style lombard ; c'était déjà cet atelier-forteresse où quinze cents ouvriers travaillaient dans un dédale de canaux, de bas-

---

1. Pellicier à la reine de Navarre, 10 juillet 1540. *Idem*, 8 octobre 1540. Il la remercie pour Serlio, qui va se préparer à partir ; il confesse qu'il était grand temps et qu'on commençait à murmurer des lenteurs du roi. Le 22 septembre, il avait écrit au connétable : « Je suis à bout de ressources », et pourtant il se loue des présents faits par le roi à certains Italiens, notamment « à Messire Sebastiano de Boullogne, architecte ».

2. *Idem*, 12 décembre 1540.

3. *Idem*, novembre 1541.

4. Pellicier à Georges d'Armagnac, 23 août 1541. Il écrit qu'à la prière de la reine de Navarre, Serlio a obtenu toutes les grâces qu'il désirait; l'artiste est déjà à Lyon avec sa femme, fille d'honneur de la reine de Pologne.

5. Si Langey y était allé, j'affirmerais que Rabelais l'a accompagné. Langey eut au moins l'intention de faire le voyage. Pellicier parle quelque part d'un sauf-conduit qu'il a demandé en son nom personnel.

Je crois que la maladie l'empêcha de réaliser son projet; le 22 février 1541, Pellicier lui envoie un pot de gingembre vert, à Turin.

Pellicier s'acharne sur les plantes et les livres étrangers.

En novembre 1540, il supplie Rincon de lui envoyer le catalogue des livres de Giacomo Marmoret, de Constantinople, et d'en chercher d'autres « à quoi qu'ils coustent ». Sur le même sujet, voyez, en décembre, sa lettre à Monseigneur de Tulle à propos des manuscrits grecs et hébreux.

En septembre 1541, il écrit à Reverdy, qui est auprès de Barberousse, le priant de lui envoyer des racines et le remerciant du saphir qu'il a reçu. Il le charge de saluer Pierre Pomard, qui est avec lui, et dit que les amis du roi sont ceux de Barberousse.

En octobre, il promet au roi des arbustes et des plantes pour les pépinières de Fontainebleau. Un de ses agents à la Cour, Saint-Pol, est à Venise en ce moment.

tions et de tourelles. On venait d'y ajouter, en 1539, le *riparto delle galeazze* dans la partie de l'Arsenale Nuovissimo qui regorgeait de munitions. Mais le peu qu'en dit Rabelais ne nous permet pas de croire qu'il en parle *de visu* [1]. Il ne connut pas la ville des Aldes, moins heureux en cela que son grand ami, le seigneur de Saint-Ay, qui y alla prendre des nouvelles de Pellicier dans l'été de 1541 [2]. Langey, avisé que les Impériaux voulaient tomber sur la Mirandole, avait envoyé Saint-Ay porter de l'argent au comte et faire la montre des gens de guerre; l'affaire terminée, Saint-Ay alla jusqu'à Venise instruire Pellicier des embûches tendues au comte qui se recommandait corps et biens au parti de la France. Des événements monstrueux se préparaient [3]. Les Impériaux assassinent Rincon et Fregose, envoyés du roi auprès de la Seigneurie de Venise : guet-apens prédit par Pellicier, prévu par Langey, annoncé par tous deux avant l'exécution qu'ils ne purent empêcher; négation effroyable du droit des gens et qui faisait rétrograder la Renaissance jusqu'à la barbarie carlovingienne.

Connaissant les mœurs de du Guast, Langey, à minuit, se porte au-devant de Fregose et de Rincon, à Rivoli : « N'allez pas à Venise par eau, leur dit-il, vous serez assassinés. Prenez la voie de terre et je réponds de votre salut. » Fregose s'obstina, Rincon de même, quoique ébranlé. « Au moins qu'on ne trouve pas vos papiers sur vous, ajouta Langey; confiez-les-moi, je vous les ferai tenir à destination. » Il ne put en obtenir davantage : les hommes furent massacrés, mais les papiers d'État sauvés. Malgré les dénégations de du Guast et ses protestations d'innocence, Langey eut la preuve éclatante de la part qu'il avait prise au crime par les complices mêmes des meur-

---

[1] « ... Tout le peuple de l'isle des Macreons estoient charpentiers, et tous artizans telz que voyez en l'arsenal de Venise » (Livre IV, chap. xxv).

[2] 28 juillet. Il retourne à Turin avec des lettres de Pellicier pour Langey.

[3] Dès le 11 juillet, Pellicier a prévenu Langey que les Impériaux guettent Rincon et Fregose. Il y eut assassinat avec préméditation.

triers. Il n'y eut qu'une voix au camp de Piémont pour crier vengeance. Sans même attendre le contre-coup de l'événement sur les résolutions du roi, Langey voulait happer le Milanais.

Mais il fallait agir en hâte. Charles-Quint avait été déconfit devant Alger; les premières nouvelles de l'expédition arrivaient jusqu'à Turin par les lettres de Villegagnon qui, retenu à Rome

LA MIRANDOLE.

par la maladie, n'avait pu les porter lui-même. Villegagnon, chevalier de Saint-Jean de Jérusalem, et forcé de combattre avec les Espagnols sous la bannière de l'Ordre, avait accompli *pro fide* des prouesses pantagruéliques; énorme statue (l'ennemi l'appelait ainsi), il était de taille à arracher un More de son cheval et à le daguer dans la boue; mais blessé à ce jeu, emporté du champ de bataille et embarqué pour Naples, il s'arrête à Rome dans la maison d'un serviteur des du Bellay,

François Guychæus, qui le confie aux meilleurs médecins. Hors d'état de voyager, il écrit pour Langey la *Relation du fait d'armes* auquel il avait pris une part glorieuse; relation conçue en latin fort congru, car ce taureau était bon linguiste [1].

Lorsque Villegagnon put gagner Turin, Langey et sa suite en délogeaient.

---

1. Il existe plusieurs éditions de cette relation, parue à Paris en 1542 et traduite en français par Pierre Tolet, médecin lyonnais (Lyon, mai 1542), ami et condisciple de Rabelais à Montpellier.

III

Langey obtient congé pour aller en France avec ses serviteurs (novembre 1541-mai 1542). — Apogée de sa gloire. Rabelais *maître des requêtes* de François Ier (vers de C. Chappuis). *Stratagèmes et ruses de guerre de Langey*, publiés par Rabelais. Retour de Langey en Piémont. — Emmenait-il Ronsard avec lui ? — Sourde reprise des hostilités avec les Impériaux. Maladie de Langey. — Ses funestes pressentiments. Son testament. — Il part pour la France et meurt (janvier 1543). Quelle perte ce fut pour Rabelais. — Traces de ce long séjour en Piémont dans l'œuvre de Rabelais. Philibert de l'Orme et les machines de guerre.

OYANT que l'affaire Rincon et Fregose traînait d'enquête en enquête, Langey demanda congé pour aller en France, où il arriva vers la fin de novembre. Le roi, toujours travaillé par ses fausses idées de chevalerie, avait délibéré d'attaquer le Roussillon ; il entretenait encore l'espoir d'un duel homérique avec l'Empereur lui-même, alors en Espagne. Langey osa lui remontrer que c'était là un mauvais plan de campagne : si on va faible en Roussillon, on court à la défaite ; si on y va fort, on marche à la famine, car, d'une part, Charles-Quint est près de la frontière avec le meilleur de ses troupes rejetées d'Alger par la tempête ; d'autre part, le Roussillon est la plus inaccessible des possessions impériales. Le vrai plan, le sien, était de se jeter sur les Pays-Bas que l'Empereur avait dégarnis pour l'entreprise de Hongrie, et sur le Milanais qu'on avait affaibli pour celle d'Alger[1]. Au grand désespoir de Langey comme au dam du roi, cet avis ne prévalut pas. A quoi servait-il d'avoir fait du Piémont une base d'opérations indestructible ?

Comme nous n'avons pas de nouvelles de Rabelais avant le retour de son maître, il est probable qu'ils partirent et revin-

---

1. Sur ce plan hardi et prudent, consultez les notes de l'abbé Lambert dans les *Mémoires de du Bellay*, 1753, t. VI, in-12.

rent ensemble. (Avant d'aller à Fontainebleau, où il reçut le collier de l'Ordre en décembre, Langey s'arrête à Valençay en Gâtinais, dans la magnifique demeure que Philibert de l'Orme élevait pour la duchesse d'Étampes [1]. Déjà il avait vu le roi.)

Jamais Langey n'avait été plus haut dans la gloire. Partout on célébra son passage. A Lyon, Barthelemy Aneau lui dédia « pour recréation de ses labeurs » une sorte de *Revue* politique et anecdotique intitulée : *Lyon marchant*, satyre françoise par personnages mystiques jouée au Collège de la Trinité [2]. Il se peut que Langey ait assisté à la représentation de cette pièce étrange où l'auteur, mêlant le réel au fabuleux, place le récit des principaux événements de l'année dans la bouche de Lyon, Paris, Rouen et Orléans. L'intention excuse à peine des jeux de mots tels que ceux-ci :

> Marc, qui de Guast cuide le diable faire
> Au pied du mont où souvent il regarde.
> Mais Saint-Michel L'ange le faict retraire.
> Bien est gardé celluy que L'ange garde.

Il y a tout lieu de croire que Rabelais se produisit souvent à la Cour dans l'entourage de Langey qui passa tout l'hiver en France [3]. En effet, voici une particularité bien curieuse et qui avait échappé aux biographes et éditeurs de Rabelais. Claude Chappuis, celui que nous avons rencontré dans les rues de Rome et qui était devenu garde de la bibliothèque du roi, fait imprimer, avec privilège du 21 mai 1543, un *Discours de la Court* [4] en vers, dans lequel il passe en revue tous les person-

---

1. De Valençay (Indre), lettre au capitaine Francisque Bernardin Vimercato, dont il a reçu plusieurs lettres datées de fin novembre.
2. Aneau, ami de Marot et de Rabelais, élève de Guillaume de Cambray et de Melchior Volmar, à Bourges, professeur de rhétorique à Lyon, dès 1529 (au Collège de la Trinité, dont il devint le principal), favorable aux idées nouvelles et, comme tant d'autres, hélas ! mort de mort violente. *Lyon marchant* fut donné en 1541, on ne sait dans quel mois.
3. Il ne revint guère en Piémont qu'en mai 1542.
4. *Discours de la Court*, présenté au Roy par M. Claude Chappuys, son libraire et varlet de

nages qui approchent le roi à raison de leurs fonctions ou de leur naissance, les princesses et princesses du sang, les cardinaux, le connétable, l'amiral, le chancelier, les maréchaux, les secrétaires de la Chambre, chacun classé à son rang et sous son titre. Il arrive aux *Maîtres des requêtes* et je juge bon de citer le passage en entier :

MAISTRES DES REQUESTES

... Et n'est besoing faire grandes enquestes
Quel scavoir ont les maistres des Requestes :
Velly de soy le descouvre à nos yeux
Et en Velly le Roy le monstre mieulx.
Le Chancelier d'Alencon quoy qu'il face
Ne trouvera nul aultre qui l'efface.
Chemant est tel qu'il a esté trouvé
Tres suffisant d'estre au Conseil privé,
Et promet bien que plus hault montera
D'autant que plus du Roy congneu sera.
Bayf a bien avecques la science
Bon jugement et grande experience.
Et Marillac a faict tres bon debvoir
En Angleterre et prouve son savoir.
Et Mainus qui a trouvé cet heur
Que de Messieurs a esté précepteur,
Et maintenant en degré honnorable
Est au grand duc d'Orléans tres aggreable,
Et Sainct Gelaiz a nul aultre second,
Docte a escripre, a parler très facond,
D'invention tout plein et de doctrine
En poesie et Françoise et Latine :
Luy de Recluz, l'aultre abbé de Beaulieu.
Et Sallignac si scavant en Hebrieu,
Grec et Latin, qu'entre tous se peult mettre
Pour bien juger l'esperit de la letre.
Danesius qui les plus grandz deffie
En rhetorique et en philosophie.

chambre ordinaire. Avec privilège pour deux ans. 1543, p. in-8°. On les vend en la rue Neufve Nostre Dame à l'enseigne du Faulcheur, par André Roffet.

La Croix du Maine en mentionne une autre édition, sous la même date, à Rouen, chez Le Roy et Le Roux. Prosper Marchand la cite également.

> Salmonius qui en ses vers liriques
> Cede bien peu aux poëtes antiques :
> Et Rabelais a nul qu'a soy semblable
> Par son scavoir partout recommandable,
> D'aultres assez qui sont lampes ardantes
> Pour illustrer les choses reluysantes
> Dont ne se peult la memoire adnuler.

Chappuys continue sa nomenclature par les médecins du roi, Burgensis, Millet et Varade, et passe à d'autres officiers domestiques. Ainsi, de l'aveu même d'un des hommes les mieux renseignés par son état sur les choses de la Cour, Rabelais était maître des requêtes du roi ; la régularité qui brille dans ce catalogue hiérarchique, pièce officielle mise sous les yeux de François Ier, nous est une garantie de plus. Même en supposant une mauvaise disposition des notes marginales, — hypothèse inadmissible étant donné le mouvement du discours, — il faudrait comprendre Rabelais ou dans les maîtres des requêtes ou dans les médecins du roi [1].

Mais l'ami Chappuis sait son monde sur le bout du doigt [2] : en courtisan consommé, il est incapable de commettre une confusion ; il est au contraire l'homme des nuances, et quand il arrivera aux poètes il distinguera ceux qui, comme la Maisonneuve (Antoine Heroët), Macault, la Boderie, Salel et le traducteur d'Amadis, Herberay, avaient également le titre de maître des requêtes. En quoi consistait alors la fonction ? Il n'est pas aisé de la définir et les titulaires eux-mêmes eussent été bien embarrassés de le faire. Leur nombre n'était limité que par le bon plaisir du roi.

Ceux qui étaient attachés au service de Paris connaissaient

---

1. Or, nous possédons les *États de la maison de François Ier* au grand complet : nulle part Rabelais n'est nommé parmi les médecins. Ces *États* ne mentionnent pas les maîtres des requêtes, fonction vague.

2. Ce n'était point un sot que maître Claude et il avait appris l'ironie à l'école de maître François. Il y a, dans le passage relatif aux pages, un trait gaulois et de bon bois :

> L'ung dist : Je suis des favoritz du Roy,
> Car ce matin il a craché suz moy.

particulièrement des contraventions aux droits de la chancellerie et des litiges en matière de sceau royal : ils étaient de quartier de trois mois l'un, à tour de rôle, et rapportaient les causes au conseil privé. Ceux qui étaient à la suite de la Cour et que François Ier recrutait à sa fantaisie parmi les lettrés, les poètes et les juristes hors cadre, se contentaient des distinctions honorifiques et des prérogatives inhérentes à leur titre : très souvent ils étaient exempts de service. Ils s'estimaient suffisamment payés par la familiarité que le prince ami des lettres daignait leur témoigner : la faveur du roi, c'était toute la besogne et tout l'émolument [1]. Rabelais était sans doute attaché au service officieux dit de Cour, par opposition au service effectif dit de Paris.

Quand la maladie lui laissait quelque répit, Langey contait à Rabelais les bons tours qu'il avait joués aux Impériaux en Allemagne et en Italie. Il s'était appesanti particulièrement sur le commencement de la troisième guerre contre Charles-Quint, les préliminaires de la campagne de Provence et de la conquête de Savoie. Sur les renseignements et les notes de son maître, mêlés à ses souvenirs personnels, Rabelais avait composé tout un recueil de ces hauts faits à l'imitation de ceux que relatent les anciens, Végèce et Frontin. Il l'avait écrit en latin : un autre serviteur de Langey, à Turin, Claude Massuau — un nom qui sent le Maine — l'avait traduit en français. De cet ouvrage, dont la lecture serait si édifiante, le temps ne nous a gardé que le titre : *Stratagèmes, c'est-à-dire prouesses et ruses de guerre du pieux et très célèbre chevalier de Langey, au commencement de la tierce guerre cesariane* [2]. Il a paru chez Sébastien Gryphius (le grand imprimeur de Lyon, l'éditeur ordinaire de

---

1. C'est pourquoi les *Genealogies des maistres des requêtes*, dressées par Jean Blanchard (Cabinet des titres, Mss. 312, Bibliothèque nationale), sont si incomplètes. De tous ceux que cite Chappuys, on ne trouve dans Blanchard que Baïf, Marillac et Chemant.
2. Du Verdier la cite sous ce titre, 1542, in-8°.

Rabelais pour ses travaux d'érudition), en 1542, sans qu'aucun exemplaire soit encore venu jusqu'à nous.

C'est peut-être à ce voyage que Langey ramena le jeune Ronsard, fils du sire de la Possonnière, son parent. Ronsard avait à peine dix-huit ans, et déjà il avait accompagné en Allemagne Lazare de Baïf, ambassadeur de France à la diète de Spire (1540). On veut que le premier contact entre Rabelais et Ronsard ait eu lieu en Piémont et qu'une querelle, littéraire d'abord, personnelle ensuite, soit née là, sous les yeux mêmes de leur protecteur commun. « Probablement, dit M. Prosper Blanchemain, le grand railleur se moqua du jeune poète, car de ce voyage date une antipathie qui ne s'apaisa plus. » On a déjà fait justice de ceux qui ont vu dans un épisode célèbre du *Gargantua* — celui de l'escholier limosin — une attaque à Ronsard [1]. Je ne sais s'il y eut une antipathie à ce point violente entre le satirique et le poète, et si elle provient d'une simple divergence d'opinions. Il est certain toutefois que, par ses tendances d'esprit, Rabelais tenait pour Marot contre l'école des *pindariseurs* qui écorchaient la langue naïve de leurs pères. Il était avec toute la descendance de Marot, les Heroët, les la Boderie, les Angier, les Charles Fontaine, avec Mellin de Saint-Gelais aussi, contre les novateurs sans vergogne ; mais jusqu'à quel point blâmait-il en poésie l'emploi des mots composés dont il fait, lui-même, si grande dépense en prose ?

Langey revint à Turin en mai. Dès le 11, le Conseil de ville délibère d'aller au-devant de lui jusqu'à Pignerol où il est arrivé, et on charge maître Georges Antiochia d'arranger les choses avec les syndics et autres notables, en la manière accou-

---

1. Il avait huit ans, étant né le 11 septembre 1524, lorsque parut le *Second Livre* (1532). On a dit aussi que Rabelais se moquait de Ronsard, à Meudon, en la présence même du cardinal de Lorraine, chez qui logeait ledit Ronsard, dans une tour au milieu du parc. Mais sur quoi se fonde-t-on ?

tumée[1]. En reprenant possession du commandement laissé à de Thermes, il jugea que la situation avait empiré (mai 1542). Sous les airs de galanterie qu'il prenait avec du Guast, il cachait des précautions de plus en plus justifiées contre son redoutable voisin. D'Annebaut qui était là en juin, le Dauphin et le duc d'Orléans qui vinrent vers le même temps, n'auguraient rien de bon. Mais, tout en allant chercher des petits chiens de montagne pour la marquise « qui prenait plaisir à telles petites bestes », Langey donnait aux fortifications le coup d'œil d'un maître qui a la prescience du danger. Pendant tout l'automne, il court dans le Conseil de ville une rumeur que la trêve est rompue ou sur le point de l'être : on s'attend à la reprise de la guerre, on fortifie les moulins qui peuvent être enlevés par un coup de main des Espagnols, on veille au haut des tours. La Herbaudière, qui faisait fonction de gouverneur, était sur les dents ; chaque jour les bourgeois lui envoyaient demander s'il était vrai, comme on le disait, qu'il y eût rupture de trêve. Néanmoins ils tenaient ferme pour le roi, insistant toujours pour qu'on délivrât leurs lettres de naturalisation française. Quatre mois après son retour, Langey apprenait une manifestation de du Guast contre les petites garnisons du Piémont et se portait en avant avec des dispositions telles qu' « à la poussière de sa troupe », les Impériaux battaient en retraite. D'ailleurs, qu'eussent-ils gagné à la bataille ? « En la perdant, écrit-il au roi[2], nous ne perdrons que nous, mais du Guast, en la perdant, hasarde tout l'estat de son maître à un coup de fortune. »

A Venise, les choses se gâtaient : le Conseil des Dix traitait Pellicier en conspirateur. De fait, le doux naturaliste, diplomate bouillant, homme d'attaque, avait tenté on ne sait quel coup dans Venise.

---

1. *Archives civiles de Turin, Registres des délibérations du Conseil de Ville* (en latin). Ces registres manquent au début de la conquête, ils reprennent en 1542.
2. En septembre. C'est Crissé qui porta la lettre.

Il faut lire cela dans le livre de M. Zeller [1] : Abondio, l'un des affiliés, trouvant asile dans la maison de Pellicier; un premier siège ordonné par le Conseil des Dix et levé sur la résistance de gens de l'ambassade; un second siège, tenté cette fois avec six cents hommes, la calle pleine de barques armées [2], Pellicier obligé de livrer Abondio, le Conseil forcé à son tour de défendre l'ambassade contre le peuple, Abondio pendu entre les deux colonnes de la place Saint-Marc avec ses complices Nicolas Cavazza et l'abbé Valier; Pellicier remplacé, dès le 30 octobre, par Jean de Montluc, et rentrant précipitamment en France.

Ce qui navrait Langey, c'est que la goutte le tenaillait avec violence : il avait attrapé, en courant la montagne, une tumeur au pied qui le faisait cruellement souffrir [3], et, à mesure que ses forces diminuaient, il sentait l'audace de du Guast augmenter. En même temps que la guerre d'assauts et d'embuscades reprenait, il se voyait bientôt frappé d'immobilité, réduit à ne se servir « que du cerveau et de la langue », dit son frère Martin. Cependant ses lieutenants tenaient bravement tête à l'ennemi : Mailly le jeune, gentilhomme picard, lequel naturellement s'adonnait à l'artillerie, — et qui est, je crois, ce « Mailly le borgne » nommé par Rabelais, — se distingue à la prise de Barges : Villegagnon, envoyé à Casella pour défendre la place, repousse César de Naples avec de grandes pertes pour les assaillants [4].

L'aventure de Thevet et de Marot, enlevés par l'ennemi à la barbe de nos soldats, montre bien l'insécurité des environs de Turin : « Lorsque j'y étois, dit Thevet, l'on vouloit donner une

---

1. Déjà cité, p. 124, note 2.
2. Pellicier demeurait alors calle San Mosè.
3. En juin précédent. Néanmoins, en juillet, il est à Savigliano pour les fortifications.
4. Langey utilisait souvent ses talents aventureux : « Lorsque j'estois (en Piémont) au service du roy vostre grand père, écrit Villegagnon au duc d'Anjou, je souloye tenir des souldats au camp de l'Empereur, auxquelz je donnois bon estat par moys, plus que ne pouvoit monter leur paye, et ung venoit tous jours à moy, estant les autres au camp des ennemis, qui estoyt cause que j'estoys fort bien adverti. » Lettre citée par M. Bourquelot, *Mémoires de Cl. Haton.*

embuscade à l'infanterie françoise : et sur cette entreprinse Clement Marot qui lors se tenoit à Thurin, et moi aussi, avec un certain soldat ferrarois, nous promenans une lieue de la ville au rivage de la rivière du Pô, fusmes tous trois prins des ennemis, disans que nous estions espions : et ayant chacun de nous receu quelques coups de plat d'espée, fusmes délivrés bientost après de leurs mains, en la faveur d'un capitaine neapolitain[1]. »

Cependant les hommes de bonne volonté ne manquaient pas : les belles-lettres ne chômaient point : on mourait en pensant à Plutarque[2].

Franc. Rabelesi. κ͂ τ αυτω φιλογ.

AUTOGRAPHE DE RABELAIS
sur son exemplaire de Plutarque. (*Opuscula Moralia.*)

L'Université, dont François Ier (de Chantilly, février 1536) confirma les privilèges, avait fermé ses portes : elle les rouvrit en 1542, à la demande d'Alexandre Losa di Aviliana auprès de Langey[3]. Les Piémontais qui écrivirent dans la première moitié du xvie siècle sont rares : à peine peut-on citer Francesco Arma, Savio, Celio Secondo Curione.

En juillet 1542, arrivèrent deux protégés de Boysson, avec des lettres de recommandation pour Langey. D'abord Thomas

---

1. Je ne saurais mettre une date bien exacte sur cette anecdote, mais Marot étant mort à Turin en 1544, elle est évidemment contemporaine de la première occupation française.
2. Nous reproduisons ci-contre le titre des *Opuscula Moralia* de Plutarque (Bâle, Froben, 1542, in-fol.), d'après l'exemplaire revêtu de la signature autographe de Rabelais. Cet exemplaire appartenait en dernier lieu à M. le marquis de Queux de Saint-Hilaire; il figure dans le catalogue de sa bibliothèque sous le n° 346 (Leroux, éditeur). Il avait appartenu jadis à M. Aimé Martin.
   Aucun doute ne peut s'élever sur l'authenticité de l'autographe; il suffit de comparer les caractères grecs de la signature avec ceux du *Proclus in Hesiodum* reproduits page 125.
   Les propriétaires du livre, des moines, ont fait diverses réflexions sur son premier possesseur; ils regrettent que sa piété n'ait pas été à la hauteur de sa science; l'un dit : « Quam bene Rabelesius cujus fuit olim hic liber, si pie : sed quia non pie, ideo nec bene ». Un autre dit : « Rabelesii nomen hic vides qui utinam ut doctus ita et pius fuisset : olim Franciscanus Rabalesius ut ex epistolis Budæi amici sui liquit ».
3. Vallauri, *Histoire de l'Université de Turin*.

Rhætus, médecin qui avait soigné Boysson lors de sa première fièvre. Boysson l'avait connu étudiant à Toulouse dans la maison

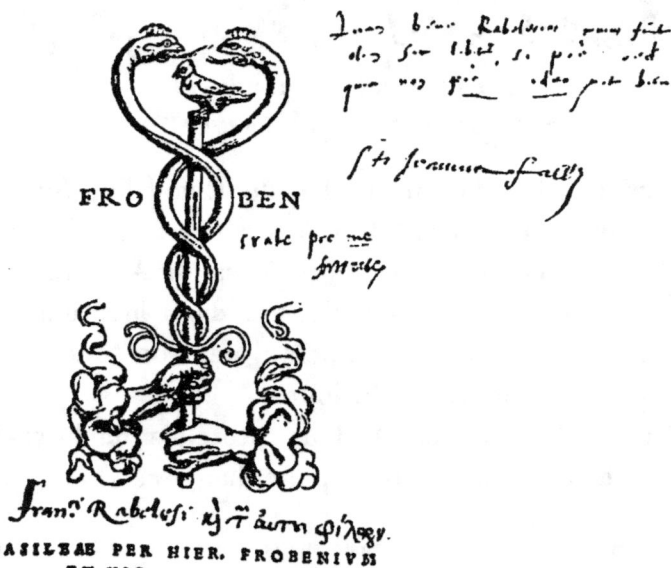

du premier président Minut, toujours bien disposé pour les lettrés. Il l'avait retrouvé médecin à Chambéry et exerçant son art avec succès. Thomas Rhætus est tout prêt à se consacrer au service du roi en Italie : il a deux cordes à son arc, la médecine et la parfaite connaissance de la langue allemande. Il a tellement entendu chanter les louanges de Langey en France et en Allemagne qu'il se rend son serviteur avec orgueil.

L'autre client de Boysson, c'est Roserius, un enfant de Bourges, ancien secrétaire de Rentio Cerès, chevalier romain, et de Lazare de Baïf, pendant son ambassade à Venise. Sur le bruit qui court de la reprise des hostilités, il se rend à Turin dans l'unique espoir de se donner tout entier au roi. Il a voyagé non seulement en Italie et en Sicile, mais encore dans les contrées les plus éloignées. Après un long séjour à Alexandrie, il a parcouru presque toute l'Égypte, Damas et la Syrie : enfin il est au courant des choses de Turquie. Pour ce temps passé sur terre et sur mer et aussi pour le culte qu'il voue à Langey, Rosier fera excellent service à son roi. Aussi Boysson le recommande-t-il très chaudement, ayant remarqué en lui du caractère et de l'habileté.

Le triste était que Langey se sentait près de sa fin.

La goutte furieuse, qui s'était d'abord attaquée aux pieds, montait plus haut. Bientôt perclus de tous les membres, assailli des plus funestes pressentiments, inquiet de voir compromise l'œuvre qu'il avait conduite à tant de veilles et de frais, tracassé par d'Annebaut qu'on lui avait envoyé, Langey voulait porter lui-même au roi les suprêmes conseils d'un héros qui allait mourir. Le 13 novembre, il fait son testament.

Il se transporte à la maison archiépiscopale de Turin, et là, avec une solennité sereine, il dicte ses dernières volontés à maître Pierre Boullioud, greffier du Parlement, notaire et secrétaire du roi en sa chancellerie de Piémont. Étaient présents messire Paule de Thermes, chevalier, sénéchal de Rouergue, capitaine-général des chevau-légers et gouverneur de Savigliano; messire Antoine-Louis de Savoie, comte de Poncalieri, conseiller, chevalier au Parlement; Messire René de Birague, conseiller du roi au Parlement de Paris et « son maitre des requêtes deçà les mons »; Messire Marin de Peschiera, chevalier, gouverneur de Moncalieri; messeigneurs maitres Michel du Gart, Étienne de Farges, Pernet de Langlaine, François Vital, maître Gasti, tous conseillers au Parlement; maître François Roy, conseiller du roi et son avocat au Parlement; maître François de la Colombière, trésorier et receveur général des finances dudit roi de Savoie et Piémont, et maître Bernard Leconte, « secrétaire du Conseil de monseigneur le lieutenant général pour ledit seigneur roi d'Italie désormais ».

Langey s'attendait bien à mourir en Piémont, à Turin même; pourquoi il commandait que son corps fût enterré en l'église métropolitaine de Saint-Jean, et le service fait selon l'ordonnance de Martin du Bellay, gouverneur de la ville. D'ailleurs, où qu'il mourut, il s'en remettait à lui sur ce point.

Outre la somme de cinq cents livres tournois qu'il avait assignée aux chapitre et chanoines de Saint-Jean pour la sépulture de sa femme, enterrée dans ladite église, il leur en léguait autant pour sa propre sépulture, de manière qu'ils célébrassent dans l'année une messe anniversaire pour chacun.

Il ordonnait que ses dettes fussent loyalement payées, ainsi que tous ses serviteurs auxquels il allouait trois mois en plus à partir de sa mort.

Puis il ordonnait les legs suivants :

A sa nièce Renée d'Aunay, épouse de M. de Bullou[1] (Jacques de la Ferrière), la somme promise lors de son contrat de mariage;

A Charlotte d'Aunay, sa nièce, mille livres tournois, lors de son mariage;

A Mlle de Grandmaison, cent livres tournois;

A Roger Tchaiz ou à ses héritiers, s'il est mort, cinquante livres tournois;

---

1. Bullou, seigneurie proche de ChâteauJun, et par conséquent de Langey.

Au seigneur de Saint-Ay, six cents livres tournois;
A Jean de Bryon (ou Biron), trois cents livres tournois;
A Faron Langlois, trois cents livres tournois;
A Michel de Saches, cinquante livres tournois;
A Claude Massuau, cent livres tournois [1];
A François Maillard, cent livres tournois [2];

MAUSOLÉE DE LANGEY. (CATHÉDRALE DU MANS.)
(Sujet principal.)

A Denis Josson, cinquante livres tournois;
A Jehan Trousset, trois cents livres tournois;
A Julien Vinet, trois cents livres tournois;
A François le Barbier, cinquante livres tournois;
A Jehan de Cercus, un supplément au don fait lors de son mariage;

1. Voir page 157.
2. Il est question de ce Maillard au chapitre : *Exil à Metz*.

A Charles Girard, vingt-cinq livres tournois par an jusqu'à ce que ses héritiers l'aient pourvu ou fait pourvoir en l'église jusqu'à concurrence de cent livres de revenu par an ou environ ;

A Jean Bullon (ou Bullan), cinquante livres tournois [1] ;

A Jacques Haumet (ou Jacomé), orfèvre allemand, deux cents écus sol. ;

A Jehan Antoine de Mairicy (ou Mailly), deux cents livres tournois ;

A Thomas et Pierre, apothicaires, *à chacun* deux cents livres tournois ;

A Odoart Girault, cinquante livres tournois ;

A la lavandière Marie, vingt écus, plus ses gages courants ;

A ses autres serviteurs, mille livres tournois à distribuer au gré de ses exécuteurs testamentaires ;

Il ordonne que Martin du Bellay délivre aux seigneurs Dherbye et Bahuet à chacun un bon cheval pour homme d'armes ;

A Jacques d'Aunay [2], son neveu, l'un de ses harnais dorés, un de ses coursiers, un roussin, un cheval d'Espagne et un turc.

Audit seigneur de Bullou, le harnoys doré qu'il lui a fait délivrer, le coursier Girsalle (ou des Geysselle) qui lui a été baillé, et un autre grand cheval de son écurie à la discrétion de Martin du Bellay ;

Au sieur de Boullancourt, le grand jeune coursier bai et tel qu'il voudra choisir de ses jeunes roussins ;

« A monseigneur maitre François Erault », président du Parlement et vice-chancelier du roi en Italie, cent volumes de ses livres au choix ; le reste à Jacques d'Aunay ;

---

1. S'agirait-il de l'architecte Jean Bullant ? Cette supposition n'a rien d'invraisemblable. On s'accorde à dire que Jean Bullant est revenu d'Italie vers ce temps-là.

2. Ce Jacques d'Aunay mourut sans enfants, et l'ainée de ses sœurs, nommée Gabrielle, mariée à Jacques, seigneur de Goué et de Fougerolles au Bas-Maine, lui succéda à la terre de Villeneuve-la-Guyart. Voyez Mss. fr., n° 3921, une lettre de Jacques de Goué au cardinal du Bellay, datée de novembre 1559 : le maréchal de Saint-André est en propos d'acheter avec M. de Bullou le droit que celui-ci prétend en ladite terre et celle de Pensefolie à cause de sa femme. Pour couper court à ces négociations, Jacques de Goué achète ledit droit à Bullou, avec l'espoir de le maintenir « en la propriété d'un serviteur du cardinal ».

« *Item*. Au sieur de Rabelais et à messire Gabriel Taphenon, medecins, veult et ordonne ledit sieur testateur qu'il leur soit donné oultre leurs sallaires et vaccations c'est assavoir audict Rabelais cinquante livres tournois par an jusques a ce que ses héritiers l'ayant pourveu ou fait pourvoir en l'église jusques a trois cents livres tournois par an; audit Taphenon, cinquante escuz sol. une foys payé »;

A Martin du Bellay, le tiers de ses terres de Glatigny, Boisauvet, la Josselinière et de tous ses autres biens immeubles en Anjou, Vendomois et Maine, avec faculté de rachat en cas de vente; plus tous ses droits sur la terre de Lignerolles, provenant de la succession de Louis du Bellay, leur père, et de dame Catherine de la Tour-Landry, leur tante; plus tout ce qui lui est acquis par le droit coutumier;

Il confirme ses donations par lui précédemment faites audit Martin des terres et seigneuries de Langey, Cloyes, Jousselinière, Salles et Vieilpont au pays et vicomté de Dunois, duché de Vendomois et comté de Blois, de manière qu'il en jouisse, et après lui son fils aîné, et conséquemment tous les aînés de la maison, sans interruption, ni division, ni partage; et, s'il advient que Martin ou ses descendants meurent sans postérité mâle, que lesdites terres appartiennent à celle de leurs filles qui aurait épousé un gentilhomme portant le nom ou armes de la famille;

Pour le reste de ses biens, meubles et immeubles, il institue ses héritiers universels, Jean, cardinal du Bellay; René du Bellay, évêque du Mans; Martin du Bellay, ses frères; Louise du Bellay, dame de Villeneuve-la-Guyart, sa sœur [1]; demoiselle Claude de Gravy, sa nièce [2]; à charge par lesdits cinq héritiers de payer ses dettes et de délivrer les legs ci-dessus.

Pour ses exécuteurs testamentaires, il fait choix de ses trois frères et de François Errault [3].

---

1. Femme de Charles d'Aunay, seigneur de Villeneuve-la-Guyart, père de Jacques d'Aunay.
2. Fille de Renée du Bellay et d'Ambroise, baron de Cousteaux.
3. *L'Héritage des du Bellay*, par l'abbé Pointeau, curé d'Astillé, Mayenne (Laval, 1883, in-8°). Documents tirés des archives de Goué. Les copies que nous avons tirées du testament de Langey,

Vers le mois de janvier 1543, il se met en route, étendu dans une litière, car il était incapable de se tenir à cheval.

Ce n'est certes pas à ce voyage que Rabelais fut témoin de l'aventure arrivée au Siennois Pandolfo della Cascina, chez Vinet, le logeur qui tenait la poste de Chambéry. « ... Messer Pantolfe de la Cassine, Senois, lequel en poste passant par Chambéry, et chez le sage mesnagier Vinet descendant prit une fourche de l'estable, puis luy dist : *Da Roma in qua io non son andato dal corpo. Di gratia, piglia in mano questa forcha, e fa mi paora* [1]. Vinet avec la fourche faisoit plusieurs tours d'escrime, comme feignant le vouloir à bon escient frapper. Le Senois luy dist : *Se tu non fai altramente, tu non fai nulla. Pero sforzati di adoperarti più gagliardamente* [2]. Adonc Vinet de la fourche luy donna un si grand coup entre col et collet, qu'il le jeta par terre, à jambes rebidaines. Puis bavant et riant à pleine gueule luy dist : Feste Dieu Bayart, cela s'appelle *Datum Camberiaci* [3]. A bonne heure avoit le Senois ses chausses destachées; car soudain il fianta plus copieusement que n'eussent fait neuf beuffles et quatorze archiprestres de Hostie. Enfin le Senois gratieusement remercia Vinet et luy dist : *Io ti ringrazio bel messere. Cosi facendo tu m'hai esparmiata la speza d'un serviziale* [4]. »

On n'avait guère envie de rire autour de Langey.

Une petite troupe, composée d'amis et de serviteurs, l'accompagnait silencieuse, sous le fouet du vent et des neiges.

---

celle de Goué et celle de Paris (Bibliothèque nationale, F. fr., Mss. 4332), sont également fautives. Dans les deux, Taphenon est appelé Capheures. Partant il est difficile de garantir l'exactitude des noms appartenant à des personnages complètement inconnus.

1. « Depuis Rome jusques icy je n'ay esté à mes affaires. De grace prends en main ceste fourche et me fais peur. » (*Briefve déclaration d'aucunes dictions*, attribuée avec raison à Rabelais lui-même.)

2. « Sy tu ne fais autrement tu ne fais rien. Portant efforce-toy de besoigner plus gaillardement. »

3. « Donné à Chambéry. »

4. « Je te remercie beau seigneur. Ainsi faisant tu me as espargné le coust d'un clystère. »

MAUSOLÉE DE GUILLAUME DU BELLAY, SEIGNEUR DE LANGEY.
Dans la cathédrale du Mans. (Vue ancienne.)

Arrivée au petit village de Saint-Symphorien [1], au pied de la montagne de Tarare, il fallut s'arrêter. Langey agonisait, la bouche pleine de prédictions sinistres qui se réalisèrent. Rabelais, frappé de la faculté de divination qu'ont les mourants, nous parle de cette mort en deux endroits [2] : « Vous veux ramentevoir, le docte et preux chevalier Guillaume du Bellay, seigneur jadis de Langey, lequel au mont de Tarare mourut le dixiesme de janvier, l'an de son aage le climatere, et de nostre supputation l'an 1543, en compte romanique [3]. Les trois et quatre heures avant son décès il employa en paroles vigoureuses, en sens tranquille et serein, nous predisant ce que depuis part avons veu, part attendons advenir. Combien que pour lors nous semblassent ces propheties aucunement abhorrentes et estranges, par ne nous apparoistre cause ne signe aucun présent pronostic de ce qu'il prédisoit. »

Ailleurs, à propos du vide que laissent après eux les héros et des phénomènes insignes qui accompagnent leur mort, selon les anciens, il revient sur cette agonie de Guillaume de Langey, qui a laissé dans son âme une impression ineffaçable : « Nous en avons naguères veu l'expérience on decès du preux et docte chevalier Guillaume du Bellay, lequel vivant, France estoit en telle félicité que tout le monde avoit sur elle envie, tout le monde se y rallioit, tout le monde la redoubtoit. Soudain après son trespas elle a esté en mespris de tout le monde bien longuement... » Il nous montre les cieux irrités épouvantant la terre par « prodiges, portentes, monstres et autres signes formés contre tout ordre de nature. Ce que vismes plusieurs jours avant le departement de celle tant illustre, genereuse et heroique ame du docte et preux chevalier de Langey... Il m'en souvient et encores me frissonne et tremble le cœur dedans sa capsule quand je pense es prodiges tant divers et

---

1. Saint-Symphorien de Lay, à dix-sept kilomètres de Roanne (Loire).
2. Livre III, chap. 21, et Livre IV, chap. 26.
3. Le 9 janvier, dit Martin du Bellay dans ses *Mémoires*, en désaccord sur ce point avec Rabelais.

horrifiques lesquels vismes apertement cinq ou six jours avant son depart. De mode que les seigneurs de Assier, Chemant, Mailly le borgne, Saint Ayl, Villeneufve L'aguyart, maistre Gabriel, medecin de Savillan, Rabelais, Cohuau, Massuau, Maiorici, Bullou, Cercu dit Bourguemaistre, François Proust, Ferron, Charles Girad, François Bourré, et tant d'autres amis, domestiques et serviteurs du defunct [1], tous effrayés se regardoient les uns les autres en silence, sans mot dire de bouche, mais bien tous pensans et prevoyans en leurs entendemens que de brief seroit France privée d'un tant perfaict et necessaire chevalier à sa gloire et protection... »

Ici se place une besogne effroyable, plus funèbre que la mort même. Langey mourait loin du Maine, loin de la terre natale où ses ancêtres dormaient leur dernier sommeil et près desquels il voulait reposer comme tout bon chevalier français. Il fallut l'embaumer. Il y avait là deux médecins, Rabelais et Gabriel Taphenon, à qui incombait naturellement l'opération. A qui eût-on songé sinon au grand anatomiste qui, avant Vésale, avait introduit la dissection dans les amphithéâtres de Montpellier et de Lyon et étonné la France par la précision de sa science? Eût-on permis qu'un autre que Rabelais touchât à Langey mort? C'est lui — la vraisemblance le crie — qui fit l'opération, aidé du fidèle Taphenon. Peut-on supposer une minute qu'un médecin du voisinage ait été appelé à sa place?

---

1. Plusieurs de ces personnages nous sont connus ; nous en avons cité quelques-uns à propos du testament de Langey. Parmi les autres, nous ne connaissons que :

François Galliot de Genouillac, seigneur d'Assier, fils unique du bon chevalier Jacques Galliot, grand écuyer et grand maître de l'artillerie de France, fut tué deux ans plus tard à Cérisoles, à la tête de sa compagnie de gendarmerie, la plus éprouvée de toutes celles qui donnèrent dans la bataille. Un seigneur de Chemant tomba dans la même journée.

Mailly le Borgne, un des deux frères de ce nom, commissaire de l'artillerie.

Saint-Ay; on suppose que le seigneur de Saint-Ay s'appelait alors Orson Laurens. Le Duchat croyait que « Saint-Ay » était là pour « Saint-Aignan ».

Massuau, écrivain manceau à ce que croit Jobanneau. Traducteur des *Stratagèmes et Ruses*, de Langey, ouvrage latin de Rabelais. Voyez ce qu'il en est dit ici, p. 157.

On est réduit à des suppositions sur le reste de la liste.

Le corps avait été probablement déposé dans le prieuré des Bénédictins de Saint-Symphorien [1]. Les deux médecins le lavèrent pieusement avec de l'eau-de-vie, du vinaigre, des parfums et des antiseptiques. Puis — je ne peux penser sans émotion à ce spectacle cruel — Rabelais, un scalpel à la main, se penche sur le cadavre de son maître. Cette fois, malgré l'habitude, le praticien dut trembler. Le premier frisson passé, il incisa résolument la poitrine dans toute l'étendue de la ligne médiane : il enleva le cœur, qui était à la patrie, pour que les amis en disposassent selon son vœu ; mais il respecta le cerveau, ce cerveau où Dieu avait mis le génie. Dans la cavité formée par l'ablation du cœur et d'une partie des poumons, il inséra toutes les plantes aromatiques que la montagne produit, la menthe, la lavande et le thym. L'incision recousue, il croisa les bras du mort sur la poitrine, il oignit le corps soit de térébenthine liquéfiée, soit d'huile de camomille ou de rose. Comme le voyage devait être long, éternel même, il prit des dispositions exceptionnelles qu'il empruntait aux méthodes de momification égyptiennes, il « l'emballa » dans une enveloppe composée de deux grosses toiles goudronnées formant quatre feuillets, il ficela le tout avec le plus grand soin au moyen de cordes moyennes, avec lesquelles il forma des anneaux circulaires assez rapprochés, unis par d'autres cordes allant de l'un à l'autre sur le devant et sur les côtés, de manière à presser le corps dans un réseau très solide, à larges mailles ; avec du linge ordinaire, mais très résistant, il façonna une seconde enveloppe, double aussi, croisée sur le devant en quatre feuillets et close à la tête et aux pieds par des cordes solides. Aidé de Taphenon, il coucha son maître dans un sarcophage en plomb, sorte de moule rudimentaire, circulaire à la tête, rétréci au col, élargi aux épaules et s'effilant vers les extrémités. Pour le surplus, il suivit scrupuleuse-

---

[1]. La chapelle des Bénédictins fait partie de l'église paroissiale actuelle. On n'alla pas jusqu'à Roanne, qui était à dix-sept kilomètres. Serait-on allé jusqu'à Lhopital, à huit kilomètres ? Ou, se jetant de côté, jusqu'à Charlieu, abbaye abondamment pourvue.

ment la formule recueillie par Paré, « pour fin de tout l'appareil sera mis en un cercueil de plomb bien joint et soudé, rempli de bonnes herbes aromatiques seiches », déposant aux pieds ce qui restait des plantes utilisées dans la poitrine. Enfin le sarcophage fut mis dans une bière. Comme médecins, Rabelais et Taphenon avaient fini leur tâche[1], mais ni l'un ni l'autre ne s'estimèrent au bout de leur devoir comme serviteurs. Ils suivirent leur maître mort le plus loin qu'ils purent, Rabelais jusqu'à la fin du triste voyage, Taphenon jusqu'à mi-chemin.

On suivit la route ordinaire. Désemparée, la petite troupe s'émietta. Quelques-uns allèrent dans leurs terres ou à la Cour. Pendant que Taphenon portait la fatale nouvelle à Paris, Rabelais monta vers le Maine. A partir d'Orléans, il ne restait plus guère autour de Langey que Rabelais et le seigneur de Saint-Ay, tous deux embarrassés, agissant d'instinct, attendant que les frères de Langey prissent une décision sur sa sépulture. Langey laissait des affaires embrouillées, et de lourdes charges. Vivant, il faisait face à tout, plantant la foi autour de lui; mort, c'était la débâcle. Le désarroi fut tel que ses papiers, les manuscrits qu'il avait dans ses coffres disparurent, égarés ou dérobés. On a perdu ainsi cette *Histoire générale des Gaules* en huit livres, fruit de ses études préférées, œuvre unique pour laquelle il avait mis toute l'antiquité au pillage, « en remuant tiltres, livres,

---

1. Aucun doute sur l'authenticité de ces détails, tous puisés dans le « *Procès-verbal* de l'exhumation d'un sarcophage trouvé à l'entrée du chœur de la cathédrale du Mans, le 16 octobre 1862 », et qui était le sarcophage de Langey. (*Chronique de l'Ouest* du 20 octobre 1862.) Ce procès-verbal, dressé à la requête et en présence de monseigneur Fillion, évêque du Mans, est signé d'un nom bien connu en médecine : Lepelletier, de la Sarthe. Trois cent dix-neuf ans après l'embaumement, le visage de Langey était à ce point conservé que les personnes présentes à l'exhumation s'accordèrent toutes pour y reconnaître une ressemblance absolue avec la figure sculptée sur le mausolée. La comparaison était d'autant plus facile que le mausolée de Langey est dans une chapelle voisine (Saint-Jean-Baptiste), à cinq ou six mètres de l'entrée du chœur. Aucun doute non plus que le sarcophage trouvé ne soit bien celui de Langey.

C'est en faisant les travaux de changement des marches du chœur qu'on découvrit (au point C) le sarcophage. Langey impressionna tous les spectateurs par sa colossale stature. Il parut immense, avec sa barbe grise très longue : la figure, les mains, les suaires étonnèrent par leur conservation. (Note communiquée par M. Rodier, ancien architecte diocésain du Mans et à qui je dois beaucoup.)

chartres, épitaphes, fondations et aultres choses ». Œuvres légères, Dialogues, Épigrammes, Élégies, Sylves, Épîtres et Panégyriques des choses advenues de son temps « sans espargner peines, voyages ne despens »; Recueil et vocabulaire alphabétique de toutes les provinces, cités, villes, châteaux, montagnes, vallées, forêts, rivières, etc., du Royaume avec les étymologies, l'exposition des batailles, rencontres, sièges et autres choses mémorables; recueil d'exemples de ces faits et choses mémorables à l'imitation de Valère le Grand : parallèles entre les vies et gestes d'aucuns rois, princes et capitaines du Royaume et celles d'aucuns Grecs, Latins et Barbares; enfin Mémoires de son temps, tant sur mer que sur terre, divisés en Tomes ou Ogdoades (la première ogdoade divisée en huit livres consacrés à l'histoire rétrospective des Gaules), tout cela disparaissait dans les heures d'effarement et de négligence[1].

MAUSOLÉE DE LANGEY.
Cariatide. (Martin du Bellay)

Vingt journées après, Rabelais était à Saint-Ay, près d'Orléans, avec le seigneur du lieu chez lequel il recevait toujours l'hospitalité la plus large. Mais le temps n'était pas aux fêtes ni à ces belles parties de pêche qui réunissaient au château tous les Orléanais de marque et que Rabelais a célébrées dans une lettre joyeuse.

Au Mans, on savait depuis peu la mort de Langey. L'évêque

---

1. Langey nous apprend lui-même ce que nous avons perdu (Prologue de son *Histoire* recueillie en tête des *Mémoires* de Martin du Bellay.) En 1556, il ne restait plus dans sa famille que ce *Prologue de l'histoire générale des Gaules* (huit livres) ; les *Epitomes* des quatre premiers livres de *l'Antiquité des Gaules et de France* ; la traduction d'un Discours fait en faveur du roi Jean de Hongrie ; *De la guerre contre le Turc* ; la traduction de deux lettres latines écrites par

du Mans était indécis sur le parti à prendre au sujet de la sépulture de son frère, et il attendait l'avis du cardinal qui devenait, par droit d'aînesse, arbitre dans les questions de famille. Le cardinal était je ne sais trop où pour le service du roi. M. du Mans lui envoie un exprès qui part de Touvois le 4 février[1] : « Monseigneur, écrit-il, depuis ma dernière lettre j'ay receu deux des vostres, l'une du 25, l'autre du 26 du moys passé. Pour repondre quant à la sepulture de feu mon

lui à un Allemand et traduites par lui-même (relatives aux négociations avec le Turc). Ces fragments ont été publiés en 1556, in-4°, chez Sertenas, sous ce titre : *Epitome de l'antiquité des Gaules*. Dans l'*Avant-propos*, on annonce que Martin du Bellay mettra prochainement en lumière, outre ses propres *Mémoires*, deux livres de Langey, l'un traitant des occasions qui remirent le Roy et l'Empereur en guerre, depuis le traité de Cambrai (éléments des livres IV et V des *Mémoires* de Martin) ; l'autre, du voyage de l'Empereur en Provence (matière des VI, VII et VIII° livres des mêmes *Mémoires*).

On lui attribue, et, selon toute apparence, il le lui faut restituer, le traité de Discipline militaire (c'est la formule des titres courants), que Vascosan et Galiot du Pré publièrent en 1548 sous le grand titre d'*Instructions sur le faict de la Guerre*, pet. in-folio. L'avant-propos, signé A. D. R., le lui restitue formellement :

« Quand messire G. du Bellay, seigneur de Langeay... deceda, il laissa une tres belle librairie garnie d'un grand nombre de volumes Grecs, Latins et François, tous de bonne estoffe qu'il avoit assemblez de toutes parts avec une merveilleuse despense. Mais sur tous il en y avoit deux en la masse qui lui avoient plus cousté que le reste... », l'un, l'*Histoire des François*, « qu'il escrivoit en latin, qui estoit deja bien advancée, laquelle le feu Roy lui avoit commandé traduire en nostre langue. L'autre estoit le present traicté de la guerre sur lequel plusieurs de ses serviteurs tesmoignent l'avoir veu besoigner ». L'impression fut faite sur une copie fournie à Vascosan par l'un d'eux. Le privilège est de décembre 1547.

Les chap. I et VI du livre II, et I et II du livre III ont trait plus spécialement aux ruses et cautelles dont on peut user en temps de guerre. L'ouvrage a eu plusieurs éditions en France et en Italie. J'en ai vu deux, à la Bibliothèque de l'Université de Turin, traduites en italien par Mambrino Rosco. (Venise, 1550 et 1571, in-8°.)

On lit dans Brantôme : « Le livre qu'a faict M. de Langey de *l'Art militaire* le faict connoitre capitaine autrement que ne fait Machiavel. »

Dans une de ses Remontrances et requêtes à Henri II, l'Église Réformée s'appuie sur le « conseil et avis que donne M. de Langey en son traité de *l'Art militaire*, de ne se servir de sa main royale que sur le faict de guerre, et non d'en couvrir les seigneurs et chercheurs de bénéfices ».

Cependant, F. de Pavie, baron de Fourquevaulx, descendant de Raimond de Pavie, revendique la *Discipline militaire* en faveur de ce capitaine et se fait fort de prouver que Langey n'a pu y mettre la main. Et, en effet, il démontre assez bien que celui-ci n'en sauroit être l'auteur dans toutes ses parties, mais il n'établit en aucune façon qu'il faille restituer ce traité à son ancêtre qui a vécu jusqu'en 1574 sans réclamer.

1. Mss. n° 10485, fonds français, p. 167, Bibliothèque nationale. M. Rathery n'a connu de cette lettre qu'une copie tronquée, sans date, et présentée par le copiste comme émanant de « Joachim du Bellay, évêque du Mans, au cardinal son frère », ce qui est une accumulation d'erreurs. Cette copie est conservée à la Faculté de médecine de Montpellier. Mss. n° 86, p. 87.

frère, Saint-Ay n'en sçait répondre ainsi que je vous en ay desjà mandé. J'ay eu des lettres de Rabelays qui ne m'en escript rien. J'en avoys escript à Mons. le President de Thurin pensant qu'il fust à Bloys lequel n'y estoit. On lui a envoyé ma lettre à Paris. Je vous prye de communiquer avec luy et m'en escripre incontinent votre opinion par un exprès si desja ne l'avez faict, car avant je ne puys rien faire. Il a esleu sa sepulture à Langey, je ne voy ordre qu'il se puisse faire honorablement si ce n'est à merveilleusement grands frais, ainsy que vous escripvis la semayne passée[1]. Il vauldroit mieulx la faire ou icy ou à Vendôme. Si estes d'advis qu'on le mette icy j'esliray le lieu le plus honorable et en prendray conseil de Monsieur de Rannay (ou Ranvay) lequel j'envoyrrai querir pour me ayder. Je ne sçay si au chœur il y pourra trouver place.

MAUSOLÉE DE LANGEY.
Cariatide. (Jean du Bellay.)

« Le corps est à Sainct Ayl du penultiemc du passé. Quant aux hardes du dit deffunct tout ha gardé et ny a touché jusquà ce qu'inventaire soit faict, car avant je ne suis d'advis que personne y touche sans les executeurs du testament si aucuns y a, car qui se immiscera payera toutes les debtes. J'entends qu'il n'y a pas chevaulx que gueres vaillent que un tranquart. Monsieur d'Annebault tua le

---

1. Le convoi suivit certainement la grand'route de Lyon au Mans, par Roanne, Changy, la Pacaudière, la Palice, Saint-Pourçain, Varennes, Moulins, Saint-Pierre-le-Moutier, Nevers, Cosne, la Celle, Gien, Orléans, Saint-Ay, etc.

meilleur depuis le partement de feu mon frere de Thurin. Il valloit plus de cinq cents escus. Il y a quatre turqs à Venise, mais je croys qu'ils cousteroient trop à faire venir [1]. » On le voit, le désarroi était grand parmi les serviteurs et les parents de Langey.

Le courrier venait de partir quand M. du Mans reçut la réponse. Le cardinal était d'opinion que Langey fût enseveli dans la cathédrale du Mans. Le chapitre accueillit la demande (6 février) et on pressa les préparatifs de la cérémonie. Le vendredi 2 mars, le corps fut déposé dans l'église abbatiale de Saint-Vincent [2] : le dimanche suivant, la grosse cloche sonnant, M. de Chauvigné, évêque de Saint-Pol de Léon et archidiacre de Montfort, préluda pontificalement à Saint-Julien. Le lendemain, 5 mars, jour fixé pour les obsèques, la grosse cloche sonnant toujours, on alla au-devant du convoi. C'était le matin, à huit heures. Quel appareil grandiose ! En avant marchaient huit hérauts en deuil (*præ comes exuviarum*), avec des sonnettes à la main ; ensuite les maîtres d'école et leurs écoliers ; puis, processionnellement les Cordeliers et Jacobins, Coëffort, Beaulieu, la Couture et Saint-Vincent : après eux, vingt-six marchands, portant chacun une torche, avec les armoiries de Langey, vingt-six pauvres en deuil, vingt-quatre officiers de la Cour ecclésiastique, officialité et juridiction de Touvois, avec des avocats qui s'y étaient joints pour achever le nombre, tous avec des torches allumées aux armes du défunt et à celles de l'évêque : douze domestiques avec des flambeaux et les armoiries, huit autres portant la cotte d'armes, les ornements mili-

---

1. Les inclinations littéraires, qui font l'esprit de toute la famille, ne cèdent pas complètement à la douleur. On lit dans le post-scriptum de cette même lettre : « Les Métamorphoses (d'Ovide) que demandez demeurèrent à Paris chez vous quand je party et y estoient encore la dernière foys que j'y fus, et me semble qu'elles estoient en la chambre de Fredeval. M. Anthoine, qui vient d'arriver, me l'a aussi dict. » Avant d'être pourvu de l'évêché du Mans, René avait habité chez son frère, à l'évêché de Paris.

2. Où est aujourd'hui le séminaire. Abbaye de l'ordre de Saint-Benoît, la plus ancienne et la plus brillante du Maine. L'église abbatiale fut détruite sous Napoléon Ier.

taires du défunt, et autres marques de dignité (l'un desquels portait le sceau de cire travaillé et orné de petits cierges et un autre le collier d'or de l'Ordre du roi). Huit nobles portaient le corps : MM. de Courtalain et de Chemiré [1] portaient les coins du devant du drap mortuaire; Lavardin et le vieux la Possonnière [2], ceux de derrière. Autour étaient les officiers de la ville, échevins, et quelques bourgeois, tous au nombre de treize, avec des flambeaux aux armes de Langey et de la ville.

Après eux marchaient M. du Bellay (Martin), chevalier de l'Ordre du roi, en grand deuil; de la Flotte (en Vendômois, près la Possonnière), et du Fresne. Ensuite venaient les abbés de Tyron, de Beaulieu, de Champagne, de Perseigne (Catherin Chahanay), de Châteaudun, de Bellebranche, tous mitrés, avec des chapes noires et précédés de leur porte-crosse; puis, l'évêque de Léon, officiant *in pontificalibus;* enfin, le sénéchal du Maine et les officiers du roi. Les religieux de Saint-Vincent tinrent le chant jusqu'à la porte du château où ils commencèrent à marcher en silence. Après quoi, le clergé de la cathédrale entonna le *Libera*.

M. de Léon chanta pontificalement la messe, ayant à ses côtés M. le Chantre pour diacre et M. le Scholastique pour sous-diacre (de Hangest, je crois).

« Les abbés étoient avec leurs ornements abbatiaux dans la chaire décanale et suivantes, cantoriale et voisines. Les restes des chaires hautes et basses étoient occupées par les chanoines, les choristes, les nobles et bourgeois. A l'offertoire on porta les ornements militaires, le sceau et collier d'or; en suite M^r des Aubiers (gentilhomme angevin), professeur en théologie et théologal, revetu de la chappe de laine, prononça l'oraison funèbre dans la croisée de la nef. Après la messe finie le corps qui

---

1. Il y a deux Chemiré dans la Sarthe : Chemiré-en-Charnie et Chemiré-le-Gaudin.
2. C'était Louis de Ronsard, seigneur de la Possonnière, maitre d'hôtel et chevalier de l'Ordre du roi et qui accompagna en Espagne le Dauphin et le duc d'Orléans, livrés à Charles-Quint en échange de leur père, le vaincu de Pavie. Il avait alors soixante-quatorze ans et mourut l'année suivante. En son temps, il avait rimaillé le latin et le français. Père du grand Ronsard.

avait été pendant la messe deposé dans le milieu de la croisée sous une chapelle préparée a cet effet fut conduit au lieu de la sépulture marquée dans la chapelle notre Dame du Chevet après avoir été auparavant porté au grand autel par le chœur et alors les coins du drap étoient portés par les quatre Nobles cy dessus et par quatre chanoines ou anciens. Fut distribué a la fin un noble a la rose a l'officiant un écu sol a chaque chanoine quelque chose de plus aux diacres et chappiers, quatre carolus à chacun du bas-chœur et le double aux vicaires et officiers du chapitre[1]. »

Telle fut cette imposante cérémonie où toute la noblesse du Maine était accourue. Et dans cette cathédrale pleine d'hommes affligés, il m'est impossible de ne pas voir, confondu dans la foule des serviteurs, le médecin fidèle, l'ami de la dernière heure, Rabelais enfin, non le Rabelais sceptique et gouailleur de la légende, mais le Rabelais pensif, ému au souvenir des aventures et des études partagées avec le héros que la France pleurait[2] : temps qui ne devait plus revenir !

Il ne parait pas que Taphenon ait assisté aux obsèques. Vraisemblablement il était retourné en Piémont, à Savigliano où il exerçait avant de soigner Langey. Un mois avant les obsèques (le 12 février), Martin du Bellay écrivait de Paris à son frère le cardinal : « Maistre Guabriel estant demeuré icy m'a conté de ses affaires. En somme il s'en va bien content de notre maison. Vray est qu'il dit que feu mon frère luy promist une somme de cinquante escus pour sa peine. » Maitre Gabriel ne veut pas d'argent : il désire qu'on convertisse cette somme

---

[1]. *Archives du Chapitre de la cathédrale du Mans*. Extraits sommaires du cartulaire, dit le *Livre blanc*.

[2]. Non loin de Langey, reposait un autre ami : Charles Hémard, évêque de Mâcon, qui venu au Mans le 25 juillet 1540 avec Jean du Bellay, son compère, était mort dans la maison de M. Funet, après avoir légué son cœur et ses entrailles à l'église cathédrale. « Le 30 août, pour empescher que les chiens ne gatent le drap mortuaire, qui est sur sa fosse, on fait faire une balustrade. (*Le Livre blanc*, déjà cité.)

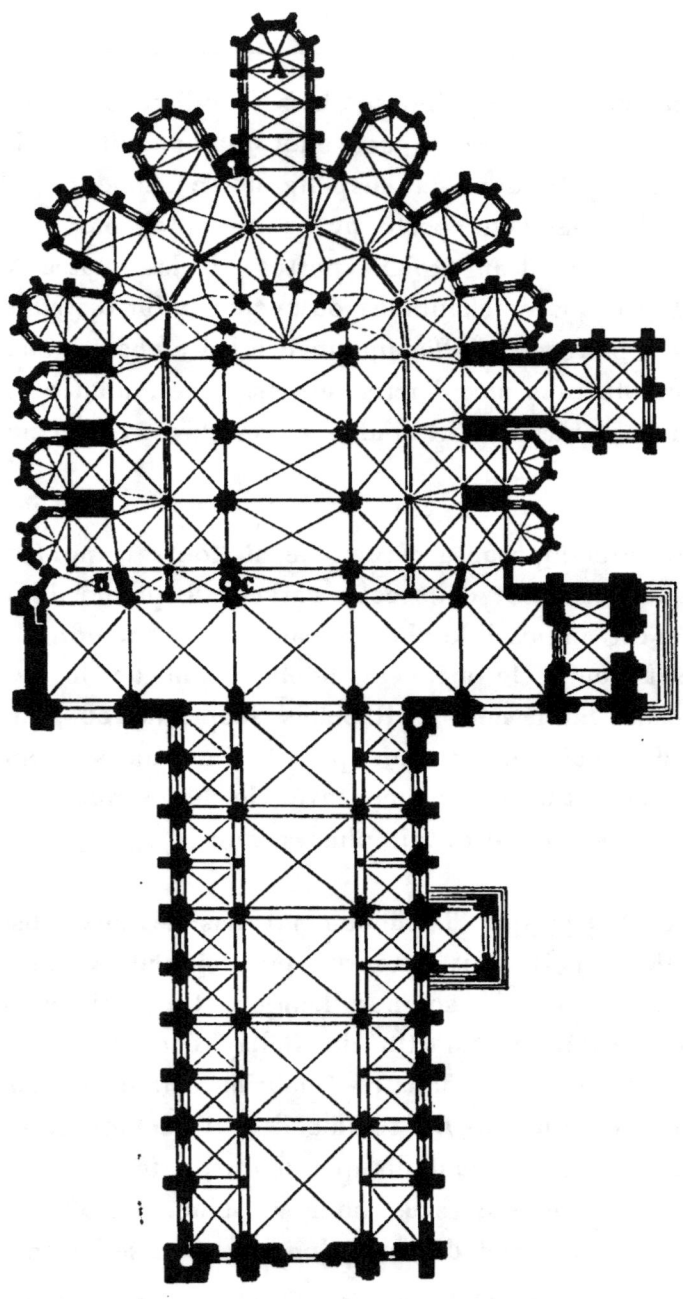

PLAN DE SAINT-JULIEN, ÉGLISE CATHÉDRALE DU MANS.

A. Chapelle du Chevet où fut érigé le Mausolée de Langey.
B. Chapelle de saint Jean-Baptiste où le Mausolée se trouve actuellement.
C. Point où se trouve le corps de Langey.

en meubles, tapisserie ou linge ou autre objet pour emporter chose mémorable de la maison. « Vous scavez que cest des medecins, ajoute Martin, je serois d'advis que pour si peu de chose on le renvoiast contant. On lui pourra faire bailler ladicte marchandise a Lyon ou icy. Pour vray sa parolle vault beaucoup au païs plus que de mestre Georges [1]. »

La France entière — hommes d'épée et gens de plume, tous, jusqu'au bas peuple, et c'est pourquoi je dis *entière*, — pleura Langey, « personnage qui doit être à la noblesse française vrai archetype de toutes bonnes parties, car il en était l'honneur et l'ornement. Il fut un certain temps lieutenant en Piémont où *le peuple trouva bien la différence qui est entre un gouverneur mangeur de gens et pillard et un noble esprit, vray père d'une patrie* [2]. » Mais si l'éloge est beau dans la bouche d'un compatriote, combien il est plus précieux dans celle de l'ennemi ! Charles-Quint comprit ce que l'Empire gagnait à ce que perdait la France. La vérité le força d'avouer que Langey seul lui avait fait plus de mal et déconcerté plus de desseins que tous les Français ensemble.

De ses voyages en Italie, il n'en est pas qui ait laissé d'empreintes plus profondes chez Rabelais. Il avait eu cette satisfaction incomparable de trouver en Langey un homme qui avait su se servir de son génie universel. Les revendications de la couronne de France reviennent souvent dans ses récits, très claires sous le voile léger de l'allusion. Quand le pauvre bûcheron du *Quatrième livre* réclame au Conseil des dieux sa cognée perdue, Jupiter s'écrie qu'il faut la lui rendre sans discussion : « Cela est escrit aux Destins, entendez-vous ? Aussi bien comme si elle vallust la duché de Milan ! [3] » Les heures martiales qu'il

---

1. J'avais d'abord cru qu'il s'agissait de Georges Blandrata, excellent médecin de Saluces, mais ne s'agit-il pas plutôt de Georges Antiochia, notre vieille connaissance ?
2. Paradin, *Chroniques de Savoie*.
3. Nouveau prologue du Livre IV.

a passées en Piémont ne s'effacent pas de sa mémoire; elles sonnent dans son œuvre jusqu'au dernier jour.

Parmi les inventions du dieu Gaster, toutes dues à la nécessité, Rabelais met en première ligne *les moyens d'avoir et conserver grain* (Livre IV, chap. 61) et ces moyens, il les tire « de l'art militaire et armes pour grain défendre, médecine et astrologie avec les mathématiques nécessaires ». Gaster, *premier maître ès-arts* du monde, inventa la tactique offensive, « art et moyen de battre et desmolir forteresses et chasteaux par machines et tormens belliques, beliers, balistes, catapultes, desquelles il nous montra la figure, assez mal entendue des ingénieux architectes, disciples de Vitruve, comme nous a confessé messer Philebert de l'Orme, grand architecte du Roy Megiste. Lesquelles, quand plus n'ont profité, obstant la maligne subtilité et subtile malignité des fortifications, il avoit inventé recentement canons, serpentines, coulevrines, bombardes, basilics, jetant boullets de fer, de plomb, de bronze pesans plus que grosses enclumes, moyennant une composition de pouldre horrificque, de laquelle Nature même s'est esbahie, et s'est confessée vaincue par art, ayant en mespris l'usage des Oxydraces, qui à force de fouldres, tonnoires, gresles, esclairs, tempestes, vainquoient et à mort souldaine mettoient leurs ennemis en plein champ de bataille. Car plus est horrible, plus espouvantable, plus diabolicque et plus de gens meurtrist, casse, rompt et tue : plus estonne les sens des humains : plus de murailles desmolist un coup de basilic, que ne feroient cent coups de pouldre. »

Un autre chapitre : *Comment Gaster inventait art et moyen de non estre blessé ne touché par coups de canon*, n'est pas moins curieux en ce qu'il mentionne une composition de pouldre et des expériences de tir dont serait inventeur un certain Fronton, qui ne peut être Frontin, et sur lequel les traités spéciaux ne nous ont rien transmis. Rabelais nous montre ici une pierre d'aimant qui arrête en chemin les dragées lancées par un fauconneau à une distance de soixante pas. Mieux que cela, Gaster invente « l'art et manière de faire les boullets arrière retourner contre les ennemis, en pareille furie et dangier qu'ilz seroient tirés, et en propre parallèle. » Rabelais ne nous dit pas comment s'y prend Gaster; le phénomène qu'il signale est fait pour étonner les modernes. Qui sait si Rabelais ne l'emprunte pas à ses souvenirs du capitaine Goulphe et des ingénieurs italiens qui opéraient sous ses yeux à Turin?

Quant aux « ingénieux architectes » avec qui il aimait à discuter sur les machines de guerre, Jean Martin, le traducteur de Vitruve[1], nous dira qui ils étaient. Ils s'étaient instinctivement groupés autour de Philibert de l'Orme qui, à raison de sa surintendance sur les bâtiments royaux, exerçait une manière d'arbitrage autour de lui. Le texte de Vitruve même à cette heure est loin d'être éclairci complètement : c'était alors le casse-tête des hommes du métier. Autrefois Alberti l'avait accusé de raffiner sur le style, et d'avoir écrit pour les seuls initiés, étant resté « grec entre les latins et latin entre les grecs ». Guillaume Philander[2], homme non moins docte dans les langues que « bien exercité en ceste pratique », avait conquis un nom par ses annotations, mais comme il les avait écrites dans la même langue que l'original, le vulgaire ne les entendait point. Lorsque Jean Martin se mit en tête de vulgariser Vitruve, il se heurta contre les mêmes difficultés d'interprétation et il dut entrer dans la voie des paraphrases pour se faire comprendre. A l'aide du compas et du dessin dont il possédait la pratique, il dressait ses figures selon sa fantaisie et les soumettait ensuite aux ouvriers qui les déclaraient conciliables ou non avec la pratique : il dressa même un questionnaire des expressions ambiguës que les savants se passaient de main en main pour les résoudre selon leur expérience propre... « Si je n'eusse usé

---

1. 1547, in-folio. Édition commencée par les soins et aux frais de Jehan Barbé, bourgeois de Paris, ami de l'architecture pour laquelle « faire fleurir, il n'a espargné ni ses biens ni sa personne ». Elle fut achevée par ses héritiers.

2. Ami intime de Rabelais, comme on le verra dans notre chapitre : *Dernier Voyage à Rome*.

de telle industrie, dit-il, je perdoye et mon temps et ma peine. »

Aussi ne se montre-t-il point ingrat envers ceux qui l'aidèrent : « ... Si M. de Lenoncourt ne m'eust donné donné tout loysir et moyen de mettre la main à l'œuvre, mesme si je ne me feusse prévalu du labeur de frère Jehan Joconde l'architecte, du susdict Messire Leon Baptiste Albert, de M. Budé, de M. Philander jà nommé, de Messire Sebastien Serlio, de maistre Jehan Goujon... et d'autres excellents personnages dignes de l'immortalité, je ne feusse venu au bout de mon entreprise. » Jean Goujon est de ceux qui y contribuèrent le plus efficacement par les figures qu'il dessina pour tout ce qui concernait « l'art de massonnerie » : il venait de quitter le connétable de Montmorency, chez qui il travaillait en qualité d'architecte, pour entrer au service d'Henri II.

Jean Goujon se dit à bon droit « studieux d'architecture » et cite ses auteurs[1] : « Pour ce jourd'huy avons nous en ce royaume de France un Messire Sebastian Serlio, lequel a assez diligemment escrit et figuré beaucoup de choses selon les règles de Vitruve, et a été le commencement de mettre telles doctrines en lumière au Royaume. Toutesfois j'en connois plusieurs aultres qui sont capables de le faire, neantmoins ils ne s'en sont encores mis en peine; et pourtant ne sont dignes de petite louange. Entre ceulx ci se peut compter le seigneur de Clagny Parisien; si faict aussi maistre Philibert de L'Orme, lequel assez suffisamment a conduit un édifice que Monseigneur le cardinal de Bellay a faict faire en son lieu de Sainct Maur des Fossez lez Paris. Et combien que pour le présent je ne m'amuse à en nommer davantage, si est-ce que je le pourroye bien faire : mais je m'en desiste tout à propos pour éviter prolixité. »

1. Il dit avoir emprunté la figure de sa volute ionique à Albert Dürer, le seul qui l'ait bien comprise et « perfectement tournée », et déjà Philander avait rendu au grand artiste allemand l'hommage de s'appuyer sur lui pour le même objet; pour les proportions du chapiteau dorique, il en a soumis un dessin à Serlio, qui l'a trouvé selon la règle, à part une légère critique acceptée de très bonne grâce par Jean Goujon.

Voilà donc en quel cénacle Rabelais aimait à débattre les problèmes de balistique légués par Vitruve aux ingénieurs et aux architectes. A cette liste je joindrais volontiers le nom d'Androuet du Cerceau qui avait déjà fait le voyage de Rome, sous le patronage du cardinal d'Armagnac, et dont la sémillante imagination s'exerçait à tous sujets.

Si Rabelais n'était pas satisfait des explications qu'on lui fournissait, s'il était obligé souvent de les réfuter par des arguments tirés de la pratique militaire, c'est qu'en effet le texte de Vitruve armait trop le caprice des commentateurs. Les *Engins de guerre* de Léonard de Vinci sont comme la charge, et délicieuse! de la confusion dans les idées. Voyez les figures qui accompagnent le dernier chapitre de Vitruve (*Engins*) dans l'édition de Jean Martin : elles trahissent aussi cette confusion : catapultes (béliers, scorpions), arbalètes ou bricoles, tortues, térèbres ou tarières, tours mouvantes à tarière, autant d'images lâchées. Jean Goujon se dérobe, Jean Martin s'égare.

LE TIERS LIVRE

LE TIERS LIVRE

I

Poursuites contre Étienne Dolet. — Censures nouvelles contre *Gargantua* et *Pantagruel*. — Les trois éditeurs lyonnais de 1542. — Concessions à la Sorbonne. — Dolet éditeur de Rabelais. — Ses audaces. — Protestations de l'imprimeur gothique au nom de Rabelais. — L'*Avertissement au lecteur*. — Dolet abandonné par l'ancien cénacle, Marot, Rabelais et autres — Exaspération sorbonique. — Reprise des persécutions contre les savants. — Supplice de Dolet. (3 août 1546). — Lamentations de Théodore de Bèze. — Les bûchers de Meaux.

ANS le moment même où Rabelais faisait son office auprès du meilleur serviteur de François Ier, l'Inquisition menait tout doucement Dolet à la prison, et de la prison au bûcher. Si Rabelais ne suivit pas le même chemin, ce ne fut pas la faute de la Sorbonne.

Arrêté, livré au bras séculier par sentence du 2 octobre 1542, Dolet expiait, malgré ses protestations d'orthodoxie, par quinze mois de geôle, le crime d'avoir fait chair certains jours prohibés par l'Église et d'être, en général, « fauteur et défenseur des hérétiques et erreurs pernicieuses ». Celui qui avait dirigé l'instruction, c'était Mathieu Ory, inquisiteur de la foi, en d'autres termes *notre maître Doribus,* qui, pour ce seul surnom, eût tant aimé à opérer contre Rabelais! En même temps que le Parlement de Paris, à la requête de la Faculté de théologie, condamnait les livres de Dolet au feu par arrêt du 14 février 1543, la Faculté lui dénonçait, par réciprocité, une liste de soixante-cinq ouvrages à poursuivre dans le même but. *Gargantua* et *Pantagruel* sont portés sur cette liste, avec soixante-quatre livres de Calvin, de Marot (les *Psaumes* de David et ceux de Daniel, traduits et commentés), Brentius, Dolet, Œcolampade, Bucer, Bullinger et autres [1] ». Dolet échappa pour cette fois à la rage des Sorbonistes, car il fut relâché le 13 octobre.

On peut se demander si Rabelais s'est associé à Pierre du Chastel, évêque de Tulle, pour arracher au roi les lettres de rémission en faveur de Dolet. Je ne le crois pas ; l'ancien pacte était rompu. Lorsque Rabelais passa par Lyon, en janvier 1543, accompagnant Langey mourant, Dolet était en prison : il n'avait guère de raisons pour l'en tirer. En effet, si la Sorbonne était une menace pour lui, Dolet en était une autre.

Dolet était plus que compromettant, ayant la science peu scrupuleuse, et entreprenant volontiers sur le bien d'autrui. Fréquemment accusé de plagiat, il s'était attiré comme homme, comme auteur et comme imprimeur, de méchantes affaires ; l'une de celles-ci à propos de Rabelais, peut-être même avec Rabelais.

Voici comment.

L'année 1542 vit paraître, à Lyon, trois éditions de *Gargantua* et de *Pantagruel* ; l'une, gothique, chez François Juste ; l'autre, gothique aussi, chez un éditeur anonyme, sous ce titre : *Grandes Annales ou Chroniques très véritables des Gestes merveilleux du Grand Gargantua et Pantagruel, son fils, roy des Dipsodes* ; la troisième, chez Étienne Dolet.

---

1. Le 2 mars 1543, la Faculté de théologie de Paris dressa le catalogue des livres examinés et qualifiés par elle depuis la fête de la Nativité de N. S. (25 décembre, année 1542) au 2 mars de la même année (1543, nouveau style), à la demande de la Cour du Parlement, et délibéra de donner au procureur du roi la liste des livres antérieurement censurés depuis le 23 avril 1542.

Catalogus librorum visitatorum et qualificatorum per Facultatem Theologiæ Parisiensis a festa Nativitatis Dominicæ, anno Domini 1543 ad secundam diem Martii ejusdem anni. Ad postulationem Curiæ parlamenti :

N° 64. Grandes Annales tres veritables des gestes merveilleux du grand Gargantua et Pantagruel Roy des Dipsedes (*sic*).

Concluditur dandam esse Procuratori regio notam librorum per sacram facultatem censuratorum ab anno Domini 1542 die 23 Aprilis usque ad hunc diem 2 Martii.

D'Argentré, *Collectio de Novis erroribus*, p. 134.

L'édition de François Juste, avouée par l'auteur, se distinguait des précédentes par quelques sacrifices faits à la Sorbonne. Dans *Gargantua*, Gargamelle, prise des premières douleurs de l'enfantement, ne disait plus à Grandgousier citant l'Évangile selon saint Jean : « *Vous dites bien et j'aime beaucoup mieulx ouïr tels propos de l'Évangile et mieulx m'en trouve que de ouïr la vie de sainte Marguerite ou quelque autre capharderie.* » (Chap. V.) Au même chapitre, on ne lisait plus cette phrase offensive : « *Les Sorbonistes disent que foy est argument des choses de nulle apparence.* » On avait biffé dans quelques endroits les mots : « Sorbonne, Sorbonistes, Sorbonagres, Théologiens », pour les remplacer par des expressions anodines. Ces suppressions et corrections étaient peu importantes, mais elles représentaient des concessions dont Rabelais attendait évidemment le bénéfice.

ÉTIENNE DOLET.

L'édition de Dolet était faite dans un tout autre sentiment, quoiqu'il la présentât comme « prochainement reveue et augmentée de beaucoup par l'autheur même ». Or, Rabelais n'avait pas revu *La plaisante et joyeuse histoire du grant Gargantua*, non plus que *Pantagruel, roi des Dipsodes, restitué en son naturel*, et si son œuvre paraissait *augmentée*, c'était d'une divagation qu'il ne reconnut jamais pour sienne : *Les merveilleuses navigations du disciple de Pantagruel dict Panurge* [1]. Outre cela, Dolet se permettait contre la Sorbonne des additions qui étaient peut-être dans la pensée de Rabelais, mais que celui-ci y voulait laisser pour l'instant.

---

1. Bien que Dolet fasse suivre dans la pagination *les Navigations de Panurge*, il ne les donne pas à maître Alcofribas, comme le *Gargantua* et le *Pantagruel*. Il distingue parfaitement entre ce qui est de Rabelais (*Pronostication pantagrueline* comprise) et ce que les éditeurs ont coutume d'ajouter à son œuvre pour plaire aux badauds. A cette dernière catégorie appartiennent *les Navigations de Panurge*, dont Denis Janot a également donné une édition sans date (et sans attribution aussi) sous le titre de : *le Disciple de Pantagruel*.

Il reproduisait tous les passages supprimés et amendés, il en aggravait d'autres.

Dans toutes les langues du monde, cela s'appelle un abus de confiance.

C'est l'éditeur anonyme qui se chargea de venger Rabelais de l'injure faite à son texte. Il s'était laissé devancer par Dolet, qui, arrivant bon premier avec une édition bien lisible, en caractères ronds, enlevait à l'imprimeur gothique une foule de lecteurs. Cet imprimeur crie à l'escroquerie, au vol, avec des accents indignés ; il est assurément de bonne foi, il se prétend investi d'une sorte de privilège par Rabelais à l'encontre de Dolet. Voici le morceau qu'il place en tête du livre [1] :

« L'imprimeur au lecteur, Salut,

« Affin que tu ne prenne la faulse monoye pour la bone (ayme lecteur) et la forme fardée pour la nayve ; et la bastarde et adulterine edition du present œuvre pour la legitime et naturelle, Soies adverty que par avarice a este soubstraict l'exemplaire de ce livre encores estant soubs la presse par ung Plagiaire homme encline a tout mal, et en desadvancant mon labeur et petit profit espere, a esté par luy imprimer hastivement, non seulement par avare convoitise de sa propre utile pretendue, mais aussi et dadventage par envieuse affection de la perte et du dommage d'aultruy. Comme tel monstre est ne pour l'ennuy et injure des gens de bien. Toutesfois pour ladvertir de l'enseigne et marque donnant à cognoistre le faulx abus du bon et vray, Saches que les dernieres feuilles de son œuvre plagiaire ne sont correspondentes à celles du vray original que nous avons eu de lautheur, lesquelles aussi, apres avoir prins garde (combien que trop tard) a sa fraudulente supplantation, il n'a pu recouvrer. Celluy plagiaire injurieux non a moy seulement, mais a plusieurs aultres. C'est un Monsieur (ainsi

---

1. Reproduit avec les nombreuses fautes d'impression et d'orthographe qui le déparent.

glorieusement par soy mesmes surnomme), homme tel que chacun saige le connoist.

« Les œuvres duquel ne sont que ramas et entantillonnés leures (*leurrés, sans doute*) des livres d'aultruy, par luy confusement amoncellés où elles estoient bien ordonées. Dont lesperit de Villanovanus se indigne d'estre de ses labeurs frustré : Nizolius en est offencé, Calepin se sent desrobé, Robert Estienne cognoist les plus riches pièces de son thresor mal desrobees et pirement desguisees et appropriees. De lesperit duquel ne sortirent oncques compositions ou il eust honneur, ains mocquerie desdaigneuse. Lesquelles toutesfoys il ose enrichir et farder des braves et manificques tittres, tellement que le portal surmonte l'edifice a noblir du Privilege du Roy en abusant le Roy et son peuple, pour donner a entendre que les livres des bons autheurs comme de Marot, de Rabelais et plusieurs aultres sont de sa façon. Ne scet on pas bien que en certains Livres en chirurgie, en Practique et aultres il a prins argent des Imprimeurs et Libraires pour mettre Privilege du Roy ? Cela n'est-ce point abus digne de paine ? Mais (que plus est) qui a oncque veu ce Privilege ? A qui l'a-t-il monstré ? Cartoinement pour quelconque requeste oncques a homme ne l'osa monstrer. Parquoy il est vraysemblable que possible le Roy lui a octroyé tel Privilege que personne n'ayt a vendre ne surimprimer les livres quil aura faictz sinon luy mesmes. Mais la raison ? La raison est pour ce que gens scavants cognoissent assez quil n'a pas esperit ne scavoir de mettre rien de soy en lumiere qui soit à son honneur. Et la grande et haulte entreprinse de tel homme inspire de l'esperit de Ciceron avoir redigé en beau volume le livret et gaignepain des petits revandeurs nommé par les Bizouars : Fatras à la douzaine. Vrayement on l'en debvroit bien remunerer, et telles belles besoignes meritent bien que Evesques et Prelats soyent par un tel ouvrier esmouchez d'argent. Toutesfoys apres que les Montaignes ont este enceintes et que ung petit rat seullement est en est yssu, le

Monde ne s'est peu abstenir de rire et se moquer en disant : Comment ung tel homme qui se dit si scavant et si parfaict Ciceronian se mesle-t-il de faire ces folyes en Françoys ? Que ne se declaire-t-il en bonnes œuvres sans faire ces viedazeries coignonnent, moillant, plaisantant, déclarant (car tels sont ses beaux mots coutumiers), viaidazant, ladrisant, et telles couleurs Rethoricques qui ne sont pas Ciceroniennes, mais dignes d'estre baillees a Mostardiers pour les publier par la Ville. Tel est ce Monsieur. Adieu, lecteur, ly et juge. »

On a voulu voir la main de Rabelais dans cette philippique enfiellée : je n'y vois qu'une imitation de sa manière. C'est surtout le cri de l'intérêt blessé. Rabelais ne descendit jamais à de telles injustices ; attaqué dans son amour-propre et dans la tranquillité de sa vie, il avait certainement le droit de se défendre, mais on ne retrouve dans cette défense ni sa philosophie, quand elle est résignée, ni sa rhétorique, quand elle va jusqu'à l'invective.

Que le morceau soit de lui ou non, la conséquence est la même. Rabelais n'a jamais désavoué l'imprimeur, et il s'éloigne de l'audacieux contrefacteur qui, en pleine persécution, joue avec la vie d'un ami. En se retirant de lui, il entraîne l'ancien cénacle. Pour Susanneau, Dolet devient *l'imprimeur de l'enfer*[1]. Il disparait de la correspondance de Boysson, qui s'appuyait auparavant sur son autorité[2]. Marot lui-même, dont il était

---

1. Susanneau, dans la seconde édition des *Quantitates*, d'Alexandre Villedieu, parue chez Colines en septembre 1542, avec une nouvelle préface dédiée à Jean Morin, principal du Collège de Navarre. Elle est suivie d'un traité de l'accent et d'un livre d'Elégies. Susanneau n'attend même pas la sentence de l'inquisiteur pour se tourner contre Dolet.

A Dolet, imprimeur de l'enfer.

Comment laver l'homme sans état, sans but et sans loi, et qu'est-ce qu'un homme sans espoir et sans foi ?

Ad Odletum, Inferni Calcographum.

Quid sine fortunis hominem, sine re, sine lege,
Expiet, et sine spe qui sit, et absque fide?

2. On trouve son nom pour la dernière fois dans une lettre à Bigot, du 30 juin 1542 :

naguère l'éditeur attitré, « le cher amy », mourut en septembre 1544, après l'avoir dénoncé comme pervers [1]. Le poète Voulté, bon prophète, l'avait bien dit (dès 1538) : « Tu essayes maintenant de te faire des nouveaux amis, tu les perdras bientôt, car des anciens il ne t'en reste pas un. »

Rabelais, au moins, était de ceux qui pouvaient pardonner. Un bras puissant s'étendit entre la Sorbonne et lui ; selon la prophétie de Chappuis dans le *Discours de la Cour,* Chemant, président du Parlement de Turin, membre du Conseil privé [2], fut nommé chancelier de France (par lettres données à Villers-Cotterets le 12 juin 1543) : l'ancien secrétaire de Langey avait du crédit auprès du chef de la justice française. Lisez ce qu'écrit Boysson à ce propos :

A François Rabelais.

Ç'a été une joie pour moi, quand j'ai appris dernièrement que Chemant avait succédé en la charge et dignité de garde des sceaux à feu Montholon. Celui-ci mort, j'ai tout de suite espéré qu'on ne pouvait créer chancelier que Chemant, président de Turin : à cette nouvelle (crois-moi), je me suis grandement réjoui, non certes de la mort de Montholon, dont j'avais entendu vanter par beaucoup l'érudition et l'honnêteté ; mais, en apprenant l'avancement de Chemant et sa promotion à cette magistrature, j'ai été pris d'un transport de joie. Il est impossible, en effet, que ses efforts et son industrie ne profitent pas sensiblement à l'honneur des lettres et n'accroissent pas au plus

---

« J'admire beaucoup tes vers, dit-il, et je tâcherai de trouver le moyen de les faire lire à Dolet. »

1. Il laissait dans ses papiers une épigramme violente *A Estienne Dolet.* Je ne veux pas croire, sans preuve, qu'une autre épigramme intitulée : « Contre l'inique », s'adresse à Dolet, car à tous ses défauts il faudrait ajouter certain « vice hors d'usance » qui comblerait la mesure. Toutefois, ce grief tardif expliquerait mieux que tout le reste l'éloignement dont Dolet fut l'objet de la part de tous ceux qui l'avaient connu.

2. Il avait été nommé le 13 juillet 1541 au lieu et place de Budé, avec dispense de siéger.

haut point leur dignité. J'espère aussi que, dans cette augmentation de sa fortune, Chemant aura quelque souci de tes intérêts, toi qui l'as toujours entouré attentivement de respect et de déférence et qui as toujours admiré chez lui le talent et la science. En ce qui me touche, je ne puis attendre que du bien de lui qui me connaît depuis longtemps de figure et de nom, et à qui le très noble et très savant Guillaume de Langey a fourni le témoignage de mon dévouement au roi et à l'État français; et selon moi ce n'est pas une petite chose, vu l'étonnante aptitude qu'il avait à juger les hommes. Quand tu en auras le temps, si toutefois cela ne t'ennuie pas, prends soin de m'écrire et de lui-même et de ce qu'il te conviendra relativement à mes affaires, et renseigne-moi mieux sur toutes les tiennes [1].

Pendant les deux années (septembre 1544-août 1546) que dura le procès définitif de Dolet, aucune voix favorable ne s'élève, on n'entend parler ni Rabelais ni personne. Le prisonnier en est réduit à invoquer ses ennemis, comme Tournon. Il n'ose plus s'adresser au parti de l'humanité, à du Bellay, ou à du Chastel. Il marche à la mort « abandonné du monde », et son supplice commence par là. Aucun bruit de l'extérieur,

1. « Francisco Rabalæso.

« Pergratum mihi fuit id quod nuper intellexi Chamanum in locum demortui Monthelontii suffectum esse, illique Regionum diplomatum sigilla extitisse commissa et concredita. Statim cum ille obiit, neque alium speravi creatum in Cancellarium quam Chamanum præsidem Taurinensem : quo nuntio (mihi crede) valde sum exhilaratus, non quod de Monthelontii interitu ego gaudeam, quem esse virum bonum et eruditum a multis acceperam. Sed cum istam audivi dignitatis et magistratus novi amplificationem Chamano obtigisse, omnibus incessi lætitiis. Fieri siquidem non potest ut litterarum honos hujus opera et industria non amplissime provehatur illarumque dignitas cumulatissime non augeatur. In hac autem Chamani fortunæ accessione spero eum quoque commodorum tuorum curam aliquam habiturum, qui eum semper coluisti et observasti diligentissime hominisque ingenium et eruditionem singularem semper es admiratus. Ego vero non bene quantum ad me pertinet de illo sperare non possum, cui de facie et de nomine jampridem notus sum et qui Gulielmi Langæii viri nobilissimi et doctissimi, dum is viveret, de meis erga Regem Remque eamdem publicam Gallicam studiis testificationem apud hunc aliquam habeo, quam ego non levem aut exiguam semper sum arbitratus propter acerrimum Langæi in dignoscendis hominum ingeniis judicium. Tu si quando vacabit tum de illo tum de illis quæ tu ad mea commoda pertinere existimabis ad me si molestum non est diligenter scribes faciesque de rebus tuis omnibus certiorem. Vale, Chamberiaci, XI Calend. Quintileis 1543. » (*Boissonæi Epistolæ*, p. 180.)

sinon le massacre des Vaudois, invention de Tournon, célébrant par trois mille sacrifices humains le retour aveugle du roi au catholicisme pur.

Les années terribles sont revenues pour les savants.

La Sorbonne affolée donne contre tous, nommément contre Robert Estienne. Les théologiens, à force d'examiner la Bible latine qu'il avait publiée (1545) avec des annotations empruntées à l'hébraïsant Vatable, ont fini par y subodorer des opinions hétérodoxes, des doutes sur le Purgatoire, sur l'efficacité de la confession auriculaire, des choses horribles. Pierre du Chastel, évêque de Mâcon, grand aumônier de France, qui rapporta l'affaire au Conseil du roi, ne put s'empêcher de protester contre les excès de ces docteurs dénicheurs d'hérésies là où il n'y en avait pas : à quoi on reconnaissait bien, au dire du savant évêque, leur ignorance des langues. N'importe! la persécution refleurit. Les feux de joie sorbonique se rallument, et, le 3 août 1546, Dolet, reconnu coupable de *blasphème, sédition et exposition de livres prohibés et damnés*, expirait sur le bûcher de la place Maubert, priant encore le dieu pour lequel on le brûlait[1].

Un seul, Théodore de Bèze, encore jeune et jetant sa gourme libérale, osa pleurer Dolet et, au lendemain même du supplice, réhabiliter la victime dans une ode apologétique[2] : « A la vue de Dolet brûlant au milieu du bûcher, il y eut un gémissement

---

1. Il est vrai que, réclamant, on lui eût arraché la langue. L'arrêt le stipulait.

2.
>Ardentem medio rogo Doletum
>Cernens Aonidum chorus sororum,
>Chorus ille diu chorus Doleto,
>Totus ingemuit; nec ulla prorsus
>E sororibus est reperta cunctis,
>Naias nulla, Dryasve, Nereisve,
>Quæ non vel lacrymis suis, vel hausta
>Fontis Pegasei studeret unda,
>Crudeles adeo domare flammas,
>Et jam totus erat sepultus ignis,
>Jam largo madidus Doletus imbre,
>Exemptus poterat neci videri,

dans le chœur des Muses, ce chœur dont Dolet s'était longtemps entouré. Et de toutes les sœurs d'Aonie, il n'y en eut pas une, naïade, dryade ou néréide, qui, soit avec ses larmes, soit avec l'onde puisée à la fontaine de Pégase, n'essayât d'éteindre ces flammes si cruelles. Et à peine réduit en cendres, Dolet, enveloppé d'une pluie de larmes, pouvait paraître avoir échappé à la mort, lorsque le Père des dieux tonna sévèrement du haut du ciel, comme importuné par l'effort des neuf Sœurs : « Cessez, dit-il, d'envier son nouvel hôte au ciel; le ciel ! c'est ainsi que mon Hercule l'a gagné. »

Le bûcher de la place Maubert se dressa bientôt pour Pierre Chapot, Dauphinois.

Jean André, libraire du Palais, faisait métier de dénoncer les gens et de les amener au sorbonagre Maillard ou au président Lizet, un de ces « juges aux mains pleines de sang » dont Rabelais parlera. Ainsi fut pris Chapot, et interrogé par Nicolas Le Clerc, doyen de la faculté de théologie, Maillard et Picard, docteurs. On avait à le brûler vif. Maillard, qui lui faisait la conduite, marchandait fort ses faveurs : « Dis *Ave Maria* et tu seras d'abord étranglé. » Chapot, ébranlé, murmura quelque chose d'approchant ; il ne fut brûlé vif qu'à demi. Mais Maillard ne se consola pas de ce que le patient ait pu parler à la foule pendant le trajet, et il fit des remontrances au Parlement pour l'avoir permis.

Le supplice de Dolet aurait pu passer pour un exemple

> Quum cœlo intonuit severus alto
> Divorum Pater, et velut peregre
> Hoc tantum studium ferens sororum :
> At cessate, ait, et novum colonum
> Ne diutius invidete cœlo,
> Cœlum sic meus Hercules petivit.
>
> (Première édition des *Juvenilia*, Paris, 1546.)

M. Christie (*Dolet*, Paris, in-8°) donne 1546 comme date de la première édition des *Juvenilia* : pour moi, je n'en connais pas d'antérieure à 1548.

isolé. Or, le Parlement était résolu à en faire de généraux. Les cendres de Dolet à peine refroidies, en septembre, le drame de Meaux surgit.

De pauvres gens sont arrêtés, liés, menés à Paris, empilés dans la Conciergerie.

Le Parlement rend son arrêt le 4 octobre — on prétend que le président Lizet y besogna. Quatorze pauvres diables, coupables au plus d'avoir écouté la lecture des Écritures en français, sont condamnés au feu. Ramenés de Paris à Meaux, ils sont escortés par nos docteurs sorboniques, Maillard et Picard, qui, du haut de leurs mules, chapitrent en vain les malheureux entassés dans des chariots. « Retire-toi, Satan, dit l'un d'eux à Picard, et laisse-nous penser à notre Dieu. » On leur donne la question extraordinaire : « Courage, dit un autre aux bourreaux, qui le démembraient, courage, mes amis, n'espargnez ce misérable corps. » Le lendemain de la question, jour de l'exécution, Maillard et Picard les supplicient de sermons, ajoutant : « Confessez-vous, et on vous fera remise de la langue coupée. » Six d'entre eux se résignent, à bout de forces. Les autres persistent. Le bourreau coupe premièrement la langue à Étienne Mangin : « Dieu soit loué », dit Mangin avec le lambeau qui lui restait. On le traine alors sur une claie. Tous sont accrochés à la potence et brûlés vifs, et comme ils avaient encore le courage de louer Dieu, des voix plus aiguës s'élevèrent, chantant : *O salutaris hostia* et *Salve regina :* C'était Maillard et Picard menant l'hallali.

Apparition du *Tiers livre* (deuxième de *Pantagruel*). — Le *Prologue*. — Raisons pour lesquelles Rabelais reprend la plume. — Martin du Bellay aux fortifications de Champagne. — Défi du *Prologue* relevé par la Sorbonne. — Les poursuites et leurs causes. — Intervention de Pierre du Chastel et du cardinal de Châtillon. — Rabelais se réfugie à Metz. — Autres éditions du *Tiers livre* en 1546. — Les images de l'édition de Valence, 1547.

Omment croire qu'au milieu de ces horreurs Rabelais ait pu songer à continuer son *Pantagruel*? C'est vrai pourtant.

Fort du privilège qu'il avait obtenu du roi, à Paris, le 19 septembre 1545, Rabelais met en ordre les matériaux du *Tiers livre*.

Dans ce privilège, il désavoue d'abord les imprimeurs qui ont « corrompu et perverti » ses deux premiers livres, à son grand déplaisir et détriment : c'est pour cette raison qu'il se tait depuis si longtemps. Mais, importuné journellement (ce sont ses expressions mêmes), par les gens savants et studieux du royaume pour leur bailler la suite, il réclame un privilège à deux fins : la première, qui est d'interdire l'impression et la mise en vente de ses anciens ouvrages, sinon par les libraires munis de son autorisation ; la seconde, qui est de faire imprimer les nouveaux, à partir du *Troisième*, par tels libraires qu'il avisera. C'est un privilège très affirmatif dans lequel la Cour laisse percer son opinion sur « nostre aimé et feal maistre François Rabelais » et sur ses précédents ouvrages « non moins utiles que délectables », et qui rentrent dans la catégorie des bonnes lettres que le roi désire être répandues « à l'utilité et érudition de ses sujets ».

Comme tous les livres de Rabelais, celui-ci était précédé d'un *Prologue*.

Le ton de ce morceau nous fixe sur les dispositions d'esprit de l'auteur : il date l'apparition du livre.

A l'instar de tous les contrats intervenus entre l'Empereur et le roi, le traité de Crépy — aveu de faiblesse arraché simultanément aux deux adversaires — cachait, sous chaque article, l'arrière-pensée d'une mutuelle revanche. Des deux côtés, on attendait le moment de manquer à sa signature. Las des hasards de l'offensive, François Ier réfléchit aux avantages d'une ligne défensive capable d'arrêter Charles-Quint, non plus en Provence ou en Picardie, mais sur les frontières mêmes; il dépêche Martin du Bellay pour visiter la Champagne, province ouverte par où s'étaient produites les dernières descentes impériales. Martin avait hérité de Langey, outre son nom, une partie de sa grande situation militaire. Rabelais put croire qu'on aurait un regard pour l'auteur des *Stratagèmes et ruses de guerre*, pour le secrétaire du preux Guillaume.

Martin partit vers la Noël de 1545, emmenant avec lui Jérôme Marin, l'ingénieur bolonais que nous connaissons déjà, « homme bien entendu au fait des fortifications ». C'est par leurs conseils et sur leur rapport que la ligne de Vervins à Coiffy, par Mézières, Maubert-Fontaine, Mouzon, fut reliée aux défenses de la Meuse par Villefranche, entre Stenay et Dun-le-Château. Sainte-Menehould, Saint-Dizier, Chaumont-en-Bassigny, Coiffy, en avant du plateau de Langres, furent pourvus de murailles et de fossés élevés selon les règles de l'art militaire, et ce en telle ordonnance que le roi mourut avant le parachèvement des travaux.

A l'ouest, l'ami Philibert de l'Orme avait charge de visiter deux fois l'an « toute la coste et forteresse de Bretaigne ». En cet office où l'ingénieur primait l'architecte (il s'agissait de « fortifier » le pays « à la guerre »), maître Philibert fut « plusieurs fois capitaine en chief et fermé (*assiégé*) ». Par lui Brest fut sauvé d'une attaque imminente des Anglais.

D'autre part, ces mêmes Anglais, décimés devant Boulogne, se préparaient à rendre la place, et à conclure la paix d'Ardres. L'œuvre défensive des frontières était la préoccupation du moment. Dans cet état des esprits, Rabelais se compare à Diogène, oisif pendant le siège de Corinthe : « Je pareillement,

Tiers liure des
FAICTZ ET DICTZ
Heroïques du noble Pantagruel: cōposez par M. Franç. Rabelais docteur en Medicine, & Callöier des Isles Hieres.

L'auteur susdict supplie les Lecteurs beneuoles, soy reseruer a rire au soixante et dixhuytiesme liure.

A PARIS,

Par Chrestien wechel, en la rue sainct Iacques a l'escu de Basle: et en la rue sainct Iehan de Beauuoys au Cheual volant.
M. D. XLVI.

AVEC PRIVILEGE DV
Roy, pour six ans.

Ne extra hanc Bibliothēcam efferatur. Ex obedientiā.
LE TIERS LIVRE (ÉDITION ORIGINALE).
Fac-similé du titre[1].

dit-il, quoique sois hors d'effroy, ne suys toutefois hors d'esmoy; de moy voyant n'estre fait aucun prix digne d'œuvre, et consi-

---
1. La note : *Ne extra*, etc., est des Jésuites de Paris, légataires de l'exemplaire de Huet.

dérant par tout ce très-noble royaume de France, deçà, delà les monts, un chascun aujourd'huy soy instantement exercer, part à la fortification de sa patrie et la défendre[1] ; part au repoussement des ennemis et les offendre ; le tout en police tant belle, en ordonnance si mirificque, et à profit tout évident pour

> ❧ TIERS ❧
> Liure Des Faictz, et
> Dictz Heroiques du noble
> Pantagruel, composés par
> M. Franç. Rabelais, Docteur
> en Medecine, & Calloier
> des Isles Hieres.
>
> ♣
>
> L'autheur susdict supplie les Lecteurs
> beneuoles, soy reseruer à rire au
> soixante & dixhuictiesme liure.
>
> Nouuellemēt Imprimé, reueu, & corrige,
> & de nouueau Istorie
>
> A Valence.
> Par Claude La Ville.
> 1 5 4 7.

LE TIERS LIVRE (ÉDITION DE VALENCE).
Fac-similé du titre.

1. Elle était assez avancée, vers la fin de 1546, pour que François I*ᵉʳ*, faisant trêve à d'autres soucis, s'acheminât vers la frontière et s'en assurât par ses yeux. Dans cette tournée, il visita la duchesse de Lorraine à Bar-le-Duc, quelques jours avant la Toussaint. Les fortifications nouvelles faisaient grand honneur à maître Hieronimo Marino qui était, on le sait suffisamment, au service de la France, où il avait été amené par les du Bellay. On trouve son nom au bas de la capitulation de Saint-Dizier, qui est d'août 1544 ; il fut de ceux qu'on envoya vers l'Empereur pour traiter de la reddition de cette place, démarche dont Brantôme s'étonne beaucoup, vu la haine que portait Charles-Quint à tout Italien réfugié au service de la France : « Et m'estonne, dit-il, comment ledit Hieronimo s'y hasardoit et que l'Empereur ne lui fit trancher la teste, comme il y pouvoit avoir de la couleur et comme il en avoit faict à d'autres. » Il n'admire pas moins en lui le talent que l'audace, en le proclamant « grand et bon ingénieur et qui a bien servi aux guerres du roy Henry ».

l'avenir (car désormais sera France superbement bournée, seront François en repos asseurés), que peu de chose me retient, que je n'entre en l'opinion du bon Heraclitus, afermant guerre estre de tous biens pere; et croye que guerre soit en latin dite *belle,* non par antiphrase, ainsi comme ont cuidé certains repetasseurs de vieilles ferrailles latines, parce qu'en guerre guères de beauté ne voyoient; mais absolument et simplement, par raison qu'en guerre apparoisse toute espèce de bien et beau, soit decelée toute espèce de mal et laidure. »

A la vue de tout ce mouvement militaire, le beau temps du Piémont lui passe devant les yeux; il le revit dans une bordée d'expressions techniques empruntées à l'art militaire, et qui font comme un bruit de machines et de harnois. Il éprouve un sérieux dépit d'être oublié en telle occurrence:

LE TIERS LIVRE.
(Édition de Valence.)

« Pour doncques n'estre adscrit et en rang mis des nostres en partie offensive, qui me ont estimé trop imbécile et impotent; de l'autre, qui est défensive, n'estre employé aucunement, fust-ce portant hotte, cachant crotte, ployant rotte ou cassant motte, tout m'estoit indifferent; ay imputé à honte plus que médiocre estre veu spectateur ocieux de tant vaillans, disers et chevaleureux personnages qui en veuc et spectacle de toute Europe joüent cette insigne fable et tragique comedie; ne me évertuer de moi-mesme, et non y consommer ce rien, mon tout, qui me restoit. Car peu de gloire me semble accroistre à ceux qui seulement y emploictent leurs yeulx, au demeurant y espargnent leurs forces, celent leurs escus, cachent leur argent, se grattent la teste avec un doigt, comme landores desgoustez, baislent aux mouches comme veaulx de disme, chauvent des oreilles comme asnes de

Arcadie au chant des musiciens, et par mines en silence, signifient qu'ils consentent à la prosopopée.

« Pris ce choys et élection, ay pensé ne faire exercice inutile et importun, si je remuois mon tonneau diogenic, qui seul m'est resté du naufrage fait par le passé on fare de Malencontre. »

Il ne lui reste plus qu'à reprendre la plume. Il va donc, nouvel Amphion, amuser les maçons et les ingénieurs, et les guerriers au retour des alarmes.

Il semble bien d'après tout cela, que le *Tiers livre* parut dans l'automne de 1546, environ trois mois après le supplice de Dolet [1].

Le livre parut chez Chrestien Wechel [2]. L'écrivain osait pour

---

1. Cependant je trouve dans la *Collectio de novis erroribus*, de d'Argentré, un renseignement qui le placerait avant. Il y est mentionné ainsi : « *le Tiers Livre de Pantagruel* fait par Rabelais, 1545 ». Le livre étant daté 1546 par Rabelais qui avait adopté le nouveau style, la Sorbonne, qui se conformait encore à l'ancien, entendrait par 1545 les trois premiers mois de 1546.

La Faculté de théologie donna à imprimer le 6 octobre 1551 le catalogue général par ordre alphabétique, avec le nom des auteurs, de tous les livres censurés par elle de 1544 à 1551, avec une préface où elle déclare les englober tous dans la même prévention et les vouer tous aux flammes :

« Catalogus librorum ab incertis authoribus.

« Au G. *Grandes Annales, et très veritables, des gestes et merveilleux faits du grand Gargantua et Pantagruel, roi des Dipsodes.*

« Au P. *Pantagruel* et *Gargantua*.

« *Le Tiers Livre de Pantagruel*, fait par Rabelais, 1545. »

2. Chrestien Wechel, très correct imprimeur en grec, voire en hébreu, à qui on doit de bonnes éditions d'Aristophane, des épitres grecques de Budé, des Topiques d'Aristote, exerçait à Paris depuis plus de vingt ans (1522) : il avait été déjà inquiété en 1534, pour avoir vendu le traité d'Érasme *De interdicto esu carnium*, censuré par la Faculté et regardé par l'Université comme un livre suspect, à mettre au nombre des ouvrages défendus. Le procureur syndic porta sa plainte et requit dans l'assemblée tenue aux Mathurins le 5 novembre que Wechel fût puni de quelque amende : « supplicavit ut, cum libellum Erasmi de *Esu carnium* et Academia parisiensi tanquam suspectum reprobatum, Christianus Wechelus vendendum exposuisset... pœna qua videbatur dignus mulctaretur, etc. » On députa des docteurs en théologie pour terminer cette affaire. (Chevillier, *Origine de l'imprimerie de Paris*.)

A part quelques traductions du grec et du latin, *Pantagruel* était le premier ouvrage de langue française édité par Wechel. Conrad Gessner qui lui dédie le XVIe livre de ses *Pandectes* avril 1548), précédé d'un catalogue des livres imprimés par lui, — d'après le catalogue de Wechel datant de peu d'années, — ne mentionne pas *Pantagruel* et prie Wechel de l'excuser s'il n'y rencontre pas ses derniers ouvrages qui, à cause de l'éloignement, n'ont pu arriver encore jusqu'à Zurich.

Wechel était Allemand, selon quelques-uns : n'était-il pas plutôt Suisse, comme semble l'indiquer son enseigne *A l'Écu de Bâle ?*

la première fois signer son œuvre : oui, messieurs de Sorbonne, l'auteur du *Gargantua* et du *Pantagruel*, c'était, en toutes lettres, François Rabelais, docteur en médecine, voire, par joyeux droit de superfétation, « calloïer des Isles Hières ». Il se plaçait sous la protection de la reine de Navarre, absorbée alors par un mysticisme croissant et peu disposée comme autrefois à batailler contre les Sorbonistes pour les esprits libres.

Pour d'autres causes, l'audace de l'auteur était effrayante et, dès le prologue, elle éclatait comme une fanfare.

LE TIERS LIVRE.
(Édition de Valence.)

Le privilège du roi n'avait pas modifié sa situation vis-à-vis de la Sorbonne : moralement il était contumax. On voulait bien oublier les censures d'antan, on consentait bien à le laisser tranquille, mais à la condition qu'il ne recommençât pas. Or, il recommençait, aggravant son cas dès le début par le plus singulier des défis et le plus téméraire. Du passé il ne touchait qu'un mot, incidemment et à sa décharge : ses deux premiers livres avaient été *pervertis et brouillés par l'imposture des traducteurs* ou *imprimeurs*, il n'y était pour rien. Quant au troisième, et au quatrième qui allait suivre [1], il les dédiait à sa clientèle ordinaire de pantagruélistes, bannissant d'avance toute autre catégorie de lecteurs, notamment les « théologiens » qu'il déclare ailleurs « tous hérétiques ».

« Les geans dorophages [2], avalleurs de frimars, ont au cul passions assez, et assez sac au croc pour venaison. Y vacquent s'ils veulent : ce n'est icy leur gibier. Des cerveaux à bourlet,

---

1. Il annonce celui-ci comme s'il le tenait prêt.
2. Qui vivent de présents, d'épices, etc. Lisez : magistrats.

grabeleurs de corrections, ne me parlez, je vous supplie au nom et reverence des quatre fesses qui vous engendrerent et de la vivifique cheville qui pour lors les couploit. Des caphars encore moins, quoy que tous soient beuveurs oultrez, tous vérolez, croustelevez, garnis d'alteration inextinguible et manducation insatiable. Pourquoy? pource qu'ils ne sont de bien, ains de mal : et de ce mal, duquel journellement à Dieu requerons être delivrez, quoyqu'ilz contrefacent quelquesfois des gueux. Oncques vieil singe ne fit belle moue. Arriere, mastins. Hors de la quarriere ; hors de mon soleil, cahuaille, au diable, Venez-vous icy, culletans, articuler mon vin et compisser mon tonneau ? Voyez cy le baston que Diogenes, par testament, ordonna estre prés luy posé après sa mort, pour chasser et esrener ces larves bustuaires et mastins cerberiques. Pourtant arriere, cagots ! Aux ouailles, mastins ! Hors d'icy, caphars, de par le diable, hay ! Etes-vous encore là ? Je renonce ma part de Papimanie si je vous happe. G zz, g zzz, g zzzzzz. Devant, devant. Iront-ils ? Jamais ne puissiez-vous fianter que à sanglades d'étrivieres. Jamais pisser que à l'estrapade ; jamais échauffer qu'à coups de bâton. »

Immédiatement les « cafars, cagots, matagotz, botineurs, papelardz, burgotz, patespelues, porteurs de rogatons, chattemites »... les calomniateurs ordinaires de ses écrits s'assemblèrent, faisant les diables (de *diabolè*, calomnie) : « diables noirs, blancs, diables privés, diables domestiques..., diables engipponnés », toute la gamme des couleurs monacales. Ils firent saisir le livre. « Et ce que ont fait envers mes livres, dit-il plus tard par allusion à ces poursuites, ils feront (si on les laisse faire) envers tous autres... Voyans tout ce monde en fervent appetit de lire mes escrits, par les livres précedens (*I, II et III*), ont craché dedans le bassin : c'est à dire les ont par leur maniment conchiés, decriés et calumniés, en ceste intention que personne ne les eust, personne ne les leust, fors leurs Poiltronités. Ce que j'ay veu de mes propres yeulx, ce n'étoit pas des oreilles, voire jusques à les conserver religieusement entre leurs besongnes de nuyt, et en user comme de breviaires à usage quotidian. Ilz les ont tolluz es malades, es goutteux, es infortunez, pour lesquelz en leur mal esjouir les avois faits et composés. Si je prenois en cure tous ceux qui tombent en meshaing et maladie, ja besoing ne seroit mettre telz livres en lumière et impression... Puis donc que possible n'est que de tous malades sois appelé, que tous malades je prenne en cure, quelle envie est-ce tollir es langoreux et malades le plaisir et passe temps joyeux (sans offense de Dieu, du roy, ne d'autre) qu'ils prennent, oyans en mon absence la lecture de ces livres joyeux? » [1]

L'apparition du *Tiers livre* empruntait aux circonstances une exceptionnelle gravité. Rabelais n'attendit pas que le Parlement et la Sorbonne jugeassent de l'effet. Précipitamment, sans biscuit, il mit la frontière entre la Sorbonne et lui, s'exila en Lorraine, à Metz, se sentant plus en sûreté près du méchant Pichrochole que du bon Pantagruel.

Positivement il s'enfuit. Il eut peur que le roi se laissât circonvenir. Le roi vieillissait, mollissait en tout, n'ayant plus de nerf que pour la persécution : la fatigue de la vie se lisait sur sa figure, jadis colorée et haute en relief, maintenant blafarde et boursouflée [2]. Marguerite, la bonne reine de Navarre à qui le *Tiers livre* était dédié, achevait de perdre dans une métaphysique nébuleuse le sens des réalités qu'elle avait aimées.

1. Ancien prologue du Livre IV qui parut en 1548.
2. Impression que donne vivement le dessin du Louvre reproduit ici.

La mort avait grandement fauché dans les rangs amis : elle avait emporté Chabot, Chemant, René du Bellay; beaucoup de capitaines, avec qui Rabelais s'était lié au Piémont, étaient tombés

FRANÇOIS Ier.
Dessin du Louvre.

à Cérisoles. La génération qui avait grandi avec François Ier ne savait plus où prendre le mot d'ordre. Où? Chez la dame d'Étampes, maîtresse du roi, qui ne commandait plus, ou chez Diane de

Poitiers, maîtresse du Dauphin, qui ne commandait pas encore [1]?

Rabelais s'offrait seul aux coups : on trembla pour lui. L'origine de ces transes a été par lui contée, sous forme de lettre, à Odet de Coligny, cardinal de Châtillon [2].

« ... La calumnie de certains canibales, misantropes, agelastes, avait tant esté contre moy atroce et deraisonnee qu'elle avoit vaincu ma patience : et plus n'estois délibéré en escrire un iota (*des mythologies pantagruelicques*). Car l'une des moindres contumelies dont ilz usoient, estoit que telz livres tous estoient farcis d'heresies diverses : n'en povoient toutes fois une seule exhiber en endroit aucun : de folastries joyeuses, hors l'offense de Dieu et du Roy, prou (c'est le subject et theme unique d'iceux livres); d'heresies, point : sinon perversement et contre tout usage de raison et langage commun, interpretans ce que, à peine de mille fois mourir, si autant possible estoit, ne voudrois avoir pensé : comme qui pain interpreteroit pierre; poisson, serpent; œuf, scorpion. Dont quelque fois me complaignant en vostre présence, vous dis librement que, si meilleur christian je ne m'estimois qu'ilz me montrent estre en leur part, et que si en ma vie, escrits, paroles, voire certes pensée, je recognoissois

---

1. L'historien Mézeray dresse ainsi le bilan de l'année 1546 :

« Les éléments qui sembloient corrompus avoient repris leur pureté naturelle. Les esprits toutefois ne reprirent pas la leur : mais l'infection des erreurs s'augmentant, le roi fit rallumer les feux pour en purger la France. Il en estoit resté du levain à Meaux, depuis que l'évesque Briçonnet y avoit retiré le Fevre et les Roussels. Il y en fut pris plus de soixante qu'on amena à Paris, dont quatorze furent bruslés, les autres pendus, les autres fouettés et bannis. Procédez, qui joints à tous les autres semblables... convainquent évidement de mensonge cet autheur italien qui a écrit nos guerres civiles de la Religion et de la Ligue : lequel par une grossière oubliance ou par une insigne malice a dit en son premier livre, *que du temps de ce Roy commença de s'espandre la créance de Calvin, soit qu'il le permit, soit qu'il n'y prit pas garde : et que l'on eut plutost de la haine et du mépris pour elle que de l'apprehension et du soin de s'en défendre.* Quoy donc! faire six ou sept rigoureux édits pour l'étouffer, convoquer plusieurs fois le clergé, assembler un concile provincial, depescher à toute heure des ambassadeurs vers les princes de la chretienté pour en assembler un général, bruler les Heretiques par douzaines, les envoyer aux galeres par centaines, et les bannir par milliers : dites-nous, je vous prie, est-ce là permettre, ou n'y prendre pas garde : sont-ce de simples *resolutions* ou bien des effets? Cela vous avertira, judicieux lecteur, de lire cet estranger avec un peu plus de précaution et vous donnera peut-être le sujet d'y remarquer grande quantité d'autres fautes; que les curieux ne luy doivent pas pardonner, puisqu'il a ainsi parlé du Père des bonnes lettres. »

2. Placée en tête du *Quatrième Livre*, et datée du 28 janvier 1552.

ODET DE COLIGNY, CARDINAL DE CHATILLON

scintille aucune d'hérésie, ilz ne tomberoient tant detestablement es lacs de l'esprit calomniateur, c'est *diabolos*, qui par leur ministère me suscite tel crime. Par moy mesme, à l'exemple du phœnix, seroit le bois sec amassé, et le feu allumé, pour en iceluy me brusler.

« Alors me distes que de telles calomnies avoit esté le defunct Roy François, d'éterne memoire, adverty : et curieusement ayant, par la voix et prononciation du plus docte et fidele anagnoste de ce royaume, ouy et entendu lecture distincte d'iceux livres miens (je le dis, parce que meschantement l'on m'en a aucuns supposé faulx et infames), n'avoit trouvé passage aucun suspect. Et avoit eu en horreur quelque mangeur de serpens, qui fondoit mortelle heresie sur un N *(âne)* mis pour un M *(âme)* par la faulte et négligence des imprimeurs. »

LE TIERS LIVRE.
(Édition de Valence.)

La chose est claire : sur la saisie du *Tiers livre*, le roi se fit lire par « son anagnoste ordinaire », Pierre du Chastel, les passages incriminés. Châtillon aussi intervint, plus directement, alors que la vie de Rabelais était en danger ; il protégea sa fuite... « Ceux qui par moy seront rencontres congratulans de ces joyeux escrits, tous je adjureray vous en sçavoir gré total : uniquement vous en remercier, et prier nostre Seigneur pour conservation et accroissement de ceste Vostre Grandeur : à moy rien ne en attribuer, fors humble subjection et obeissance volontaire à vos bons commandemens. Car par vostre exhortation tant honorable, m'avez donné et courage et invention : et sans vous m'estoit le cœur failly et restoit tarie la fontaine de mes espritz animaulx. »

Nous ne possédons pas la nomenclature des passages incriminés, mais il y en a de beaucoup plus damnables que la plaisanterie sur *l'âme*, en admettant qu'elle soit de Rabelais. Tel le discours de Panurge particularisant le siège de l'âme dans la constitution physique, en termes admirables, mais peu théologiques :

« L'invention du fondateur de ce microcosme est entretenir l'ame, laquelle il y a mise comme hôte, et la vie. La vie consiste en sang. Sang est le siege de l'ame; pourtant un seul labeur peine ce monde, c'est forger sang continuellement. En ceste forge sont tous membres en office propre, et est leur hierarchie telle, que sans cesse l'un de l'autre emprunte, l'un à l'autre preste, l'un à l'autre est debiteur. La matiere et métal convenable pour estre en sang transmué est baillée par nature : Pain et Vin. En ces deux sont comprinses toutes especes des alimens. Et de ce est dit le companage, en langue goth. Pour icelles trouver, préparer et cuire, travaillent les mains, cheminent les pieds et portent toute cette machine : les yeulx tout conduisoient. L'appétit en l'orifice de l'estomach, moyennant un peu de melancholie aigrette, que luy est transmis de la ratelle, admoneste d'enfourner viande. La langue en fait l'essay, les dents la maschent, l'estomach la reçoit, digere et chylifie. Les veines mesaraïques en succent ce qui est bon et idoine, délaissent les excremens, lesquels, par vertu expulsive, sont vuidés hors par exprés conduicts, puis la portent au foye; il la transmuë derechef et en fait sang. Lors quelle joye pensez-vous estre entre ces officiers, quand ils ont veu ce ruisseau d'or, qui est leur seul restaurant? Plus grande n'est la joye des alchymistes,

Comment naiffent les proces, & coment ilz viennent à perfection.
Chap. xl.

LE TIERS LIVRE.
(Édition de Valence.)

quand, aprés longs travaulx, grand soing et despense, ils voyent les metaulx transmuez dedans leurs fourneaux. Adoncques chacun membre se prepare et s'esvertuë de nouveau à purifier et affiner cestuy tresor. Les roignons, par les veines émulgentes, en tirent l'aiguosité, que vous nommez urine, et par les ureteres la découlent en bas. Au bas trouve receptacle propre, c'est la vessie, laquelle, en temps opportun, la vuide hors. La ratelle en tire le terrestre, et la lie, que vous nommez mélancholie. La bouteille du fiel en soubstrait la colere superfluë. Puis est transporté en une autre officine, pour mieux être affiné : c'est le cœur, lequel, par ses mouvemens diastoliques et systoliques, le subtilise et enflambe, tellement que, par le ventricule dextre, le met à perfection, et par les veines l'envoye à tous les membres. Chacun membre l'attire à soy et s'en alimente à sa guise : pieds, mains, yeulx, tous; et lors sont faits debteurs, qui paravant estoient presteurs. Par le ventricule gauche, il le fait tant subtil, qu'on le dit spirituel; et l'envoie à tous les membres par ses arteres, pour l'autre sang des veines echauffer et eventer. Le poumon ne cesse, avecques ses lobes et soufflets, le refreschir. En recognoissance de ce bien, le cœur luy en depart le meilleur par la veine arteriale. Enfin tant est affiné dedans le *rets merveilleux* que par après en sont faits les esperits animaulx, moyennant lesquelz elle imagine, discourt, juge, resoult, delibere, ratiocine et rememore[1]. » Ailleurs Pantagruel, blàmant le jeûne, revient sur les esprits animaux et assigne une origine matérielle à la pensée qui « gist sous les ventricules du cerveau ».

Côment Pantagruel & Panurge, de liberent visiter l'Oracle de la diue Bouteille. Chap. xlııı. Voy
LE TIERS LIVRE.
(Édition de Valerce.)

1. Chapitre IV.

Voilà pour les théories de science et de philosophie.

Si elles étaient répréhensibles au point de vue sorbonique, Rabelais pouvait au moins discuter. En revanche, il lui eût été difficile de nier que le chapitre quarante-huitième : *Comment Gargantua remontre n'estre licite les enfants soy marier sans le sceu et adveu de leurs peres et meres*, ne visât les pratiques abominables dont l'Église tirait revenu dans les mariages clandestins. Comme tous les légistes romains, comme son ami Tiraqueau, l'illustre auteur du traité *de Legibus connubialibus*, Rabelais n'admettait pas que l'Église affranchît les mariés du consentement des parents et passât outre au sacrement. Or, certains prêtres n'hésitaient pas à consacrer le rapt par le mariage, moyennant participation aux bénéfices, et ils se considéraient comme couverts par certaines lois canoniques en contradiction manifeste avec les lois civiles.

En ce cas, dit Rabelais, « il n'est ruffian, forfant, scelerat, pendart, puant, punais, ladre, brigand, voleur, meschant..., qui violentement ne ravisse quelque fille il vouldra choisir, tant soit noble, belle, riche, honneste, pudique, que sauriez dire, de la maison de son père, d'entre les bras de sa mère, malgré tous ses parens, si le ruffian se y a une foys associé quelque myste *(prêtre ou moine)*, qui quelque jour participera de la proye. » Rabelais n'attend pas que le Concile de Trente se prononce sur la validité de ces unions frauduleuses, son opinion est faite : contre le ruffian et son complice, la mort! Il compare le rapt dans ces conditions à l'homicide, il veut que le meurtre de l'honneur soit châtié comme le meurtre de la personne : « Merveilles donc n'est si chacun trouvant le ruffian, à la promotion du taulpetier, sa fille subornant, et hors sa maison ravissant, quoy qu'elle en feust consentante, les peut, les doibt à mort ignominieuse mettre. » Celui qui le fera, n'en sera par justice appréhendé, Gargantua le dit à Pantagruel. Et tous ses arguments, il les tire de l'équité naturelle et de la loi romaine où l'on ne trouve rien qui répugne à cette punition exemplaire.

Un certain temps put s'écouler entre la censure et la fuite. Il semble en effet que cette épigramme de du Bellay, contre un Zoïle inconnu, ait été inspirée par le nouveau livre de Rabelais :

A un certain critique inepte.

« A Léonore exaltant le génie de François, Artémidore dit : « Quelle pitié ! » Mais si François ne sait rien, d'où vient donc le plaisir que nous prenons quand il nous donne quelque livre nouveau? Si Artémidore parle sérieusement, que personne ne passe pour avoir eu autant de jouissances que lui[1] ! »

Théodore de Bèze, qui n'était pas encore sous la férule de Calvin, exprime la même admiration dans un distique qui lui fut amèrement reproché plus tard[2] :

---

[1]. *In quendam inepte argutum.*

  Ingenium Francisci extollenti Leonoræ
    Quin ipsum miseror Artemidorus ait :
  Nam si Franciscus nil non sciat, illa voluptas
    Quam capimus nova quum quæque leguntur, ubi est?
  Seria si narrat, quantas habuisse putetur
    Nemo voluptates Artemidorus habet.

Jo. BELLAII POEMATA, à la suite de l'édition: S. MACRINI *Odarum libri tres* (Paris, Robert Estienne, in-8°, 1546, p. 111). De qui s'agirait-il, dans cette épigramme, sinon de Rabelais, nommé ici comme il l'était le plus souvent, par son prénom : maitre François?

M. Léonce Duval, un des agrégés les plus distingués de l'Université, propose cette traduction qui diffère un peu de la nôtre et qui peut bien être la vraie :

Contre un esprit d'une sotte délicatesse.

« Léonore exalte le génie de François.

« Eh bien! je le prends précisément en pitié, déclare Artémidore; car, bien qu'il ne soit rien que François ne sache, ce plaisir que nous prenons à la lecture de ses nouvelles œuvres, en quoi consiste-t-il? A parler sincèrement, Artémidore y trouve des charmes plus vifs que personne. »

[2]. *De Francisco Rabeleso.*

  Qui sic nugatur, tractantem ut seriat vincat,
    Seria quum faciet, dic, rogo, quantus erit?

De ce distique des *Juvenilia*, on pouvait induire que des relations littéraires avaient existé entre les deux hommes. Michel Fabricius, dans un pamphlet contre Calvin et de Bèze, s'arme de ce demi-aveu pour accuser le dernier d'avoir « célébré l'apothéose de Dolet et de Rabelais », et de les avoir pris pour compagnons de sa jeunesse épicurienne :

« Quanquam non satis observaveris te talibus scriptis epicuræa licentia celebrare apotheosin Doleti atque Rabelæsi, sodalium quondam tuorum, quos eodem tempore Calvinus, scribendo de

De François Rabelais.

« S'il surpasse en riant le penseur sérieux, dis-moi, je te prie, combien grand il sera, traitant lui-même de choses sérieuses? »

Le débit du *Tiers livre* ne fut pas ralenti par les censures. Deux éditions avaient paru en 1546, d'après l'édition de Paris, l'une à Lyon, l'autre à Toulouse. A Valence, le libraire Claude La Ville en lança une troisième sous la date de 1547, disant le livre « nouvellement imprimé, reveu et corrigé et de nouveau istorié ». Toutefois il était bourré de fautes et n'était nullement corrigé, au moins en ce qui touche la fatale plaisanterie sur *l'asne*. Un certain Jean Faure vantait l'ouvrage au lecteur [1] :

LE TIERS LIVRE
(Édition de Valence.)

Jean Faure au lecteur. Dixain.

Ja n'est besoing (amy lecteur) t'escrire
Par le menu le prouffit et plaisir
Que recevras, si ce livre veux lire
Et d'iceluy le sens prendre as desir :
Veuille donc prendre à le lire loisir,
Et que ce soit avec intelligence :
Si tu le fay, propos de grand'plaisance
Tu y verras et moult prouffiteras,
Et tu tiendras en grand' resjouyssance
Le tien Esprit, et ton temps passeras.

---

scandalis, referebat in catalogum ton atheon.» (*Responsio ad Calvinum et Bezam pro Francisco Balduino.* Cologne, in-8°, 1564.)

Quoique le fond soit vrai, il est évident que Fabricius rapproche les circonstances pour les besoins de sa cause. En tout cas, le distique à Rabelais disparaît dans des éditions des poésies de Th. de Bèze parues à la fin du XVI° siècle.

1. M. Sardou dit que ce dixain ne se trouve dans aucune des éditions faites du vivant de

Quant aux « histoires » nouvelles (il s'agit des petits bois semés dans le texte), sont-elles de Rabelais lui-même [1] ? Il est

Rabelais. C'est une erreur. Dans l'édition de Valence, il vient immédiatement après le dixain de Rabelais à l'esprit de la Reine de Navarre.

1. Les *Elogia Rabelæsina* renferment un passage tout à fait extraordinaire sur lequel je ne saurais trop insister auprès des iconographes : Leroy, qui ne falsifie jamais les faits à portée du contrôle, affirme avoir *vu* et *lu* chez Jacques Mantel, docteur en médecine et professeur à la Faculté de Paris, les éditions des premiers livres de Rabelais, illustrées par lui-même : « Ses livres de facéties, ceux qui sont originaux et bien à lui, à savoir les quatre premiers, parus avec la typographie la plus fidèle dans le tout petit format in-16 ou in-18, comme disent les imprimeurs, et avec des images gravées et de très nombreux personnages peints au vif, peuvent donner aux curieux un témoignage solennel de son talent. « Primi itaque, iique genuini ac legitimi facetiarum libri, quatuor duntaxat numero qui in lucem prodiit fuerunt tum perexigui, vel in-16 (sic typographi loquuntur) vel in-18 typis fidelibus excusi, etiam cum imaginibus seu graphicis picturis, personarumque expressionibus ad vivum permultis, solemne ea de re possunt curiosis testimonium perhibere. » Le témoignage de Leroy est aussi net que possible : il ne vise pas les romans informes qui précédèrent l'apparition du *Gargantua* et sur les titres desquels les bibliographes ont relevé deux ou trois planches non moins grossières : on ne peut pas dire non plus qu'il ait voulu désigner des figures originales dessinées par maître François pour un heureux : il s'agit bien des figures *gravées* dans les éditions in-16 et in-18, figures dont la série intéresse notre vieille imagerie.

Leroy écrivait du vivant de Mantel, avec l'intention de publier tôt ou tard les *Elogia Rabelæsina* : il semble d'accord non seulement avec Mantel, mais encore avec Gui Patin dont il invoque l'autorité dans une circonstance presque semblable. En effet, il avait acheté de l'illustre doyen de la Faculté certain livre de *Songes drolatiques* qu'une tradition constante attribuait à Rabelais, et qui avait été mis au jour pour la première fois en 1565 sous ce titre : « *les Songes drolatiques de Pantagruel* où sont contenues plusieurs figures de l'invention de maistre François Rabelais; et dernier œuvre d'iceluy, pour la recreation des bons esprits, à Paris, par Richard Breton, rue Saint-Jacques, à l'Escrevisse d'argent. » Ce recueil est-il réellement de Rabelais ? Voilà un point d'interrogation qui a fait couler des torrents d'encre. Rabelais était mort depuis douze grandes années, lorsque Richard Breton s'avisa de donner au public une suite de cent vingt figures grotesques, gravées sur bois tant au recto qu'au verso des feuillets, sans autre explication qu'un *Salut au lecteur* où il dit en commençant : « La grande familiarité que j'ay eue avec feu François Rabelais m'a incité (amy lecteur) voire contraint de mettre cette dernière de ses œuvres en lumière... » Le bon Leroy, et cette réserve doit lui être comptée, n'insiste pas outre mesure sur l'authenticité des *Songes*. « Rien de plus monstrueux que ces figures, dit-il en résumé; elles excitent un rire mêlé d'admiration ou plutôt de stupeur, et n'auraient aucune raison d'être si elles représentaient, en allégorie, les personnages qu'embrasse l'histoire de Pantagruel et de Panurge, soit ceux que mutile en cent pitoyables façons l'intrépide frère Jean des Entommeures défendant la vigne et la vendange du monastère avec le bâton de la croix, soit ceux qui périssent frappés d'estoc et de taille, dans les autres chocs belliqueux. » Il se peut, en effet, que l'auteur des *Songes* se soit inspiré par éclairs de l'esprit bouffon qui souffle dans certaines descriptions de Rabelais; il se peut qu'il ait essayé avec le crayon ce que son modèle a réussi avec la plume, qu'il ait, en un mot, *joué au Rabelais*, mais je défie bien qui que ce soit d'établir une corrélation étroite entre les héros de l'œuvre écrite et ceux de l'œuvre gravée. Il s'est pourtant rencontré deux hommes, commentateurs ingénieux jusqu'au paradoxe, scholiastes subtils jusqu'au scotisme, qui prétendent avoir fait parler le sphinx. MM. Esmangart et Éloi Johanneau, dans l'édition de Rabelais qu'ils ont donnée en 1823, ont expliqué les *Songes de Pantagruel* avec une science oniromantique auprès de laquelle les prophéties de la sibylle de

bien permis d'en douter; d'abord l'éditeur avait intérêt à le dire et cependant il ne le dit pas. Ensuite ces « histoires » n'ont le plus souvent aucun rapport avec le sujet; elles sont d'un dessin très inégal, on en pourra juger par celles que nous reproduisons pour les curieux d'imagerie et qui sont les meilleures. Certaines sentent la fatigue de tirages antérieurs, et il semble qu'elles aient orné d'autres ouvrages avant celui-là. Que

Panzoust ne sont que pantalonnades. D'après eux, textes en main, telle caricature est celle du pape Jules II; telle autre, celle de François I*r* : celle-ci, c'est Henri II; celle-là, Charles-Quint; celle-là encore, Corneille Agrippa. Que sais-je ? Tout leur semble évident, probant, irrécusable. Je ne suivrai pas ces nobles critiques, qui eussent éclairci Habacuc, Esdras et tous les petits prophètes, dans leurs conclusions exorbitantes : les problèmes qu'ils soulèvent obstruent la voie des chercheurs positifs.

Ce que ceux-ci regrettent le plus, c'est la disparition du portefeuille de *cent vingt-deux dessins à la plume* cotés sous le n° 3775 dans le catalogue des livres appartenant au libraire Lamy, en 1806 : dessins présentés comme étant les originaux des *Songes drolatiques* édités par Richard Breton. On a perdu la trace de ce portefeuille depuis 1797, époque à laquelle le libraire Sallor en fit usage pour son édition des *Songes* : soixante planches furent gravées par C. N. Malapeau dans le format petit in-4° : le reste, quoique terminé et tiré, ne fut pas publié. Il manque donc aux connaisseurs un élément d'appréciation indispensable. Il est bon de faire remarquer aussi que des figures grotesques analogues à celles des *Songes* furent employées par certains éditeurs qui ne s'étaient pas assuré la collaboration de Rabelais; le frontispice des *Devises héroïques* de Claude Paradin, parues dès 1557, et les encadrements de vignettes, attribuées à Salomon Bernard, qui décorent *les Métamorphoses* d'Ovide, publiées chez Jean de Tournes, la même année, sont conçues dans le même goût bizarre et outré. Personne n'a encore songé à les donner à Rabelais. L'argument le plus concluant, à mon sens, contre l'imposture de Richard Breton, c'est la fin même de cette préface sur laquelle on s'appuie pour établir la filiation rabelaisienne des *Songes*. « Je n'ay voulu, dit Breton, m'amuser à discourir l'intention de l'autheur... priant un chacun de prendre le tout en bonne part, l'asseurant que mettant cest œuvre en lumière, *je n'ay entendu aucun y estre taxé ne compris de quelque estat ou condition qu'il soit*, ains seulement pour servir de passe-tems à la jeunesse, joint aussi que plusieurs bons esprits y pourront tirer des inventions pour faire crotesques, que pour establir mascarades, ou pour appliquer à ce qu'ils trouveront que l'occasion les incitera. Voilà à la vérité *ce qui m'a en partie induit ne laisser evanouir ce petit labeur*, te priant affectueusement le recevoir d'aussi bon cœur qu'il t'est présenté. » Ne vous semble-t-il pas, comme à moi, que le marchand laisse ici percer le bout de l'oreille? Breton n'a pas à se porter garant de l'innocuité des allusions de Rabelais; il se défend de reproches qui ne l'atteindront pas, si Rabelais en est la cause. Enfin, en se retranchant derrière l'utilité que peuvent offrir les *Songes* au point de vue du carnaval, en la faisant valoir au principal titre, le libraire n'avoue-t-il pas et la spéculation et la supercherie?

Pour moi, plus j'examine les *Songes drolatiques*, plus j'y vois la lourde touche de quelque artiste allemand dont le cerveau, travaillé par les variations de Fischart sur le thème rabelaisien, a imaginé ces raffinements du burlesque et ces grossissements de la facétie. Plus je tourne autour de ces magots, plus je les trouve marqués du caractère germanique. Il y a entre eux et les héros de maître François, une différence qui blesse notre esprit français, autant qu'*Affentheurlich Raupengehœrliche Geschichtklitterung*, rapproché de *Gargantua*, froisse nos oreilles gauloises.

quelques-unes soient de Rabelais, c'est possible : on n'a jamais nié qu'il ne fût capable de cela et de mieux que cela.

A tout prendre, il me semblerait plus naturel de lui attribuer les petits bois qui ornent l'édition partielle du *Quart livre* dont je parlerai tout à l'heure. Quelques-uns sont d'une jolie allure ; et puis ils sont généralement en harmonie avec le texte : ils feraient plus d'honneur à Rabelais que les précédents. On pourra faire la comparaison à l'aide de ceux que nous reproduisons au chapitre suivant.

Le *Quart livre* a été vraisemblement imprimé avec précipitation, sans que l'éditeur ait eu le temps d'en commander les figures ; dès lors, il devient probable que Rabelais en avait fait les principales — celles qui sont en rapport direct avec le sujet — en manière de délassement et sans autre prétention.

EXIL A METZ

(1547-1548)

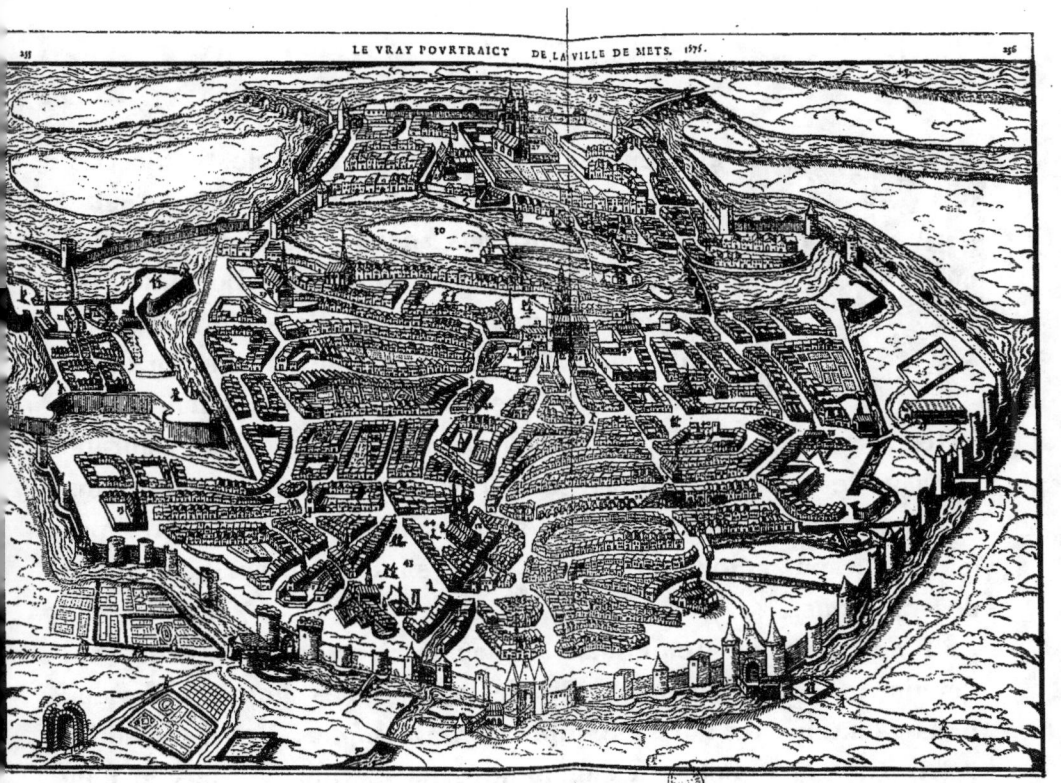

METZ AU MILIEU DU XVIe SIÈCLE.

EXIL A METZ

(1547-1548)

Indépendance politique de Metz et de Strasbourg. — Menées anti-impériales de Sturm et de Sleidan. — Le seigneur de Saint-Ay. — Lettres de Rabelais (6 février 1547) et de Sturm (28 mars) à Jean du Bellay. — Mort de François Ier (31 mars). — Rabelais médecin de la ville de Metz (avril). — *Extraits des comptes de la ville.* — Sa maison en Jurue. — Sa popularité à Metz. — *Almanach pour 1548.*

I

ETZ remplit souvent, au xvie siècle, l'office de Genève, de Bruxelles et de Londres à la suite de nos commotions sociales. Quoiqu'elle relevât de l'Empereur, suzerain de Lorraine, — peut-être même à cause de cela, — la ville inclinait, tant par sympathie que par besoin, vers François Ier. Les institutions communales, très fortes, y avaient développé une vie civile qui lentement s'affranchissait de la tutelle du clergé. A diverses reprises, les échevins de Metz avaient attiré à leur service les hommes illustres par le savoir ou l'éloquence, sans trop s'inquiéter de l'origine et des opinions.

Pour nous en tenir aux médecins, Metz n'avait guère eu, depuis le commencement du siècle, que des hommes fameux dans l'histoire de l'art : Symphorien Champier, Henri-Cornelius Agrippa, que Rabelais a embaumé dans le ridicule sous le nom d'Her Trippa[1] ; Jean Bruno du Pont et Laurent le Frison, auteurs

---

1. Il y a quelque fondement dans cette opinion que Her Trippa désigne Cornelius Agrippa, et, malheureusement pour celui-ci, nous en puisons une induction dans les mœurs dissolues de sa femme. Cette femme que Rabelais nous représente saboulée par les laquais de la Cour, entre les portes, pendant que son mari parlait au roi de choses célestes et transcendantes, était, dit-il, « assez bellastre », assez du moins pour faire sensation sur le chroniqueur Philippe de Vigneulles. Elle était de Pavie et sa beauté, relevée par l'étrangeté du costume, frappa les habitants ce

d'un traité de la suette. Jean Gonthier d'Andernach, maître d'André Vésale, commentateur de Galien, médecin de François Ier, y avait, en 1537, trouvé un refuge contre la persécution des théologiens de Paris et grandement éprouvé la libéralité municipale. Dans les choix, les magistrats semblent peu préoccupés de l'agrément de Charles-Quint : Jean d'Andernach et Jean Bruno passaient pour affidés du roi de France et propagandistes d'annexion. Jean Sturm, l'âme de la politique française auprès des protestants d'Allemagne et d'Alsace, recueillit Jean d'Andernach à son départ de Metz où le parti catholique espagnol avait appelé, pour contre-balancer son influence, maître André de Lacuna, le docteur de Ségovie. Dans la dernière campagne contre la France, Charles-Quint avait fourni aux Messins un sujet de mécontentement plus durable, en leur faisant payer les frais du siège de Saint-Dizier, avec aggravation de famine et de peste.

Metz avait encore ces rancunes et ces plaies au cœur lorsque Rabelais y arriva.

Depuis deux ans, Sturm galopait constamment sur la route de Paris pour amener François Ier à soutenir les princes protestants, las du joug de l'Empereur. C'était la politique des du Bellay[1] : paix avec l'Angleterre, confédération des républiques

---

Metz, à la venue d'Agrippa ; c'était, dit Vigneulles, « la plus mignone et la plus diversement accoustrée qui jamais fut vue en ce pays » ; mais, sans cette mauvaise langue de Panurge, on ignorerait qu'elle eût fait parler d'elle autrement.

1. Politique ininterrompue où le cardinal donna souvent de sa personne :

« Monseigneur, écrit Cotereau à du Bellay, hier après disner vint François Maillard avec le docteur de Lunebourg... La Mothe est aussi arrivé de Strasbourg... Maillard m'a dit que vous deviez aller droit en Court... Il m'a dit aussi avoir causé avec Saint-Ambrois » (Jacques Colin, abbé de). « Le chevalier de Villegaignon est encore en Court bien fasché de quoy on le faict tant attendre... Le docteur de Lunebourg a fait au roi les commissions de son prince et de du Bellay alors en ambassade de ce côté : il a demandé à s'en retourner avec de Fresse, mais en l'absence de celui-ci, qu'il aurait préféré, on lui a baillé Richer.

« Le secrétaire Le Roy (un Angevin) a dit bien au long au roi et à Monsieur le Dauphin ce qu'avez faict en Lorraine, et combien d'amys vous y avez gagné, en adjoustant qu'il le savoit bien comme ayant esté ministre en la plus part, et qu'il sçait la despense qu'avez faicte secrettement en espies pour sçavoir des nouvelles et les moyens qu'aviez trouvez pour avoir un sauf conduit et qu'il n'avoit tenu à vous que n'estiez passé. Le roy lui dict qu'il le sçavoit bien, Monseigneur le Dauphin y adjousta davantage qu'il sçavoit bien que n'aviez garde d'en demander

et principautés allemandes. A toutes diètes, à toutes conférences on était sûr de voir intervenir les deux hommes de cette idée : Sturm et Sleidan; des Français parfois comme Reignier de la Planche et Saint-Ay. En octobre 1546, le roi semble se décider : Sturm est à Paris pour traiter des conditions de l'alliance; il est à ce point dans les intérêts français qu'il a accueilli un plan impraticable sans grande guerre : une nouvelle

PORTE MOSELLE, A METZ.

recompense. » De Paris, 6 avril 1543. Je crois que Cotereau date bien; il dit dans sa lettre : « je n'ai encore osé faire imprimer vostre *apologie* », attendant les corrections du cardinal avant d'y procéder.

Il s'agit sans doute de la *lettre apologétique* rédigée, sous le nom du roi, par du Bellay, en réponse à deux lettres calomniatrices de Charles-Quint, et adressée, comme celles-ci, au pape Paul III. Elle parut d'abord en latin chez Robert Estienne, 1543, in-8°, sous la signature du roi, datée de Fontainebleau, 10 mars 1542 (1543). Une traduction française en fut donnée chez le même Estienne, même date.

Il ne me parait pas que la lettre de Cotereau s'applique aux circonstances qui accompagnèrent l'ambassade de Jean du Bellay, François Olivier et Africain de Mailly aux États assemblés à Spire en janvier 1544. On sait que les États ne voulurent pas entendre les envoyés du roi, à qui ils refusèrent un sauf-conduit, menaçant même de mort le héraut qui les annonça. Mézeray dit que l'ambassade ne dépassa pas Nancy. Mais le *Discours*, composé par du Bellay sur cet événement (Robert Estienne, 1544), dit qu'elle alla sur les limites et « quasi jusqu'à la veue » des États.

élection d'Empereur et la candidature du Dauphin, plus tard Henri II. Le duc Christophe de Wurtemberg accepta même, dans ce but, une entrevue avec le Dauphin. Le 24 décembre, Jean Sturm revient à Paris, avec d'autres, pour négocier l'entente avec le roi (il représentait surtout l'électeur de Saxe). Mais ce ne fut là qu'un beau feu de paille. Le roi n'envoya pas les subsides promis. Dès janvier 1547, les villes se détachèrent, une à une, du plan de Sturm pour se réconcilier avec l'Empereur.

Pendant que Sturm travaillait le roi, un Français que nous avons déjà rencontré en Piémont sous l'enseigne de Langey, le seigneur de Saint-Ay travaillait pareillement les principautés. Dépêché pour la seconde ou troisième fois en Allemagne vers décembre 1546, — au plus tard dans le commencement de janvier 1547, — il passa par Metz. Il y trouva Rabelais qui lui conta les misères de sa vie. Il lui prêta une oreille compatissante, — peut-être même davantage, en vieil ami qu'il était, — mais on l'attendait à Strasbourg, il fallut se quitter bientôt. Le 16 janvier, Sturm écrit au roi que : « Saint-Ayl n'étoit pas encore arrivé : ayant entendu sa charge, il ne manquera pas de l'assister et favoriser en tout ; de sorte que la République de Strasbourg cognoistra la faveur et amitié que le Roi lui porte. » Sa mission terminée, et manquée ou à peu près, Saint-Ay, retournant en France, passa de nouveau par Metz le 6 février. Il y revit Rabelais dont la détresse avait augmenté. Ah! qu'ils étaient loin les poissons dorés de la Loire et les bons vieux vins des caves de Saint-Ay! Enfin! avec l'aide du grand bon piteux Dieu, les beaux jours reviendraient peut-être. Dans cet espoir, Rabelais pria Saint-Ay de remettre au cardinal la lettre que voici :

Monseigneur,

Si, venant icy dernierement [1], M. de Saint-Ay eust eu la

1. M. Schmidt (*Vie de Sturm*) dit que Saint-Ay vint à Strasbourg dans l'automne de 1546. C

commodité de vous saluer à son partement, je ne fusse de present en telle necessité et anxiété, comme il vous pourra exposer plus amplement. Car il m'affirmoit qu'estiez en bon vouloir de me faire quelque aumosne, advenant qu'il se trouvast homme seur, venant de par deça. Certainement, Monseigneur, si ne avez de moy pitié, je ne sache que doive faire, sinon en dernier desespoir me asservir à quelqu'un de par deça, avec dommage et perte evidente de mes estudes. Il n'est possible de

n'est assurément pas de ce voyage que parle Rabelais, puisque le 16 janvier Saint-Ay n'est pas encore arrivé à Strasbourg.

J'ai examiné avec le plus grand soin le manuscrit du fonds latin 8584 (jadis Delamare 291, Reg. 5174) sur lequel on doit s'appuyer pour l'histoire des relations de Sleidan, Sturm et Saint-Ay avec le cardinal du Bellay. Voici l'ordre des lettres les plus importantes :

22 janvier 1545, de Sleidan au cardinal à qui il a écrit déjà le 31 décembre, par Antoine qui doit revenir encore.

14 et 15 mai 1545, sur le massacre des Vaudois et les persécutions religieuses : « Qui veniunt ex Galliis dicunt multos propter Evangelii doctrinam exuri et capite muletari ».

Le 2 mai, il a reçu la lettre du cardinal, datée du 24 avril : « Video magnum esse consensum ingenii et naturæ tuæ cum mea ».

9 décembre 1545, datée d'Ardres.

Même mois, de Calais. Il a écrit au cardinal et à Fraxineus (De Fresse). La Planche vient d'arriver.

Le 17, de Calais. Il a écrit au cardinal, le 5 par la Planche, et le 9 par le président Rémond. Il écrit de nouveau à Fraxineus.

Le 6 février 1546. Il lui a écrit d'Amiens par le président Rémond. Il est à Francfort d'où il court jusque chez lui pour revenir ensuite se marier à Strasbourg.

Le 12 mars 1546. Sleidan est revenu le 9 à Strasbourg. Il est très occupé de son mariage, qui doit être célébré le 15. Il a communiqué avec Saint-Ay, et c'est pourquoi il lui écrit par un homme qu'Antoine envoie au cardinal.

Un envoyé de du Bellay s'appelle Danzy.

27 mars, de Strasbourg. Sleidan lui a écrit le 12, ainsi qu'au roi, par Gaspard Gamaut, de Metz, homme fidèle, prudent, instruit et discret.

27 avril. Mais Gamaut a été pris de fièvre à Metz et a commencé à être gravement malade, ce qui a empêché les lettres d'arriver à destination. Il en est grandement marri. Heureusement, il a pu profiter du départ de Saint-Ay qui, s'en retournant en France, a pris les lettres des mains du pauvre Gamaut et a dû les rendre à destination à l'heure qu'il est.

Lettre portée par Mathurin, libraire de Paris.

10 mai, de Strasbourg. Saint-Ay doit encore revenir : si le cardinal a quelque chose de secret à lui dire, il pourra le faire par Saint-Ay; quant à lui, Sleidan, il va s'en aller prochainement dans son pays, d'où il ne reviendra guère qu'en juillet.

14 mai, de Strasbourg. Il s'en va dans son pays avec sa femme.

27 janvier 1547. Saint-Ay est près de lui. Prière au cardinal de lui envoyer quelques fonds par Saint-Ay, « qui nobiscum agit », à cause des grandes dépenses par lui faites cette année.

Dans cette lettre, Sleidan dit qu'en juillet de l'année dernière sa femme était déjà grosse, c'est la preuve que Sleidan datait ses lettres selon le nouveau style.

Tous les événements visés dans cette lettre sont bien de 1547; les Confédérés ont fait la paix

vivre plus frugalement que je fais, et ne me sçauriez si peu donner de tant de biens que Dieu vous a mis en main, que je ne eschappe en vivotant et me entretenant honnestement, comme je ay fait jusques à present, pour l'honneur de la maison dont j'estois issu à ma departie de France.

Monseigneur, je me recommande tres humblement à vostre bonne grace et prie Nostre Seigneur vous donner en parfaite santé, tres bonne et longue vie.

Vostre tres humble serviteur,

FRANÇOIS RABELAIS, médecin.

De Metz, ce 6 fevrier [1].

Cette lettre, si souvent et si diversement commentée, est

avec Charles-Quint, entre autres ceux de Francfort, d'Ulm et le duc de Wurtemberg. Ceux d'Augsbourg se tiennent fermes, et celui qui les conduit, le grand Sébastien Schaertlin, les excite à la résistance, mais Fugger travaille à les amener à composition par l'argent. Ceux de Constance et de Lindau n'ont point encore envoyé de députés pour négocier avec l'Empereur.

Une lettre de Sturm au cardinal, de Strasbourg, 17 janvier, se rapporte absolument aux mêmes événements.

Il a reçu des lettres du cardinal (datées du 13 décembre) par le domestique de Fraxineus. Il attend Fraxineus. « De ejus conatibus nunquam dubium fuit; sed doleo hoc genus τῶν παρρησια-ζόντων ab aula discedere. » « Je n'ai jamais douté de ses efforts; mais je déplore que ce genre de libres-parleurs s'écarte de la Cour. »

1. La lettre de Rabelais au cardinal fut publiée pour la première fois par M. Libri dans le *Journal des Savants*, de 1842, p. 45. M. Bégin s'en servit (*Mémoires de l'Académie de Metz*, année 1845), pour corroborer la note de Le Duchat (V. p. 240), estimant à tort que la résidence de Rabelais à Metz se plaçait entre les années 1532 et 1537.

M. Rathery, dans la notice biographique placée en tête de l'édition de Rabelais (Paris, Didot, 1857, 2 vol. in-12), s'exprimait ainsi : « …Deux lettres récemment retrouvées, l'une de Rabelais lui-même, datée du 6 février (1547), l'autre de Jean Sturm, recteur du Gymnase de Strasbourg, à la date du 28 mars, s'accordent à représenter Rabelais comme fugitif nécessiteux et attendant à Metz quelques secours du cardinal du Bellay à qui toutes deux sont adressées. » Après quoi, il citait le passage de la lettre de J. Sturm relatif à Rabelais, et M. Lacroix se rangeait sans réserve (*Rabelais, sa vie et ses ouvrages*, 1858) à l'opinion de M. Rathery, ajoutant que la lettre de Sturm se trouvait à la bibliothèque de Strasbourg, recueil Delamarre, n° 8584, suivant en cela les indications de M. Rathery. Or il n'existe point de fonds Delamarre à la bibliothèque de Strasbourg : M. Rathery entendait parler du fonds latin, jadis De La Mare, de la Bibliothèque nationale, où se trouve en effet la lettre de Sturm, Mss. 8584, fol. 33. La confusion fut telle, à un moment donné, parmi quelques rabelaisistes, qu'ils mirent en doute l'authenticité de la lettre de Sturm (MM. de Puymaigre, *Souvenirs littéraires du pays Messin*, Metz, 1865, p. 32, et Victor Jacob, *Une Lettre de Rabelais*, Metz, 1870), et se sentirent légèrement ébranlés dans la conviction qu'ils avaient d'un séjour de Rabelais à Metz.

suffisamment éloquente et claire. Elle trahit la détresse de Rabelais, parti de France sans argent, et plus encore son embarras « de ne savoir que faire », sa crainte d'être obligé de prendre du service hors de la maison du Bellay. Un mot,

JEAN STURM.

un signe de son maître, et Rabelais fera ce qu'on lui dira de faire !

Le jour même, Saint-Ay remontait à cheval et poussait vers Paris, laissant l'homme, emportant sa fortune.

Arrivé le 11 février, Saint-Ay ne trouva pas le cardinal à Paris. Il était sur la route du Mans où il allait faire son entrée épiscopale impatiemment attendue : on craignait même « que l'affluence du peuple y fut telle que le danger de peste augmentât [1] ».

Saint-Ay lui écrit [2] qu' « il est venu à Saint-Germain-en-Laye pour faire entendre l'état des affaires des seigneurs de Strasbourg qui prient le roy de les aider; sinon ils seront contraints de faire comme les autres [3]. De toute la haute Germanie il ne reste à se rendre que Strasbourg et Constance, lesquels auraient envoyé vers les seigneurs suisses pour se mettre en ligue ou protection avec eux, ce qu'ils leur ont refusé. Le roi consent à les aider de dix mille écus par mois, pourvu qu'ils lui promettent de ne pas faire appointement avec l'Empereur. A cet effet, Saint-Ay s'en retourne vers eux. Il envoie au cardinal un double du traité du duc de Wurtemberg et le double d'une lettre que le duc de Saxe écrivit aux seigneurs de Strasbourg. Aussitôt arrivé à Strasbourg, il lui enverra des nouvelles... »

Le lendemain, nouvelle lettre au cardinal : « Monseigneur, je vous ecripvis au soir de Saint-Germain et laissay mes lectres à M. de Langey [4] ensemble un paquet... une lectre de Rabelays et des doubles de quelques nouvelles du duc de Saxe, aussy le double du traité du duc de Wurtemberg. » Là-dessus Saint-Ay

---

1. F. fr. Mss. 3921. Lettre de Mathurin Quelain, 1ᵉʳ février (1547). Le doyen de Paris a pris possession de l'évêché au nom de du Bellay, dont l'entrée est prochaine. Le 7 février, en effet, le cardinal prenait possession en personne.

2. F. fr. Mss. 3921, p. 78. Saint-Ay au cardinal, le 12 février (sans date).

3. Sturm, apprenant la soumission du duc de Wurtemberg, s'écrie avec amertume : « O l'énergie des Souabes!... Plaise à Dieu que Strasbourg conserve sa constance, et sa résolution de périr plutôt que de se laisser réduire en esclavage! »

4. En effet, Langey était à la Cour dans l'espoir d'avoir de l'argent pour les fortifications de Champagne), ce qui lui valait des discussions assez aigres avec le chancelier et le trésorier.

Le 12 février, de Saint-Germain, il écrit à son frère. Il arrive et n'a pu encore parler au roi qui est « un peu mal » des affaires de Champagne; il espère pouvoir le faire « aujourd'hui ou demain ». La Planche en écrit plus longuement au cardinal. « M. de Longueval fist vostre present à Madame d'Estampes en bonne compaignie; il feut trouvé fort beau et fort loué tant d'elle que de toute la compagnie. *Saint-Ayl vint hier soir* : La Planche vous en escript. » Langey doit repartir aussitôt l'accord conclu pour les fortifications.

Le 13 février, autre lettre : « Le roy se porte aussi bien qu'il fist oncques dieu mercy. Jespere estre demain depesché. Je vous manderai toutes nouvelles. Cependant *le vous envoie*

repartit pour Strasbourg où il était en mars, cherchant, comme devant avec Sturm et Chelius, les moyens d'engager les habitants à ne pas quitter leurs libertés pour entrer en servitude[1]. En repassant par Metz, il put donner à Rabelais des nouvelles de sa lettre : mauvaises, nulles plutôt, puisque le cardinal était absent.

Je ne sais ce que fut la réponse du cardinal ni quand elle vint. Rabelais attendait non seulement des secours, mais des ordres. Il s'est arrêté à Metz, sans intention de s'y établir; cela ressort d'une lettre de Jean Sturm qui écrit de Saverne au cardinal, le 28 mars : « Je pense que Gaspard Gamaut est ici et que Votre Grandeur est au courant de tout par Saint-Ay : peut-être le temps a-t-il aussi modifié cette négociation; dans ces temps-ci les choses sont tellement troublées qu'il n'y a plus rien qui semble sûr.....

« Notre De Fresse s'égare dans ses lettres : c'est le temps qui veut cela. Nous sommes des hommes et nous voulons paraître en savoir plus long que les autres. Le malheur des temps a aussi chassé Rabelais de France. Il n'est pas encore venu jusqu'à nous. J'entends qu'il s'est arrêté à Metz, car il nous a envoyé de là ses compliments. Je l'assisterai en tout ce qui me sera possible lorsqu'il viendra chez nous[2]. »

quelques doubles que de lectres que de trétés que vous envoie Monsieur de Saint-Ayl : pour la haste de ce porteur aussy que je vous envoie un larquais avec toutes nouvelles, je feray fin en me recommandant humblement à vostre bonne grace. » (Bibliothèque nationale, Mss. 10485.)

Le 15 février, Jean Moreau écrit au cardinal, sur le même objet :

La Planche aussi était à la Cour : « La Planche m'a dit que le Roy fournirait seulement argent à ceux de Strasbourg, attendant que les fortifications de Champagne fussent faites. » (Bibliothèque nationale, Mss. 3921.)

1. Dans les *Mémoires* de Ribier, deux lettres du roi à Saint-Ay, la première du 17 mars. Sébastien de l'Aubespine, autre envoyé du roi, arriva dans le même mois, venant de Suisse.

2. « Gasparum Gamaut puto jam istic fuisse, et omnia tuam amplitudinem habere ex Sanctio; fortassis tempus etiam hanc actionem mutavit, ita omnia perturbantur istis temporibus, ut nihil firmi videatur...

« Fraxineus noster in litteris suis ἀεροβατεῖ, idque coactus temporibus. Sic homines sumus, etiam qui reliquis plus sapere et experientiores videri volumus. Tempora etiam Rabælesum ejecerunt e Gallia φεῦ τῶν χρόνων. Nondum ad nos venit. Metis consistit, ut audio, inde enim nos

Le Gymnase de Strasbourg, dont Sturm était recteur, jouissait alors de ses grandes franchises. Ses neuf classes étaient fréquentées par plus de six cents élèves venus de partout, comme les professeurs. Sturm y avait successivement accueilli Sleidan, le médecin Gunther d'Andernach, qui eut la chaire de grec avec Pierre Dasypode; un réfugié florentin, Pierre-Martyr Vermigli, qui eut la chaire de théologie. Lui-même avait celle de rhétorique, de logique et d'éthique, et, quand la diplomatie l'en écartait, il était suppléé par le médecin hollandais Juste Vels. Il venait d'obtenir la création définitive d'une chaire de médecine. Il y avait eu auparavant des leçons de cette science données par Gunther d'Andernach et par l'Italien Massario; Rabelais pouvait nourrir l'espoir d'être retenu aux côtés ou à la place du médecin de la ville, Sebald Hauenreuter, que Sturm avait engagé, l'année précédente, aux appointements de cinquante florins.

Un grand événement vint modifier les plans et résolutions des hommes. Le 31 mars 1547, François Ier mourut : coup retentissant qui frappait tout le monde, protecteurs et protégés, du Bellay et, par choc en retour, Rabelais. Le cardinal pouvait attendre : le médecin ne le pouvait pas ; il demanda de quoi vivre à la médecine ; il avait été au service de la ville de Lyon, il entra au service de la ville de Metz.

salutavit. Adero ipsi quibuscumque rebus potero, cum ad nos venerit. *Ad Tabernas Alsatiæ vigesima octava Martii.* » Dans la même lettre, Sturm prie le cardinal de se porter garant auprès du Dauphin de tout ce que doit lui rapporter maître Antoine. Dans les conseils, le Dauphin avait pris la place du roi, malade depuis le commencement de février.

La lettre de J. Sturm, 28 mars, à du Bellay ne porte aucune mention de date au bas ou au dos.

Le cardinal saura ce qu'il fait et ce qui se passe par Anthoine. Néanmoins, il le prie d'aider l'évêque de Strasbourg à recueillir la succession de Jacques Welsinger : c'est dans ce but d'ailleurs que du Bellay a envoyé Anthoine.

Wintoniensis a quitté Charles-Quint, mais triste et fort en courroux. C'est ce que lui a appris Christophe Carlobitz, envoyé du duc Maurice à l'Empereur et qui s'est trouvé avec Wintoniensis. Charles-Quint est forcé d'apaiser les choses d'Espagne, c'est pourquoi il ne peut satisfaire aux demandes de l'Angleterre et donne de bonnes paroles à ceux d'Allemagne. Il est à Spire depuis quatre jours et, mandé par lui, le landgrave doit le rejoindre.

Metz avait alors pour maître-échevin Richard de Raigecourt, Français de cœur, dont le père avait été fait chevalier sur le champ de bataille d'Agnadel par le roi de France.

C'est avec Raigecourt ou avec son successeur François Baudoche (élu probablement le 21 mars, selon l'usage) que Rabelais

L'ANCIEN HÔTEL DE VILLE, A METZ.

s'aboucha pour traiter de cette affaire. Je note aussi qu'il connaissait bien le seigneur du Puy du Fou (nommé, ce me semble, dans le *Gargantua*), précepteur des enfants de Lorraine et bailli de Metz. En outre, il fut très certainement appuyé par l'ancien échevin de 1542, Gaspard de Heu, dont la famille était puissante entre toutes celles de la ville par ses alliances et ses richesses.

Joignez à cela que Gaspard de Heu était de ceux qui « preferoient les nouveautés profanes à la religion de l'antiquité[1] » :

> Gaspard de Heu maistre eschevin
> En ce temps la print le chemin
> De ses parents tout le contraire.

Sans faire alors profession de luthéranisme, il en favorisait les doctrines, voire jusqu'à nourrir intelligence avec les protestants d'Allemagne. Quand Guillaume Farel vint à Metz « annoncer la parole du Christ », de Heu l'alla voir et reconforter chez l'ami qui le logeait en secret, et cet ami nous en avons parlé tout à l'heure : c'était Gaspard Gamaut. Pendant tout le temps qu'il prêche, Farel donne ce scandale énorme de « boire, manger, dormir, cathéchiser et dogmatiser » librement chez Gamaut, sous l'œil bienveillant du maître-échevin. De même quand il prêche aux environs et que pour échapper à ses ennemis, il feint le lépreux agitant ses cliquettes, c'est Gaspard de Heu qui protège et son sermon et sa fuite.

Raigecourt, Baudoche, Gaspard de Heu, c'est tout un. Voilà l'auteur de *Pantagruel* présenté au corps des échevins et investi, après serment, d'un mandat communal.

Paul Ferry, ministre protestant de Metz au XVIIe siècle, nous a laissé sur ce point des indications précises et à l'abri de toute suspicion. Voici ce qu'on lit dans ses *Observations séculaires*, énorme compilation préparée pour une histoire générale de Metz, et dont la bibliothèque de la ville conserve le manuscrit :

« *Rabelais aux gages de la ville de 120 livres par an, 1547, est congédié. V. les Comptes de la ville.* » (T. III, p. 1813, au haut.)

« *Mre Rabellet (c'est Rabellais) aux gages de 120^l l'an 1547, (V. l'extrait des Comptes de la ville, § 675.)* » (T. III, p. 1981, au bas de la première colonne.)

---
1. Meurisse. *Histoire de la naissance et decadence de l'heresie à Metz*, 1642, petit in-4°.

« *1547. Payé à Mre Rabellet pour ses gages de un an, c'est à savoir à la S. Remy 60^l et à Pasques darien passé 60^l somme plus c'on ly ont fait donner pour le quart d'an de S. Jean 30 ^l.* » (T. II, f° 497, § 675.)[1]

Bien que l'original des Comptes de la ville sur lesquels a été copiée cette dernière mention soit aujourd'hui perdu ou égaré, l'autorité de Paul Ferry est telle qu'aucun doute ne peut subsister. Notez qu'il ne dit point en quelle qualité Rabelais est stipendié par la ville ; mais, là encore, le doute n'est pas permis.

L'année commençant le jour de Pâques, c'est donc en avril 1547 que Rabelais commença son service. Il a touché un premier terme à la Saint-Rémy, le 1er octobre (avril-octobre, six mois), un second et dernier terme à Pâques 1548 (octobre-avril, six autres mois). Il resta donc un an plein au service de la Ville, et la satisfaction des Messins est telle qu'on lui accorde une gratification spéciale, *le quart d'an de Saint-Jean*, soit un trimestre en plus (la fête de saint Jean-Baptiste tombant le 24 juin[2]). Gaspard de Heu, qui venait d'être élu maître-échevin pour la seconde fois, ne fut pas étranger à cette mesure.

1. Mss. 108.
2. M. Abel ne compte pas de la même façon que nous. (*Rabelais à Metz*; *Mémoires de l'Académie de Metz*, 1869.) Il induit de la note de Ferry qu'à la date du 24 juin 1547 expira la pension de Rabelais; que son office a commencé à Pâques 1546, pour le premier semestre expirer à la Saint-Remy, le 1er octobre 1546, et le deuxième à Pâques 1547; et qu'il a touché en outre un demi-semestre à la Saint-Jean de 1547. Ce mode de supputation a pour effet d'avancer d'un an son séjour dans l'esprit de M. Abel. Or M. Abel avait besoin d'une concordance de dates pour donner crédit à une aventure qu'il met au compte de Rabelais. Le médecin stipendié pour 1545 était ecclésiastique et étranger ; dénoncé, selon la formule inquisitoriale, pour hérésie ou sacrilège, il allait être incarcéré dans les prisons de l'Évêché, lorsqu'il fut réclamé par les magistrats comme fonctionnaire de la cité. Comme on ignore le nom de ce médecin, M. Abel en infère qu'il s'agit de Rabelais, lequel aurait pris possession de son poste dès 1545. Qu'on ne s'arrête pas à cette anecdote : je crois avoir démontré qu'elle n'est ni vraie ni vraisemblable. Je ne crois pas davantage que le poète et philosophe Guillaume Bigot, *client* des du Bellay et ami de Rabelais, ait pu le précéder en 1535, comme médecin de Metz. Bigot n'étudia la médecine et ne fut proclamé docteur que plus tard ; enfin, la citation qu'en fait M. Abel n'est pas exactement interprétée. Au surplus, le travail de M. Abel, excellent quant à Metz, est très fautif quant à Rabelais, au sujet duquel il adopte sans contrôle les légendes mises au jour par l'imagination fantastique de M. Paul Lacroix.

En le laissant « s'asservir » à autrui, Du Bellay n'abandonnait pas Rabelais : il ne s'en servait que mieux. La question était déjà posée de savoir si Metz, clef de Lorraine et d'Alsace, resterait cité d'Empire ou deviendrait ville de France. La petite République suffoquait entre deux voisins également redoutables pour ses franchises et ses libertés. Les magistrats et les communautés avaient déjà opté, qui pour l'aigle, qui pour la fleur de lis, et s'ils n'osaient l'avouer tout haut, c'était par peur de représailles. Charles-Quint, venu à Metz en 1544, avait voulu montrer par quelques exemples terrifiants qu'il tenait les habitants sous sa dépendance : on avait pendu pour lui plaire un certain Thomas de Trèves, à cause de la pension qu'il avait en France, dit un chroniqueur messin[1] :

> Et pource qu'il estoit espion
> Dedans la ville faisant le bon compagnon
> Pour les François et dedans la Citté
> Contre l'Empereur et sa Majesté.

Plus tard, un soldat de Metz nommé Courtavaut, ayant été cassé aux gages, s'avisa de dire, en manière de dépit, qu'il se faisait fort de livrer la ville aux Français : pris dans Verdun, emprisonné pendant deux ans, il fut décapité et mis en quartiers à quatre potences. Le supplice est de 1548; Rabelais put connaître l'affaire, sur laquelle se greffa, par la dénonciation de Courtavaut, le cas du receveur général Pioche qui, fuyant la justice de Henri II, s'était réfugié à Metz, à la suite d'indélicatesses envers la caisse publique :

> Ce general à Metz venus
> Ayant or et argent a grant bahus
> Grand chiere faisoit avec les grands,
> Trop tost lui faillist son argent.

---

1. Chronique rimée, Bibliothèque nationale, F. fr. 14528. Cette chronique (c'est là son intérêt) est écrite par un chaud impérialiste qui maudit le jour où Metz devint français. Précieuse à ce point de vue.

RUE JURUE, A METZ.
D'après une photographie faite en 1890.

> Quand fut à Metz, cité d'empire
> La ou son cas trop fort s'empire
> Cuydant fayre sa paix devers le roy
> Firent quelque traffique a grand desarroy
>
> Contre les edits qui fait estoient
> Contre l'empereur et l'empire tout
> Contre les villes, les provinces et citté franche
> Pour cuider retourner en France.

Il y eut là une basse conspiration, punie comme à regret par les magistrats : Pioche mourut en prison. Les familles où se recrutaient les échevins étaient gagnées : Michel de Gournay eut un fils à la cour de France, pannetier du Roi : quant aux Raigecourt, à Gaspard et à Robert de Heu, appelés à remettre la ville au roi Henri, ils sont qualifiés traitres par tous les Impériaux.

Mal discipliné en soi, bridé par l'autorité laïque, bravé quelquefois par le peuple, le clergé n'avait pas indiqué ses préférences : les évêques de Metz, Jean, cardinal de Lorraine, Charles de Guise, qui avait hérité du siège de son oncle, ne parurent jamais au milieu de leurs ouailles. Quand il fallut conquérir le personnel des abbayes et des cures, on nomma Robert de Lenoncourt, qu'on envoya à la découverte, avec les évêques de Tours et de Châlons. Lorsque le cardinal-évêque entra en 1551 par la porte Saint-Thibault (il logea chez Robert de Heu), une foule immense, respectueuse sans doute, ébahie à coup sûr, se porta au-devant de lui : il y avait soixante-trois ans que les Messins n'avaient vu leur évêque.

Rabelais, grand agitateur dans le domaine de l'idée, avait été jeté par la Sorbonne sur cette terre de Papefiguière : pourquoi du Bellay l'en aurait-il arraché? Est-ce que Rabelais ne venait pas compléter tout un réseau d'informations politiques?

Et puis, au milieu des bruits sinistres qui venaient de France, n'était-il pas plus tranquille dans la bonne ville de

MAISON DE RABELAIS (RUE JURUE).

Metz ? Voyez ce qu'en pensent les Treize de Strasbourg [1] (ainsi nommait-on, comme à Metz, l'administration communale) dans cette lettre au cardinal : « Nous apprenons de source certaine qu'à Paris et autres villes de France, la plupart des hommes de bien sont jetés en prison pour cause de religion, quelques-uns pendus, beaucoup d'autres menacés. Quoique nous sachions fort bien ce qu'on a coutume de répondre : que dans les persécutions de cette nature, on punit seulement les hommes

SYNAGOGUE DU XIIe SIÈCLE (AU BAS DE JURUE).
Salle des hommes.

infectés d'impiété et coupables de porter atteinte à la tranquillité publique, nous n'ignorons pas que beaucoup d'hommes pieux, religieux et modérés, qui n'ont jamais rien troublé, ni particulièrement, ni publiquement, sont victimes de la même accusation d'hérésie et de sédition. »

Metz n'était point la ville de Rabelais, habitué à fréquenter

---

1. Tredecemviri reipublicæ argentoratensis cardinali Bellaio, 6 juin 1547 : « Haud incertis authoribus pervenit ad nos plerosque bonos homines religionis causa, Lutetiæ et in aliis civitatibus Galliæ, in carcerem conjectos esse, nonnullos etiam sublatos, ac plurimis aliis mali impendere.

chez des libraires bien pourvus et à converser avec des savants de sa trempe. La Renaissance n'avait pas touché Metz, encore toute hérissée de tours, d'abbayes et d'églises : « île » beaucoup plus « sonnante » que Rome où le silence des clochers frappa Montaigne. Ici le décor ramenait la pensée au Moyen-Age : Rabelais dut éprouver l'impression d'un homme qui recule et ratifier le mot de Cornelius Agrippa : « Metz, marâtre

SALLE DÉPENDANT DE LA CHAPELLE SAINT-GENEST, EN JURUE.

des sciences. » Mais vivre, travailler, espérer, n'était-ce donc rien ?

/ Rabelais prit logement au quartier des Juifs, en Jurue même, dans une maison que j'ai vue et qu'on montre encore, près la chapelle Saint-Genest. /

Les Juifs y étaient rares (vingt ans après il n'y avait plus

Quanquam vero sæpe audivimus qui responderi a nonnullis solent, ejusce modi persecutionibus apud vos excitatis, puniri tantum homines impiis opinionibus infectos, et tranquillitati publicæ scelerate obturbantes, non ignoramus tamen minime paucos, pios, religiosos et moderatos homines, qui nec privatim nec publice quemquam turbarunt, subinde in id crimen et discrimen heresœos et seditionis », etc. Bibliothèque nationale, Mss. 3921.

que quatre familles). Très anciens dans Metz, au point qu'on ne sait trop en quel temps ils s'y établirent, ils avaient été assez inquiétés dans les siècles précédents; à la fin du xive, on les avait chassés sous prétexte que le tonnerre, engin de la vengeance céleste, était tombé sur Jurue, dévorant vingt-deux maisons. Les avait-on acceptés depuis dans le quartier rebâti? Allaient-ils prier comme autrefois dans leur vieille synagogue du xiie siècle encore debout? Il n'importe.

Une simple note de Le Duchat[1] a donné l'éveil à tous les historiens : « A Metz, dit-il, on montre encore en Ju-rûe la maison qu'occupa Rabelais pendant un assez long séjour[2]. » De ce séjour il n'y eut pas d'autre indice jusqu'en 1842; mais son souvenir, recueilli par une tradition populaire, a traversé les siècles et s'est fixé sur la façade de la modeste maison de Jurue.

Quoique postérieur de vingt ans à l'époque de Rabelais, le

1. Édition de Rabelais, t. IV, p. 311, note 7.
2. A propos de cette phrase, M. Bégin publia, dans les *Mémoires de l'Académie de Metz* (année 1845), un article dans lequel il corroborait le fait par la lettre de Rabelais lui-même à Jean du Bellay (6 février, s. d.). Cette lettre existait bien à la Bibliothèque de la Faculté de médecine de Montpellier, manuscrit 409, II, 24, du fonds Bouhier, p. 34; ce n'était pas l'original, c'était une copie exécutée par Jean Bouhier, père du fameux président. Après M. Bégin vint M. Boulangé (1856). Tout l'intérêt était dans ces mots : « de Metz, ce 6 février. » Mais de quelle année? C'est ce que ne savaient ni M. Bégin, ni M. Boulangé. M. Bégin supposait alors que la résidence de Rabelais à Metz flottait entre les années 1532 et 1537. En tout cas, disait-il, « ce séjour, dont on trouve des traces dans ce que Rabelais dit du Graully, dans quelques allusions aux usages de notre contrée, dans des emprunts faits à notre patois, ce séjour n'est pas douteux. »
La tradition, plus audacieuse que Le Duchat, assigne comme demeure à Rabelais la maison « située rue Jurue, portant le n° 5, faite pour attirer l'attention par l'élégance de sa porte ogivale et servant d'atelier à un peintre de natures mortes, M. Cras. Elle va jusqu'à indiquer la chambre qu'occupa Rabelais, et l'inventaire des recettes de la chapelle Saint-Genest nous apprend qu'elle était louée ordinairement 6 livres par le sacristain de ladite chapelle. » La porte de la maison est gravée à la suite de la brochure de M. Boulangé, avec l'enseigne de M. Cras. « Un petit escalier tournant en bois, placé à gauche de la porte sur la rue, conduit à cette chambre, dont les solives vermoulues accusent une date qui peut, en effet, remonter jusqu'à l'époque présumée du séjour de Rabelais. On peut dire, si la tradition est vraie, que l'existence de Rabelais était placée sous la protection du grand Saint-Genest et qu'il eût pu invoquer le droit d'asile, car, juste en face de l'escalier qui descend de chez lui, sous le vestibule même, à droite, se trouvait le bénitier qui indiquait le chemin de la chapelle. Ajoutons, détail qui a peut-être sa signification, qu'une porte pratiquée derrière l'autel communiquait avec une sacristie donnant sur une autre rue, la petite rue d'Enfer. »

Vray Pourtraict de la ville de Metz justifie bien ses prétentions à l'exactitude[1], et, confronté avec la légende qui suit, il nous permet de suivre Rabelais dans ses promenades quotidiennes.

Rabelais demeurait à deux pas de l'hôpital Saint-Nicolas, qui était l'Hôtel-Dieu de Metz (c'est même sous ce nom qu'Ambroise Paré le désigna plus tard[2]). Au sortir de Jurue (qui va du point 18 au point 25 : sa maison était l'une des deux ou trois premières), il prenait la gauche, passait devant l'église Saint-Sulpice (18), traversait la petite place de Champaseille (44) et suivait la rue qui conduit directement à l'Hôpital (17).

LÉGENDE DU « VRAY POURTRAICT » DE METZ.

1. Les Augustins.
2. La Porte S. Thibault.
3. La Porte Moselle.
4. La Porte des Allemands.
5. La Porte S. Barbe.
6. La Porte du Pont Yffroy.
7. La Porte du Pont des Mores.
8. Les Grilles.
9. La Citadelle.
10. S. Glossine, femmes.
11. Le Magazin de la Citadelle.
12. L'abbaye S. Pierre, femmes.
13. L'abbaye Ste Marie, femmes.
14. S. Jean, paroisse.
15. S. Martin, paroisse.
16. Les Célestins, religieux.
17. L'hospital.
18. S. Sulpice.
19. Les Prescheurs.
20. L'abbaye S. Arnoul.
21. S. Victor au Change.
22. L'église cathédralle.
23. L'évesché.
24. Le Palais.
25. S. Gregoire.
26. Le Moustiers de S. Pierre le vieux.
27. S. Vincent abbaye.
28. Passetemps.
29. S. Marcel.
30. Place appelée le Sancy ou on vend le bois.
31. Moulins à blé et pour polir les armeures.
32. Moulins à pouldre.
33. La paroisse S. Pierre.
34. S. Eloy.
35. Les greniers de la ville.
36. S. Hucquoire.
37. Les Carmes.
38. S. Suglène, abbaye de femmes.
39. Les Cordelieres.
40. La maison de Merdini.

---

1. Toutefois le siège de 1552 avait bouleversé sur certains points l'aspect de la ville.
2. « Je demanday a M. de Guise qu'il lui plaisoit que je feisse des drogues que j'avois apportées; il me dit que je les departisse aux Chirurgiens et Apoticaires et principalement aux pauvres soldats blessex qui etoient en grand nombre à l'hostel Dieu : ce que je feis. » *(Relation de son voyage à Metz en 1552.)*

41. Les Prescheresses.
42. S. Jacques.
43. La grande place de Champassaige.
44. La petite place.
45. Le temple des Huguenots.
46. Le cimetière des Huguenots.
47. S. Croix.
48. Le pont S. George.
49. Moselle, rivière.
50. La Seille, rivière.

Deux petites fenêtres rectangulaires filtrant un peu de lumière dans deux pièces superposées, un corridor s'ouvrant sur la rue par une porte ogivale dont le tympan encadrait sans doute une statue de saint Genest, voilà ce qu'en passant le pauvre voyait du logis de son médecin. C'était jadis l'habitation du chapelain de Saint-Genest; mais, au milieu du XVIe siècle, la chapelle était devenue la propriété de simples particuliers qui en louaient à leur gré les dépendances [1].

Aussitôt nommé, Rabelais prit le service médical de l'hôpital Saint-Nicolas, qui était municipal, et qui avait alors pour chapelain l'abbé Jean Bertrand, pour receveur, Louis Morlet, et pour administrateurs les trois Messins Foës, de Serrières et Barizey, qui avaient le titre de maîtres de l'hôpital. « Le soin des malades était confié à des laïcs, appelés frères ou sœurs de Saint-Nicolas, dirigés par le gouverneur, Jacques Ferry, un protestant, et par la gouvernante, dame Élisabeth Joly. L'hôpital Saint-Nicolas était un établissement essentiellement bourgeois, où se centralisaient les secours réclamés par l'assistance publique. » C'est là que le médecin de la Ville procédait à l'examen, à la réception et à la répartition des malades.

Rabelais fut traité par la ville de Metz avec tous les honneurs dus à sa science, à ses relations, à sa gloire littéraire. Le peuple messin, roture, bourgeoisie et noblesse, était fort

---

1. M. Charles Abel, *Rabelais à Metz*. (*Mémoires de l'Académie de Metz*, 1869.)
En 1565, quand le gouvernement français songea à la donner comme église aux Chevaliers de Malte, il lui fallut l'acheter d'une femme Marguerite Colleste, qui seule avait le droit de désigner le chapelain, et des échevins de ladite chapelle, Lambert Vaucouleurs, Pierre Jennesson et Jean Gouttière. Ce sont sans doute ces Messins qui administraient au temporel la chapelle Saint-Genest en 1547.

adonné aux pronostications, divinations et almanachs astrologiques ; Metz est une des villes où il a été publié le plus grand nombre de ces plaquettes gothiques par lesquelles les médecins du xvi° siècle se rattachent aux *physiciens* du Moyen-Age. Les prédécesseurs de Rabelais, qui ont donné pour la plupart des gages naïfs à l'astrologie judiciaire et à la magie, avaient encouragé ce goût chez les habitants. Le père de *Gargantua* et de *Pantagruel*, qui n'avait pas hérité d'eux la crédulité, leur apportait de tout autres doctrines : une expérience consommée, un art trempé à la source pure où Hippocrate et Galien avaient autrefois bu sans l'épuiser. Sous le rapport des pronostications, il avait aussi de quoi les satisfaire, ayant l'habitude de marquer chaque année nouvelle par un almanach de son cru ; là encore il apportait sa marque personnelle de raillerie et de gaieté, et c'est à Metz qu'il fit son *Almanach pour 1548*. Le logis qu'il avait choisi était propice aux études astronomiques ; la chapelle de Saint-Genest et le clocher de Sainte-Croix, situé au haut de Jurue, étaient des observatoires excellents.

II

Ambassade des seigneurs de la Cour auprès de Rabelais. — Le bréviaire. — Commencement du *Quart livre* paru en 1548. — Parodie du *Catéchisme* de Calvin.

u commencement de 1548, les tempêtes sorboniques apaisées, la Cour se reprenant au rire, une démarche fut tentée auprès de Rabelais pour le décider à reprendre la plume. Henri II y souscrivit : « J'ay veu, receu, ouy et entendu l'ambassadeur que la Seigneurie de vos Seigneuries (lisez le roi) a transmis par devers ma paternité, et m'a semblé bien bon et facond orateur. » L'envoyé de la Cour lui apportait en cadeau « un beau et ample breviaire » dont il ne devina pas du premier coup la destination, admirant « les reiglets, la rose, les fermailz, la relieure et la couverture », où se mêlaient des crocs et des pics « peintes au-dessus, et semées en moult belle ordonnance. » Mais à le regarder de plus près, il vit que c'était un flacon... « Cette figure, dit-il, sur votre breviaire posée, me fit penser qu'il y avoit je ne sçay quoy plus que breviaire. Aussi bien a quel propos me feriez-vous present d'un breviaire ? J'en ay (Dieu mercy et vous) des vieux jusques aux nouveaux. Sur ce doubte ouvrant ledit breviaire, j'apperceu que c'estoit un breviaire fait par invention mirificque, et les reigletz tous à propos, avec inscriptions opportunes. Donc vous voulez qu'à prime je boive vin blanc ; à tierce, sexte et none, pareillement : a vespres et a complies, vin clairet. Cela vous appelez crocquer pie : vrayement vous ne fustes onques de mauvaise pie couvés. Je y donnerai requeste. »

La Cour lui faisait savoir en même temps qu'il ne l'avait en rien fâchée par ses livres précédents, que le vin du *Tiers livre*, en particulier, avait été de son goût, et qu'il était bon. Elle l'invitait « à la continuation de l'histoire Pantagrueline, allegans les utilites et fruictz parceus en la lecture d'icelle, entre tous gens de bien ». On lui assurait finalement que ses diffamateurs et calomniateurs étaient là où sont les vieilles lunes. Mais lui, n'en étant pas bien sûr, leur donne encore jusqu'au dernier quartier pour s'aller pendre : « Je les fourniray de licolz. Lieu pour se pendre je leur assigne entre Midy et Faveroles. »

Un peu rassuré par ces bons propos, Rabelais donna, en 1548, une petite suite de *Pantagruel*, composée de onze chapitres, précédés du prologue que je viens de citer et qui semble avoir été écrit à Metz [1]. Elle parut à Lyon sous le titre : *Le Quart livre des faits et dicts du noble Pantagruel, composé par M. François Rabelais docteur en medecine et calloier des isles Hieres* [2].

D'après les historiens locaux, le *Quart livre* aurait été écrit à Metz : l' « île de Medamothi » ne serait autre que le pays des Mediomatrices qui s'étend autour de la ville : les Macréons

---

1. « O gens de bien je ne vous peux voir! » dit-il, en s'adressant aux seigneurs et aux princes qui lui ont dépêché le porteur du bréviaire. Et je crois qu'ici il faut l'entendre au pied de la lettre.

2. *L'an mil cinq cens quarante et huict*, sans nom d'éditeur et sans pagination, petit format (in-12), gros caractères (de 11 environ). Il est historié de dessins gravés sur bois, généralement mal venus.

L'éditeur paraît être François Juste : le bois du prologue est le même, plus fatigué toutefois, que celui de l'édition gothique de *Gargantua* imprimée par Juste en 1537 et où ce bois est unique.

Prologue.   Rabelais écrivant dans sa bibliothèque. (Médiocre.)
Chapitre I.   Embarquement de Pantagruel et de ses compagnons. (Assez joli.)
Chapitre II.   Autre scène sur le port. (Médiocre.)
Chapitre III.   Marché de Panurge avec Dindenault. (Joli.)
Chapitre IV.   Chyron, Achille et Thétis dans un paysage.
Chapitre V.   Débarquement à Cheli.
Chapitre VI.   Salle où festinent des rois et grands personnages.
Chapitre VII.   Arrivée en l'île de Tohu bohu et mort de Bringuenarille.
Chapitre VIII. Répétition du motif II.
Chapitre IX.   Deux personnages près d'un moulin.
Chapitre X.   Répétition du motif I.
Chapitre XI.   Répétition du motif IV.

A la fin des chapitres VIII et IX, les lignes sont disposées en forme de flacon.

Dans l'édition de 1552, *noble* est remplacé par *bon*, et *calloïer des Isles Hières* est supprimé.

seraient les Messins eux-mêmes. C'est fort possible, mais je ferai observer que, dans le prologue du *Tiers livre*, Rabelais annonce déjà le *Quart*. Toutefois il mêle à la narration des mots lorrains qui viennent corroborer la preuve, aujourd'hui incontestée, de son séjour à Metz.

Qui plus est, un détail numismatique nous fixe sur la date certaine où il termina certains chapitres, le sixième entre

LE QVART
LIVRE DES FAICTZ
& dictz Heroïques du noble Panta-gruel.

Composé par M. François Rabelais Docteur en Medicine & Calloier des Isles Hieres.

A LYON,

Lan mil cinq cens quarante & huict.

LE QUART LIVRE.
Fac-similé du titre de l'édition de 1548.

autres : Panurge, pour décider Dindenault à lui rendre son mouton, exhibe — argument décisif — *son esquarcelle pleine de nouveaux Henricus*. Or, les Henricus, monnaie d'or frappée par Henri II seulement, furent émis en vertu d'une ordonnance du 31 janvier 1548[1].

Au même chapitre, le même Dindenault, oubliant qu'il est de Saintonge, s'écrie en pur patois messin : *Deu, Colas faillon* qu'il seroit bon, etc. « Ce sont mots lorrains, dit Rabelais dans

---

1. Une seconde émission eut lieu en 1551. (V. *Revue de numismatique* de 1847.)

sa *Briefve déclaration d'aucunes dictions plus obscures contenues au quatriesme livre*[1]. De par saint Nicolas, compaignon ». Ailleurs[2] voici une comparaison tirée de la forêt d'Ardenne qu'il avait peut-être traversée. Voici un jeu de mots sur le petit village de Fou près Toul : *Fou est près tout*, dit-il. Voici encore[3], au chapitre intitulé *De la ridicule statue appelée Manduce*, un souvenir exprès du légendaire Graulli ou dragon Saint-Clément qu'il avait vu plusieurs fois dans les rues de Metz. Le Graulli était une figure monstrueuse qu'on portait en procession pendant le jour de Saint-Marc (25 avril) et les Rogations (première quinzaine de mai) : elle engloutissait tout ce qu'on voulait bien lui jeter pour la peine des porteurs et, lorsqu'usées par le temps les mâchoires devinrent immobiles, on garnit sa langue en fer d'un petit pain blanc qui servait d'amorce à chaque boulanger quand on passait devant son étal[4]. La quête était plus fructueuse au temps de Rabelais, elle servait, paraît-il, de prélude à un banquet où s'attablaient les divers ordres religieux de la ville[5].

Rabelais, par l'organe de Pantagruel, se montre assez dur pour cette pieuse mascarade propre à entretenir l'idolâtrie. Il s'indigne devant cette tourbe de moines gastrolâtres, qui font un Dieu de leur ventre et qui attachent comme un sens mystique au mécanisme de la gueule : « suivant un gras, jeune et puissant ventru, lequel sur un long baston bien doré portoit

---

1. Ce glossaire placé à la fin de quelques exemplaires de 1552 et à la fin de l'édition de 1553 est manifestement de Rabelais.

Quelques commentateurs, Le Duchat entre autres, fournissent de : « Deu Colas faillon » une explication un peu différente. *Deu* serait une interjection très usitée dans le pays lorrain et *Colas faillon* serait là pour *Colas m' faillon* ou *Nicolas mon fillot*, terme de flatterie ironique et familière.

2. Chap. XXV.

3. Chap. LIX de l'édition de 1552.

5. Parmi les jeux auxquels se livre Gargantua, M. Bégin en a relevé plusieurs qui appartiennent aux enfants messins : pareillement dans le repas servi à Grandgousier, des mets lorrains : ailleurs, des cris de chaudronniers et de marchands de lait de Metz. Dans *Gargantua*, frère Claude des Hauts-Barrois, c'est-à-dire du pays haut (l'ancien arrondissement de Bricy), ne serait point un personnage imaginaire.

M. Bégin croyait alors que le séjour de Rabelais à Metz datait de ses premiers ouvrages. On sait le contraire.

une statue de bois mal taillée et lourdement peincte, telle que la descrivent Plaute, Juvenal et Pomp. Festus[1]. A Lyon, au carnaval, on l'appelle *Maschecroutte* : ilz la nommoient *Manduce*. C'estoit une effigie monstrueuse, ridicule, hideuse et terrible aux petits enfants : ayant les œilz plus grands que le ventre, et la teste plus grosse que tout le reste du corps, avec amples, larges et horrifiques maschoueres bien endentelées, tant au-dessus comme au-dessous : lesquelles, avec l'engin d'une petite corde cachée dedans le baston doré, l'on faisoit l'une contre l'autre terrificquement cliqueter, comme à Metz l'on fait du dragon de Saint-Clemens. Approchans les gastrolatres, je vis qu'ilz estoient suivis d'un grand nombre de gros varlets chargés de corbeilles, de paniers, de balles, de pots, poches et marmites. Adoncques sous la conduite de Manduce, chantans ne sçay quels dithyrambes, cræpalocomes, epœnons (chansons de ivroignes en l'honneur de Bacchus [2]), offrirent à leur Dieu, ouvrant leurs corbeilles et marmites », l'impôt de victuailles levé sur la crédulité publique.

LE QUART LIVRE DE 1548.

Ces comparaisons sévères pour les cantiques et psaumes ont pu être inspirées à Rabelais par l'aventure

Du moyne qui fust bruslez aux Carmes en son lict.

L'an mil cinq cent quarante sept
A Mets par fortune qui ne cesse
Advint au couvent des Carmes
Une grande et horrible allarme.

---

1. Sous couleur d'érudition, Rabelais compare la procession Saint-Clément aux Atellanes.
2. Ajoute Rabelais dans la *Briefve declaration d'aucunes dictions plus obscures.*

> Par ung religieux nouvel venu,
> Après qu'ils eurent trestous bien beu
> Par négligence mirent le feu
> En leur lict, dont l'ung est cheu.
>
> Dedans le feu fut consommez
> Et fut du tout ars et bruslez
> Avec tout un corps de maison
> Sans en saulver un seul tizon.

Toutefois le ton du *Quart livre* de 1548 est, en général, plus réservé, et moins agressif contre les Sorbonistes. L'ironie est plus fine et plus chatoyante. Rabelais fait sa cour aux puissances nouvelles, en racontant ce que « Breton Villandry respondit un jour au seigneur duc de Guise. Leur propos estoit de quelque bataille du roy François contre l'Empereur Charles cinquiesme, en laquelle Breton estoit gorgiasement armé, mesmement de grefves et sollerets asserés, monté aussi à l'advantage : n'avoit toutesfois esté veu au combat. Par ma foy, respondit Breton, j'y ay esté, facile me sera le prouver, voire en lieu duquel vous n'eussiez osé vous trouver. Le seigneur duc prenant en mal ceste parole, comme trop brave et temerairement proférée, et se haulsant de propos, Breton facilement en grande risée l'appaisa disant : J'estois avec le bagage. Onquel lieu vostre honneur n'eust porté soy cacher comme je faisois. » (Chap. XI.)

Lorsque la Sorbonne examina le *Quart livre* de 1548, Rabelais était loin. Fut-il à ce propos l'objet de censures nouvelles ? Je ne sais. La matière ne manque pas. On visa sans doute la phrase où Pantagruel cite l'opinion des Pythagoriciens sur la non-immortalité de l'âme au cas où le corps périt en mer. « Si chose est en ceste vie à craindre, apres l'offense de Dieu, je ne veulx dire que soit la mort. Je ne veulx entrer en la dispute de Socrates et des academicques, mort n'estre de soy mauvaise, mort n'estre de soy à craindre. Je dis ceste espece de mort estre, ou rien n'estre, à craindre. Car, comme est la sentence d'Homere, chose griefve, abhorrente et denaturée est perir en mer. La raison est baillée par les Pithagoriens, pour ce que l'ame est feu, et de substance ignée. Mourant donc l'homme en eau (element contraire) leur semble (toutesfois le contraire est verité) l'ame est entierement estaincte [1]. »

Quoiqu'il se prononce contre cette doctrine, par la bouche même de Pantagruel, Rabelais biffa entierement la derniere phrase dans l'édition de 1552. Et cette prudence lui est dictée par le funèbre précédent de Dolet, condamné dans des conditions identiques pour une phrase qui n'était pas de lui et qui finissait comme celle-ci. Le mot du Pythagoricien : « Après la mort en mer, *l'âme est entièrement éteinte* », faisait pendant au mot du Platonicien dans l'*Axiochus* : « Après la mort *tu ne seras plus rien du tout.* » La Sorbonne n'admettait pas qu'un mort eût le moyen de se dérober aux peines éternelles.

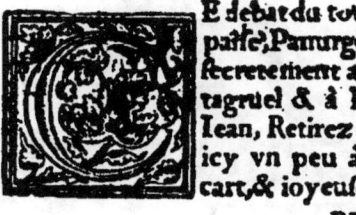

LE QUART LIVRE DE 1548.

Elle put signaler aussi cette idée d'Epistemon que la mort étant une nécessité fatale, l'heure et le genre sont « *part en la volonté des dieux, part en nostre arbitre propre* ». La Faculté de théologie n'aimait pas qu'on parlât des dieux ou de « l'arbitre propre » de l'homme en matière de mort. C'est probablement pourquoi Rabelais substitua plus tard à ces expressions l'expression unique : *en la sainte volunté de Dieu* [2].

1. *Quart livre*, chap. XXII.
2. *Ibid.*, chap. XXIII.

JEAN CALVIN.

Attitude nouvelle et non moins dangereuse : Rabelais allait s'aliéner Calvin, inventeur d'un dogme, tout comme la Sorbonne ; tyrannique, comme elle, en attendant la frénésie ; architecte de bûchers, comme elle.

Dans le *Quart livre*, Rabelais, sans prendre parti contre Calvin, raillait sa prétention de régenter le monde et de substituer à l'Évangile une loi d'imposition humaine. A ceux qui lui reprochaient de réserver toutes ses flèches contre les dévots catholiques, il pouvait répondre : « Je me moque aussi de Calvin, lisez mon chapitre VI : *Comment Panurge marchande avec Dindenault un de ses moutons*, et vous en aurez la preuve :

« *Le marchant*. Nostre voisin, mon amy, escoutez ça un peu de l'aultre oreille.

Panurge. A vostre commandement.

Le marchant. Vous allez en Lanternois ?

Panurge. Voire.

Le marchant. Voir le monde ?

Panurge. Voire.

Le marchant. Joyeusement ?

Panurge. Voire.

Le marchant. Vous avez, ce croy je, nom Robin mouton ?

Panurge. Il vous plaist à dire.

Le marchant. Sans vous fascher ?

Panurge. Je l'entens ainsi.

Le marchant. Vous estes, ce croy je, le joyeux du roy ?

Panurge. Voire. »

Ce dialogue n'est qu'une variation comique, innocente d'ail-

LE QUART LIVRE DE 1548.

leurs, sur le grave thème de Calvin dans son *Catéchisme* français paru en 1537. Même formule de questions et de réponses entre le Ministre et l'Enfant :

« *Le Ministre.* Quelle est la principale fin de la vie humaine ?
L'Enfant. C'est de cognoistre Dieu.....
Le Ministre. Et quel est le souverain bien des hommes ?
L'Enfant. Cela mesme.....
Le Ministre. Par cela donc nous voyons qu'il n'y a nul si grand malheur que de ne vivre pas selon Dieu.
L'Enfant. Voire.....
Le Ministre. Le fondement donc d'avoir vraye fiance en Dieu, c'est de le cognoistre en Jesus-Christ ?
L'Enfant. Voire.....
Le Ministre. Il nous est démonstré que celuy qui doibt sanctifier les autres est exempt de toute macule ?
L'Enfant. Je l'entens ainsi.....
Le Ministre. Neantmoins afin que sa condamnation nous soit delivrance il fault qu'il soit reputé entre les iniques ?
L'Enfant. Je l'entens ainsi. »

Et ainsi vont les deux interlocuteurs tant qu'il plaît à Calvin, sans se contredire jamais, tous deux soufflés par lui, et proposant comme articles de foi toutes ses idées disciplinaires.

Calvin marqua le coup. On verra comme il le rendit.

DERNIER VOYAGE A ROME

(juin 1548-juillet 1550)

Romanæ urbis situs, quem hoc Christi anno 1549 habet.

DERNIER VOYAGE A ROME

(juin 1548-juillet 1550)

I

Avènement de Henri II. — Du Bellay éloigné de la Cour. — Envoyé à Rome (août 1547). — Il rappelle son médecin ordinaire. — Quittance donnée par Rabelais à son protecteur (18 juin 1548). — Effets de cette protection. — Attaques de Puy-Herbault et de Calvin. — Du Bellay Mécène des poètes. Recueil manuscrit de poésies latines. — L'astrologue Tiberio della Rocqua. — La maison du cardinal d'Armagnac. — Rabelais, Philandrier et l'*Æolopile*. L'*amerina salis*. — Pierre Paschalius *pro Maulio*.

'avènement de Henri II, sans créer une situation absolument nouvelle, poussait en avant des hommes nouveaux, et en ramenait d'anciens qui avaient des revanches à prendre. Il y eut une éclipse de l'astre du cardinal : son influence personnelle diminuait au profit des Guise et de Montmorency, rentré en faveur. Un cercle puissant se forme et se referme brusquement autour du jeune souverain. On écarte Jean du Bellay de la Cour, on l'envoie à Rome[1]. Ce n'était ni l'exil ni la disgrâce majeure : c'était le discrédit organisé par l'éloignement. Il avait porté de l'ombrage autour de lui en tentant « quelque essay de chose

---

1. Au mois de juillet 1547, Boysson, apprenant que du Bellay retourne à Rome pour les affaires du roi et de la reine, offre au cardinal de l'assister dans sa mission ; il ne doute pas que du Bellay ne dispose d'hommes qui le dépassent en esprit et en érudition, mais ce qui le conduit à lui écrire, c'est qu'il ne veut pas leur céder en fidélité. Cependant il ne craint pas d'affirmer qu'en ce qui concerne le droit civil et canon, il en est peu qui puissent lui tenir tête, pour s'y être appliqué dès l'enfance, ainsi qu'en peut témoigner le président Bertrandi. Si le cardinal l'ordonne, il est à lui corps et âme. (De Chambéry.) Mais il n'obtint pas satisfaction et, en avril 1548, on le retrouve à Fontainebleau « inter Aulæ strepitus » ; en mai, il est à Paris, sur le point d'aller à Toulouse, et il recommande ses affaires à Postel, qu'il avait rencontré à la Cour. Il n'est pas possible, dit-il, que l'impudence de ce scélérat de Tabouet n'éclate pas aux yeux du roi et du chancelier Olivier.

Dans une autre lettre, il parle de l'entrée du comte d'Aumale, puis de Henri II à Chambéry, et de la faveur acquise par Truchon.

grande et importante », — contre l'Allemagne sans doute, — comme était la coutume de sa maison. Il s'ouvrit de ses projets à la duchesse de Valentinois, aux Guise, à d'Aumale : mais la fantaisie du roi était ailleurs. On lui ordonne de se hâter vers Rome, sur le bruit qui avait couru de la mort prochaine du pape et de l'Empereur. Et de bonne foi il se dépêche, minant sa santé, crevant ses chevaux, éreintant ses serviteurs.

Il arrive et, dans le recul des choses, il voit clairement ce qu'il a déjà deviné : on s'est débarrassé de lui.

Pourtant il lui en coûtait trop d'abandonner ses gens de Lorraine et d'Alsace et il en écrit au roi dès le 13 août 1547 :

« Sire, du temps du feu Roy vous m'avez assez souvent ouy parler de Sleidanus, qui estoit secrétaire des États protestants, où il estoit entré par permission dudit S^r, afin d'avoir plus de moyen de luy faire service, sans faillir toutefois de faire son devoir envers eux ; estant maintenant ledit fondement d'iceux Estats si roigné qu'il est, ledit Sleidanus vous supplie par lettres que j'ay icy receues, de sçavoir si vostre bon plaisir est de l'entretenir en ce qu'il avoit dudit feu Roy, qui n'estoit que cent escus de pension qui secretement lui estoient payés par le Thrésorier de l'Espargne comme il se peut voir par les recepissez. Dès le commencement de vostre regne, je lui escrivis, Sire, par vostre commandement, ce qu'il vous avoit pleu m'en repondre ; mais pour la foule que j'ay veüe, je n'ay depuis osé presser l'exécution de vostre volonté et l'ay entretenu d'ailleurs. Il n'y en a gueres d'autres de son estat garnis qui soient de sçavoir ny d'esprit et expérience d'affayres tant que luy, et en fidélité nul de là le passe ; il est vray que ses moyens sont affoiblis par la ruine des Estats telle que dessus, et par la prison des Princes ; mais encore pourra-t-il, l'occasion advenant et à point nommé, vous faire grand service, pour n'estre descouvert vostre, comme le sont quelques-uns de ses semblables, et aussi pour estre gendre de Bruno qui a par delà en main les affaires d'Angleterre... Si c'est, Sire, vostre bon plaisir de le continuer comme dit est, l'ayant commandé à mon secretaire que vous connoissez, il le fera venir secretement vers vous, ou si le trouvez meilleur, luy envoyant seulement un memoire que je luy escris, il s'y fiera et ne faudra mander des avis ordinairement à M. le Connestable. »

Ce souvenir donné aux choses d'Allemagne, du Bellay prend position à la Cour de Rome. Il sait se servir habilement des armes qu'on lui a laissées.

J'ai parcouru la correspondance que les principaux de la Cour de France nouent avec lui. Au ton de ces lettres et à la nature des demandes, il n'apparaît guère que du Bellay soit en disgrâce. Jean est plus puissant que jamais auprès du pape et du Sacré Collège. Le cardinal de Guise, qui s'avoue la créature du nouveau roi, lui parle des choses de l'Église comme à un médiateur élu entre le pape et le roi. « Le roy, dit-il, a fort grand contentement de vos bons services et prend grand plaisir d'entendre souvent de vos nouvelles. »

On avait cru diminuer du Bellay en l'envoyant à Rome : mais on le grandit en le chargeant du règlement du concile de Trente, auquel étaient intéressés tout l'épiscopat français et tous les grands bénéficiaires. Un article du concile réduisait les évêques à un seul siège ; or, tous les grands de l'Église française cumulaient. Du Bellay travaille à adoucir les dispositions restrictives votées à Trente. Placé entre le désir de plaire au pape et celui d'obéir au roi, du Bellay eut besoin d'une diplomatie tout italienne avec beaucoup de réticences et de sous-entendus.

Cette situation faisait tour à tour le crédit et le discrédit du cardinal dans le flux et le reflux des intérêts.

Outre de Guise, qui criait le plus haut, les autres cardinaux, Givry, Boulogne, Lenoncourt, Bourbon, Vendôme, bramaient jusqu'à du Bellay (1548); à un moment, quelques-uns, Châtillon, parlèrent de faire opposition à l'article qui leur faisait grief[1].

Du Bellay s'ingéniait à tourner la difficulté : ne pouvant ni approuver la résistance, ni se plier à une disposition dont il était la première victime, il conseilla la résignation fictive des bénéfices. La plupart des cardinaux italiens avaient donné l'exemple : ils s'étaient réduits à un seul évêché, mais tous avaient gagné au marché et « pris en bénéfices récompense de leurs résignataires ». Du Bellay conseillait la même tactique aux Français, riant sous cape des Italiens qui « se magnifiaient de leur obéissance s'entrechatouillant fort et criant contre les autres comme s'il dépendait d'eux que la primitive Église fût restituée en son ancienne beauté[2]. » En octobre, le cardinal de Guise était venu, puis reparti en janvier, remettant à son « bon ami » le soin de défendre ses intérêts[3].

Entre eux allaient et venaient de nombreux émissaires : Vital de Saint-Ghislain, Laubespine, du Pot. Cependant du Bellay se méfiait de Guise : toute sa confiance était en son compère Châtillon, et on le savait bien à la Cour, car Châtillon renonce à correspondre en chiffres pour éviter « les interprétations, suspicions et conjectures » (janvier 48). Du Bellay se berçait de l'idée que le roi le rappellerait bientôt et que Guise plaiderait pour lui; il ne supposait pas que son séjour à Rome pût excéder quelques mois. Dès mai, se plaignant de la goutte, il annonce son intention de prendre l'air de sa naissance : les médecins italiens le lui conseillent et il n'a pas envie de mourir comme son frère Langey « qui serait peut-être encore en vie » s'il eût suivi le même conseil. Au président Bertrandi il écrit qu'il est résolu à demander son congé, étant en infinie dépense à Rome « dont je suis si accoutumé, dit-il, et à tant d'importuns que je

---

1. Mss. F. fr. 5148, p. 131.
2. Le roi lui écrit plusieurs fois, l'appelle son cousin (novembre 1547). Mss. 3921.
3. Il y était encore le 28 janvier 1548. Mss. 5147. Du Bellay est alors en correspondance régulière avec Montmorency.

n'en puis garder ». Il va donc revoir enfin « en ce doulx païs du Mayne ses petits livrets »[1]. Il avait bien pour se consoler un peu la compagnie du cardinal d'Armagnac comme lui « faisant fort honneste dépense ». Mais il était tout à la nostalgie lorsque Châtillon lui contait — de loin, hélas ! — le bonheur qu'il avait à « passer la main sur le cou » de ses beaux livres à l'évêché de Beauvais.

Le climat lui était mauvais, et il sentit bientôt le besoin de rappeler auprès de lui son médecin ordinaire. « Il me deplaist, lui écrit Châtillon, de ce que j'ay entendu que l'ayr de par delà vous est sy contrayre, pour le doubte que j'ay que à la fin la demeure ne porte dommage à votre disposition. » Outre les fièvres, il avait de furieuses attaques de goutte (qui se calmèrent en septembre et lui permirent d'aller presque chaque matin ouïr la messe à Sant' Apostolo qui était « l'église de son logis »). Aussi, écrivait-il lettre sur lettre au connétable pour obtenir son rappel. Le 13 mai 1548, il lui dit : « Quand j'auray une année reprins l'ayr de la doulce terre du Mayne où j'ay prins ma naissance, je seray prest à retourner partout où on vouldra, si je y recouvre santé ainsi que je l'espere, et que tous medecins m'en donnent asseurance. Monsr le cardinal de Guyse a veu estant par deçà si l'occasion que j'allègue est bien ou mal fondée. »

C'est alors qu'il fit venir Rabelais. A l'appel du cardinal, maître François se démit de ses fonctions (vers le mois d'avril), quitta aussitôt la Lorraine, vint à Paris (en mai), passa chez Thomas Delbenne et Arnault Combraglia[2], l'un banquier,

---

1. 8 mai. Autre à Olivier le doyen. Il voudrait au moins un an « pour aller au Maine reprendre l'air de la nativité ».

2. Je suppose du moins que les choses se sont passées ainsi.

Arnoldo Combraglia était le trésorier-payeur du cardinal à Paris. C'est sur son ordre que le banquier délivre la lettre de change de Rabelais. Combraglia demeura longtemps au service du cardinal. Je lis dans une lettre de Joachim du Bellay au cardinal, son parent : « Vous estiez obligé envers un Conseiller de cette Court nommé Helym en la somme de mille escus dont luy

l'autre payeur du cardinal, pour toucher les termes échus de sa pension, et prit la route de Rome[1], muni d'une lettre de change qui montait à trente-deux écus d'or[2]. Le 18 juin, il était auprès de du Bellay et touchait la somme en question chez Benvenuto Olivieri, riche marchand florentin, qui s'était fait le banquier ordinaire des princes et des cardinaux[3].

Une protection aussi ouverte, après trois livres de satire contre l'état monastique, c'était une indulgence voisine de l'impunité. Puy-Herbault, religieux de Fontevrault, enfroqué jusqu'aux moelles, n'en pouvait supporter davantage. Il choisit le moment où Rabelais était hors de France pour le désigner aux allumeurs de bûcher. On ne désespérait pas de lui faire prendre le chemin de Dolet. On pouvait au moins, par une dénonciation adroite, arracher au Parlement, sur les requêtes de la Sorbonne, un bon arrêt qui l'eût à jamais écarté du pays. On fondait quelque espoir sur le zèle du nouveau roi qui avait daigné suivre une ou deux processions toujours couronnées par le fagot : il avait bien voulu faire le sacrifice de quelques sacra-

---

aviez constitué rente de deux cents livres par an. Vostre recepveur Combraille a payé lesdits mil escus (Paris, 1559) et par ce moyen est esteinte ladite rente. »

1. A la fin du nouveau prologue du *Quart livre*, on trouve un passage qui peint bien le caractère génois : Rabelais exhortant les goutteux à demander la santé au bon Dieu, et, pour l'argent, à prendre patience :

« Ainsi ne font les Genevois, dit-il, quand au matin avoir dedans leurs escritoires et cabinetz discouru, propensé et résolu, de qui et de quelz celuy jour ils pourront tirer denares, et qui par leur astuce sera beliné, corbiné, trompé et affiné, ils sortent en place, et s'entresaluant disent : Sanita et guadain, messer. Ils ne se contentent de santé : d'abondant ils souhaitent guing, voire les escuz de Guadaigne. Dont advient qu'ilz souvent n'obtiennent ni l'un ni l'autre. » Il semble bien par là que Rabelais avait eu occasion de passer par Gênes. A ce voyage ?

2. M. Benjamin Fillon possédait dans sa collection la quittance signée par Rabelais à son arrivée à Rome. Nous en empruntons le fac-similé au beau catalogue dressé par M. Charavay.

La maison d'Albesne, d'Elbenne ou Del Bene, dont le siège était à Paris, avait une succursale à Rome et faisait des affaires considérables avec le haut clergé, pour frais de bénéfices, avances, expéditions bullaires, etc. Richard d'Albesne dirigeait la maison en 1532. (Lettre de Baïf, ambassadeur à Venise, relative à l'abbaye de Grenetiere, diocèse de Luçon.)

3. J'ai vu quelques décharges à son nom. (*Archivio di Stato*, de Rome, registres du notaire A. Pellegrini.)

Philippe Strozzi, qui se suicida, — ou qu'on suicida, — lui avait fait le suprême honneur de le choisir pour exécuteur testamentaire.

QUITTANCE DU 18 JUIN 1548

Je moy Francoys Rabeles medecin de monseigneur reverendissime du Bellay confesse avoir receu de M. Benvenuto Olivier et comp(agnie) de Rome la somme de trente deulx escuz d'or en or lesquelz 32 escus il m'ont payez en vertu d'une lettre de change du XVIIIe de may dernier passé de Thomas Delbenne et comp(agnie) de Paris et eulx à l'instance de Me Arnault Combraglia, Et en foy de ce j'ay faict faire la presente tierze quittance laquel sera soubscripté de ma propre main. Ce XVIIIe de joing 1548 en Rome.

Ita est. F. Rabelais, manu propriá.

mentaires pour preuve de sa foi (juillet 1549). Le porte-parole des moines les vengea en moine : il prête à Rabelais toutes les tares, tous les vices de gueule, de paillardise et d'impiété dont ils étaient eux-mêmes accusés dans *Gargantua* et *Pantagruel.* Le moyen n'était pas neuf. Pour lui donner plus de poids, montrer que Rabelais était le point de mire de toutes les rancunes monastiques, il prend une précaution typographique exceptionnelle : il guillemette le passage qui concerne l'inventeur de la religion pantagruélique. C'est lui ! voilà l'homme dont il faut purger la terre !

La plume de Puy-Herbault distille tout le fiel, toute la bile concentrée depuis vingt ans dans les abbayes. Je traduis et je cite le réquisitoire tout entier[1]. Il est machiavélique en ceci qu'il dénonce Rabelais à du Bellay, et du Bellay au monde catholique, en les enveloppant tous deux dans une accusation d'athéisme incurable[2].

---

1. C'est la seule accusation portée contre les mœurs de Rabelais en son vivant. Calvin s'y joindra tout à l'heure. Il n'y a pas à s'étonner de ces violences qui sont dans le ton ordinaire des polémiques religieuses ou simplement littéraires au xvi° siècle.

On s'est attaqué aux plus grandes vertus pour une différence d'avis sur Cicéron ou Aristote. Pour moins encore, Érasme — Érasme ! — nous a été dépeint « roulant ivre sur ses épreuves d'imprimerie ».

2. « *Nicolaüs.* Utinam vel apud illos sit Rabelesus cum suo Pantagruelismo, ut scurrilis hominis scurrili voce abutar, si quidem inter homines ille adhuc agit. Nam Cardinalium turbam ineunte nuper hoc regno Romam dimissam et ablegatam secutus fuerat. Certe si quid callet bonæ artis, cogatur in ea tandem sese exercere : alioqui tam impius homo, quam publice suis nefariis libellis pestilens. Ut enim Genevæ palam impie vivatur, impie etiam scribatur, tamen non usque eo depuduerunt Genevæi, ut impietati velint propalam scortationem, vagam libidinem, cæteraque vitia miscere videri. Enimvero huic nostro Rabeleso quid ad absolutam improbitatem deesse potest, cui neque Dei metus inest, neque hominum reverentia ? qui omnia, divina humanaque proculcat, et ludibrio habet ? Quis Diagoras magis de Deo præpostere sensit ? Quis Timon de rebus humanis pejus meruit ? γελω ποιὸς sit, sit γλωσσογχαιωρ, sit et θωμολόγος quoque, tolerabile utcunque fuerit. At quod ἀπορρὰς simul est, quod præterquam quod totos dies nihil aliud quam perpotat, helvatur, græcatur, nidores culinarum persequitur, ac cercopissat, ut est in proverbio, miseras etiam chartas nefandis scriptionibus polluit, venenum vomit, quod per omneis longe lateque regiones dispergat : maledicentias et convitia in omneis passim ordines jactat : bonos viros ac pietatis studia, honestatis item jura proscindit, homo impie impotenterque dicax, et improbitatis invictissimæ quis tandem æquo animo ferat ? Adeo ut vehementer mirum sit, ab Antistite nostræ religionis viro primario, eodemque doctissimo, tantam bonorum morum publicæque honestatis labem, et porro hostem pertinacissimum, ad hæc impurum fœdumque

De manière à fournir la demande et la réponse, Puy-Herbault adopte la forme du dialogue :

« *Nicolas.* Plaise à Dieu que Rabelais soit auprès d'eux[1] avec son *Pantagruélisme,* pour me servir de ce mot bouffon d'un bouffon, si toutefois il est encore de ce monde! car il avait suivi la foule des cardinaux renvoyés et relégués à Rome au commencement de ce règne. S'il est vraiment homme de science, qu'on l'oblige donc à exercer son métier! Autrement c'est un homme aussi dangereux pour son impiété que pour le scandale public de ses livres. En effet, quoiqu'à Genève on vive et on écrive ouvertement dans l'abomination, les Genevois ne sont pas à ce point dénués de pudeur qu'ils veuillent être vus mêlant publiquement à l'impiété la débauche, le dérèglement effréné, le vice enfin. Car que peut-il manquer à l'absolue perversité de ce Rabelais, lui qui n'a ni la crainte de Dieu ni le respect des hommes, qui foule aux pieds et tourne en ridicule toutes les choses divines et humaines? Quel Diagoras a compris Dieu plus au rebours? Quel Timon a médit davantage de l'humanité? Faiseur de bons mots, vivant de sa langue, parasite, on le sup-

hominem, cui loquentiæ permultum, sapientiæ quam minimum sit, foveri, ali, convitio quoque ac colloquio familiariter adhiberi.

« *Theotimus.* Eo fortassis in familiaritatem a pontifice acceptus est, ut ad resipiscentiam paulatim ac velut ab aliud agente cogitanteque adducatur.

« *Nicolaus.* Istuc quidem ita, ut tute ais, optatim succedere. Attamen vulpem auguror pilum citius mutaturam, quam mores.

« *Theotimus.* Hominem inaudivi, atque ab iis certe qui illo familiariter utuntur, obnoxie ingenio, atque inquinatiore multo etiam vita esse, quam sermone. Neque semel deploravi hominis sortem, qui in tanta litterarum luce, tam densis sese vitiorum tenebris immergat, tamque fæde, ac tanto rei communis bonique publici incommodo, atque ad suam ipsius internecionem parta eruditione abutatur, hoc nequior virulentiorque, quod litterarior, Deum divinaque omnia sic parvi æstimans, ut præter Impotentiam et Contumeliam deas, quibus olim positis aris sacra Athenienses faciebant, nullum numen agnoscere videatur : intentum ut ullius nunquam a piis viris sine detestatione mentio fiat, nunquamque laudetur, ne in cœna quidem, nisi fortassis, quod semper siccus est. Verum de Rabeleso bonorum morum juxta atque vini pernicie hæc dixisse sit satis. Hoc unum habe, vitia adeo sine radio in Rabeleso cumulata, desertam ab illo pietatem quotidie probe ulcisci. »

« Gabrielis Putherbei *Theotimus* sive de tollendis et expurgendis malis libris iis præcipue quos vix incolumi fide ac pietate plerique legere queant, libri tres. » (Parisiis, 1549, in-8°, p. 180 et suiv.)

1. Puy-Herbault parle des théologiens dissidents de Genève.

porte à la rigueur! Mais se damner en même temps, chaque jour ne faire que se soûler, s'empiffrer, vivre à la grecque, flairer les odeurs de la cuisine, imiter le singe à longue queue, comme on le dit partout, et de plus souiller de misérables papiers par des écrits infâmes, vomir un poison qui se répand de long en large dans tous les pays, lancer la calomnie et l'injure sur tous les ordres indistinctement, attaquer les honnêtes gens, les pieuses études, les droits de l'honneur, en railleur sans vergogne et sans ombre d'honnêteté, comment souffre-t-on cela ? Et n'est-ce pas un phénomène inouï qu'un évêque de notre religion, le premier par le rang et par la science, protège, nourrisse, admette à la familiarité de sa table et de sa conversation une telle honte pour les bonnes mœurs et pour l'honnêteté publique, que dis-je? leur ennemi le plus acharné, l'homme impur et contaminé qui a tant de faconde et si peu de raison?

« *Theotimus*. Le pontife l'aura peut-être admis dans sa familiarité avec l'espoir de l'amener insensiblement à résipiscence par l'exemple d'une vie autre et d'autres pensées.

« *Nicolas*. Il eût été à désirer qu'il en allât comme tu le dis. Mais j'ai idée qu'un renard changerait plus vite de poil que de mœurs.

« *Theotimus*. J'ai entendu dire notamment par ceux qui vivent dans le commerce ordinaire de cet esprit pernicieux que l'homme était plus ignoble encore dans ses actes que dans ses discours. Et plus d'une fois j'ai déploré le sort d'un homme qui, au milieu d'un tel éclat de lettres, se plonge si ignominieusement dans de si épaisses ténèbres de vices, avec un si grand préjudice pour l'intérêt commun et le bien public, et qui emploie surtout à sa propre perte l'érudition dont il est doué : d'autant plus méchant, d'autant plus violent qu'il est instruit, faisant si peu d'état de Dieu et des choses divines qu'à part l'Impudence et l'Outrage, ces déesses à qui les Athéniens sacrifiaient sur les autels, il ne semble reconnaître aucun culte; tant et si bien qu'il n'est jamais nommé sans mépris par aucun homme pieux, ni loué par personne, pas même à table, sinon d'avoir le gosier toujours sec. Mais c'est assez causé de Rabelais et des dangers du vin à propos des bonnes mœurs. Retiens seulement ceci que la somme de vices accumulée sans limites dans Rabelais venge chaque jour pleinement la piété par lui désertée. »

En face de Puy-Herbault, à l'autre bout de la table évangélique, Calvin se lève pour désigner à l'Inquisition le même Rabelais [1]. Cette fois l'auteur de *Pantagruel* était pris entre deux feux... désirés et possibles.

Calvin tonne contre les sceptiques, « les mocqueurs qui, sous couleurs subtiles, se gabent de la chrétienté et convertissent l'Évangile en risée pour en causer à leur plaisir... Chacun sait qu'Agrippa, Villeneuve, Dolet et leurs semblables, ont toujours orgueilleusement contemné l'Évangile : en la fin ils sont tombez en telle rage, que non seulement ils ont desgorgé leurs blasphèmes execrables contre Jesus-Christ et sa doctrine, mais ont estimé, quant à leurs âmes, qu'ils ne differoyent en rien des chiens et des pourceaux. Les autres, comme Rabelays, Degovea, Deperius et beaucoup d'autres que je ne nomme pas pour le present, après avoir gousté l'Évangile, ont esté frappez d'un mesme aveuglement... Je n'en ay guère nommé pour cette heure, mais nous avons à penser que Dieu nous monstre au doigt toutes telles gens, comme miroirs, pour nous advertir de cheminer en sa vocation avec crainte et sollicitude, de peur qu'il ne nous en advienne autant... Les chiens dont je parle, pour avoir plus de liberté à desgorger leurs blasphemes sans reprehensions, sont des plaisans : ainsi voltigent par les banquets et compagnies joyeuses, et là causant à plaisir, ils renversent tous les principes de la religion : vray est qu'ils s'insinuent par petis brocards et farceries, sans faire semblant

---

1. *Traité des scandales* qui empeschent aujourd'huy beaucoup de gens de venir à la pure doctrine de l'Évangile et en desbauchent d'autres, dans le *Recueil des Opuscules*, de M. Jean Calvin, donné par Théodore de Bèze. (Genève, 1566, in-fol.) L'épitre dédicatoire de Calvin à Laurent de Normandie est du 10 juillet 1550.

de tacher sinon à donner du passe-temps à ceux qui les escoutent : neantmoins leur fin est d'abolir toute reverence de Dieu. Car après avoir bien tourné à l'entour du pot, ils ne feront point difficulté de dire que toutes religions ont esté forgées au cerveau des hommes : que nous tenons qu'il est quelque Dieu, pour ce qu'il nous plaist de le croire ainsi : que l'esperance de la vie eternelle est pour amuser les idiots : que tout ce qu'on dit d'enfer est pour espouvanter les petis enfans. »

Rabelais, très armé de philosophie, ne broncha non plus que du Bellay.

Pourtant la situation du cardinal ne laissait pas d'être embarrassée, à cause de sa grandeur même. La troupe des poètes et des écrivains, que la rigueur des temps avait dispersés, s'était reformée autour de lui; et pour tous il était l'entretien, la table et le foyer. Vous l'avez entendu tout à l'heure, il ne peut suffire à la dépense.

Dans une pièce de vers adressée à Joachim du Bellay, le Tournaisien Louis des Masures nous a conté comment, François Ier mort, il avait dû fuir devant l'injustice et l'envie et venir à Rome, après avoir erré jusqu'en Sicile de cité en cité [1]. Sur qui compter sinon sur le bon cardinal? Des Masures, en sa tendre jeunesse, sous le patronage du duc de Lorraine, avait été reçu à la Cour du roi François, qui daignait parfois prendre de l'agrément « aux fredons de sa lyre ». Comme il regrettait le beau temps passé sur les rives de la Seine, de la Loire et du Loir, avec la gent poétique disséminée depuis! Alors Herberay lui chantait sa mie :

> Armes, amours, plaisirs et plaintes,
> Terres, mers, chasteaux et palais,
> Herberay lisant des fois maintes
> Me souloit conter à relais.

---

1. *Œuvres poétiques* (1557, J. de Tournes, in-4°). Je ne sais à la suite de quel incident Louis des Masures fut obligé de quitter la France : il accuse quelque part les juges sourds à toutes les bonnes raisons.

Puis

> ... me desguisoit Rabelais
> Le vray, de ses plaisantes feintes,
> Qui de Gargantua recite
> Le sens, la force et l'exercite.

O le beau temps, celui de Rabelais, du bon Pelletier, de Salel, du débonnaire Marot (lequel, étant en exil, lui envoya son portrait) de Macrin, de tant d'autres !

> La docte bande que je conte
> J'euz temps et plaisir de hanter.
> Carles et Colin n'eurent honte
> D'y venir leurs carmes chanter.
> Jan Martin s'y vint présenter
> Et maints dont trop long est le conte.

Mais la mort de François Ier l'a laissé sans protection :

> Tant qu'à Romme, ainsy misérable
> Sur le blond Tybre devallay :
> Ou, vestu de pourpre honnorable
> Me receut le grand du Bellay.
> Si l'euz (comme encores je l'ay)
> Mecenas propre et favorable.
> A qui, o Joachim, tu es proche
> De sang illustre et sans reproche :
> Des muses la bande honnorée
> Fuyant les mesmes oppresseurs,
> En ce lieu de nous adorée
> Nous faisoit ouïr ses douceurs.
> Chantant repondoit à ses sœurs
> Phœbus à la barbe dorée :
> Puis des poètes d'Ausonie
> Les sons, la grace et l'armonie.

Louis des Masures se consola de cette sorte pendant quatorze mois[1], en la compagnie de Rabelais. Les muses, l'antiquité, l'étude, c'était ici la consolation naturelle.

---

1. C'est le cardinal de Lorraine qui le ramena en France, après le Conclave de 1550, et se chargea d' « apaiser l'ire du Roy ».

On a voulu trouver une trace directe de ces exercices poétiques dans un manuscrit contemporain et qui a appartenu à la famille de Saint-André. Je l'ai examiné très attentivement; c'est une sorte d'*album* où sont consignées des épigrammes, satires, élégies et poésies légères dont quelques-unes remontent à la fin du xve siècle. Mais il y en a d'autres, et en assez grand nombre, qui se rattachent au troisième séjour de Rabelais et de du Bellay, à Rome. Mieux que cela, elles ne peuvent avoir été réunies que par un familier du cardinal, qui y figure avec plusieurs morceaux : les vers adressés au pape Paul III, pour le jour commémoratif de sa naissance; à Charles de Guise, pour sa venue à Rome; au pape Jules III, avec la date 1550, sont marqués du cachet de l'actualité la plus absolue. Jérôme Fracastor, le chantre de la *Syphilis*, domine dans la collection, avec plusieurs pièces fort élégantes, dédiées à Jules III et à divers. Fracastor, médecin du pape Paul III, habitait Rome en même temps que le médecin de du Bellay, et on voit à certain passage qu'il connaissait bien l'évêque du Mans et son entourage : *Dum me inter Cœnomanos,* etc. La mort de Langey est déplorée dans une élégie intitulée *Sylva langæana* où est nommé Tiraqueau, le grand légiste, ami de Rabelais.

C'est dans ce recueil enfin qu'on trouve *l'allusio* de Rabelais à une querelle, survenue entre Antoine de Govea et Briand Vallée, et déjà vieille à l'époque du manuscrit. Elle était née d'un distique paru dans la première édition des *Épigrammes* de Govea (chez Sébastien Gryphe, mai 1539) : « Quand il tonne, disait Govea, Vallée[1] s'enfuit d'un pied tremblant au fond du cellier; au cellier il ne croit pas qu'il y ait un Dieu. » A quoi Vallée, très blessé, riposte « sur-le-champ » par ce jeu de mots dont les conséquences pouvaient être dangereuses pour Govea : « Antoine, un Govea, fils de juif, ne croit pas qu'il y

---

1. Ménage s'est demandé s'il s'agissait bien de Briand Vallée. (*L'Anti-Baillet*, t. Ier, p. 259 et suiv.) Il n'en aurait pas douté s'il avait eu sous les yeux la première édition des *Épigrammes* de Govea, qui portent : *de Briando Vallio*.

FRAGMENTS ANTIQUES.

Estampe tirée de la suite des *Fragments antiques* de du Cerceau,
d'après Léonard Thiry (1550).

ait de Dieu ni au cellier ni au ciel. » Rabelais se jette entre les combattants, un peu embarrassé, je crois, car s'il était grand ami de Briand Vallée, il n'était probablement pas ennemi de Govea ; il excuse la faiblesse de Vallée par des distinctions assez subtiles : « En voyant éclater la fureur de son père, l'enfant se jette aussitôt dans le sein de sa mère, sachant bien qu'au cœur d'une mère il peut entrer plus de douceur que de fureur au cœur d'un père. De même, quand tu verras frémir le ciel sous Jupiter tonnant, réfugie-toi dans le sein de la vieille mère ; la vieille mère, c'est le cellier. Rien n'est plus sûr pour ceux qui craignent le tonnerre, car Jupiter déchire, atteint de ses foudres les phares, les monts acrocérauniens, les tours, les chênes ; il ne frappe pas les tonneaux enfermés dans les caves souterraines et la foudre a coutume de respecter Bacchus [1]. »

L'*allusio* ne se trouvant que là, le manuscrit ne contenant

---

1. Texte latin.

Antonii Goveani.

Dum tonat, ad cellas trepido pede Vallius imas
Confugit, in cellis non putat esse deum.

Responsio Valli ex tempore.

Antoni, Goveani hæc verum marana propago
In cœlo et cellis non putat esse deum.

Francisci Rablesii allusio.

Patrum indignantum pueri ut sensere furorem
  Accurrunt matrum protinus in gremium ;
Nimirum experti matrum dulcoris inesse
  Plus gremiis, possit quam furor esse patrum.
Irato Jove, sic, cœlum ut mugire videbis,
  Antiquæ matris subfugito in gremium ;
Antiquæ gremium matris vinaria cella est.
  Hac nihil attonitis tutius esse potest.
Nempe pharos scindunt [1] atque Acroceraunia, turres,
  Aerias quercus tela trisulca Jovis.
Dolia non feriunt hypogæis condita cellis
  Et procul a Bremio fulmen abesse solet.

Ces petites pièces ont été diversement reproduites : quelques-uns lisent : *Antoni Goveane, tua hæc marrana propago* ; d'autres : *Antoni, genus hoc vestrum, marrana propago*. La version que je propose me paraît meilleure, bien qu'elle soit tirée du manuscrit original qui est fort incorrect et qui, à ce titre comme à beaucoup d'autres, ne saurait être attribué à Rabelais.

1. MM. Rathery et B. des Marets lisent : *sciunt*.

pas de morceaux postérieurs à 1550, j'admets volontiers que l'auteur habite Rome et connaît Rabelais qui lui a communiqué sa petite pièce vers ce temps-là. Quant à prétendre, comme l'a fait avec insistance M. Paul Lacroix, que le manuscrit est incontestablement de la main de Rabelais, c'est une invention de romancier, et je me considère comme absolument dispensé, jusqu'à nouvel ordre, de vous raconter les séniles amours de maître François avec la belle Léonora, courtisane romaine dont la personnalité est des plus obscures [1].

Mais revenons à l'entourage de du Bellay.

Comme Langey, le cardinal ouvre sa porte à tous inventeurs, mathématiciens, voire à ceux qui font profession d'astrologie judiciaire. Notez que ni du Bellay ni Rabelais n'ajoutent foi aux divinations, aux prétendus secrets. Rabelais n'est pas suspect à ce point de vue. Mais tous deux sont de l'école expérimentale : nous avons là-dessus le sentiment fort net de Pantagruel qui dit et répète, en plus d'un endroit, qu'il ne faut rien repousser aveuglément, en dépit de l'invraisemblance de la proposition [2]. C'est pourquoi le palais Sant' Apostolo ne fut pas fermé à Tiberio de la Rocqua, autrefois attaché à Langey et très estimé de Martin du Bellay ; messer Tiberio s'était fixé « en ce théâtre de Rome » où il étonnait tout le monde. Il se faisait fort notamment de délivrer de prison tout ami du cardinal, si étroitement enfermé qu'il fût, et cela sans nul bruit, à l'aide d'un breuvage qui endormirait les gardiens pour trois jours et d'une huile qui livrerait toutes les serrures. C'était singulier : mais pourquoi ne pas essayer? Qui savait si ce n'était pas l'embryon d'un nouvel exploit que Rabelais eût mis ensuite

---

1. Si cette Léonora était celle dont parle l'épigramme de du Bellay (p. 214), la « Léonora qui exalte le génie de maître François », le roman se corserait. Mais il n'y a là qu'une rencontre de prénoms, et si commune !

2. Notamment au Livre III, chap. XVI. Il blâme Darius, alors en Perse, d'avoir refusé audience à un marchand sinopien qui se prétendait inventeur d'un moyen de communiquer en cinq jours avec la Macédoine.

au compte de Pantagruel ? Loin de chasser messer Tiberio, le cardinal songea tout de suite au landgrave de Hesse que les Espagnols détenaient dans une forteresse, et dont Rabelais raconte le cas singulier au *Quatrième livre*. C'était là un de ces coups de main comme les aimait Langey. Si l'épreuve ne réussissait pas (elle ne fut pas tentée sur le landgrave), il serait toujours temps de la tenir pour ridicule[1].

D'Armagnac[2] habitait toujours Rome, voué comme toujours à l'antiquité grecque. En janvier 1548, il écrit au Roy : « Il y a environ trois ans qu'il pleut au feu roy de sainte memoire, envoyer un des miens à Constantinople et autres lieux de Grece, chercher et amasser des livres anciens pour l'accomplissement de sa Librairie ; il y a mis si bonne diligence qu'il en a arresté un grand nombre, et l'eust envoyé par delà, si les deniers que ledit Seigneur avoit ordonnez lui eussent esté delivrez. Parce, Sire, que ce seroit dommage de perdre si grand thrésor, à cause de si petite somme, j'en ay bien voulu donner cet advertissement à vostre Majesté..... M. de Mascon qui est auprès de vous a conduit cette affaire ; il vous en pourra donner plus certain advis et à moy declaration de ses commandemens. »

Parmi ses serviteurs, Rabelais comptait de vieux amis : d'abord Guillaume Philandrier, qui depuis 1533, était à d'Armagnac, en même temps que Guillaume Blanc, d'Albi, et le naturaliste Pierre Gilles. A Rodez, seul et sans conseils, Philandrier apprend l'architecture, embellit la cathédrale et dresse le plan de presque tous les édifices dont l'évêque se plaisait à orner la ville (on lui attribue la maison dite d'Armagnac sur la place de l'Olmet et la terrasse de l'Évêché).

A Venise, où il accompagna d'Armagnac, il se fait l'élève de Sébastien Serlio ; puis il obtient congé de son maître, et passe

---

1. Voyez la lettre de du Bellay à Châtillon ou à Guise. Mss. 5146.
2. D'Armagnac avait été fait cardinal en 1544.

à Rome, où il étudie sous Bramante. Non moins versé dans l'étude des auteurs anciens que dans la pratique nouvelle, il prépare des *Commentaires* sur Vitruve, prêts à paraître en 1541.

Rabelais fut heureux de retrouver Philandrier, comme lui grand clerc en toutes choses, disciple de Quintilien qu'il avait

GEORGES, CARDINAL D'ARMAGNAC.

annoté pour Gryphe en 1534, admirateur de Pline et de l'histoire naturelle. N'est-ce pas Philandrier qui fit avec d'Armagnac de si bizarres expériences sur les propriétés de certaines plantes, dans les bois de Spolète?

A l'imitation des anciens et pour vérifier la légende, M. de Rodez et Philandrier mangèrent et burent l'*amerina salis*, la plante qui calme le désir : ils se reposèrent sur des lits d'*agnus castus,* à l'instar des prêtresses de Cérès qui s'y couchaient pour émousser l'aiguillon de chair[1]. Était-ce une précaution contre les yeux profonds des courtisanes romaines? Le médecin Rondibilis leur avait-il conseillé, comme à Panurge[2], ce moyen de refréner la concupiscence?

J'imagine que Rabelais et Philandrier mirent le nez dans cet étonnant Héron d'Alexandrie qui, reprenant les théories d'Épicure et de Démocrite sur l'air, avait consacré aux *Pneumatiques* un livre où il décrivait toute une famille d'instruments curieux, entre autres l'œolopile et ses dérivés. Rien de plus facile que de reconstruire la figure et l'instrument[3], et c'est, je crois, ce que firent nos deux savants. Ainsi ils devançaient Papin et Salomon de Caus; avec Héron, ils avaient conscience de la vapeur considérée comme force motrice.

Panurge, au chapitre 44 du *Quart livre* : « *Comment petites pluies abattent les grands vents* », fait une allusion — ordurière, selon sa tendance — à la « magistrale Œolopyle » de la femme Quelot. L'homme de science reprenant bientôt le dessus, Rabelais nous explique le mot dans sa *Briefve declaration d'aucunes dictions plus obscures* : « Œolopyle, porte d'Æolus. C'est un instrument de bronze clous, onquel est un petit pertuys, par

---

1. Voyez l'édition de Vitruve, chez Jean de Tournes, 1552, revue et corrigée par Philandrier.

2. Rondibilis, qui pour le nom est peut-être Rondelet, mais qui, pour la recette, est assurément Rabelais, mentionne les propriétés anti-aphrodisiaques de l'*amerina salis* et de l'*agnus castus* ou *vitex*. L'*amerina salis* est une sorte d'osier qui tire son étymologie de la ville d'Amerie en Ombrie. C'est l'*amarino* des Provençaux. Le vitex est autrement dit *agnus castus* ou gatilier. Il y a ; « amerine saule » dans le texte de Rabelais, et des éditeurs maintiennent une virgule entre les deux mots. Elle est à supprimer, « amerine saule » n'étant là que pour *amerina salis*.

3. Alessandro Giorgi, d'Urbin, un des premiers traducteurs d'Héron en langue vulgaire, a donné la figure de l'œolopile. (*Spiritali di Herone*, Urbin, 1592, in-4°.)

Cette figure, nous la retrouvons dans les *Mathematicorum Veterum Opera* (Paris, ex typographia regia, 1693, in-fol., p. 199), et nous la reproduisons d'après ce recueil.

Nous aurions pu reproduire de même une autre figure correspondant à une expérience analogue :

« Au-dessous d'une chaudière qui renferme de l'eau et qui est fermée à sa partie supérieure, on allume du feu. Du couvercle part un tube qui s'élève verticalement et à l'extrémité duquel se trouve, en communication avec lui, un hémisphère creux. En plaçant une boule légère dans cet hémisphère, il arrivera que la vapeur de la chaudière montant à travers le tube soulèvera la oule de manière qu'elle reste suspendue. »

lequel si mettez eau et l'approchez du feu, vous voirez sortir vent continuellement. Ainsi sont engendrés les vents en l'air et les ventosités es corps humains par eschauffemens ou concoction

GUILLAUME PHILANDRIER.

commencée non parfaite, comme expose Cl. Galen. Voyez ce qu'en a escrit nostre grand amy et seigneur M. Philander, sus le premier livre de Vitruve[1]. » L'ami Jean Martin avait flairé

1. « *Id autem verum esse ex Æolipylis æreis licet aspicere. Æolipylæ (ita enim scribendum)*

de même : « Œolopiles sont boules creuses propres à souffler feu[1]. »

Avec Philandrier et Cornillon, évêque de Vabres, d'Armagnac avait également dans sa maison de Rome un jeune gentilhomme bazadois, nommé Pierre de Paschal, lequel, tout plein d'humeur gasconne, essayait de se pousser dans les lettres et dans l'éloquence. Promettant beaucoup et tenant peu, Pierre Paschal aurait abusé tout le monde, au dire de Pasquier et de Phyllarque, en leurs *Lettres*, et de Turnèbe dans une satire restée célèbre : ce qui est plus surprenant, c'est qu'il en ait imposé à des esprits comme d'Armagnac, Joachim du Bellay et Ronsard. J'aime mieux croire que la mort l'emporta trop tôt et avant qu'il pût donner sa mesure[2]. Toutefois il était bon orateur en langue latine et suffisamment versé dans la jurisprudence : la harangue qu'il prononça sur les *Lois*, en recevant ses grades de droit à Saint-Eustache de Rome, le désigna pour porter la parole dans une affaire qui passionnait tous les Français de séjour en Italie. Un compatriote, Jean de Mauléon, neveu de Jean, évêque de Comminges, venait d'être assassiné à l'Université de Padoue, dans des circonstances tragiques. Des forcenés, craignant son influence dans l'élection du recteur, avaient fait l'assaut de sa demeure en pleine nuit ; l'ambassadeur de France, les cardinaux, d'Armagnac le premier, pressaient le jugement et la punition des coupables.

Ce fut Paschal que les Mauléon choisirent pour avocat[3]. Au

dictæ quasi αἰόλου πύλαι, id est æoli portæ, qua figura quave materia fiant, non in magno discrimine posuero, dum cavæ sint exiguumque habeant foramen per quod infusa aqua dum ad ignem collocatæ fervere cœperint, tantisper flatum efficiant, quoad quicquid intus habent humoris, sic fervore exhaustum et in fumum resolutum, sit efflatum. » (*Annotationes in Vitruvium*, Livre Ier, chap. VI.)

1. Édition de Vitruve, déjà citée, 1546, in-fol.
2. Il mourut à Toulouse en 1565, âgé de quarante-trois ans.
3. Il devait cette marque de confiance non seulement à son talent, mais encore à ses relations avec la famille de la victime, notamment avec Pierre de Mauléon de Durban à qui il apprend (janvier 1548) la mort du cardinal Sadolet, arrivée en novembre précédent.

mois de septembre 1548 il quitte Rome, s'embarque à Ancône pour Venise, malgré la tempête qui bouleverse tous ses papiers, et confie à Paul Manuce l'impression du beau plaidoyer qu'il avait prononcé contre les meurtriers de Mauléon devant le sénat vénitien[1]. Son premier soin fut de l'envoyer à ses amis de Rome,

L'ŒOLOPILE.

pour qui il utilisait son séjour à Venise : Antoine du Moulin avait découvert un manuscrit de Vitruve offrant des leçons qui différaient des éditions imprimées. Vite il en avise Philandrier,

---

1. Petri Paschalii, *Adversus Joanni Maulii parricidas Actio in Senatu Veneto recitata; Oratio de Legibus*, etc. (Lyon, Sébastien Gryphe, 1548, in-8°.) La dédicace à d'Armagnac est de septembre 1548, Venise, et la première édition parut chez Paul Manuce.

avec des souvenirs exprès pour Rabelais et Antoine Lange, un savant d'Amiens qui s'était fait connaître par plusieurs voyages en Orient[1]. Après quoi, il se prépare à rentrer en France, et, dès le mois d'octobre, il écrit à François de Boulliers qu'il compte passer par Turin où il ira saluer, de sa part, son frère Louis de Boulliers, évêque de Riez. Il lui enverra des nouvelles de France, et, en attendant, il le prie de faire ses compliments à Rabelais et à Jérôme Viconovanus[2].

1. « Tu omnibus amicis nominatim autem F. Rabelæso et Ant. Angelo S. D. Iterum vale. Venetiis, VI Id. Septembr. »
2. « Ego si quid in Gallia geretur quod putem te scire curare, faciam ut scias. Franc. Rabelæso et Hieronimo illi Viconovano a me salutem dices. Vale. Venetiis, V Calend. Oct. »

II

Plaintes de du Bellay à Charles, cardinal de Guise. — Le palais de du Bellay. — *État de sa maison.* — Fêtes données pour la naissance du duc d'Orléans, fils du roi (mars 1549). — *La Sciomachie* : relation de ces fêtes adressée par Rabelais à de Guise. — Course de taureaux. — Divertissements populaires. — Apothéose de Diane de Poitiers. — Banquet, bal et comédie. — Part d'organisation attribuée à Rabelais. — Jugements de du Bellay sur le connétable de Montmorency et la politique du roi. — Mort de Paul III. — Le cardinal de Guise à Rome. — Nostalgie et maladies de du Bellay. — Le Breton de Villandry. — Maître Jacques d'Angoulême. — Du Bellay, rappelé, se prépare à retourner en France. — Antiquailles.

ALGRÉ tant d'occupations et si diverses, du Bellay s'ennuie. Sa correspondance accuse une nostalgie profonde. Il est tour à tour susceptible ou résigné, irritable ou débonnaire, confiant ou vétilleux à l'extrême.

Le 2 janvier 1549, il raconte ses infortunes au cardinal de Guise dans une lettre impatiente et désespérée[1] :

« Depuis quatre ou cinq moys le pape me vouldroit autant hors du Consistoire que dedans (du Bellay luttait pied à pied contre l'élément espagnol du Consistoire) : toutte sa famille me a prins en hayne... Jugez, Mgr, si estant à Rome je doibz penser où je boirray et mangeray et touttefois si bien il m'est difficile de y pourvoir. Je vous assure que quand quelque malladie m'assault, pour petite quelle soyt, et qu'il me vient devant les yeulx que là ou je mourroys, ma maison, que feu M. de Langey laissa endebtée de trois mille livres et Mgr du Mans de plus de trente mille, seroyt par moy achevée de ruyner, car sur ma foy trente mille escus ne me sçauroyent acquitter, j'entre en telle mélancolie que quant j'ay esté huict jours sans prendre casse, les médecins m'en retrouvent tant qu'ils ne peuvent fournir a l'oster. A cette cause, je vous ressupplye, Mgr, que aussitost que les affaires du Roy le pourront porter

1. Mss. F. fr., 5149.

vous me tiriez d'icy affin que je puysse m'aller acquitter en mon mesnage, et cependant vouloir adviser s'il plairoyt audit Seigneur me faire ceste grace de me donner ung placet pour pouvoir disposer de l'evesché du Mans et de l'abbaye de Poligny en cas que me trouvasse en dangier : il demoureroit en sa disposition avec Saint Manules Bourdeaulx Paris Eschalley et Saint Vincent du Mans [1]... Si j'avoye cela en mains je disposeroye de ces deux sièges, à telles personnes que Sa Majesté s'en contenteroyt lesquelz prendroyent a leur charge d'acquitter mes debtes... Estant en ceste asseurance il me chauldroyt aussi peu de passer le pas quant Dieu me y appelleroyt que a ceux qui ont quatre vingts ans passés. »

Guise exploitait habilement du Bellay, il le couvrait de fleurs, mais ne le rappelait pas. Dans une lettre du 18 février 1549, il le remercie de la correspondance qu'il reçoit au sujet des négociations entamées à Rome et qui lui représentent « tant au vray non seulement les propos mais quasi les pensées de ceux qui négotient, dont le cahier que m'avez envoyé selon le faict de la Réformation porte si bon témoignage. » Il lui annonce la naissance du duc d'Orléans, fils puiné du Roi [2], et ajoute en post-scriptum : « Il me souvient que l'an passé vous aviez préparé quelques vers pour la naissance de notre petit prince, et combien qu'elle ait retardé, toutefoys lesquels vers n'en seront que meilleurs vous priant m'en envoyer une copie afin de les revoir. »

Du Bellay connaissait la nouvelle qui, le jour même de la délivrance de la reine (3 février), avait été colportée par les banques romaines et depuis confirmée par des courriers privés

---

1. Du Bellay avait été un des plus grands bénéficiaires de France, et, si obéré qu'il fût alors, il avait encore bien des moyens de battre monnaie avec ce qui lui restait. Je ne sais trop ce qu'il entend par Saint Manules et Eschalley : les variations de l'orthographe sont telles !

2. Ce prince, nommé Louis, mourut en bas âge, si bien que la plupart des historiens, l'ayant oublié dans la lignée royale, donnent à Charles IX le titre de « second fils de Henri II » qui revient à ce petit Louis d'Orléans.

venant de Lyon et de Ferrare. Il n'attendait pour la célébrer, avec l'ambassadeur d'Urfé, que la notification officielle, laquelle arriva le 1ᵉʳ mars, apportée par Alexandre Schivanoia, gentilhomme mantouan, spécialement dépêché par Henri II.

L'occasion était belle pour le cardinal de montrer que l'éloignement n'avait pas altéré sa fidélité. L'ambassadeur étant malade, c'est lui qui, avec Horace Farnese, duc de Castro, Robert Strozzi et M. de Maligny, arrêta le programme des fêtes magnifiques dont Rabelais a écrit la narration à de Guise.

Le palais de du Bellay, admirablement situé pour des jeux populaires, était en façade sur la longueur de la place Sant'-Apostolo, la plus belle et la plus vaste de Rome [1] après la place d'Agone (aujourd'hui Navone). Il n'y avait pas de vigne, et quand on voulait prendre le frais, le cardinal allait à Monte Melino dans une propriété que lui prêtait un vieux serviteur du pape Paul [2]. Mais le logis était ample et bien ordonné, avec le seul défaut d'entraîner un train énorme et très lourd au cardinal.

---

1. La très curieuse figure de Rome qui accompagne ce chapitre est empruntée à la *Cosmographie universelle*, de Sébastien Munster.

En voici la légende :

A. Le Chasteau Saint-Ange.
B. Le Palais du Pape.
C. L'Église S. Pierre.
D. La Colonne d'Antonus et vis à vis d'icelle Nostre Dame la rotunde.
E. La Colonne d'Adrian.
F. L'Arc de Septimius.
G. Le Temple de Paix ou devoit estre le grand Collyse, mais le lieu fust trop estroict.
H. Les Baings de Diocletien.
I. Le Pont de Sixte.

K. Le Capitolle.
L. L'Isle de Barthelemy juxte le pont de Sixte.
M. S. Jehan de Latran.
N. Les Conduictz pour mener l'eaue.
O. L'Arc de Tite et de Vespasien.
P. S. Suzanne.
Q. S. Marie de Populo.
R. S. Laurens.
S. S. Sebastian.
T. S. Vital.
V. La teste de bœuf.

2. Mss. 5146. Lorsque le cardinal revint à Rome en 1553, après la mort de Rabelais, il cessa d'habiter place Sant' Apostolo.

Il ne m'a pas été possible de déterminer l'emplacement qu'occupait le palais de du Bellay. On verra dans l'*État* ci-contre que Rabelais y avait son logement, avec une seconde personne, apothicaire, aide ou valet.

On en jugera par ce document qui équivaut à une description :

Nombre des personnes ord^res de la Maison de Monseigneur Jean, cardinal du Bellay.

« Premièrement :

Monseigneur et sa chambre.	v	5
Monsr de Maligny.	iij	3
Monsr le M^t.	iij	3
Monsr l'hofficial.	iiij	4
Monsr de Manne.	iij	3
Levesque Salcratz.	iij	3
Lescuyer d'Andigne.	ij	2
Fleury.	ij	2
Rabellais.	ij	2
Me Prothais.	ij	2
Le Caudataire.	ij	2
Vermissel et le Napolitain.	ij	2
Allemant.	iij	3
Les deux secret^res.	j	1
Les deux chappellains.	iij	3
Les joueurs de luc et cornet.	iij	3
Les deux petits chantres.	ij	2
La taille et haulte contre.	ij	2
Argentier.	ij	2
Contre rolleur.	ij	2
Paiges et leurs varletz.	ij	2
Estaffiers et lacais	vj	6
Fauconnier.	j	1
Me Noel.	j	1
Lhomme du fourier.	j	1
Sommelliers	v	5
Cuisiniers.	viij	8

Verdurier.	j	1
Pourvoieur.	j	1
Tailleur.	ij	2
Portier	ij	2
Boullangers	ij	2
Pallefreniers.	vij	7
Mulletiers et chartiers.	iij	3
Mareschal	j	1
Arquerol.	j	1
Celluy qui livre le foing.	j	1

Le M^e d'hostel de Mons. de Montpellier :
Cent iij personnes.
Party Monsr de Quanet. Party Monsr de Chasay.

  Ceulx qui ont portion de pain, vin et argent :
A Pierre Antoine de Peccy, iiij boucaltz de vin, jx pains
 et iiij pour sa pitance de chacun jour.
Au lavendier, deux boucaltz de vin, huit pains.
Au jardinier, deux boucaltz de vin, vij pains.
A Messere Andree Neapolitain, ung boucal de vin, vj pains.
A Messere Luc Neapolitain, ung boucal, vj pains.
A Muscadel, iij boucaltz, jx pains.

  Ceulx qui n'ont que du vin :
Le cardinal Pissan, ij bouteilles.
Le cardinal Sermonette, ij bouteilles.
Le cardinal Theatin, ij bouteilles.
Le cardinal Saint-Flour, ij bouteilles.
L'ambassadeur, ij bouteilles.
A Messere Ludovic, j bouteille.
A Macaree, j bouteille.
Au libraire du pape, j bouteille.
Au fiscal du pape, j bouteille.
Au secrete^{re} Raince, ij bouteilles, iij pains.
A Camille Ursain, ij bouteilles, ij pains.
Au comte Petillan, ij bouteilles.

Au seigneur de Mont Rotonde, ij bouteilles.
A la Trenite toutes les sepmaines, iiij boucaltz, vj pains.
A Romus, auditeur de Rotte, ij bouteilles.
Aux Relligieux de Saint Grisogon, toutes les sepmaines, iij boucaltz, vj pains.
A l'abbé Rousset, ij bouteilles.

Ces xliij bouteilles de vin et cinquante cinq pains qui sont donnez aux personnes ci dessus escripz par chacun jour, qui est par mois cinq bottes et demye de vin et six vingtz deux douzaines et demye de pain lui revient en argent a ij^c x sols par mois.

Plus est baillé en argent par chacun mois pour la pitance de Pierre Anthoine de Pecci, Messire André Olicio, Messire Lucques Castel, Muscadel, le Jardinier et le Lavendier, trente-cinq escus d'or qui vall. lxxv liv., qui est en somme par mois ij^c iiijx liv. oultre la despense de ciij personnes et xxxvij ch^{aulx} [1]. »

Mettant « quatre testes dans le mesme chapperon », du Bellay, Farnèse, Strozzi et Maligni s'arrêtèrent à l'idée d'une *Sciomachie*, « c'est-à-dire un simulacre et représentation de bataille tant par eau que par terre », le tout plein de flatteries pour Diane de Poitiers, la souveraine duchesse de Valentinois.

La naumachie, ou combat par eau, devait se faire le dimanche 10 mars au-dessus du pont Adrien, devant le jardin secret du château Saint-Ange : elle échoua, le Tibre ayant démesurément monté. Mais la sciomachie par terre, donnée le jeudi suivant sur la place Sant' Apostolo, fut un triomphe pour les organisateurs.

Laissons parler Rabelais :

« Devant la grand'porte d'iceluy palais (de du Bellay) fut, par le desseing du capitaine Jean Francisque de Monte Melino, érigé

---

1. Mss. F. fr., 5146, *in fine*.

DIANE DE POITIERS, DUCHESSE DE VALENTINOIS.

un chasteau en forme quadrangulaire, chascune face duquel estoit longue d'environ vingt et cinq pas, haute la moitié d'autant, comprenant le parapete. A chascun angle estoit erigé un tourrion à quatre angles acutz, desquelz les trois estoient projettez au dehors : le quatrieme estoit amorti en l'angle de la muraille du chasteau. Tous estoient percés pour canonnières par chascun des flans et angles interieurs en deux endroitz, savoir est, au dessous et au dessus du cordon. Hauteur d'iceux avecques leur parapete, comme de ladite muraille. Et estoit icelle muraille, pour la face principale qui regardoit le long de la place, et le contours de ses deux tourrions, de fortes tables et esses jusques au cordon : le dessus estoit de brique, pour la raison qu'orrez par cy après. Les autres deux faces avec leurs tourrions estoient toutes de tables et limandes. La muraille de la porte du palais estoit pour quarte face. Au coing de laquelle, par le dedans du chasteau, estoit erigée une tour quarrée de pareille matière, haute trois fois autant que les autres tourrions. Par le dehors tout estoit aptement joint, collé et peint, comme si fussent murailles de grosses pierres entaillées à la rustique, telle qu'on voit la grosse tour de Bourges. Tout le circuit estoit ceint d'un fossé large de quatre pas, profond d'une demi toise et plus. La porte étoit selon l'advenue de la porte grande du palais, eslevée pour le machicoulis environ trois pieds plus haut que la muraille, de laquelle descendoit un pont levis jusques sus la contrescarpe du fossé.

« Au jour susdit, XIII de ce mois de mars, le ciel et l'air semblerent favoriser à la feste. Car l'on n'avoit de long temps veu journée tant claire, serene et joyeuse comme icelle fut en toute sa durée. La frequence du peuple estoit incroyable. Car, non seulement les seigneurs reverendissimes cardinaux, presque tous les evesques, prelatz, officiers, seigneurs et dames et commun peuple de la ville y estoient accouruz, mais aussi des terres circunvoisines à plus de cinquante lieues à la ronde

estoient convenuz nombre merveilleux de seigneurs, ducz, comtes, barons, gentilzhommes, avecques leurs femmes et familles, au bruit qui estoit couru de ce nouveau tournoy, aussi qu'on avoit veu ès jours précédens tous les brodeurs, tailleurs, recameurs, plumaciers et autres de telz mestiers employez et occupez à parfaire les accoustrements requis à la feste. De mode que, non les palais, maisons, loges, galeries et échaffautz seulement estoient pleins de gens en bien grande serre, quoy que la place soit des plus grandes et spacieuses qu'on voye, mais aussi les toitz et couvertures des maisons et eglises voisines. Au milieu de la place pendoient les armoiries de mondit seigneur d'Orléans, en bien grande marge, à double face, entournoyées d'un joyeux feston de myrtes, lierres, lauriers et orangiers, mignonnement instrophiées d'or clinquant, avec ceste inscription :

    Cresce, infans, fatis nec te ipse vocantibus aufer.

« Sur les xviii heures, selon la supputation du pays qui est entre une et deux après mydi, ce pendant que les combatans soy mettoient en armes, entrerent dedens la place les deux caporions Colonnois, avecques leurs gens embastonnez, assez mal en poinct. Puis survindrent les Suisses de la garde du Pape, avecques leur capitaine, tous armez à blanc, la pique au poing, bien en bon ordre, pour garder la place. Alors pour temporiser et esbattre l'assemblée magnifique, furent laschez quatre terribles et fiers taureaux. Les premier et second furent abandonnez aux gladiateurs et bestiaires, à l'espée et cappe. Le tiers fut combattu par trois grans chiens corses, auquel combat y eut de passetemps beaucoup. Le quart fut abandonné au long bois, savoir est picques, partusanes, halebardes, corsecques, espieuz Boulonnois, parce qu'il sembloit trop furieux, et eust peu faire beaucoup de mal parmy le menu peuple.

« Les taureaux desconfitz, et la place vuide du peuple jusques aux barrieres, survint le Moret, archibouffon d'Italie, monté sus un bien puissant roussin, et tenant en main quatre lances liées et entées dedans une, soy vantant de les rompre toutes d'une course contre terre. Ce qu'il essaya, fierement picquant son roussin, mais il n'en rompit que la poignée, et s'accoustra le bras en coureur buffonique. Cela fait, en la place entra, au son des fifres et tabours, une enseigne de gens de pied, tous gorgiasement accoustrez, armés de harnois presque tous dorez, tant picquiers qu'escoulpetiers [1], en nombre de trois cens et plus. Iceux furent suivis par quatre trompettes, et un estanterol de gens de cheval, tous serviteurs de sa Majesté, et de la part françoise, les plus gorgias qu'on pourroit souhaiter, nombre de cinquante chevaux et davantage. Lesquelz, la visiere haulsée, feirent deux tours le long de la place en grande alaigresse, faisans poppizer, bondir et penader leurs chevaux, uns parmy les autres, au grand contentement de tous les spectateurs. Puis se retirerent au bout de la place à gauche vers le monastere de Saint Marcel. D'icelle bande, pour les gens de pied, estoit capitaine le seigneur Astorre Baglion : l'enseigne duquel et escharpes de ses gens estoit de couleurs blanc et bleu. Le seigneur duc Horace estoit chef des hommes d'armes, desquelz voluntiers j'ay cy dessous mis les noms, pour l'honneur d'iceux.

« L'excellence dudit seigneur Duc.
« Paul Baptiste Fregose.
« Flaminio de Languillare.
« Alexandre Cinquin.
« Luca d'Onane.
« Theobaldo de la Molare.
« Philippe de Serlupis.
« Dominique de Massimis.
« P. Loïs Capisucco.
« P. Paule de la Cecca.
« Bernardin Piovene.
« Ludovic Cosciari.

1. *Escopettiers*, armés de l'escopette.

DÉCORATION DE LA PORTE SAINT-DENIS
à l'*Entrée de Henri II* (juin 1549).

« Jean Paule, escuyer de Son Excellence.
Tous en harnois dorez, montez sur gros coursiers, leurs pages montez sus genetz et chevaux turcs pour le combat à l'espée. »

Placée sous l'invocation de Diane chasseresse, la fête était la visible apothéose des amours royales : les organisateurs s'étaient inspirés des réjouissances par lesquelles on célébrait l'entrée de Henri II dans les cités françaises, avec cette circonstance atténuante qu'ici Catherine de Médicis n'était pas obligée de sourire à tout ce qui lui rappelait publiquement Diane de Poitiers, la vraie reine peut-être ! A Lyon, en septembre précédent, Diane accompagnée de ses nymphes était venue au-devant du roi, hors les portes de la ville. Plus loin, sur un arc triomphal une autre Diane l'attendait, assise, tenant son arc et un croissant, au centre d'un motif où les armes de France se mariaient à celles du roi et de la reine. Partout les décorateurs mêlaient à leurs improvisations les allégories chères à son cœur. Au moment même où *la Sciomachie* mettait en scène la déesse de la chasse avec ses attributs, trois grands artistes : Jean Cousin, maître peintre, Charles Dorigny, aussi maître peintre, et Jean Goujon, maître imagier et tailleur de figures, préparaient, pour *l'Entrée de Henri II à Paris* (16 juin 1549), une élégante et somptueuse féerie ! [1]

Suivons :

« La livrée de son Excellence estoit blanc et incarnat, laquelle pouvoit on voir ès habillemens, bardes, caparassons, pennaches, panonceaux, lances, fourreaux d'espées, tant des susdits chevaliers que des pages et estaffiers qui les suivoient en bon nombre. Ses quatre trompettes, vestus de casaquins de

---

[1]. On aura une très juste idée de la splendeur de ces décorations par les deux dessins que nous reproduisons d'après l'édition originale de l'*Entrée à Paris*. Le premier, c'est l'Arc-de-Triomphe de la porte Saint-Denis, dédié à la Force : les deux croissants que les deux colosses tenaient dans leurs mains avaient cinq pieds de diamètre.
Le second, c'est le plafond du pont Notre-Dame.
L'art italien n'a rien produit de plus charmant.

DÉCORATION DU PONT NOTRE-DAME
à l'*Entrée de Henri II* (juin 1549).

velours incarnat, descouppé et doublé de toille d'argent. Son Excellence estoit richement vestue sus les armes d'un accoustrement fait à l'antique, de satin incarnat broché d'or, couvert de croissans estoffés en riche broderie de toille et canetille d'argent. De telle parure estoient semblablement vestuz et couvers tous les hommes d'armes susdits, et leurs chevaux pareillement. Et n'est à obmettre qu'entre les susdits croissans d'argent à haut relief, par certains quadres estoient en riches broderies posées quatre gerbes recamées à couleur verde, autour desquelles estoit escrit ce mot, Flavescent : voulant signifier (selon mon opinion) quelque sienne grande esperance estre prochaine de maturité et jouissance.

« Ces deux bandes ainsi escartées, et restant la place vuide, soudain entra, par le costé droit du bas de la place, une compagnie de jeunes et belles dames richement atournées, et vestues à la nymphale, ainsi que voyons les nymphes par les monumens antiques. Desquelles la principale, plus eminente et haute de toutes autres, representant Diane, portoit sus le sommet du front un croissant d'argent, la chevelure blonde esparse sus les espaules, tressée sus la teste avec une guirlande de laurier, toute instrophiée de roses, violettes, et autres belles fleurs ; vestue, sus la sottane et verdugalle, de damas rouge cramoisi à riches broderies, d'une fine toille de Cypre toute battue d'or, curieusement pliée, comme si fust un rochet de cardinal, descendant jusques à my jambe, et, par dessus, une peau de leopard bien rare et precieuse, attachée à gros boutons d'or sus l'espaule gauche. Ses botines dorées, entaillées, et nouées à la nymphale, avec cordons de toille d'argent. Son cor d'ivoire pendant sous le bras gauche ; sa trousse, precieusement recamée et labourée de perles, pendoit de l'espaule droite à gros cordons et houppes de soye blanche et incarnate. Elle, en main droite, tenoit une dardelle argentée. Les autres nymphes peu differoient en accoustremens, exceptez qu'elles n'avoient le croissant d'argent sus le front. Chacune tenoit un arc turquois bien beau en main, et la trousse comme la premiere. Aucunes sus leurs rochetz portoient peaux d'africanes, autres de loups cerviers, autres de martes calabroises. Aucunes menoient des levriers en lesse, autres sonnoient de leurs trombes. C'estoit belle chose les voir. Ainsi soy pourmenans par la place, en plaisans gestes comme si elles allassent à la chasse, advint qu'une du troupeau, soy amusant à l'escart de la compagnie pour nouer un cordon de sa botine, fut prise par aucuns soudars sortiz du chasteau à l'improviste. A ceste prise fut horrible effroy en la compagnie. Diane hautement crioit qu'on la rendist, les autres nymphes pareillement en cris piteux et lamentables. Rien ne leur fut respondu par ceux qui estoient dedens le chasteau. Adoncques, tirans quelque nombre de flesches par dessus le parapete, et fierement menassans ceux du dedens, s'en retournerent portans face et gestes au retour autant tristes et piteuses comme avoient eu joyeuses et gayes à l'aller.

« Sus la fin de la place rencontrans son Excellence et sa compagnie, feirent ensemble cris effroyables. Diane luy ayant exposé la desconvenue, comme à son mignon et favorit, tesmoing la devise des croissans d'argent espars par ses accoustremens, requist aide, secours et vengeance, ce que luy fut promis et asseuré. Puis sortirent les nymphes hors la place. Adonc son Excellence envoye un heraut par devers ceux qui étoient dedens le chasteau, requerant la nymphe ravie luy estre rendue sus l'instant, et, en cas de refus ou delay, les menassant fort et ferme de mettre eux et la forteresse à feu et à sang. Ceux du chasteau feirent response qu'ilz vouloient la nymphe pour soy, et que, s'ilz la vouloient recouvrer, il failloit jouer des cousteaux et n'oublier rien en la boutique. A tant non seulement ne la rendirent à ceste sommation, mais la monterent au plus haut de la tour quarrée, en veue de la part foraine. Le heraut retourné, et entendu le refus, son Excellence tint sommairement conseil avecques ses capitaines. Là fut resolu de ruiner le chasteau et tous ceux qui seroient dedens.

« Auquel instant, par le costé droit du bas de la place entrerent, au son de quatre trompettes, fifres et tabours, un estanterol de gens de cheval et une enseigne de gens de pied, marchans furieusement, comme voulans entrer par force dedens le chasteau, au secours de ceux qui le tenoient. Des gens de pied estoit capitaine le seigneur Chappin Ursin, tous hommes galans, et superbement armés, tant picquiers que harquebousiers, en nombre de trois cens et plus. Les couleurs de son enseigne et escharpes estoient blanc et orangé. Les gens de cheval, faisant nombre de cinquante chevaux et plus, tous en harnois dorez, richement vestuz et enharnachez, estoient conduits par les seigneurs Robert Strossi et Maligni. La livrée du seigneur Robert, de son accoustrement sus armes, des bardes, capparassons, pennaches, panonceaux, et des chevaliers par luy conduits, des trompettes, pages et estaffiers, estoit des couleurs blanc, bleu, rouge et orangé. Celle du seigneur de Maligni, et des gens par luy conduits, était des couleurs blanc, rouge et noir. Et si ceux de son Excellence estoient bien et advantageusement montez et richement accoustrez, ceux cy ne leur cedoient en rien. Les noms des hommes d'armes j'ay icy mis à leur honneur et louenge.

« Le seigneur Robert Strossi.

« Le seigneur de Maligni.

« S. Averso de Languillare.

« S. de Malicorne le jeune.

« M. Jean Baptiste de Victorio.

« S. de Piebon.

« M. Scipion de Piovene.

« S. de Villepernay.

« Spagnino.

« Baptiste, picqueur du seigneur ambassadeur.

« Le cavalcador du seigneur Robert.

« Jean Baptiste Altoviti.

« S. de la Garde.

« Ces deux derniers ne furent au combat, parce que, quelques

LES THERMES DE DIOCLÉTIEN.

jours davant la feste, soy essayans dedens les Thermes de Diocletian[1] avecques la compaignie, au premier fut une jambe rompue, au second le poulce taillé de long. Ces deux bandes donc, entrans fierement en la place, furent rencontrées de son Excellence et de ses compagnies. Alors fut l'escarmouche attaquée des uns parmy les autres, en braveté honorable, sans toutesfois rompre lances ni espées, les derniers entrez tousjours soy retirans vers le fort, les premiers entrez toujours les poursuivans, jusques à ce qu'ilz furent près le fossé. Adonques fut tiré du chasteau grand nombre d'artillerie grosse et moyenne, et se retira son Excellence et ses bandes en son camp : les deux bandes dernieres entrerent dedens le chasteau.

« Cette escarmouche finie, sortit un trompette du chasteau, envoyé devers son Excellence, entendre si ses chevaliers vouloient faire espreuve de leurs vertus en monomachie, c'est à dire homme à homme contre les tenans. Auquel fut respondu que bien voluntiers le feroient. Le trompette retourné, sortirent hors le chasteau deux hommes d'armes ayans chascun la lance au poing et la visiere abbattue, et se poserent sur le revelin du fossé, en face des assaillans, de la bande desquelz pareillement se targerent[2] deux hommes d'armes, lance au point, visiere abbattue. Lors sonnans les trompettes d'un costé et d'autre, les hommes d'armes soy rencontrerent, piquans furieusement leurs dextriers. Puis, les lances rompues tant d'un costé comme d'autre, mirent la main aux espées, et soy chamaillerent l'un l'autre si brusquement que leurs espées volerent en pieces. Ces quatre retirez, sortirent quatre autres, et combatirent deux contre deux, comme les premiers, et ainsi consequemment combatirent tous les gens de cheval des deux bandes controverses.

« Ceste monomachie parachevée, ce pendant que les gens de pied entretenoient la retraite, son Excellence et sa compagnie, changeans de chevaux, reprindrent nouvelles lances, et, en troupe,

---

1. Du Bellay avait-il acheté déjà les Thermes de Dioclétien dans lesquels il finit sa vie ?
2. La *targe* était une sorte de bouclier.

se presenterent devant la face du chasteau. Les gens de pied, sus le flanc droit, couvers d'aucuns rondeliers [1], apportoient eschelles, comme pour emporter le fort d'emblée, et jà avoient planté quelques eschelles du costé de la porte, quand du chasteau fut tant tiré d'artillerie, tant jetté de mattons [2], micraines, potz et lances à feu, que tout le voisinage en retondissoit, et ne voyoit on autour que feu, flambe et fumée, avec tonnoirres horrifiques de telle canonnerie. Dont furent contraints les forains soy retirer et abandonner les eschelles. Quelques soudars du fort sortirent souz la fumée, et chargerent les gens de pied forains, de maniere qu'ilz prindrent deux prisonniers. Puis, suyvans leur fortune, se trouverent enveloppez entre quelque esquadron des forains, caché comme en embuscade. Là, craignans que la bataille ensuivist, se retirent au trot, et perdirent deux de leurs gens, qui furent semblablement emmenez prisonniers. A leur retraite sortirent du chasteau les gens de cheval, cinq à cinq par ranc, la lance au poing. Les forains de mesme se presenterent, et rompirent lances en tourbe, par plusieurs courses, qui est chose grandement perilleuse. Tant y a que le seigneur de Maligni, ayant fait passe sans attainte contre l'escuyer de son Excellence, au retour le choqua de telle violence qu'il rua par terre homme et cheval. Et en l'instant mourut le cheval, qui estoit un bien beau et puissant coursier. Celuy dudit S. Maligni resta espaulé.

« Le temps pendant qu'on tira hors le cheval mort, sonnerent en autre et plus joyeuse harmonie les compagnies des musiciens, lesquelz on avoit posé en divers eschaffautz sus la place, comme hautboys, cornetz, sacqueboutes, flutes d'Allemans, doucettes, musettes et autres, pour esjouir les spectateurs par chascune pose du plaisant tournoy. La place vuidée, les hommes d'armes tant d'un costé comme d'autre, le S. de Maligni monté sur un genet frais, et l'escuyer sus un autre (car peu s'estoient blessez), laissans les lances, combattirent à l'espée en tourbe les uns

---

1. *Rondeliers*, armés de rondelles ou rondaches.
2. *Mattoni*, carreaux.

parmi les autres, assez felonnement, car il y eut tel qui rompit trois et quatre espées; et, quoy qu'ilz fussent couvers à l'advantage, plusieurs y furent désarmés.

« La fin fut qu'une bande de harquebousiers forains chargerent à coups d'escoulpettes les tenans, dont furent contraintz soy retirer au fort, et mirent pied à terre. Sus ceste entrefaite, au son de la campanelle du chasteau, fut tiré grand nombre d'artillerie, et se retirerent les forains, qui pareillement mirent pied à terre, et delibererent donner la bataille, voyans sortir du fort tous les tenans, en ordre de combat. Pourtant prindrent un chacun la picque mornée[1] en poing, et, les enseignes desployées, à desmarche grave et lente se presenterent en veue des tenans, au seul son des fifres et tabours, estans les hommes d'armes en premiere filiere, les harquebousiers en flanc. Puis, marchans oultre encore quatre ou cinq pas, se mirent tous à genouilz, tant les forains que les tenans, par autant d'espace de temps en silence qu'on diroit l'oraison dominicale.

« Par tout le discours du tournoy precedent fut le bruit et applausion des spectateurs grand en toute circumference. A ceste precation fut silence en tous endroits, non sans effroy, mesmement des dames et de ceux qui n'avoient autre fois esté en bataille. Les combattans, ayans baisé la terre, soudain au son des tabours se leverent, et, les picques baissées, en hurlemens espouventables vinrent à joindre : les harquebousiers de mesme sus les flans tiroient infatigablement. Et y eut tant de picques brisées que la place en estoit toute couverte. Les picques rompues, mirent la main aux espées, et y eut tant chamaillé à tors et à travers qu'à une fois les tenans repoulserent les forains plus de la longueur de deux picques, à l'autre les tenans furent repoulsez jusques au revelin des tourrions. Lors furent sauvez par l'artillerie tirant de tous les quantons du chasteau, dont les forains se retirerent. Ce combat dura assez longuement. Et y fut donné quelques esraflades de picques et espées, sans courroux

---

1. *Morne*, anneau dont on garnissait le bout de la lance courtoise.

toutesfois n'affection mauvaise. La retraite faite tant d'un costé comme d'autre resterent en place, à travers les picques rompues et harnois brisés, deux hommes morts : mais c'estoient des hommes de foin, desquelz l'un avoit le bras gauche couppé, et le visage tout en sang : l'autre avoit un transon de picque à travers le corps souz la faute du harnois. Autour desquels fut recreation nouvelle, ce pendant que la musique sonnoit. Car Frerot, à tout son accoustrement de velours incarnat fueilleté de toile d'argent, à forme d'æsles de souris chauve, et Fabritio [1] aveecques sa couronne de laurier, soy joingnirent à eux. L'un les admonestoit de leur salut, les confessoit et absolvoit comme gens morts pour la foy : l'autre les tastoit aux goussetz et en la braguette pour trouver la bourse. Enfin, les descouvrans et despouillans, montrerent au peuple que ce n'estoient que gens de foin. Dont fut grande risée entre les spectateurs, soy esbahissans comment on les avoit ainsi là mis et jettez durant ce furieux combat.

« A ceste retraite, le jour esclarci et purgé des fumées et parfums de la canonnerie, apparurent au mylieu de la place huit ou dix gabions en ranc, et cinq pieces d'artillerie sus roue, lesquelles durant la bataille avoient esté posées par les canonniers de son Excellence. Ce qu'estant apperceu par une sentinelle monté sus la haute tour du chasteau, au son de la campanelle fut fait et ouy grand effroy et hurlement de ceux du dedens. Et fut lors tiré tant d'artillerie par tous les endroits du fort, et tant de sciopes [2], fusées en canon, palles [3] et lances à feu vers les gabions posez, qu'on n'eut point ouy tonner du ciel. Ce nonobstant, l'artillerie posée derriere les gabions tira furieusement par deux fois contre le chasteau, en grand espouventement du peuple assistant. Dont tomba par le dehors la muraille jusques au cordon, laquelle, comme ay dit, estoit de brique. De

---

1. Nous ne savons rien de ce personnage ni du précédent.
2. Coups de feu.
3. Boulets.

ce advint que le fossé fut remply. A la cheute, resta l'artillerie du dedens descouverte. Un bombardier tomba mort du haut de la grosse tour : mais c'estoit un bombardier de foin revestu. Ceux du dedens adonques commencerent à remparer derrière ceste breche, en grand effort et diligence. Les forains ce pendant feirent une mine par laquelle ilz mirent le feu en deux tourrions du chasteau, lesquelz, tombans par terre à la moitié, feirent un bruit horrible. L'un d'iceux brusloit continuellement : l'autre faisoit fumée tant hydeuse et espaisse qu'on ne pouvoit plus voir le chasteau.

« Derechef fut faite nouvelle batterie, et tirerent les cinq grosses pièces par deux fois contre le chasteau. Dont tomba toute l'escarpe de la muraille, laquelle, comme ay dit, estoit faite de tables et limandes [1]. Dont, tombant par le dehors, feit comme un pont tout couvrant le fossé jusques sur le revelin. Resta seulement la barriere et rempart que les tenans avoient dressé. Lors, pour empescher l'assaut des forains, lesquelz estoient tous en ordonnance au bout de la place, furent jettées dix trombes de feu, canons de fusées, palles, mattons et potz à feu, et du rempart fut jetté un bien gros ballon en la place, duquel à un coup sortirent trente bouches de feu, plus de mille fusées ensemble, et trente razes [2]. Et couroit ledit ballon parmy la place, jettant feu de tous costez, qui estoit chose espouventable : fait par l'invention de messer Vincentio, romain, et Francisque, florentin, bombardiers du Père Saint. Frerot, faisant le bon compagnon, courut après ce ballon, et l'appellant gueulle d'enfer et teste de Lucifer ; mais, d'un coup qu'il frappa dessus avecques un transon de picque, il se trouva tout couvert de feu, et crioit comme un enragé, fuyant deçà et delà, et bruslant ceux qu'il touchoit. Puis devint noir comme un Ethiopien, et si bien marqué au visage qu'il y paroistra encores d'icy à trois mois.

1. Pièce de bois, plate, étroite et peu épaisse.
2. Fusées volantes.

« Sus la consommation du ballon fut sonné à l'assaut, de la part de son Excellence, lequel, avecques ses hommes d'armes à pied, couvers de grandes targes d'arain doré à l'antique façon, et suivi du reste de ses bandes, entra sus le pont susdit. Ceux du dedens luy feirent teste sus le rempart et barriere. A laquelle fut combatu plus felonnement que n'avoit encores esté. Mais par force en fin franchirent la barriere, et entrerent sus le rempart. Auquel instant l'on veit sus la haute tour les armoiries de sa Majesté, enlevées avecques festons joyeux. A dextre desquelles, peu plus bas, estoient celles de mon seigneur d'Orléans : à gauche, celles de son Excellence. Qui fut sur les deux heures de nuict. La nymphe ravie fut présentée à son Excellence, et sus l'heure rendue à Diane, laquelle se trouva en place comme retournant de la chasse.

« Le peuple assistant, grans et menuz, nobles et roturiers, reguliers et seculiers, hommes et femmes, bien au plein esjouis, contens et satisfaits, firent applausement de joye et alaigresse, de tous costez, à haute voix crians et chantans : Vive France, France, France ! vive Orléans ! vive Horace Farnese ! Quelques uns adjoustèrent : Vive Paris ! vive Bellay ! vive la coste de Langey ! Nous pouvons dire ce que jadis l'on chantoit à la denonciation des jeuz seculares : Nous avons veu ce que personne en Rome vivant ne veit, personne en Rome vivant ne verra.

« L'heure estoit jà tarde et opportune pour souper, lequel, pendant que son Excellence se désarma et changea d'habillemens, ensemble tous les vaillans champions et nobles combattans, fut dressé en sumptuosité et magnificence si grande, qu'elle pouvoit effacer les celebres banquetz de plusieurs anciens empereurs romains et barbares, voire certes la patine[1] et cuisinerie de Vitellius, tant celebrée qu'elle vint en proverbe, au banquet duquel furent servies mille pièces de poisson. Je

1. De *patina*, plat.

ne parleray point du nombre et rares especes des poissons icy serviz, il est par trop excessif. Bien vous diray qu'à ce banquet furent servies plus de mille cinq cens pieces de four, j'entends patez, tartes et dariolles. Si les viandes furent copieuses, aussi furent les beuvettes numereuses. Car trente poinsons de vin et cent cinquante douzaines de pain de bouche ne durerent gueres, sans l'autre pain mollet et commun. Aussi fut la maison de mon dit Seigneur Reverendissime ouverte à tous venans, quelz qu'ilz fussent, tout iceluy jour.

« En la table premiere de la salle moyenne furent comptez douze cardinaux, savoir est :

« Le reverendissime cardinal Farnese.

« R. C. de Saint-Ange.

« R. C. Sainte Flour.

« R. C. Sermonette.

« R. C. Rodolphe.

« R. C. du Bellay.

« R. C. de Lenoncourt.

« R. C. de Meudon.

« R. C. d'Armignac.

« R. C. Pisan.

« R. C. Cornare.

« R. C. Gaddi.

« Son Excellence, le seigneur Strossi, l'ambassadeur de Venise ; tant d'autres evesques et prelatz.

« Les autres salles, chambres, galleries d'icelluy palais estoient toutes pleines de tables servies de mesmes pain, vin et viandes. Les nappes levées, pour laver les mains furent presentées deux fontaines artificielles sus la table, toutes instrophiées de fleurs odorantes, avecques compartimens à l'antique. Le dessus desquelles ardoit de feu plaisant et redolent, composé d'eau ardente musquée. Au dessouz, par divers canaux sortoit eaue d'Ange, eaue de Naphe, et eaue Rose. Les graces dites en musique honnorable, fut par Labbat[1] prononcée avec sa grande lyre l'ode que trouverez icy à la fin, composée par mon dit Seigneur Reverendissime.

« Puis, les tables levées, entrerent tous les seigneurs en la

ESTAMPE
tirée des *Grotesques* de du Cerceau (1550).

salle majour, bien tapissée et atournée[2]. Là cuidoit on que fust jouée une comedie : mais elle ne le fut parce qu'il estoit plus de minuict. Et, au banquet que mon Seigneur Reverendissime

---

1. Nous ne savons rien de ce personnage, qui déclama l'*Ode saphique* dont Rabelais rapporte le texte à la fin de *la Sciomachie*, mais il devait jouir d'une certaine notoriété en France, puisque Rabelais se contente de le nommer au cardinal de Guise.

2. Les *grotesques* étaient fort à la mode dans les décorations intérieures : Æneas Vico en avait inventé de fort ingénieuses dont du Cerceau s'inspira plus tard.

cardinal d'Armignac avoit fait auparavant en avoit esté jouée une, laquelle plus facha que ne pleut aux assistans, tant à cause de sa longueur et mines bergamasques assez fades, que pour l'invention bien froide et argument trivial. En lieu de comédie, au son des cornetz, hautzbois, saqueboutes, etc., entra une compagnie de matachins nouveaux, lesquelz grandement delecterent toute l'assistance. Après lesquelz furent introduites plusieurs bandes de masques, tant gentilzhommes que dames d'honneur, à riches devises et habillemens sumptueux. Là commença le bal, et dura jusques au jour, lequel pendant, mes dits Seigneurs Reverendissimes, Ambassadeurs et autres Prelatz soy retirerent en grande jubilation et contentement.

« En ces tournoy et festin je notay deux choses insignes. L'une est qu'il n'y eut noise, débat, dissention ne tumulte aucun : l'autre que, de tant de vaisselle d'argent, en laquelle tant de gens de divers estatz furent servis, il n'y eut rien perdu n'esgaré. Les deux soirs subsequens furent faits feuz de joye en la place publique, devant le palais de mon dit Seigneur Reverendissime, avecques force artillerie, et tant de diversitez de feuz artificielz que c'estoit chose merveilleuse, comme de gros ballons, de gros mortiers jettans par chacune fois plus de cinq cens sciopes et fusées, de rouetz à feu, de moulins à feu, de nues à feu pleines d'estoilles coruscantes, de sciopes en canon, aucunes pregnantes, autres reciprocantes, et cent autres sortes. Le tout fait par l'invention dudit Vincentio, et du Bois le Court, grand salpetrier du Maine [1]. »

Les lettres de Rabelais excitèrent beaucoup de curiosité, non seulement à la Cour, mais encore dans le peuple, pour qui elles parurent, réduites aux grandes lignes et purgées des mots difficiles. Dès le 15 avril, deux libraires de Paris, Jean André et Gilles Corrozet obtenaient permission d'imprimer et

---

1. Je ne vois pas d'artificier marqué dans l'*État de la maison de du Bellay*.

vendre deux réductions de *la Sciomachie*, l'une gothique in-16, l'autre en caractères ronds in-8 ; toutes deux intitulées : *La Magnificence des triumphes faictz à Rome, pour la nativité de Monseigneur le duc d'Orléans, second filz du Roi tres chrestien*

La Sciomachie & fe-
STINS FAITS A ROME
au Palais de mon seigneur reuerendissime Cardinal du Bellay, pour l'heureuse naissance de mon seigneur d'Orleans.

Le tout extraict d'vne copie des lettres escrites à mon seigneur le reuerendissime Cardinal de Guise, par M. François Rabelais docteur en medicine.

A LYON,
PAR SEBASTIEN GRYPH.
M. D. XLIX.

LA SCIOMACHIE.
Fac-similé du titre de l'édition originale.

Henry deuxiesme de ce nom ; toutes deux présentées comme traduites de l'italien et originairement adressées sous les initiales A. B., à l'illustrissime et reverendissime cardinal de Ferrare.

Point n'est besoin de les examiner longuement pour voir

qu'elles s'appuient uniquement sur le texte de Rabelais, auquel le prétendu correspondant du cardinal de Ferrare n'ajoute rien d'inédit, sinon qu'au banquet donné aux cardinaux et seigneurs, du Bellay « fit publiquement acoustrer les armoiries de France avec les lis et les serpents du duché de Millan. »

Rabelais se tait absolument sur la part qu'il a pu prendre à l'organisation de *la Sciomachie,* mais Leroy, dans les *Elogia Rabelæsina,* montre moins de réserve. Et il nous apporte à ce sujet des renseignements qu'on ne trouve pas ailleurs. Il paraît que les idées décoratives suggérées par Rabelais aux artificiers étonnèrent, même au pays des feux d'artifice.

Feux de joie, dragons vomissant des flammes et tournoyant dans les airs, monstres marins sortant du feu comme s'ils émergeaient de l'onde; salamandres jouant dans le feu comme dans leur élément naturel; figures d'hommes armés s'entrechoquant et s'évanouissant dans des globes enflammés; aigles s'envolant des bûchers et se perdant au milieu des nuages; innombrables étoiles montant aux cieux et retombant en lumineuse poussière (chandelles romaines), ce fut un spectacle éblouissant avec une apothéose plus éblouissante encore. Au-dessus des feux éteints, on vit apparaître un immense ouvrage en papier; c'était un panorama illuminé de la ville de Rome, témoin de ces merveilles; au faîte du Vatican se dressait en robe blanche le Saint-Père tenant de la main droite une branche d'olivier doré; de la gauche, il lançait la foudre papale, signifiant à la foule l'ordre de se retirer.

Mais le bon fut quand les convives du cardinal, alléchés par la somptuosité du banquet, portèrent la main sur les premiers plats. Quoiqu'ils fussent à jeun et en appétit, ils ne purent mordre à rien. C'était des plats imités à plaisir avec de la cire peinte. Sur la foi de leurs yeux ils avaient cru à des mets savoureux, à des poissons, à des volailles de toute sorte. Il y eut un instant de surprise pendant lequel on cria au miracle et à la supercherie. Mais du Bellay fit cesser une mystification où le ventre ne trouvait pas le même profit que les yeux. On servit les vrais plats, on remplit les vraies coupes. Après le banquet, on admira les évolutions d'automates qui donnaient l'illusion de la vie, — deux siècles avant Vaucanson, — et dont plusieurs émettaient des sons agréables. « Ah! Monseigneur, laissez-nous Rabelais, votre magicien », disaient les seigneurs de Rome, et du Bellay de répondre : « Il est à moi, je le garde, c'est un vieux Français que je veux rendre à la France [1]. »

La relation de *la Sciomachie* [2] produisit son effet à la Cour

[1]. C'est Leroy qui rapporte cette anecdote. J'y ajoute ces deux-ci dont Rabelais serait le héros, au dire d'Étienne Tabourot, et qui donneraient une faible idée de son esprit, si elles étaient vraies, mais il y a peu d'apparence :

« Rabelais, médecin domestique d'un Cardinal, voyant que l'on avoyt servi au disné de son maistre une lamproye rostie, frappa (suivant son ordinaire) d'une baguette sur le bord du plat en disant : *duræ digestionis*. Ce qu'ayant veu et ouy le Cardinal, qui aymoit sa santé, fist couler le plat et la lamproye sans y toucher, jusques au bas de la table où Rabelais se mettoit après que chacun estoit assis : lequel, sans craindre que la lamproye fut de *dure digestion*, en fit si bonne chère qu'il la mangea toute. A quoy le cardinal ayant pris garde, luy dit : « Comment, « Rabelais, vous m'avez dit que cette lamproye étoit *duræ digestionis*, et toutesfois vous l'avez « toute mangée? — Pardonnez-moi, Monseigneur, dit Rabelais, je vous ay seulement montré, » frappant sur ce plat d'argent, qu'il estoit *duræ digestionis*, mais je n'ay pas entendu parler de « la lamproye qui estoit très bonne. — Vous pouvez répondre seul de sa bonté, dit le Cardinal, « aussi bien que le curé de Bourg faisoit en la recommandace pour prier pour deffunct Jean « Petit « qui avoit fourny vingt ans durant de vin aux messes de paroisse; et qui asseuroit qu'il « avoit toujours baillé du meilleur de sa cave. » Car personne n'eut sceu accertener de la bonté « du vin que ce curé, luy seul disant la grand'messe; et autre que vous aussy, Rabelais, ne peut « parler de la bonté de la lamproye que vous seul avez mangée. »

(*Bigarrures* du seigneur des Accords (chap. des *Équivoques par amphibologies ou entends-trois*. Édit. de 1662). Cette anecdote n'est point d'Étienne Tabourot : c'est une adjonction et on ne la trouve pas dans l'édition originale de 1582, non plus que cet autre *entends-trois* :

« Rabelais étant à Rome avec le Cardinal son maistre, entendit un Protonotaire italien se moquer des françois et leur dire : *Ouyn, Ouyn, Monsieur*. Or ce protonotaire étant prié de disner chez le Cardinal, se rencontra assis à table fort proche de Rabelais, lequel ayant devant lui un quartier de chevreau, en fit les honneurs et en présenta à tous ceux qui estoient en table, hors au Protonotaire; de quoy un aumosnier s'apercevant dit à Rabelais : « Vous avez oublié Monsieur le « Protonotaire et ne luy avez point donné de chevreau. — Je n'avois garde, dit Rabelais, de peur « que par adventure il n'eust mangé de son propre fils. » Si cet Italien avoit appelé par entends-trois les françois *pourceaux* par ces mots *ouyn, ouyn*, pour *ouy, ouy*, il reconnut qu'on lui donnoit son change et que par un autre entends-trois, on l'appelait *becco cornuto*. »

On trouve encore deux autres *entends-trois* (p. 127) sur Rabelais, tous de la même force.

[2]. Imprimée à Lyon. Séb. Gryphe, 1549, in-8°. On voit par la première phrase de cette relation que Rabelais, au moins en ce temps-là, faisait partir l'année du 1er janvier, à la mode romaine, et non de Pâques.

et fut mise, à n'en pas douter, sous les yeux du roi : « Ledit Seigneur, écrit Guise à du Bellay, ayant sceu l'alegresse et triomphe qui s'est faicte a Rome pour la naissance de Monsieur d'Orléans son second fils en a receu un tres grand plaisir et merveilleux contentement qui d'autant plus lui a esté aggreable que vous en avez esté l'autheur... et croy quant l'occasion vous en pourrez obtenir du roy recompense condigne... J'avoys faict ordonner la somme de cinq cens escutz pour estre distribués aux poetes dont vous m'avez touché par un article de l'une de vos lettres. A quoy je pensoys qu'on eust ja sattisfaict ainsy que l'on m'avait promis et estimoys que ce fust assez de l'avoir faict commander une foys, mais j'ay trouvé que non, dont je suys esté bien marry. Je ne fauldray dedans quatre ou cinq jours estant à Saint Germain de les faire delivrer et mettre aux mains de vos hommes et pour l'advenir j'en seray plus soigneux et y donneray meilleur ordre que je n'ay faict à ceste foys, de sorte que ce que vous auray promis, et vous pour moy, vous le pourrez tenir pour seur et certain [1]. »

En même temps que le cardinal de Guise se rapproche de du Bellay, le connétable s'en éloigne et l'induit, par des marches savantes, en suspicion d'infidélité auprès du roi.

Du moins c'est au connétable qu'il attribue les calomnies répandues contre lui. Dans une lettre magistrale à Jean Moreau, il peint librement, avec une verve et une hauteur de vues singulières, l'état politique de la France sous le gouvernement de Montmorency.

En Italie comme en Allemagne, il n'est bruit que de la faiblesse de Henri II et de l'impudence du connétable. Le roi est méprisé de son peuple, de sa noblesse et de son église. On ne le tient même pas pour roi, on le hait à mort, on dit de lui qu' « il n'a retenu de son père que le mauvais comme delices et nonchallance, mais que de hault nom et de gentil esprit il

---

1. La lettre est du 12 mai.

n'en a pas une goutte... il ne fait plus qu'aller en cappe parmy Paris furetant les putains par art du conestable qui est bien ayse d'endormir et luy et toute la jeunesse avec luy, afin qu'il ait plus beau jeu... Et si on me dit que l'estat du roy n'est pas fondé sur la reputation des estrangiers, je repondsque sy est, et que qui l'estime aultrement se trompe. Vray est que quand la mauvaise opinion est aussi au dedans du royaume c'est pour tout achever de paindre. Sur quoi je dis que toutes et quantes foys que le peuple de France a mesprisé son roy, il n'a jamais esté bien obey et a esté ledit peuple subject à s'esmouvoir en toutes mutations. Qu'on regarde toutes les histoyres passées, l'on le trouvera ainsy!... Voyans les commencemens que je vois des dits mespris et des mutinements, ils iront toujours prenans racine de plus en plus jusques à ce que le monde croye qu'il y a un roy, et encore diray davantage qu'il ne se trouvera jamais bien asseuré de son repos jusques à ce qu'il ait faict quelque acte de reputation et digne de la grandeur d'un roy de France comme en entreprise de guerre et victoire des ennemis ou chose semblable. La nation française a toujours esté ainsy faicte et sera tant qu'elle durera. Et quand je dis d'entreprises je ne parle point d'une entreprise d'Escosse, j'entens d'une où il ait esté en personne. Jugez si les choses estant sy mal menées du temps du feu roy, et y advenant les disgraces et pertes qu'on y a veues, le peuple se feust contenu en ceste obeyssance sans s'esmouvoir si ce n'eust esté la reverence qu'il portoit audit seigneur, procedante de la victoyre qu'il eust la première année de son regne avec continuation d'entreprises ou courageuses ou pour le moins en apparence de l'estre, et qu'on considère, laissant les autres exemples derrière, si estant le royaume au hasard ou chascun le tenoit lorsque l'Empereur estoit en Provence, estant les ennemis en la Champagne d'un costé, de l'autre en Picardie devant Peronne en tel desespoir que chascun crut de les voir dedans deux jours à Paris, sçavoir si un prestre tout desarmé et sans denier ni sans maille eust tenu la ville sans sedition, veu mesme les menées secrettes qui estoient dedans, il eust sceu mettre en prison les principaux de la ville, faire pendre les plus mutins à la veuë de leurs compagnons, faire vendre les meubles de chacun pour prester de l'argent au roy, sçavoir si cela eust peu se faire sinon que l'obeissance que le roy avoit acquise tenoit tout le monde en revérence. Qui ne jugera cela n'entendra les choses du monde qu'en gros, et à qui ne le voudra entendre mal en adviendra, et ne se fault point fonder en cela de dire que l'Empereur mourra, Dieu n'en a point donné de lettres, et quand il mourroit, ayant estably les choses qu'il veult establir, je ne sçay si nous aurions guères gagné au change [1]. »

Ce simple « prestre tout désarmé » dont il rappelle le passé glorieux, on l'a deviné, c'est lui-même, le cardinal cuirassé, l'ancien lieutenant de François Ier en Picardie, et le sauveur de Paris.

Il ne sait s'il sera capable d'obéir plus longtemps au roi en restant à Rome; toutefois ce ne sera de bon cœur. Que demande-t-il? Se retirer absolument des affaires publiques pour se consacrer uniquement aux privées. Plus il va, plus il s'endette; il obtient la permission de vendre des bois considérables pour parer au plus pressé, et le connétable a la prétention d'en distribuer l'argent aux créanciers de Langey pour des dettes contractées au service du roi François! Il éclate à la fin!

Les appréciations qu'il porte sur les conseillers du roi sont d'une audace extraordinaire. Ceux qui sont auprès du roi, dit-il, sont plus suffisants que le connétable, c'est-à-dire moins insuffisants. « Montmorency fait au roi, parmi le monde universel, la renommée d'un sot, d'un ignorant, d'un pusillanime et d'un avaricieux. » C'est une influence d'autant plus déplorable que chacun le sait « plus roi que le roi ». « Tout ne peut aller qu'en ruines, d'autant qu'il est en premier lieu tenu pour bon servi-

1. Juin 1549. Mss. f. Bouhier. Bibliothèque de l'École de médecine de Montpellier.

teur de l'Empereur, en second, tiers, quart et quint voire dixiesme, le plus contaminé d'avarice, d'envie, de crudelité, de tromperie, de vengeance et d'ingratitude, d'orgueil, furie, couardise et ignorance qu'homme qui soit en France depuis mille ans [1]. » Au contraire, le maréchal de Saint-André a pris sa cause en main.

Devant le roi il a une attitude très hardie, très adroite aussi, disant en somme : « ...Laissez-moi *vous porter ma tête* dont vous ferez ce qu'il vous plaira si je ne vous sers pas loyalement; si je pèche par incapacité, rappelez-moi et souffrez de moi ce que vous avez souffert de tant d'autres *dont vous avez reçu des offenses manifestes et à qui vous avez toutefois permis de vivre en leurs maisons le reste de leurs jours.* » Il eût pu ajouter que son rôle avait été bien écourté, sinon supprimé, depuis que le cardinal de Ferrare et l'ambassadeur d'Urfé avaient accaparé les affaires de France à la Cour de Rome [2].

Le roi l'autorisa sans doute à venir se disculper [3], car Paul III étant mort (en novembre suivant) et sa succession ouverte, il ne se trouva à Rome que trois cardinaux français pour intriguer : Meudon, Armagnac et Lenoncourt. Le 18 novembre, le roi avertit d'Urfé que ses autres cardinaux arrivent à la rescousse, qu'il a fait partir dès la veille « Guise, Vendôme, Chastillon et du Bellay comme étant les plus portatifs », et qu'il bat le rappel des moins ingambes. Et, en effet, lesdits Guise, Vendôme, du Bellay et Châtillon, plus Tournon, arrivent à Rome le 13 décembre. D'Urfé écrit au roi qu' « à peine descendus de cheval et sans leur donner loisirs de se deschausser, il les a mis incontinent en prison dedans le conclave » où ils sont si bien enfermés qu'il n'a pu communiquer avec de Guise que la

---

1. Mss. 5151. C'est une lettre du 6 juin 1549 à Jean Moreau et il lui dit qu'en cela il est d'accord avec Berruyer. Voir aussi Mémoire à Quenet, juillet 1549, Mss. 5146.
2. Ribier, *Mémoires*, t. II.
3. Toutefois si du Bellay se mit en route, il n'eut pas le temps de pousser jusqu'à la Cour, cela est certain.

nuit du 28 « en eschellant le palais et par dessus les tuiles ». Guise, de son côté, le raconte au roi : « C'est par un trou que nous avons fait à la chambre de du Bellay [1]. »

Guise comptait que son oncle de Lorraine passerait.

Le conclave ne finit que le 7 février 1550 par l'élection du cardinal de Monte, résultat qui tournait contre tous les pronostics du parti français. Guise l'attendait si peu que, pendant les délibérations, il s'emporta étourdiment contre l'élu du lendemain [2]. Mais Jules III, philosophe très souple et très moqueur, se contenta de quelques piqûres pour toute vengeance, n'osant aller plus loin contre le favori du roi. Le 7 avril, d'Urfé mande au connétable « que Guise s'en va très content et satisfait du pape qui lui a accordé la légation d'Écosse, ratifié la promesse d'un chapeau rouge pour Monsieur son frère et fait d'infinis présents d'antiquitez, medailles et autres curiositez. »

La conduite de du Bellay pendant ces intrigues ne fut pas telle que de Guise l'espérait; celui-ci, par rivalité d'influence, était devenu moins chaud pour du Bellay. Les deux prélats se surveillaient, en défiance l'un de l'autre. Et c'est pourquoi ni Rabelais ni son maître ne virent Naples.

Le cardinal avait cependant l'intention d'y aller pour les affaires de Catherine de Médicis, qui lui avait confié le soin de faire valoir de prétendus droits sur des marais dépendant de la succession de Julien de Médicis [3]; il voulait prendre une vingtaine de jours au mois de mai qui venait, pour établir ces droits douteux et, surmontant la maladie [4], « voir Naples » qu'il ne connaissait pas.

---

1. Ribier, *Mémoires*, t. II.
2. Quoiqu'il ait déclaré ensuite qu'*il l'avait fait de sa main*. (Ribier, *Mémoires*, t. II.)
3. Voyez la lettre de Catherine à Jean du Bellay, son cousin, pour le féliciter des soins qu'il donne au procès soulevé à ce sujet. (*Collection des documents inédits sur l'histoire de France.*) Elle est du 28 février 1550 (et non 1551, comme on le dit).
4. Il en avait été repris à la suite du Conclave. En février, il est « en son petit grabat » et ne peut monter ni à cheval ni en litière.

Étant sur le chemin, il apprend que Guise l'a représenté dans ses dépêches au connétable et à la Cour « comme un homme maculé de tant de méchancetés et trahison que jamais il n'oseroit comparoir non seulement devant le roi, mais en nul endroit du royaume de France ». Il rebrousse chemin précipitamment, déterminé à tirer vengeance du traître : c'est le maréchal de la Marche qui l'en dissuada, lui affirmant que Guise était son bon ami. Mais le bruit n'en courait pas moins qu'il avait été dépeint dans les dépêches « comme un fugitif n'osant retourner en France ». Il prie le connétable d'effacer auprès du roi la mauvaise opinion qu'il a pu concevoir de lui et proteste avoir toujours bien servi de Guise depuis que le roi lui avait donné la superintendance de ses affaires. Le connétable était redevenu son ami. (Ah! si Moreau lui eût montré la lettre de 1549!) Qu'on ne s'étonne point de ces revirements! ils sont caractéristiques de l'époque, et s'ils sont jusqu'à un certain point naturels, c'est assurément chez un homme qui veut revoir son pays. Du Bellay s'était appuyé jusque-là sur de Guise, au besoin contre le connétable qui faisait obstacle à son retour; nous le voyons se rejeter sur le connétable, qui profitait sans doute de l'absence de Guise pour régner seul sur le roi [1].

Le Breton de Villandry vint au mois de mai raviver sa nostalgie en lui apportant des nouvelles de France. Le Breton s'acquitte intelligemment des commissions d'art qu'on lui a données. Le 7, il écrit à M. de Beauregard, secrétaire des finances du roi et amateur de peinture, que sa *Léda* est à Lyon entre les mains du receveur Laurencin. Il n'expédie pas la *Vénus*, car il veut accompagner ce tableau d'autres antiquailles.

Comme tous les bons Français, il fréquente beaucoup chez du Bellay. Le 27, il mande au même Beauregard que le pape

---

[1]. Le connétable semble avoir mis momentanément cette influence au service des du Bellay; le cardinal le remercie, en mai 1550, d'avoir obtenu du roi que son frère Martin changeât d'air et se rapprochât de sa maison (Langey au Maine) et de la sienne (Glatigny).

est coutumier des mots à double entente, des moqueries et traits, et qu'il marque une grande privauté à ceux qui lui parlent. Si Rabelais put se permettre avec un pape les plaisanteries qu'on lui prête, c'est assurément avec Jules III. Nicolas Raince, parlant de la nature libre et primesautière du pape, écrit au connétable : « Il ayme Mgr le cardinal du Bellay et sont fort approchans l'ung de l'autre de nature et condition : je dis quant au sçavoir et quant à l'expérience et praticque. »

En ce temps-là aussi vint à Rome un gentilhomme bourbonnais, qui cherchait à se pousser dans la société des artistes : Blaise de Vigenère, c'est son nom, vit travailler Michel-Ange déjà vieux ; il le vit faire voler le marbre en éclats d'un bras si vigoureux que trois jeunes tailleurs de pierre en eussent été jaloux. Mais tout en s'inclinant devant l'incomparable génie du grand Florentin, il ne lui sacrifie pas complètement les sculpteurs de France à qui il rend bonne justice en la personne de Jean Goujon et de Germain Pilon. (Blaise de Vigenère n'est point tant sot qu'on le veut bien dire.) Mieux encore, il nous apprend l'existence d'un maître qu'il estime à l'égal de ceux-là : Jacques d'Angoulême.

« ...Le plus excellent imagier françois, tant en marbre qu'en fonte : *j'excepterai tousjours un maistre Jacques, natif d'Angoulesme,* qui l'an 1550, s'osa bien parangonner à Michel l'Ange pour le modele de l'image de Sainct Pierre a Rome [1], et de faict l'emporta lors par dessus luy au jugement de tous les maistres, mesme Italiens ; et de luy encore sont ces trois grandes figures de cire noire au naturel, gardées pour un tres excellent joyau en la librairie du Vatican, dont l'une monstre l'homme vif, l'autre comme s'il s'estoit escorché, les muscles, nerfs, veines, arteres et fibres, et la troisiesme est un *skeletos* qui n'a que les

---

[1]. L'achèvement de Saint-Pierre a été la grande préoccupation des artistes du siècle, tant français qu'italiens. Du Cerceau nous a laissé plusieurs souvenirs des modèles qui hantaient leur imagination, et Rabelais (chap. XLV du *Quart livre*) nous parle d'une chapelle en l'île des Papefigues « désolée, minée et descouverte comme est à Rome le temple de Saint-Pierre. »

ossemens avec les tendons qui les lient et accouplent ensemble. Plus un Automne de marbre qu'on peult voir en la grotte de Meudon, si au moins il y est encore, car je l'y ay veu austrefois, ayant esté faict à Rome, autant prisé que nulle autre

SOUVENIR D'UN MODÈLE POUR SAINT-PIERRE DE ROME.
Attribué à du Cerceau.

statue moderne : le plus excellent doncques sculpteur françois, ny autre de deçà les monts, a este maistre Germain Pilon[1]. » On ne connaît rien de plus sur ce Jacques d'Angoulême qui faisait sensation à Rome : ce phénix mystérieux n'a jusqu'à

1. *Images* ou tableaux de plate peinture de PHILISTRATE, mis en français par Blaise de Vigenère, Paris, 1597, 2 vol. in-4°. Annotation sur le *Satyre*, de CALLISTRATE, dans le tome II.

présent réussi qu'à intriguer les savants; on se demande s'il faut rire de l'enthousiasme de Vigenère ou féliciter l'école française d'avoir nourri un rival heureux de Michel-Ange. Ce que je sais, pour mon compte, c'est que dans le temps même où Blaise de Vigenère était à Rome, maître Jacques travaillait pour le cardinal du Bellay, connaisseur difficile qui avait donné la mesure de sa délicatesse dans la construction du château de Saint-Maur. Le goût du cardinal pour Jacques d'Angoulême apporte de la vraisemblance aux assertions de Vigenère; on peut être sûr que maître Jacques était un des premiers sculpteurs de l'époque [1].

La libération vint surprendre du Bellay au milieu des préparatifs qu'il faisait pour rester.

Le 7 juin 1550, il donne encore à Antoine de Inello, marchand napolitain, commission de lui acheter et faire venir cent tonnes de vin grec ou latin pour sa maison. René Randin (du diocèse d'Angers), écuyer du cardinal, et Olivier Étienne (du diocèse de Tours), son argentier, et J. B. Palmerio, Napolitain, sont témoins de l'acte [2].

Trois jours après, le 10, Montmorency lui écrit qu'il peut rentrer quand il lui plaira. « Le roi vous attend à vos belles journées », et le 24, le cardinal lui répond qu'il compte se mettre en route dans les premiers jours de juillet [3]. Il se détachait de plus en plus des affaires politiques pour ne pas porter ombrage à la Cour, et se tenait dans une grande réserve, afin d'éviter les interprétations. « Depuis trois mois en ça un grand favory de Baldoino sachant que je n'ay que des niepces me a mys party en avant de me bailler tel des nepveux du pape que je voudray choisir pour une d'icelles, luy baillant ce

---

1. M. Müntz, le savant conservateur de la Bibliothèque des Beaux-Arts, pense, comme nous, que le « maître Jacques », dont parle du Bellay dans sa lettre de 1551, p. 327, ne peut être que Jacques d'Angoulême.
2. Passé devant le notaire Pellegrini. (*Archivio di Stato*, de Rome.)
3. Mss. F. fr. 5147.

que je pourray avoir ici, dont ils pourront faire un bel Estat, avec ce que le pape y pourra adjouster, auquel suffira d'avoir le prétexte et commencement qu'il aura de mon costé, et la dessus *me a proposé merveilles jusques au papat futur. Or je quitte le papat et la paperie.* L'on sçait si j'en eusse envie, mais quand je l'aurais aussi grande que quelques aultres, si estimerois-je plus mon desseing pour le service du roy achevé que une papauté [1]. » Dès lors apparaît chez lui ce besoin de tranquillité qui précède l'heure de la retraite chez les hommes publics. Il s'enferme dans son palais, avec ses gens, il met en pratique un peu de la philosophie qu'enseignait maître François : « Je ne communique avec d'autres gens qu'avec mes livres », écrit-il au connétable, le 11 juin. Il rassemble les objets qu'il destine à Saint-Maur ou à Glatigny et les envoie en avant. Ils n'arrivèrent pas tous. Une barque chargée de pierres riches et rares à destination de Marseille fut assaillie par les Turcs auprès de Piombino; le patron fait prisonnier, la barque rompue, le précieux fardeau fut précipité au fond de la mer. C'était une perte irréparable : il y avait surtout un porphyre, « le plus beau qui se put voir en la chrétienté » et qui faisait l'admiration du cardinal de Châtillon naguère venu à Rome. Peut-être était-il destiné au roi lui-même. Du Bellay insiste pour qu'on l'indemnise par voie de représailles au port de Marseille [2].

---

1. Au connétable, 11 juin 1550. Mss. f. Bouhier. Bibliothèque de l'École de médecine de Montpellier.
2. 26 juin 1550. Mss. F. fr. 20446.

III

Joachim du Bellay chante le retour du cardinal et de Rabelais. — Hésitations du cardinal sur le chemin. — Affaires d'Italie. — Henri II contre Jules III. — Les finances de France et le Saint-Siège. — Du Bellay tremble pour ses collections restées à Rome. — Rabelais et les *Décrétales*. — Le roi s'oppose à de nouvelles poursuites. — Mort de Rabelais. — Son influence spirituelle jugée par Botero Benese.

EPUIS près d'un an, les amis du cardinal répandaient le bruit de sa prochaine arrivée à Paris, et c'était un grand émoi dans le monde des lettres. Le cardinal faisait si largement les choses! Joachim du Bellay qui était resté là, chantant Montmorency, Guise, Châtillon surtout « à qui ses vers plaisaient bien », prend sa lyre pour célébrer l'*avant-retour de monseigneur en France* [1], dans la grande ville où il était adoré « ainsi qu'un demi-dieu :

> Paris, joyeux de ta venue
> Ja de loin venir te regarde :
> Mon Dieu, que l'arriver me tarde
> Io, ma lyre, Io, je veulx
> Qu'un tel jour me soit toujours feste
> Pour payer tous les ans mes vœutz !

Le retour de Rabelais — on savait que le maître ne reviendrait pas sans lui — n'était pas non plus pour déplaire. Qui donc a prétendu que Joachim [2] nourrissait du ressentiment contre maître François? Qui donc a inventé, après leur mort, ces rancunes qui n'existaient pas de leur vivant? Pendant que

---

1. Recueil de poésie présenté à très illustre princesse Madame Marguerite, sœur unique du roy (1549, in-8°). Le privilège est du 5 novembre.
2. Né vers 1525, Joachim était parent du cardinal. Il commençait à écrire. Le privilège qu'il demanda pour ses premiers ouvrages : la *Deffense ou Illustration de la langue française* et l'*Olive*, est de 1548. L'Épître de la *Deffense*, dédiée au cardinal, est du 15 février 1549 (date qui est, je crois, de l'ancien style).

Rabelais est à Rome, Joachim a deux fois déjà prononcé l'éloge du grand écrivain et — qui mieux est — pris sa défense contre les imitateurs et plagiaires grossiers. Dans ce manifeste fameux qui s'appelle *l'Illustration de la langue françoyse* et dont le cardinal accepte le patronage, il ne propose que trois hommes en exemple, Budé, Lazare de Baïf, Rabelais enfin. « Les larges campaignes grecques et latines sont desja si pleines, que bien peu reste d'espace vide, dit-il (*Exhortation aux Françoys d'écrire en leur langue, avecques les louanges de la France*). Toutesfois... tous les scavants hommes de France n'ont point méprisé leur vulgaire. Celuy qui fait renaitre Aristophane et feint si bien le nez de Lucian en porte bon temoignage. A ma volonté que beaucoup, en divers genres d'écrire, voulussent faire le semblable : non point s'amuser à desrober l'Ecorce de celuy dont je parle, pour en couvrir le bois tout vermoulu de je ne sais quelles lourderies si mal plaisantes qu'il ne faudrait autre recepte pour faire passer l'envie de rire à Démocrite. » Ailleurs [1], quand il célèbre la lutte des Muses contre l'ignorance, il fait à Rabelais la grâce assez inattendue, imméritée même [2], de le confondre dans la troupe de ceux qui combattent sous l'étendard d'Apollon, de ces

> ... enfants poétiques
> Qui en sonnets et cantiques
> Qui en tragiques sanglots
> Font revivre les antiques
> Au sein de la mort encloz.
> Carle, Heroët, Saint-Gelais,
> Les trois favoris des Grâces,
> L'utile-doux Rabelais.

1. Dans la seconde édition de *l'Olive*, parue en 1550, et augmentée d'une pièce intitulée *la Musagnœomachie*.
2. Rabelais n'eut pas le sens de la poésie. Son nom étonne en compagnie de vrais poètes, compagnie très mêlée, il est vrai, car j'y vois, accouplés, Bouju, l'honneur angevin; Salel, la gloire du Querci; Scève, la gloire de la Saône; le laborieux Pelletier; Martin, l'industrieux; Maclou, qui foudroie l'Anglais; le grand Baïf, Dorat, et Ronsard, « ce Pindare françois qui du chef hurte le front des étoiles ». Ni dans la préface de *l'Olive*, où il attaque les mauvais poètes, ni dans l'*Invective contre les mauvais poètes français* (chap. XI de la *Défense et Illustration de la*

Les exilés arrivèrent environ la fin de juillet, non sans quelque mésaventure sur le chemin de France (par Bologne, Ferrare, Modène) [1] ; le cardinal, roulé par son cheval, eut encore besoin de son médecin [2] : saigné à point, et bien antidoté de rhubarbe, il put poursuivre sa route, en litière, à lentes étapes, « comme Robin Mouton voyant le monde », avec le grand regret toutefois de n'avoir pu, « pour sa dernière main », visiter Naples et Venise [3].

Un dernier scrupule le retint encore quelques instants sur le chemin de la Cour. Le 15 juillet, il en fait part à maître Olivier, le doyen [4]. Il se défend d'avoir dit du mal de M. de Vendosme, et tient essentiellement à ce qu'on dissipe le bruit qui en a couru. « Ce que l'on vous a dit de la courtisane jamais n'en fust nouvelles... Vray est que longtemps après il fust dit que par la couverture de la maison il en venoit coucher une avec M. de Troyes en une chambre dont je l'avois accommodé et en fust grand bruit, mais cela ne me touchoit en rien, car j'avois laissé ma chambre prochaine de celle-là à Monsieur le cardinal de Bourbon et n'avois plus que faire de celle-là. Mais s'ils veullent accumuler sur moy (Châtillon, Lenoncourt et Vendôme) tout le mal qui plus tost les regardait que moy, je ne saurais qu'en faire... Je ne laisseray d'estre homme de bien et si je ne doibs estre pour tel receu à la Court, je prendray autre chemin que celuy de la Court et pour ce, attendant response de mon frère,

---

langue française), nulle part enfin Joachim ne se prononce contre Rabelais considéré comme poète.

1. Une lettre de Boucher (agent de Catherine de Médicis) datée de Rome, 21 septembre, établit formellement que le cardinal est de retour en France au mois d'août. Boucher vient d'arriver à Rome et lui rend compte de la manière dont il s'est acquitté de ses commissions pour Chambéry et Turin. A Rome, Lamberty, l'abbé Roussel et Coirenot lui réclament deux mille écus que leur doit du Bellay. Mss. 19751.

2. Voy. la lettre de M. de Manne au cardinal, datée de Rome, en août. Il a vu messer Baldoin, médecin du pape. Baldoin lui a dit que le pape était fort marri du *mal* du cardinal qui avait dû s'arrêter à Scarperia. Mss. 3921.

3. Mss. 5150.

4. Du Chapitre de Notre-Dame, je crois.

je temporiseray par les chemins, et ne y arriveray que n'aye nouvelles de luy, car je ne me délibère d'y aller faire crier miaut après moy. Vray est que qui me le criera chez moy, qui ne soit rien plus que moy, l'on verra si je luy respondray. »

Le roi donna de chaudes accolades au cardinal : on lui fit d'autant meilleur visage qu'on redoutait moins son immixtion dans les affaires publiques. Toute la Cour de Rome fut « abreuvée » du récit de ces réceptions. On le savait résolu à retourner « à son premier mestier des jardins et estudes » même dans les derniers temps du feu roi. Toutefois on le ménageait grandement et on multipliait les séductions autour de lui. Les Guise sentent qu'il incline à faire son appoint au jeu de Montmorency, devenu très puissant depuis la révolte de Guyenne et très propre à leur tenir tête. Guise écrit textuellement ceci au cardinal de Ferrare, à Rome : « Du Bellay est icy, comme vous sçavez. Je crois que vous le cognoissez, aussi fais-je moy, je ne doubte point que je ne le gaigne autant et plus aisément que nulle courtisane de Rome. » Mais du Bellay, instruit du propos, se tient sur ses gardes [1].

Il était d'ailleurs incapable de lutte, soit pour lui, soit pour les siens, car au débotté, la fièvre le prit, violente, et le retint à Saint-Maur.

Maffeo, qui ne songe qu'à rire [2], espère qu'avec le départ de la *quartana*, l'ancienne gaieté lui est revenue : d'ailleurs, il le verra bien au ton de ses lettres! Dans des fouilles à la Villa d'Hadrien on a trouvé diverses choses, et sur le mont Aventin, dans les ruines d'une bibliothèque, deux têtes *di paragone*, — entendez par là le marbre noir de Grèce où l'on taillait surtout les têtes de Sphinx, — l'une d'Euripide, l'autre d'Homère,

---

1. Voy. une lettre de de Manne au cardinal à ce sujet, Rome, 4 octobre. Le 28 septembre, il a reçu de ses nouvelles, datées de la veille de Notre-Dame; il en reçoit d'autres encore, datées de l'Isle-Adam (château du Connétable), 18 du même mois. De Manne l'avertit que « Guise a pour but de le dévoyer du connétable pour après se moquer de lui ».

2. *Comico ingenio*, toujours plaisantant, dit Manilius, dans une lettre au cardinal.

absolument intactes. Celle d'Homère, accompagnée d'une inscription grecque, est entre les mains d'un serviteur du cardinal. « O si Bellayus adesset, quas herbas poeta contra poetas moverit! »

Les amis de Rome ne désespèrent pas de le revoir, Maffeo le premier, qui lui écrit souvent et a de ses nouvelles par Antoine de la Mirandole [1], Marcus Manilius, ou Marcia.

La rentrée en grâce de du Bellay, c'était, à brève échéance, la rentrée en lice de Rabelais. La preuve en est dans le privilège accordé par Henri II à Rabelais, sur les instances du cardinal de Châtillon, présent à la signature. Il est du 6 août et coïncide avec l'arrivée de nos gens à Paris. Une des singularités de cette pièce officielle, c'est que Rabelais s'y déclare l'auteur de livres « en thuscan », à savoir en italien, dont il ne reste aucune trace, bien qu'ils soient qualifiés de livres imprimés.

Rabelais ne devait plus retourner à Rome : mais le pape lui ménageait plus d'une occasion de s'y transporter par la pensée. Les affaires d'Italie occupaient la première place dans la politique étrangère.

Au nouveau prologue du *Quart livre,* Rabelais passe une rapide revue des événements qui tiennent le monde politique en éveil : « L'estat de Parme est expédié, dit-il, aussi est celuy de... la Mirandole... Icy darriere vers ceste mer Tyrrhene et lieux circonvoisins de l'Apennin, voyez-vous quelles tragédies sont excitées par certains pastophores (*pontifes entre les Égyptiens*). » Il appelle sur eux les foudres célestes, trop dépensées sur Antioche-la-Neuve [2]. Plus loin, raillant les « genspill'hommes de bas relief » hypothéquant leurs biens pour figurer à la parade : « Vous eussiez proprement dit que feussent petits Romipetes, vendans le leur, empruntans l'autruy pour achapter mandats à

---

1. Antoine de la Mirandole, arrivé sain et sauf à Rome, se recommande à lui. (Novembre.)
2. Genève, sans doute.

tas, d'un pape nouvellement créé. » C'est qu'en effet, Rome et le papisme n'étaient point à la mode en France.

Jules III, d'abord indécis, s'était orienté vers l'Empereur.

Henri II, ayant quelque raison de craindre qu'il ne traitât de l'État de Parme avec les Impériaux, prend fait et cause pour le duc Octavio en armes et en argent. Très carrément il prévient ses ambassadeurs, M. de Thermes et le cardinal de Tournon, d'avoir à se retirer, l'un à Ferrare, l'autre à Venise, si le pape persiste dans son entreprise contre le duc, après l'avoir toutefois déclaré responsable du trouble apporté aux affaires de la chrétienté. (Mai 1551.) Le pape fait la sourde oreille et les papistes vont de l'avant, voire contre la Mirandole. Sur quoi le roi donne ordre à de Thermes de veiller à la place et se jeter dans Parme, sans avoir égard aux récriminations et interprétations du Saint-Siège et de l'Empereur. C'était la guerre ou peu s'en faut. Jules III semblait vouloir reprendre l'armet de Jules II. (Août.)

Du Bellay (à M. de Manne, 15 août) se demande où le pape et les Impériaux ont les yeux. A moins d'un miracle de Dieu, ils achèveront la ruine du Saint-Siège et la leur. S'il était à Rome, il prendrait « cette présomption de supplier Sa Sainteté de ne imiter celuy qui se coupa les genitoires par despit de sa femme... mais j'ai esté quinze jours sans vacquer à rien, pour un dernier effort que nature faisoit de chasser mes fievres. En quoy elle est demeurée victrice, mais Dieu sçait à quelle peine. Cela a esté cause que cependant je n'ay pourveu à aulcunes choses où voulois pourvoir. Un peu renforcé que seray iray faire mon hyver au Mans... Je viens au patriarche d'Aquilée et à ses braveries. Je luy ay respondu a une lettre qu'il m'avoit envoyée par la voye de l'ambassadeur de Venise estant près du Roy, et luy ayant proposé les difficultés qu'aves entendues, usant de toutes les soubmissions dont use un simple chappelain, à la fin je luy demandois entendre ce qu'il vouloit que je fisse, et qu'en tout evenement, quoy qu'il me deust couster et quelque inutile que feust la statue, je la luy envoirais au premier voiage de mer. Voilà l'occasion que je luy ay donnée de me bravacher, et pour monstrer les effects non parolles, dès l'heure j'ordonnay que à quelque prix que ce feust, au premier passage que feroient les chevaux d'artillerie par ce pays-là pour aller vers Normandie, on la chargeast et qu'elle feust consignée à mon frère lieutenant du Roy en laditte Normandie afin que au premier vaisseau qui iroit par delà, elle feust chargée, chose que des lors il commanda estre executée en tous les ports de Normandie au premier navire qui se y fretteroit, de manière que je pense plus que aultrement qu'elle soit desjà en chemin. Mais ne sçay à la verité ce qu'encores en est, car despuis trois mois l'on n'a permis qu'il me feust parlé d'affaires, à cause de ma maladie. Je l'envoiray scavoir au vray, mais il me desplaira fort si elle est desjà en chemin, car il se vantera de l'avoir eu par force. Si elle n'y est, il la viendra querir, s'il luy plaist l'avoir. Je ne suis son varlet ny un facquin pour estre bravaché et menacé de cette sorte, et il cognoistra que ce n'est pas la façon de me mener que à coups de baston, et fasse le pis qu'il pourra! Je crois qu'il estoit marry de quelque autre chose quand il mist la main à la plume ou pour mieux dire à l'espée ou poignard, contre moy. Je ne suys pas larron ny assassin comme il me despeint par plusieurs mots, entre aultres, quand il dit qu'il sçait bien et sçavoit qu'estant à Rome la statue estoit en mon pouvoir et que l'ay despouillé et usé de force. Il trouvera qu'un jour je luy feray donner en plein pregay de Venise, avec le congié de la Seigneurie, une si roide desmentite par homme de ma race, s'il est besoing, que un de la sienne qu'il voudra proposer ne pourra se reffuser d'en respondre... » Au surplus, du Bellay est fort indisposé contre le pape. Nul doute que le duc Octavio ne supplie le roi de prendre sa défense. En ce cas, si le pape continue à assaillir Parme et la Mirandole il ne pourra soutenir que c'est pour châtier le duc, car c'est au roi lui-même qu'il se heurtera. Du Bellay, en prévision d'une guerre ouverte avec le Saint-Siège, donne ordre à ses gens, notamment à Maître Jacques et à Maître Noël, de se retirer à Venise auprès du cardinal de Bourbon et de revenir avec celui-ci, à moins qu'ils n'avisent autre voie sûre. Il a beaucoup d'humeur contre M. de Maligny qui, tout porté sur le théâtre de la guerre, « est au cul des courtisanes de Rome ».

« Une infinité de gens se desrobent d'icy pour aller à la guerre en Italie et luy, qui y est tout porté est au cul des courtisanes, voilà ce qu'on en dit. Dieu sçait combien je l'aime et pour ce combien cela me desplait. » Le 18 août, il revient sur le même sujet..... L'horizon s'assombrit, ce serait moquerie d'attendre une sentence en faveur de la reine dans l'affaire des Marais : il donne à Boucher le conseil de s'en revenir, après avoir repris et caché toutes les pièces, et, au cas où le pape confisquerait ce qui est à la reine, de prévenir la confiscation par une cession figurative soit à lui, cardinal du Bellay, soit à Salviati qui serait moins suspect encore, n'étant pas Français. « Mais *in omnem eventum*, ne faillez, le procès finy ou non, appointé ou non, à prendre sans bruict ma possession, et qu'elle soit bien prise avec bons notaires et tesmoings, mais secrette. Aussi advisez de faire serrer toutes mes pierres et antiquailles en lieu seur de peur que quelque desastre y survint. Je crois que le meilleur seroit de mettre le tout chez Salviati. Je donneray ordre de retirer maistre Jacques par deça et aussi Mᵉ Noel, car il n'y aura apparence qu'ils demeurent là, advenants les grands troubles. Faictes que au plus tost ledict Mᵉ Jacques prenne en plastre toutes les belles testes qui luy restent à faire, car il les pourra faire deça de marbre. Quant à la statue qu'on demande je serois d'advis qu'on la transportast du lieu où elle est en un autre, mais en la mesme maison, c'est a dire qu'on la changeast d'une cave en autre, et assez avant en terre, le tout bien secrettement, car il pourroit estre qu'estant cy après entendu que mes antiquailles auront esté en la cave où elles sont, on envoirait y fouiller. Le temps donnera après le moyen de la tirer de là ou d'en faire autre chose. Car pour rien je ne veux que l'autre ait cette victoire sur moy de me l'avoir faict recognoistre. Si le pape me a osté ma pierre, à tout le moins qu'il en prist la moitié et moy l'autre, il a assez d'autres moyens d'en avoir et moy non. C'est une trop grande injustice touchant mon porphire, j'en feray derechef entendre ma fantaisie au duc de Florence. » Pour en revenir au pape, « il pourra se vanter d'avoir à jamais ruyné le Saint-Siège. » Quant à lui, du Bellay, sitôt qu'il aura vu le Roi, c'est-à-dire sur la fin du mois, il se retirera au Mans, sous couleur du reste de sa fièvre « pour n'estre tesmoing des choses qui se feront ». Dans une lettre du 4 août à Boucher, il avait déjà très exactement défini la situation, disant que le roi et les siens n'en voulaient qu'à la personne non au Saint-Siège : « Aussi n'en vouloit le roy d'Angleterre qu'au pape Clement. »

Le roi adopte alors une tactique plus que gallicane : il ne veut pas être dupe, il coupe les vivres au pape, il fait défense de porter de l'argent à Rome pour l'expédition des bénéfices, avec ordre de pourvoir aux moyens d'obvier aux censures et interdits du pape. La déclaration de guerre financière est du 4 octobre. Le roi rappelle que son devoir est de maintenir Parme en l'obéissance du Saint-Siège, fût-ce malgré le pape, et, que les dispositions belliqueuses de celui-ci sont de nature à « mettre en combustion et manifeste ruine tout l'estat de l'Église et toute la République chrétienne. » Tout prince catholique doit en ressentir et douleur et déplaisir, *même de voir que le bien et revenu de l'Église est employé à telles guerres pour telles partialités contre le peuple chrestien.*

Mais ce qui serait étrange à passer le sens commun, c'est (ici je laisse la parole au roi) « que des deniers provenans de nos subjects, nostre royaume, païs, terres et seigneuries portez

GRÉGOIRE IX PROMULGUANT LES DÉCRÉTALES

à Rome pour l'expédition des Bulles, nostre dict Saint Père fust entretenu et soustenu à faire la guerre et à la poursuite d'une si mauvaise entreprise, mesme provenans lesdits deniers par exactions indeües qui se font en Cour de Rome contre les saints Canons et Décrets faits et constitués par les saincts Peres et contre la determination de l'Église et des saincts Conciles : èsquelles exactions ainsi faites entre tous les Roys et Royaumes de la Chrestienté, nous, nostre dit Royaume, païs, terres, et seigneuries et généralement nos subjects, avons merveilleusement grand interest et dommage pour la quantité d'argent qui, contre les dits Saints Decrets, et contre les anciennes ordonnances de nos predecesseurs, et les libertez de l'Église de France, se tire par regles de Chancellerie et autres constitutions questuaires, à grandes et excessives taxes, à la grande charge, foule et oppression de nos sujets, diminution de leurs biens et substances, de forces et richesse de nostre Royaume. » Finalement le roi a défendu et défend « à toutes manières de gens, ecclesiastiques, seculiers ou laïcs, de quelque estat ou condition qu'ils soient, qu'ils ne soient ny si osez, ny si hardis d'aller, ou envoyer en Cour de Rome, ny ailleurs hors nostre Royaume pour querir, ou pour chasser bénéfices, ou autres graces et dispenses, ny pour poursuite d'aucun procez, ny de porter ou faire porter ou envoyer en ladite Cour de Rome par lettres de change, rescriptions, ny autrement, directement ou indirectement par quelque voye ou maniere que ce soit, or, argent monnoyé ou a monnoyer pour avoir, ou obtenir provisions, Bulles, Dispenses, Graces ou autres choses quelconques... sur peine d'encourir peine de lèze majesté ». (7 septembre.)

Le pape ne venant pas assez vite à résipiscence et feignant de considérer le roi comme fils rebelle, celui-ci répliqua que c'était bien à tort, et qu'il ne s'opposait pas à ce que ses sujets traitassent avec le Saint-Siège, — mais *gratuitement*. (6 octobre.) Amère dérision !

Jules III était voisin de la faillite. Quelques-uns conseillaient au roi d'en profiter pour le ramener à l'état où le roi Pépin trouva le pape Grégoire, c'est-à-dire au rang de simple évêque ou archevêque de Rome. Tel Fourquevaulx qui, commandant à à la Mirandole, veut que le roi mette un pied sur le cœur de l'Italie, « lequel cœur gist en la Romaigne et au patrimoisne de Saint-Pierre, prenant Naples pour la teste et le Piemont pour les pieds », et saisisse le tout ou la partie dudit patrimoine.

Le 22 janvier 1552, le roi, voyant que les affaires ne s'appointaient pas, ordonne qu'on convertisse en monnaie toute la vaisselle d'argent qu'on lui voudra prêter à Paris ou ailleurs. Il a vraiment la crête très haute, il pose des conditions à l'Empereur pour éviter la guerre. En même temps il donne ordre au Parlement de surveiller les hérétiques.

Quelle est l'attitude de Rabelais pendant ces événements ? Son œuvre va nous l'apprendre.

Derrière Henri II partant en guerre financière contre Jules III, Rabelais emboîte le pas, et quel pas ! Le roi ordonnait ; le philosophe prépare et conquiert les esprits. Avant de clore le *Quatrième livre*, il y intercale[1] l'épisode des Décrétales où il traduit, avec un comique éloquent et profond, les idées émises par le souverain. C'est mieux qu'un écho, et plus qu'un reflet ; c'est un grand coup d'épaule.

Henri II recommande à ses sujets d'être avant tout bons Français : Rabelais ajoute qu'il ne faut pas tomber en papimanie et que papimanie est proprement idolâtrie. C'est Panurge qui commence le feu : il a connu trois papes — comme Rabelais connut Clément VII, Paul III et Jules III — à la vue desquels « il n'a jamais profité ». Pantagruel, qui proteste toujours quand Panurge passe la mesure, se tait. Rabelais introduit alors dans le roman un personnage nouveau, incarnation aveugle de la superstition incurable, c'est l'immortel Homenaz, évêque des

---

1. Livre IV, chap. XLIX et suivants.

Papimanes, papiste jusqu'à la manie. Pour Homenaz tout est dans les Décrétales. Les Décrétales sont écrites de la main des chérubins : « Vous autres gens Transpontins ne le croirez pas. — Assez mal, insinue Panurge. » Rien que pour les voir et baiser au dedans, il faut jeûner et se confesser pendant trois jours. Et, comme Panurge prétend qu'on les connait assez, Homenaz, à son tour, réplique : « Les vôtres ne sont que des copies. » Il montre alors à la compagnie un tableau représentant l'*archétype* d'un pape, c'est-à-dire *l'image de Dieu en terre*, reconnaissable à la tiare, à l'aumusse, au rochet et à la pantoufle. Panurge, qui est ici pour exciter Homenaz, fait observer que ce portrait ne ressemble en rien à ceux des derniers papes : « car je les ay veu non aumusse, mais armet porter, thymbré d'une tiare persicque [1]. Et tout l'empire christian étant en paix et silence, eux seulz guerre faire félonne et tres cruelle. »

« — C'estoit (dit Homenaz) contre les rebelles, hereticques, protestans desesperez, non obeissans à la sainteté de ce bon Dieu en terre. Cela luy est non seulement permis et licite, mais commandé par les sacres Decretales, et doibt à feu incontinent empereurs, rois, ducs, princes, republicques, et à sang mettre, qu'ilz transgresseront un *iota* de ses mandemens : les spolier de leurs biens, les deposseder de leurs royaumes, les proscrire, les anathematiser, et non seulement leurs corps et de leurs enfans et parents autres occire, mais aussi leurs âmes damner au parfond de la plus ardente chaudière qui soit en enfer. »

Homenaz les invite alors à un repas qu'il donne en leur honneur, et où l'on mange le produit des quêtes faites parmi les fidèles. Les mets sont abondamment farcis, ce qui est très italien, et le service est confié à des filles très court vêtues, ce qui est très romain. Puis il s'allume, il boit à ces Décrétales divines par qui sa table est si bien encadrée et garnie, à ces

---

1. Comment ne pas songer à *Grégoire IX promulguant les Décrétales* ? Rabelais n'a-t-il pas en vue l'œuvre de Raphael, conservée au Vatican même, dans la chambre de la Signature?
Cette supposition est d'autant plus vraisemblable que Raphael a représenté Jules II sous es traits de Grégoire IX; or c'est de Jules II que Rabelais parle ici.

Clémentines chérubicques, à ces *Séraphiques Sixièmes,* à ces *Angeliques Extravagantes* par qui le bon vin lui-même extravague hors des coupes, et qui sont la paix et le bonheur du

Gravure extraite de la *Suite des Fonds de Coupes* de du Cerceau.

monde, « excepté pour les heretiques et rebelles maudits! »
Aux objections timides que lui font les voyageurs : « Je vous entends, dit-il, ce sont quolibets de petits heretiques nouveaux. » Enfin, le terrain de la discussion déblayé, il en arrive à expli-

quer *comment par la vertu des Décrétales est l'or subtilement tiré de France en Rome*.

Je cite le chapitre tout entier, chef-d'œuvre de la langue et de l'esprit français :

CHAPITRE LIII

Comment par la vertu des Decretales est l'or subtilement tire de France en Rome.

— Je voudrois, dist Epistemon, avoir payé chopine de trippes à embourser, et qu'eussions à l'original collationné les terrifiques chapitres : *Execrabilis, De multâ, Si Plures, De Annatis per totum, Nisi essent, Cum ad monasterium, Quod dilectio, Mandatum* et certains autres, lesquels tirent par chacun an de France en Rome quatre cens mille ducats, et davantage.

— Est-ce rien cela ? dit Homenaz ; me semble toutefois être peu, vû que France la très-christiane est unique nourrice de la court Romaine. Mais trouvez-moy livres on monde, soient de philosophie, de médecine, des loix, des mathématicques, des lettres humaines, voire (par le mien Dieu) de la sainte Ecriture, qui en puissent autant tirer ? Point. Nargues, nargues. Vous n'en trouverez point de ceste aurifluc énergie ; je vous en asseure. Encores ces diables heretiques ne le veulent apprendre et sçavoir. Bruslez, tenaillez, cizaillez, noyez, pendez, empallez, espaultrez, démembrez, exenterez, découppez, fricassez, grislez, transonnez, crucifiez, bouillez, escarbouillez, escartelez, debezillez, dehinguandez, carbonnadez ces mechans heretiques, Decretalifuges, Decretalicides, pires que homicides, pires que parricides, decretalictones du diable. Vous autres gens de bien, si voulez estre dits et réputez vrais christians, je vous supplie à joinctes mains ne croire autre chose, autre chose ne penser, ne dire, ne entreprendre, ne faire, fors seulement ce que contiennent nos sacres Decretales[1] et leurs corollaires, ce beau Sixieme, ces

---

1. On va voir que Rabelais, comme Henri II, distingue fort bien entre les *Décrétales* et les *Décrets*.

belles Clementines, ces belles Extravagantes. O livres deïfiques! Ainsy serez en gloire, honneur, exaltation, richesses, dignitez, prelations en ce monde; de tous reverez, d'un chascun redoublez, à tous preferez, sus tous esleuz et choisis. Car il n'est sous la chappe du ciel estat duquel trouviez gens plus idoines à tout faire et manier, que ceux qui, par divine prescience et éterne predestination, adonnez se sont à l'étude des saintes Decretales. Voulez-vous choisir un preux empereur, un bon capitaine, un digne chef et conducteur d'une armée en temps de guerre, qui bien sçaiche tous inconveniens prévoir, tous dangers éviter, bien mener ses gens à l'assaut et au combat en alaigresse, rien ne hazarder, tousjours vaincre sans perte de ses soubdars, et bien user de la victoire? *Prenez-moy un decretiste.* Non, non. *Je dis un decretaliste.*

(— O le gros rat! dit Epistemon.) Voulez-vous en temps de paix trouver homme apte et suffisant à bien gouverner l'estat d'une republique, d'un royaume, d'un empire, d'une monarchie; entretenir l'Eglise, la noblesse, le sénat et le peuple en richesses, amitié, concorde, obeissance, vertus, honnesteté? *Prenez-moy un decretaliste.* Voulez-vous trouver homme qui, par vie exemplaire, beau parler, saintes admonitions, en peu de temps, sans effusion de sang humain, conqueste la terre sainte, et à la sainte foy convertisse les mescréans Turcs, Juifz, Tartares, Moscovites, Mammeluz et Sarrabovites? *Prenez-moy un decretaliste.* Qui a fait en plusieurs païs le peuple rebelle et détravé, les pages friands et mauvais, les escoliers badaulx et asniers? Leurs gouverneurs, leurs escuyers, leurs precepteurs n'estoient decretalistes.

Mais qui est-ce (en conscience) qui a estably, confirmé, authorisé ces belles religions, desquelles en tous endroits voyez la christianté ornée, décorée, illustrée, comme est le firmament de ses claires estoiles? *Dives decretales.* Qui a fondé, pilotizé, talué, qui maintient, qui substante, qui nourrit les devots religieux par les convens, monastères et abbayes : sans les prières diurnes, nocturnes, continuelles desquelz seroit le monde en danger evident de retourner en son antique chaos? *Sacres Decretales*. Qui fait et journellement augmente en abondance de tous biens temporelz, corporelz et spirituelz le fameux et celebre patrimoine de Saint-Pierre? *Saintes Decretales*. Qui fait le Saint-Siège apostolique en Rome de tout temps et aujourd'huy tant redoubtable en l'univers qu'il fault ribon ribaine, que tous roys, empereurs, potentats et seigneurs pendent de luy, tiennent de luy, par luy soient couronnés, confirmés, authorisés, viennent là boucquer et se prosterner à la mirificque pantoufle de laquelle avez veu le protraict? *Belles Decretales de Dieu*. Je vous veulx declarer un grand secret. Les Universités de vostre monde, en leurs armoiries et devises generalement portent un livre, aucunes ouvert, autres fermé. Quel livre pensez-vous que soit? — Je ne sçay certes, respondit Pantagruel. Je ne leus oncques dedans. — Ce sont (dist Homenaz), les Decretales sans lesquelles periroient les privileges de toutes Universités... Vous me debvez ceste là. Ha, ha, ha, ha, ha. Icy commença Homenaz rotter, peter, rire, baver et suer : et bailla son gros gras bonnet à quatre braguettes à une des filles laquelle le posa sus son beau chef, en grande alaigresse, après l'avoir amoureusement baisé, comme guaige et asseurance qu'elle seroit premiere mariée.

— *Vivat!* s'escria Epistemon, *vivat, fifat, pipat, bibat*. O secret apocalypticque!

— *Clerice*, dist Homenaz, *Clerice*, esclaire icy à doubles lanternes. Au fruict, pucelles. Je disois doncques que ainsy vous adonnans à l'estude unique des sacres Decretales, vous serez riches et honorez en ce monde. Je dis consequemment qu'en l'autre vous serez infailliblement saulvez au benoict royaume des cieux, duquel sont les clefz baillées à nostre bon Dieu Decretaliarche. O mon bon Dieu, lequel j'adore, et ne vids oncques, de grace speciale ouvre-nous en l'article de la mort, pour le moins, ce tres-sacré thrésor de nostre mere sainte Eglise, duquel tu es protecteur, conservateur, prome-conde, administrateur, dispensateur. Et donne ordre que ces précieux œuvres de super-erogation, ces beaux pardons au besoing ne nous faillent. A ce que les diables ne trouvent que mordre sus nos povres ames, que la gueule horrifique d'enfer ne nous engloutisse. Si passer nous fault par purgatoire, patience. En ton pouvoir est et arbitre nous en délivrer, quand voudras.

Icy commença Homenaz jetter grosses et chauldes larmes, battre sa poitrine et baiser ses pouces en croix.

N'est-il pas clair que pour écrire cela, Rabelais avait trempé sa plume dans le propre encrier du roi ? Aussi quand, selon leur habitude, les Sorbonistes dénoncèrent au Parlement le nouveau scandale, c'est derrière le roi lui-même que les juges se retranchèrent pour éluder un arrêt catégorique. On a publié la délibération du 1er mars 1552 par laquelle la Cour suspend le *Quart livre;* mais on ne connait pas celle du 8 avril (en chambre du conseil, en présence du président de Saint-André), la voici :

« Dudit jour, sur la requeste ce jourd'huy faicte en la Cour par le procureur general, et apres avoir mandé et ouy en icelle Michel Feyzandat, imprimeur, ladite cour lui a inhibé et défendu de mettre et exposer en vente le premier et quart livre imprimez par luy soubz le titre de Pantagruel, et *jusqu'à ce que ladite Cour ait plus a plein sur ce entendu la volonté du Roy.*

« Et neantmoins a esté ordonné et enjoint a Jaques Deschamps, huissier en ladite Cour soy presentement transporter avec ledit Feyzandat en son hostel et apres avoir de luy receu le serment enquerir du nombre desdits livres par luy imprimez. Et ce qui sera trouvé en sa possession luy en deffendre la vente sur peine de punition corporelle[1] ».

Le roi était à Joinville, marchant sur Metz, et c'est pourquoi il faisait attendre sa réponse (dès le 1er mars il avait été

---

1. Additions aux Registres du Parlement (novembre 1551-juillet 1553). Bibliothèque nationale, Mss. F. fr. 21290.

délibéré qu'on le consulterait); elle tourna à la confusion des théologiens. Pour la troisième fois au moins, le roi de France sauvait personnellement Rabelais, et l'on peut dire que la mort seule (Rabelais mourut le 9 avril 1553) a débarrassé la Sorbonne du spectre toujours renaissant de Pantagruel.

Le Piémontais Giovanni Botero (il était né à Bene en 1540 et habita longtemps Turin où il mourut) a bien compris, sinon bien apprécié, la domination spirituelle que Rabelais a exercée en France, et particulièrement sur la Cour. Il ne peut juger que de l'effet, étant venu trop tard pour suivre la marche des idées ; il ne peut non plus juger de l'homme, n'ayant entendu parler de sa vie et de ses mœurs que par ses détracteurs; mais, en sa qualité d'Italien et d'ultramontain, il a une perception très nette du péril où Rabelais a mis la machine papale. Selon Giovanni Botero, il y eut deux semeurs d'hérésie : Érasme, pour l'Allemagne, et Rabelais, pour la France.

« La France[1], dont l'état va nous occuper, est tombée tout

---

1. La Francia, del cui stato habbiamo hora a ragionare, e caduta pian piano in una estrema miseria, da un principio quasi ridicoloso. Fu in quel nobilissimo regno a' tempi di Francesco primo un uomo di bassa lega, e di poca qualità, se tu miri il sangue o la fortuna; ma d'ingegno vario, e pronto, e inclinato al male, e di lingua procace, e licentiosa, non che libera, chiamato Francesco Rabeles. Costui dilettatosi lungo tempo di praticare per taverne e per luoghi simili, con frappatori et con gente infame, non che vile; e di conversare per le corti, più presto co buffoni e co sogliardi, che con gentiluomini, e con persone d'honore, fece una ricolta di riboboli e di burle : e ne compose e diede fuora un libro, molto accetto a Francesi, per le molte, e facetie, e motti, de quali egli è pieno. Quivi egli in somma si beffa per tutto de' preti, et de' religiosi, dell' onestà, o d'ogni virtù Christiana : e mette in burla e in disprezzo la religione, e le cose sacre, come tra gli Italiani il Boccacio, ma con istile piu facile e popolare, et con impudenza e sfacciatezza maggiore. E si come costi in prosa, cosi Giovanni Marotto in versi bassi, e di nissuna eleganza, ma facili e chiari quasi alla Berniesca; e sopra tutto salsi, e faceti, aiuto ancora egli il dispregio e avilimento della santità Christiana. Or essendo le corti de' Principi di Francia, e le case de' privati piene de' libri de' sudetti due scrittori, non si sentiva parlar d'altro che delle ciancie, e novelle scritte dal Rabeles in derisione dell' onestà delle monache et della vita de' religiosi, o in disprezzo della Chiesa, delle cerimonie et dell' altre cose sacre; ne cantar ancor per li campi altro che i versi di Maroto, pieni ancor essi d'impietà e d'impudenza : non fu cosa difficile che s'introducesse pian piano l'heresia. Conciosia cosa che quelli scrittori, che furono poi imitati da altri, tolsero con le loro buffonerie e burle il credito, e la riverenza debita a' ministri et alle cose sacre, delle quali non si deve ragionare, se non con molta humiltà et sommessione : e s'honorano anche meglio col silencio che col favellarne. E que differenza è tra l ridersi delle vigilie e de dijiuni, come Rabeles, e Marotto, a l'affermare che sono inventioni

doucement dans une extrême misère pour une cause presque ridicule. Il y eut dans ce noble royaume, au temps de François Ier, un homme de basse extraction et de basse qualité, à n'envisager que le sang et la fortune; mais de génie varié, décidé, enclin au mal, ayant la langue hardie, licencieuse plutôt que libre; il s'appelait François Rabelais. A force de se divertir dans la pratique des tavernes et lieux semblables avec les fripons et gens non seulement vils, mais infâmes; et de fréquenter les Cours, plus près des bouffons et coquins que des gentilshommes et gens honorables, il fit une collection de quolibets et de plaisanteries qui devinrent la matière d'un livre fort bien reçu des Français pour les nombreuses facéties et les infinis bons mots dont il est plein; où il bafoue en tout et partout prêtres et moines, honneur et vertu chrétienne; où il tourne en ridicule et en mépris la religion et les choses sacrées, comme Boccace parmi les Italiens, mais dans un style plus facile et plus populaire, et avec plus d'impudence et d'effronterie. Et ce qu'il fit en prose, Marot[1] le fit en vers bas, sans aucune élégance, mais faciles, clairs, genre Berni, et surtout mordants et facétieux; il a contribué avec lui au mépris et avilissement de la sainteté chrétienne. Les cours princières et les maisons particulières étant pleines des livres de ces deux écrivains, comme on n'entendait parler d'autre chose que des sornettes et nouvelles écrites par Rabelais, en dérision de l'honnêteté des moines et de la vie religieuse, et en mépris des églises, cérémonies et autres choses sacrées; comme dans les campagnes on n'entendait chanter que les vers de Marot, eux aussi pleins d'impudence et d'impiété, il ne fut pas difficile à l'hérésie de s'insinuer; si bien qu'avec leurs bouffonneries et

d' uomini, e cose inutili, e di nissun profitto per il servizio di Dio, come fa Luthero e Calvino? » Botero dit ensuite que l'hérésie, ne pouvant se faire jour auprès de François Ier, eut pour truchement la Navarre, et que le mal est venu des femmes de la Cour qui l'ont communiqué aux hommes. Etc.

Delle relationi universali di GIOVANNI BOTERO *benese*, parte terza dedicata al R. S. cardinale Borromeo. (Venise, 1595, in-4°, p. 67.)

1. Le texte italien dit : Giovanni Marotto ; Giovanni est là pour Clemente.

leurs moqueries, ces écrivains ayant trouvé depuis des imitateurs, ruinèrent le crédit et le respect dû aux ministres et aux choses sacrées dont on ne doit raisonner qu'avec beaucoup de soumission et d'humilité, et qu'on honore encore mieux par le silence que par les discours. Or, qu'on rie des vigiles et jeûnes, comme font Rabelais et Marot, ou qu'on les déclare inventions humaines, inutiles et de nul profit au service de Dieu, comme font Luther et Calvin, où est la différence? »

La différence! il n'y en a guère, en effet, et l'on comprend que Botero soit profondément blessé dans son orthodoxie ultramontaine.

IV

Retraite définitive de du Bellay à Rome (1553-1560). — Encore Philibert de l'Orme. — Le mausolée de Langey au Mans. — Les inscriptions, les sculptures. — Germain Pilon ?

ABELAIS mort, le cardinal reprit le chemin de Rome par la Suisse, Côme, Brescia et Ferrare, abandonnant Paris sans esprit de retour. Le 8 mai, il est à Genève : il envoie chercher Calvin qui n'était pas chez lui, mais il n'insiste pas autrement pour le voir, et Calvin, de son côté, ne montre pas plus d'empressement. Le 8 juin, le cardinal est à Rome. Pourvu d'évêchés voisins de la Ville éternelle, comme Ostie; doyen du Sacré Collège [1], il tourne de plus en plus au prélat romain. Ayant acheté les Thermes de Dioclétien, il relève une partie des ruines pour y établir un palais et des jardins splendides qu'il peuple de statues : il vit là le plus près qu'il peut des anciens. Pendant qu'on aménageait ces *Horti Bellaiani* [2], longtemps réputés des merveilles, il occupait un palais dans la cité Léonine, au bourg Saint-Pierre. En même temps, il faisait achever non loin du port d'Ostie un parc « où les plus facheuses ombres qui soient d'un bout à l'autre sont de lauriers, myrtes, rosiers marins avec chevreulz, fayzans et

---

1. A la fin du volume 348 du fonds Clairambault (60 des *Mélanges*) se trouve un mémoire sur le décanat du cardinal du Bellay à Rome, daté du mois de septembre 1555 et commençant par ces mots : « Monsieur le cardinal du Bellay mon maistre est pour le jourd'huy doyen du Collège des Cardinaulx estant la première dignité après le pappe... » En tête de ce mémoire, on lit ces mots d'une ancienne écriture : « *de Rabelais* ».

Il y a, comme on sait, une raison majeure pour qu'il ne soit pas de Rabelais.

2. Le 7 septembre 1560, les deux filles de Martin du Bellay, héritières de leur oncle le cardinal, et représentées par procureur, louent la vigne des Thermes de Dioclétien, autrement dite *Horti Bellaiani*, avec tous les édifices y attenant, au cardinal Charles Borromée, moyennant cent cinquante écus, à charge par lui d'y entretenir statues et antiquités de toute sorte qui exigeaient des frais de garde considérables et, faute de soin, se détérioraient de jour en jour.

toutes sortes d'oyseaux... chasses, voleries et pescheries »[1].

Déjà l'homme d'action agonise : les bruits du monde vont jusqu'à lui, mais il ne s'en émeut plus comme autrefois. Le 15 mai 1555, il mande à son palais de la Cité Léonine Silvestre Aldobrandini ; Pyrrhus Thero ; Remi Donluci, du diocèse de Chartres, son médecin ; Pierre Concariet, clerc de Soissons, son secrétaire ; François Villanova, clerc de Sinigaglia, et devant ces cinq témoins, en présence de Jean-Pierre Forteguerra, clerc de Pistoie, notaire juré, il fait par testament donation de ses biens à sa nièce Marie du Bellay, fille aînée de Martin du Bellay[2]. A l'approche de la mort, le 16 février 1560, il revient sur ces dispositions qu'il modifie légèrement, instituant ses deux nièces pour légataires universelles, à la réserve de sa vigne de Saint-Laurent in Palisperna dont il disposait en faveur de Charles Marault, son valet de chambre. Le cardinal habitait alors les Thermes de Dioclétien. Pellegrini, notaire, recueillit ses dernières volontés, en présence de Gentil, clerc du diocèse de Langres ; Nicolas Alard ; Jacques Garreau, de Chartres ; Lucius Vandelpien, médecin[3] ; frère Orbinate ; François Blandin, de Nantes, et François Festi, médecin[4].

Les sept années qu'il vécut dans cette retraite définitive sont celles d'un homme tout entier au repos de son esprit ; il ne sacrifie qu'à ses goûts de Mécène. S'il s'entretient encore dans la faveur de Henri II, c'est pour le plus grand bénéfice des artistes, et pour le plus grand crédit de Philibert de l'Orme. M. l'abbé d'Ivry (on ne l'appelait plus qu'ainsi) renouvelait alors

---

1. Lettre au connétable, janvier 1554. Il lui souhaite un parc semblable à Chantilly. Bibliothèque nationale, F. fr., 20447.

2. M. l'abbé Pointeau (*l'Héritage des du Bellay*, déjà cité, p. 167) a cru que ce testament était le dernier et qu'il était le point de départ de toute la procédure qui s'en est suivie. C'est une erreur, comme on verra.

3. Du Bellay change bien souvent de médecin. Dans une décharge qu'il donne à Marault quelque temps avant sa mort, je trouve le nom d'Augier Ferrière, de Toulouse, lequel paraît être alors son médecin ordinaire.

4. Je regrette de n'avoir pas trouvé l'inventaire après décès dans les registres de Pellegrini.

LE PORT D'OSTIE.

à Anet, pour Diane de Poitiers, les splendeurs de Saint-Maur :

« J'escriptz a Moreau pour la prébende, dit-il au maître architecte [1], estant par delà nous verrons noz tables et en deviserons d'aultres des estoffes que je faiz porter lesquelles n'en auront de pareilles. Pour ce que Mons. le Mareschal a juré qu'il ne partyroit d'ici que je ne lui eusse baillé quelque chose pour mettre sur quelque porte a Anet et me prye que je disse la mesure de la pierre afin de préparer la niche. C'est une teste di Venere telle que je suys seur n'estre surpassée d'aultre. Les anticaires d'icy ont rencontré que c'est opus Phidiæ. Le pect et le piedouche ay fait faire ici de pierre rarissime et y a six mois que six souspelins sont dessus. Elle est a demy colossale et pour ce fault bien cinq piedz de large pour la niche et six de hault, et fauldra qu'elle soyt assise ung peu hault a cause de sa grandeur, et n'en fault point mentir qu'affection mienne d'une part et devotion envers Madame la duchesse de l'aultre ont combattu, mais je me suys rendu. Le plus que scauriez faire pour moy c'est de m'entretenir en la bonne grâce de Madame la duchesse, seulement pour sa bonne grâce, car je ne l'ennuieray de riens comme celuy qui riens ne demande que le repoz sur la fin de mes jours. En hâte, le jour Saint Jehan. Votre bon amy.

« J. Card^{al} DU BELLAY [1]. »

Les du Bellay ne cessaient de s'entremettre pour lui. Joachim écrit de Paris au cardinal le 7 octobre 1559 :

« Monsr d'Ivry m'est venu voir ce matin, qui m'a dit vous avoir escrit touchant l'expédition de son abbaye de Saint Sierge que l'on luy veult faire perdre, vous suppliant de luy estre aydant en cette affaire; s'il m'en a parlé plus particulièrement et s'il vous plait luy faire avoir laditte expedition, il ne plaindra 500 escus pour la diligence du promoteur. Il m'a aussi parlé

---

1. Bibliothèque nationale, Mss. f. fr. 5150. Sans date.

de quelques permutations avec pensions redimables comme l'on advisera [1]. »

Les dernières pensées du cardinal furent pour le frère qui reposait, loin de lui, en terre du Maine. Il voulut que le tombeau de Langey fît plus glorieux encore le berceau de la famille. C'est par ses soins et par ceux de Martin du Bellay, que fut érigé au Mans, dans la chapelle du Chevet, le mausolée dont on a vu les reproductions et qui est un des chefs-d'œuvre de la Renaissance.

Maintenant à quels artistes l'attribuer ?
A des Italiens ou à des Français ? On ne sait au juste.
Les notes que j'ai pu rassembler n'éclaircissent pas cette question, dont voici au moins l'historique.

Dans un registre conservé aux archives de Saint-Julien du Mans [2], on lit ceci :

« *Mausolée de M. de Langey*, 1557. 12 et 19 mai et 11 juin on place le mausolée de M⁽ʳ⁾ de Langey après avoir retiré une assurance des entrepreneurs et une autre de M⁽ʳ⁾ de Langey (Martin du Bellay) pour l'indemnité de notre église, et avoir vu et examiné les inscriptions qui y doivent être apposées aussi bien que le profit de l'ouvrage. » Deux ans après (2 mai 1559), l'archidiacre de Sablé, grand vicaire de Jean du Bellay, demande « de sa part et des autres parents que Martin du Bellay, seigneur de Langey, soit enterré dans l'église suivant son testament et on le permet... *Item*, le 19ᵉ mai ; ce qui s'exécute le 20ᵉ et il est enterré aussi bien que Guillaume du Bellay dans la chapelle du chœur. » Toutefois la chose n'alla pas sans quelque retard. Ysabeau Chenu, veuve de Martin, écrit de Glatigny, le 12 août, au cardinal, pour se plaindre du peu d'état qu'on fait de la sépulture de son mari. Il n'y a sur sa fosse qu'un drap de velours pour tout ornement : « aucunes armes, aucuns étendards.

---

1. Voy. *Lettres de Joachim du Bellay*, recueillies par M. de Nolhac. (Paris, Charavay, in-16.)
2. Registre B-15 nº 22. Extraits du Cartulaire dit le *Livre blanc*, déjà cité.

C'est un appareil indigne d'un tel seigneur. » Elle rappelle au cardinal qu'il a bien voulu promettre un tombeau digne de son frère et de lui. Maître Noël Quenet a dit qu'il restait, au Mans, du tombeau de Guillaume, assez de marbre blanc et noir pour faire celui de Martin. La chapelle où le cardinal a ordonné que le corps fût mis est spacieuse et apte à recevoir le monument. Elle le supplie d'y donner ordre [1].

Par une autre lettre de septembre 1559, elle annonce au cardinal que M. de Paris (Eustache du Bellay) et M. du Bellay veulent faire vendre les meubles garnissant le château de Glatigny pour acquitter les dettes de la succession. Marie du Bellay s'est, sur le conseil du cardinal, portée seule héritière sous bénéfice d'inventaire, lequel a été fait en présence des officiers du roi du Mans. Elle le supplie d'intervenir pour empêcher la vente, et le remercie d'avoir accordé une pension à maîtres Anthoine et Jehan Le Mareschal.

Le monument fut sauvé de la fureur des religionnaires [2] par qui la cathédrale fut mise à sac en 1562. Cependant trois figures sculptées sur les assises, les Vertus théologales, sans doute, sont ou décapitées complètement ou passablement endommagées. Mais le corps même du héros, les figures affligées des cariatides (portraits des deux frères survivants), les bas-reliefs et les ornements, tout ce qui subsiste intact dans l'ensemble monumental, est digne des plus grands artistes du siècle, qu'ils soient d'Italie ou de France.

Jusqu'à la Révolution française, le tombeau resta dans la

---

1. Mss. F. fr. 5151. Ysabeau Chenu habita Glatigny jusqu'en 1561 au moins.

2. Pesche (*Dictionnaire topographique de la Sarthe*) prétend que ce fut « en reconnaissance des discours de Langey à Smalkalden et parce que les devises et inscriptions étaient de Clément Marot ». Je dirai ce qu'il faut penser de ce dernier point.

Après avoir avancé que le mausolée est « un des plus beaux morceaux sortis du ciseau élégant et correct de Germain Pilon » et que les marbres furent envoyés d'Italie par le cardinal, Pesche montre plus de circonspection à l'article : « *Saint-Julien du Mans*. La perfection du bas-relief semble indiquer l'école de Jean Goujon », dit-il simplement.

chapelle du Chevet. Au commencement du siècle, il fut enlevé de la cathédrale, avec celui du comte Charles, et transporté, avec celui de la reine Bérengère (ce dernier enlevé de l'Épau)[1], sous les cloîtres de l'ancienne abbaye de la Couture transformée à ce moment en préfecture. Un peu plus tard, le chapitre, l'évêque et le ministère des cultes réclamèrent les trois tombeaux qui furent posés là où nous les voyons actuellement : celui de Langey, dans la chapelle Saint-Jean-Baptiste de la cathédrale.

Brantôme parle, sans autres détails, de « la sépulture (de Langey), haut eslevée en marbre à Sainct-Julien du Mans que son frère, ce grand cardinal du Bellay, lui fit ériger ». Brantôme ne donne pas le nom de l'artiste, bien qu'il ait pu l'entendre de la bouche même du cardinal, « un autre maistre homme en tout, quelque prelat qu'il fust », à qui il avait ouï dire merveille « de son frère ».

Quelques-uns (dom Piolin)[2] attribuent à Clément Marot l'épitaphe gravée sur le marbre. Mais il n'y a là dedans aucun air de vraisemblance, Marot étant mort en 1544, treize ans avant l'apposition des inscriptions. On a songé à Joachim du Bellay, mais il y a dans le tour de l'épitaphe et dans le funèbre jeu de mots : *dolent j'ay, de Langey*, je ne sais quoi de pénible qui fait penser aux puérilités tourmentées de Guillaume Cretin :

> Arreste toy lisant
> Cy-dessoubz est gisant
> Dont le cvevr dolent iay
> Ce renomme Langey
> Qvi son pareil n'evt pas
> Et dvquel av trespas
> Gecterent plevrs et larmes
> Les lettres et les armes.

On versifiait avec plus d'aisance dans l'école de Joachim du

---

1. Une des plus riches abbayes du Maine.
2. *Histoire des évêques du Mans.*

Bellay. Je crois volontiers que c'est là une épitaphe de circonstance, non préméditée et absolument contemporaine de l'exécution du monument.

Plus tard les écrivains manceaux s'habituent à mêler le nom de Germain Pilon à la chose. Dom Piolin dit que les inscriptions sont de Macé de Vaucelles et que le tombeau fut exécuté par les plus fameux artistes, entre autres Germain Pilon. Un autre, M. Legeay, auteur du *Guide du voyageur au Mans* (nouvelle édition, 1879), parlant du mausolée de Charles d'Anjou, comte du Maine, mort en 1472, et de celui de Langey, dit qu'on attribue ces belles sculptures à Germain Pilon. L'abbé Charles, auteur d'un autre *Guide du touriste au Mans* (1882), après avoir décrit l'ensemble du mausolée, garde une réserve prudente sur le nom de l'artiste, disant que si les sculptures n'appartiennent pas à Germain Pilon, elles sont dignes de lui.

Il est moins bien avisé lorsqu'il dit que « Langey du Bellay est mort en 1544 sur le mont Tarare, à Saint-Symphorien, *en Italie* ». Il reproduit ainsi une erreur de M. le chanoine Persigand qui le premier, par un coup d'audace géographique, a placé le mont Tarare en Italie. On sait que la foi transporte les montagnes... mais pas à ce point! Il n'y a plus de Pyrénées, mais il y a encore des Alpes. C'est aussi le cas de dire que Guillaume du Bellay ne s'appela jamais Langey du Bellay, mais du Bellay, seigneur de Langey : ce surnom de terre ne doit point passer à l'état de nom patronymique.

Ce n'est point par un vain esprit de taquinerie que je relève ces erreurs, mais par nécessité d'y couper court. Ce sont les petites erreurs qui entretiennent les grandes dont l'histoire de l'art est malheureusement pleine.

Le *Dictionnaire* de Larousse est singulièrement affirmatif : il dit que Germain Pilon fut associé à Bontemps et à Perret, pour le tombeau de François Ier, en 1552, et que, vers le même temps, il travaillait au mausolée de Guillaume du Bellay,

MAUSOLÉE DE GUILLAUME DU BELLAY, SEIGNEUR DE LANGEY.
Dans la cathédrale du Mans. (Vue actuelle.)

« œuvre capitale qui lui appartient tout entière et qui dut lui coûter trois ou quatre années ».

Nulle part on ne trouve la preuve que Germain Pilon en soit l'auteur, même partiellement.

Que les historiens du Mans l'aient prétendu, c'est une pente toute naturelle de l'esprit local, Germain Pilon étant fils d'un sculpteur accrédité dans la province; et cela se tenait d'autant mieux qu'il passait pour être né au Maine, vers 1515, et pour avoir reçu de son père, dans le pays même, les premiers éléments de l'art.

Mais il est avéré aujourd'hui que Germain Pilon était né à Paris, au faubourg Saint-Jacques, vers 1535 (date établie par déposition de 1581, où il se dit âgé d'environ quarante-six ans). A l'époque où fut distribué le travail du mausolée, il en était encore à ébaucher des modèles pour les orfèvres[1], et il ne prenait pas encore le titre de *maître sculpteur* qu'on eût exigé pour lui confier un pareil morceau. La première fois qu'il s'éleva au-dessus de l'ornement, ce fut pour exécuter une partie du tombeau de François Ier, non, en 1552, comme le dit Larousse, mais en 1559 (le marché est du 10 février).

Jean et Martin du Bellay ne se sont-ils mis d'accord qu'en 1552 pour commander les travaux? Supposons-le, quoiqu'il n'y ait pas de raison pour cela. Est-ce à un novice, à un garçon de seize ou dix-sept ans qu'ils se seraient adressés? N'ont-ils pas plutôt jeté les yeux sur les artistes alors en pleine gloire, et de préférence sur ceux qui, contemporains de Langey, protégés par lui ou par les siens, mus par le souvenir de sa physionomie et de ses actions, avaient qualité requise pour le célébrer

---

1. Déposition de Richard Toutain dans l'enquête sur la vie et religion de Germain Pilon postulant le contrôle général des Monnaies), le 9 juillet 1573 : « il a connaissance dudit Pilon *dès et depuis dix-huit ans* parce qu'il a besoigné depuis ledit temps pour ledit déposant et autres orfèvres, etc. » *Dès et depuis dix-huit ans* nous reporte à 1555 ; à cette date, selon Toutain, Pilon n'aurait avoué que dix-huit ans. (Notes sur la chapelle des orfèvres, par le baron J. Pichon, dans les *Mémoires de la Société de l'histoire de Paris*, t. IX.)

par le ciseau ? Le passé du cardinal rend cette hypothèse vraisemblable. Philibert de l'Orme, qui avait fait ses premières armes sous Guillaume, construit Saint-Maur pour Jean, et assis sa fortune religieuse sur le pouvoir temporel de toute la famille, Philibert de l'Orme réclama sans doute l'honneur de fournir le plan du mausolée.

Quant aux figures, aux bas-reliefs et aux ornements, il ne me paraît pas qu'ils soient de la même main. Chacun des artistes en renom dut réclamer sa part. Les maquettes, que maître Jacques d'Angoulême faisait à Rome en 1551 et qu'il convertit en figures de marbre, une fois rentré en France, à quoi étaient-elles destinées ? Ne serait-ce pas les expressives cariatides pour lesquelles ont posé les deux frères du mort ?

Si, nonobstant ces objections, Germain Pilon est véritablement l'auteur du mausolée, on peut dire qu'il a débuté par un chef-d'œuvre et qu'il s'est surpassé du premier coup.

Quant au cardinal lui-même, mort en février 1560, après avoir failli être pape, il ne reste rien de ce qui fut son corps, rien de ce qui fut sa tombe.

On a fouillé jadis le cimetière Saint-Paul sans y retrouver Rabelais : on chercherait en vain du Bellay dans l'église de la Trinité-du-Mont où il fut enterré. Dieu a fait le maître et le serviteur égaux devant le néant.

LE « SYLVIUS OCREATUS »

(1555)

LE « SYLVIUS OCREATUS »

Une facétie de Lodovico Arrivabene. — *Sylvius ocreatus (Dubois botté)*, dialogue entre Charon, Montano, Dubois et Rabelais. — Indignation des médecins français.

ABELAIS était une des gloires de la médecine. L'école française perdait en lui un des rares praticiens dont la popularité se fût étendue à l'étranger. La mort de Dubois, autre médecin fameux, vint, deux ans après, raviver le sentiment de cette perte dans le monde médical.

Dubois était mort à Paris dans des conditions qui prêtaient quelque peu à la bouffonnerie, non qu'il puisse y avoir des agonies funambulesques! mais le vivant avait un vice qui n'est pas aimable et qui avait déconcerté bien des sympathies : il était d'une avarice sordide. Il s'éteignit en janvier 1555, les jambes dans de grosses bottes fourrées qu'il avait chaussées non pour faire le dernier voyage, mais pour obéir à je ne sais quelle voix du délire.

Lodovico Arrivabene, un jeune Italien, alors à Paris où il achevait probablement ses études, prit prétexte de l'aventure pour composer un *Sylvius ocreatus*, dialogue latin où il passait en revue les célébrités médicales, et semblait donner l'avantage à celles de son pays. Les médecins de Paris étaient, comme aujourd'hui, fort chatouilleux sur le point d'amour-propre, et le *Dubois botté*, assez inoffensif dans le fond, eut les honneurs d'une polémique très sérieuse; d'autant plus sérieuse que l'auteur prêtait à Rabelais la physionomie d'un vieux médecin abimé dans l'astrologie et incapable de s'élever au-dessus de l'art vétérinaire.

Je dis que l'écrit est d'Arrivabene, mais d'autres en ont pensé différemment. On lira presque partout qu'il est d'Henri Estienne : ceci, à la suggestion de Moreau, éditeur des *Œuvres complètes de Dubois,* lequel Moreau soupçonne ledit Estienne d'être l'auteur du *Sylvius ocreatus,* « à cause de l'élégance de l'impression et du caractère du style ». Si le biographe de Dubois avait eu sous les yeux l'édition originale du dialogue, il ne l'eût certainement pas attribué à Henri Estienne, au moins pour ces raisons-là. Le *Sylvius ocreatus* sort des presses de Mathieu David [1], qui n'est nullement un personnage imaginaire.

Il n'y a point d'apparence qu'Henri Estienne ait été mêlé à la chose. Il est certain, d'après M. Renouard, qu'Henri n'eut jamais d'imprimerie à Paris, et puis, à la mort de Dubois en janvier 1555, il était à Rome depuis plusieurs mois, et sur le point de partir pour Naples, d'où il remonta jusqu'à Venise : il passa presque toute l'année 1555 en Italie [2].

En outre Arrivabene existe fort bien ; il appartient à une des familles patriciennes de Mantoue ; il a laissé des ouvrages en latin et en italien sur des matières variées [3]. Il était sans doute fils du poète Giov. Francesco Arrivabene, élève de Possevin, ami intime de Nicolo Franco et absolument contemporain de Rabelais. Francesco florissait vers 1548 : il avait été au service du cardinal de Mantoue, et vivait, au dire de Giuseppe Pallavicino (*Lettere,* Lib. I, p. 62), dans un perpétuel mouvement de corps et d'esprit, allant d'un roi à un autre avec une singulière promptitude. Il mourut à une date que nous ignorons (mais qui doit être assez avancée dans le siècle, car son père vivait encore en 1546), laissant plusieurs enfants. Rien d'étonnant à ce qu'il ait connu Rabelais à Rome ou à Paris.

1. Ex typographia Mathæi Davidis, via Amydalina ad Veritatis insignem. 1555, in-4°.
2. M. Renouard, dans ses *Annales des Estienne,* n'a jamais songé à mettre le *Sylvius ocreatus* au nombre des ouvrages sortis de leurs presses.
3. D'une lettre qu'il écrit à Ascanio de' Mori da Ceno, il appert qu'en 1575 il était vicaire de l'évêque de Mantoue, et qu'il exerçait encore ces fonctions en 1588. A partir de 1587 jusqu'en 1599, il publia des dialogues, poésies, discours (l'un, en italien, sur la vie de Guillaume de Gonzague, duc de Mantoue, où il nous apprend qu'il avait un frère nommé Giov. Francesco ; l'autre, en latin, sur la mort du même, dédié au cardinal Scipion de Gonzague, non mentionnés par Mazzuchelli), et un roman écrit dans le style de Boccace : *Il Magno Vitei* (primo re della China).

Rien d'étonnant non plus à ce que le jeune Lodovico, caché derrière la robe du cardinal de Mantoue, ait eu occasion de voir Rabelais, de l'entendre parler ou tout au moins d'en entendre parler.

S'il eût plu à Henri Estienne de rire aux dépens de Dubois et de Rabelais, il avait la ressource de le faire sous cape et anonymement. Mais il n'eût osé se couvrir du nom d'un personnage existant, écrivant, et qui, élevé à l'école de la polémique, avait toute liberté de dénoncer le procédé. Il faut donc écarter absolument l'hypothèse de Moreau, et rendre à Arrivabene ce qui est à Arrivabene.

Le *Sylvius ocreatus* n'a jamais été traduit; j'en donne une version qui serre d'assez près le texte latin pour dispenser les curieux d'y recourir.

Voici d'abord la dédicace :

A Giulio Delfino, Excellentissime médecin
Lodovico Arrivabene, S. D.

Voici un présent bien petit de la part d'un homme qui n'a pas moins d'affection et d'admiration que de culte pour toi et pour les nobles qualités de ton âme. Quel qu'il soit, accepte-le d'un front joyeux, sans avoir égard à son indignité, mais bien plutôt au témoignage de mes sentiments pour toi, comme faisaient les Dieux immortels qui préféraient parfois les coupes taillées dans le bois le plus vil à celles où étincelaient or et pierreries. Je sais, et je ne l'oublie pas, ce que je te dois à tant de titres; et si je respire, si je vis, si j'ai été presque arraché de la gueule de Cerbère lui-même et rendu à la santé, c'est toi que j'en dois remercier entièrement. Par l'Éternel! quel est dans ce célèbre gymnase de Pavie l'homme assez sot, assez grossier pour avoir perdu souvenance de ta bonté, de ta fidélité, de ton zèle lorsque tu me soignas, sans quitter mon chevet, d'une maladie à la fois terrible et dangereuse? Sans parler des innombrables bienfaits qui m'attachent à toi par des liens plus solides que le nœud gordien et qui me tiendront ainsi lié jusqu'à la mort. Mais je donnerai ailleurs carrière plus large et plus ouverte à tes louanges. En attendant, je te dédie ce dialogue sur Dubois; tu le liras, quand tu auras le temps, c'est-à-dire quand tu auras congé de tes leçons publiques : la matière de l'opuscule est légère, ceci dit pour le cas où tu en attendrais quelque doctrine cachée : quel qu'il soit pourtant, prends-le en bonne part. Adieu.

Voici maintenant le dialogue :

DUBOIS BOTTÉ

Personnages.

CHARON.   DUBOIS.
MONTANO.   RABELAIS.

CHARON.

Hé! l'homme aux bottes, où vas-tu de ce pas? Entends-tu, farceur? Ce n'est pas ton chemin; si tu veux passer, il faut monter dans cette barque. Mais, je le vois, c'est comme si je parlais à un sourd... Il a les oreilles bouchées plus hermétiquement que de cire; il n'entendrait pas le tonnerre, et les sirènes chanteraient en vain... Mais voyons pourtant s'il y a moyen de le rappeler. Hé! l'homme! Hé! je t'appelle.

DUBOIS.

Tu m'assommes. Qu'as-tu à crier ainsi et à me détourner de ma route?

CHARON.

Les raisons? La pitié que j'ai pour toi et l'amour du gain.

DUBOIS.

Qu'est-ce que tu peux bien espérer de moi? je manque de tout. Mais dispense-moi, s'il te plaît, de ta pitié, car, plaisanterie à part, où est la place de la pitié aux enfers?

CHARON.

Tu te trompes absolument, mon cher, tu erres en plein ciel, comme on dit; elle n'est pas tout à fait bannie de ces régions : à preuve Hercule, Thésée et Orphée dont le premier vœu a été exaucé. Mieux encore, Proserpine elle-même est fière d'avouer qu'elle revoit le jour et sa mère en même temps, grâce à la divine bonté de notre grand roi Pluton. Enfin, pour en finir, les âmes les plus chargées de forfaits et de crimes ont parfois la joie de se voir pardonnées, et quittes des peines qu'elles ont méritées. Mais pourquoi me fuis-tu dans cet accoutrement? Pourquoi ne pas rebrousser chemin de mon côté?

DUBOIS.

Je n'ai jamais vu de fâcheux de cette force; je vais ailleurs, parce qu'il ne me plaît pas d'aller vers toi.

CHARON.

Ho! mon cher, calme-toi, écoute patiemment ce que je te veux. Si je me suis permis de t'apostropher, c'est que tu n'es pas pourvu d'ailes qui te permettent, autre Dédale, de voler et d'atteindre sans mon secours jusqu'à la rive opposée. Si tu persistes dans ton dessein, alors ouvre tes ailes pour voler à la Cour de Pluton.

DUBOIS.

Il ne me reste que cela à faire.

CHARON.

Et la raison?

DUBOIS.

Ma bourse est vide.

CHARON.

Vraiment. Il n'y paraît guère à tes bottes ; on jurerait qu'elles sont sorties aujourd'hui du magasin ; par Hercule ! elle est impertinente ta raison ! absurde ! pour ne pas dire fallacieuse ! et je n'en reviens pas. Comment se peut-il, en effet, que tu aies dépensé deux couronnes en ces bottes sans même garder une obole ?

DUBOIS.

Je dis la vérité : la fortune ne m'a pas laissé une obole, ce qui ne m'empêche pas de porter les tant belles bottes que tu vois : je fréquentais chez un cordonnier, dont j'étais le bon client ; le brave homme me vendait tantôt des bottes, tantôt des sandales ou autres objets semblables ; qu'est-il arrivé ? que, me voyant à bout de ressources, il m'a donné ces bottes sans me demander un sou.

CHARON.

J'entends, mais dans quelle intention avais-tu pris des bottes ?

DUBOIS.

Vraiment tu es plus sot que je ne croyais. Comment, de toutes les raisons que j'ai mises en avant tu ne conclus pas que j'ai voulu, faute d'argent pour te payer le péage, traverser le marais avec ces bottes ?

CHARON.

O cervelle à traiter par l'ellébore ! Tu aurais du dire *passer à la nage* plutôt que *traverser*. As-tu pu croire que, sans être Encelade, tu passerais un marais si profond avec des bottes ? Si cependant tu t'étais mis cela dans l'esprit, pourquoi, au lieu de venir à pied, n'es-tu pas venu à cheval?

DUBOIS.

Il ne me manquait que des éperons.

CHARON.

Et le cheval?

DUBOIS.

Un ami me l'aurait prêté.

CHARON.

Allons! tu as besoin d'anticyre, car, pouvant emprunter le cheval d'un ami, ne pouvais-tu pas plus facilement en obtenir une obole pour me payer mon salaire?

DUBOIS.

Oui, il faut que je sois plus bête que toi pour m'attarder à tes paroles, au lieu de poursuivre...

CHARON.

Es-tu venu à résipiscence?

DUBOIS.

Point d'injures, ne m'agace pas. Parle-moi doucement, si tu veux que je te réponde de même.

CHARON.

Oublions un instant, je te prie, et, avant de me quitter, déclare-toi, dis-moi qui tu es et de quelle condition. Sache toutefois que tu ne m'en as pas imposé, car à ton vêtement et à ta figure on te reconnaît assez pour un médecin.

DUBOIS.

Tu l'as deviné, et c'est fort heureux, car mes prières avaient été vaines ; tu n'aurais jamais su si j'étais médecin ou bûcheron [1].

CHARON.

J'en rends grâces aux dieux. Mais ton nom ?

DUBOIS.

Puisque je te vois si habile à juger les hommes, je n'hésite pas à t'apprendre mon nom. De mon vivant, on m'appelait Dubois.

CHARON.

Grand Pluton, quelle bonne aubaine! C'est Dubois que je vois, de mes yeux! le chef, le porte-enseigne des excellentissimes médecins! Je ne sais ce qui me retient de te serrer dans mes bras et de t'embrasser par trois et quatre fois!

DUBOIS.

Es-tu fou ?

CHARON.

Oui, je suis fou, mais c'est l'excès de la joie! Je ne tiens plus dans ma peau! Voir, pouvoir toucher un homme tel que toi, un si grand nom! Mais ne perdons pas en paroles un temps précieux sur toutes choses; monte dans ma barque si tu veux.

DUBOIS.

Je n'ai pas d'argent, je te l'ai déjà dit mille fois.

CHARON

Ah! si tu me comprends, n'insiste plus! Je ne m'occupe que

---

1. Il y a ici un jeu de mots intraduisible. Littéralement « *faber lignarius* » signifie « ouvrier du bois ». Dubois donne son nom dans un calembour.

de toi! Ton argent, si tu en as, je m'en soucie comme d'un
fétu!

DUBOIS.

Je t'en prie, ne me demande rien quand nous serons sur
l'autre rive, ou, si c'est ton intention, ne m'appelle pas dans
ta barque : car il serait doublement douloureux, après l'avoir
emmené au pays des tourments et des larmes, de tirer argent
d'un pauvre diable.

CHARON.

Est-ce sérieux ou si tu plaisantes? Viens donc enfin, chef et
porte-drapeau des médecins!

DUBOIS.

Je viens, je viens, Charon, mais où prendre place? Ta barque
est toute pleine d'âmes.

CHARON.

Si, tu auras une place... (*S'adressant aux autres.*) Hé! vous,
ne croyez pas que la barque soit à vous, j'en ai d'autres à
conduire... (*A Dubois.*) Allons! monte et tiens-toi à mes côtés
de peur qu'un coquin, unique de son espèce, ne t'insulte ou,
qui pis est, ne te blesse.

DUBOIS.

Y a-t-il dans cette barque quelqu'un de célèbre par ses
exploits sur terre?

CHARON.

Je crois qu'il y en a plusieurs dont le nom est illustre là-
haut. Mais beaucoup me viennent sourds et muets; taisant leur
nom, leur patrie; enveloppant de silence leurs faits et gestes
mémorables; ayant peut-être mépris et dédain pour le nocher

des enfers. Toutefois, si je ne me trompe, Jean-Baptiste Montano[1] est là : bien que mort depuis nombre d'années, cet homme n'a jamais voulu se résoudre à passer sur l'autre rive : en dépit des supplications réitérées de Proserpine, qui désirait le consulter sur un mauvais mal dont elle souffrait, il n'a jamais voulu se laisser embarquer. Enfin Pluton a été obligé de lui faire commandement de venir voir Proserpine malade.

DUBOIS.

O prodige! quoi! Montano, le phénix des médecins, l'âme même de la Médecine, qu'il a rappelée de la mort à la vie, le seul homme qui, après le grand Galien, me paraisse digne du nom de médecin, Montano attendait pour monter dans la barque le jour même où le destin m'y faisait monter moi-même! O Charon, quelle joie tu m'as causée! quels transports, au seul nom d'un tel homme! Mais avant d'adresser la parole au dieu de la parfaite médecine, dis-moi le genre de maladie (si tant est que tu sois dans le secret) dont souffre notre déesse.

CHARON.

La maladie de Proserpine! mais je la connais comme ma main. Il faut savoir, et tu le sais bien, que notre déesse se retire chaque mois chez sa mère. Tandis qu'elle s'applique à réjouir et, comme il lui arrive parfois, à éclairer les mortels; tandis que, abusée par un charme trompeur, oublieuse de son propre salut, elle respire trop avidement, dans l'air bien doux qui règne aux cieux, une fraîcheur, agréable il est vrai, mais nuisible à la longue, elle est prise d'une extrême faiblesse d'estomac, la malheureuse! au point de ne pouvoir garder la nourriture ni digérer les choses dont elle avait antérieurement l'habitude : l'or de sa chevelure s'éteint, le sommeil fuit ses yeux ardents, les roses de ses joues se fanent, ses douces lèvres se

---

1. Di Monti, *alias* Montano, était mort en 1551. Né à Vérone en 1498, professeur à l'Université de Padoue. On disait de lui que l'âme de Galien était passée dans son corps.

décolorent. Elle languit, la belle déesse! et Pluton est tellement navré de son abattement qu'il en perd le manger et le dormir. Mais je rends grâces aux dieux d'avoir daigné t'envoyer à nous en cette fâcheuse occurrence : aussi ne douté-je pas que tu ne rendes bientôt Proserpine à son ancienne santé et que tu ne ramènes la joie chez Pluton et autres dieux infernaux.

DUBOIS.

Tu as parfaitement compris la maladie, et j'entends bien ta conclusion ; mais je vois que le mal n'est pas si dangereux en soi, et qu'il ne constitue pas proprement un tel péril pour la déesse : le dangereux est qu'il se prolonge, car il pourrait facilement arriver que, soit par faute de médicaments convenables, soit, au contraire, par application de remèdes non spécifiques et non convenables à la maladie, les extrémités de l'estomac fussent à ce point dilatées que la malade en meure. Mais, je te prie, dis-moi, Charon, si Montano a prescrit ou non des remèdes à Proserpine?

CHARON.

Oui, il en a prescrit, aujourd'hui même, et non sans grandes prières, tant cet homme est rigide et stoïcien au fond : vu l'état qu'en fait Pluton, ainsi que les autres médecins du roi, j'ai obtenu d'un ami l'ordonnance en question : si tu le désires, je vais te la faire voir.

DUBOIS.

Avec plaisir.

CHARON.

Tiens!
Recipe. Menthe, absinthe, schœmantes, une poignée de chaque. Cinnamome, cypérum, canne aromatique, de chaque deux gros. Résine de lentisque, noix muscade, de chaque un

gros. Vin aromatique, *quod sufficiet*. Faire cuire le tout ensemble et en fomenter l'estomac avec une éponge imbibée. Après la fomentation, la partie stomacale séchée avec soin, oindre l'endroit avec ces huiles.

Recipe. Résine de lentisque et absinthe, une once de chaque. Faire l'huile, mêler, oindre l'estomac. Éviter que l'huile ne descende jusqu'à la région du foie. *Item*. Prendre souvent, une heure avant le repas, matin et soir, du vin cuit simplement.

(A Dubois qui fait un geste.)

Pourquoi ce pli sur ton front?

DUBOIS.

Vraiment j'admire le discernement de Montano : d'abord il ne dit pas un mot des remèdes qu'on absorbe par la bouche et que les autres médecins fourrent sans ordre et sans réflexion aux malades, accablant les malheureux, plus qu'ils ne les soulagent, du poids de la maladie; en outre, il témoigne d'une telle perspicacité dans cette ordonnance pour l'usage externe, il montre un tel scrupule qu'il semble avoir prescrit le seul spécifique indiqué dans le cas : mais je suis en train de causer et de discuter médecine comme avec les médecins mêmes, c'est à devenir ridicule! Allons! avant de pousser ta barque à l'autre rive, ne perdons pas de temps et fais que je puisse enfin parler à Montano : je me réjouis rien qu'à son nom.

CHARON.

Je reviens à l'instant. Je t'en supplie, Montano, par ton génie, par les dons sublimes de ton esprit, fais-moi cette grâce de ne pas repousser Dubois, un homme illustre dans la haute médecine; il désire incroyablement te connaître et te parler : crois-moi, c'est un homme remarquable et tu ne te repentiras pas d'avoir avec lui commerce d'amitié. Mais je suis fou d'en vouloir remontrer à mon maître! je suis vraiment d'une bêtise sans pareille. Est-ce que tu ne connais pas mieux que moi Dubois et sa science? Alors surtout que vous pratiquez tous deux le même art!

MONTANO.

Par Hercule! Je sais, j'ai lu beaucoup de choses sur Dubois; il est à placer en bon rang parmi ceux qui ont bien mérité de la médecine. Mais notre homme est-il ici?

CHARON.

Certes, il ne peut assez dévorer le désir de te voir.

MONTANO.

Diable! voyons à ce qu'il ne le dévore pas! Il pourrait bien se faire qu'après l'avoir avalé, ce désir, la digestion le pressât!

CHARON.

Je ne te comprends pas suffisamment[1]; mais voyant qu'il t'était agréable de le connaître, je te l'amène.

MONTANO.

A ta guise.

DUBOIS.

Quelle ivresse de te voir, homme éminent, toi dont le nom dépasse les colonnes d'Hercule, car il n'est pas de nation si barbare que le bruit de ta renommée ne l'ait frappée!

MONTANO.

Je t'en prie, fleur rare de la France, ne m'accable point de louanges imméritées : c'est assez pour moi de m'apercevoir que je ne suis pas un objet de risée pour les fervents de médecine. Il te reste la solide gloire, l'éternel honneur d'avoir exploré toute

1. La plaisanterie est assez lourde, en effet.

la matière médicale, et à tel point, que si je ne me trompe, il n'y a personne qui te puisse être comparé, au moins en bonne justice. Certes, Galien te doit tant qu'il n'oserait peut-être pas en attendre davantage s'il vivait, car ceux-là même à qui tu portes ombrage sont obligés d'avouer hautement quelle lumière tes écrits ont répandue sur ses œuvres. Mais, contre ma volonté, j'ai été pour toi plus prodigue d'éloges qu'à l'ordinaire. Ce qui a fait cela, c'est ton mérite supérieur, et cette gloire par où, si je ne me trompe, tu n'es pas moins admiré que vénéré de tous.

DUBOIS.

Tu ne serais peut-être pas allé jusque-là si je n'eusse été charmé par la douce et flatteuse énergie cachée dans tes paroles comme un serpent dans l'herbe. Bon Dieu, quel homme tu es! quelle grandeur dans la conversation! Assurément, tes écrits, qui feront toujours du bruit autour de toi, indiquent assez combien tu l'emportes sur les autres. Je ne sais comment, mais je vois distinctement sur tes lèvres les grâces et la déesse même de l'éloquence.

RABELAIS.

Hé! vous qui considérez Esculape et Apollon lui-même comme de petites gens en comparaison de vous, quelle part me faites-vous dans la médecine? Car, moi aussi, de mon vivant, j'ai rédigé quelques ordonnances contre la gale, les pustules et les hémorrhoïdes.

DUBOIS.

O Jupiter! n'est-ce pas Rabelais qui parle ici? Assurément, c'est lui-même, si je ne m'abuse sur sa voix.

MONTANO.

Quel est le Rabelais en question? Je n'en ai jamais ouï parler.

DUBOIS.

Tu vas entendre aujourd'hui des choses étonnantes : par Hercule! c'est un nouveau Protée que tu verras, tant il saura prendre de formes : il faut avoir la tête bien nette pour n'être pas joué d'étrange façon par ce diable d'homme qui se fait tantôt renard, tantôt singe. Oncques ne vis d'imposteur plus parfait. Mais tu es trop malin pour que Rabelais t'en impose.

RABELAIS.

Salut, Galiléens, mais qu'avez-vous à lever les yeux au ciel? Et toi, le plus botté des bottés, où as-tu mis ton cheval, ton épée et tes éperons?

DUBOIS.

La barque ne pourrait supporter un tel poids.

RABELAIS.

Ah! mon gaillard, tu as le nez fin : je commence à deviner que tu nous arrives du sein d'Anticyre... Mais toi, cancre, toi qui fais le renfrogné, comme s'il fallait mourir à Utique, n'as-tu pas encore dormi à satiété?

MONTANO.

Ne m'agace pas, car tu auras affaire à mes dents, tu verras.

RABELAIS.

Allons! réfléchis, je n'ai que faire de tes dents : personne ne mange ici. Mais réponds-moi d'un air joyeux, arche d'ineffable douceur. Ta patrie? Je te soupçonne d'être de Bergame, car ceux de ce pays ont toujours une tumeur à la gorge, *uno gozzo (un goître)*, comme ils disent.

MONTANO.

Admirable jugement! mais ta patrie, à toi? Je jurerais, ma

foi! que tu es de Sienne; en outre, il n'est personne d'assez obtus pour ne pas voir en toi, à ton habit, un compagnon de saint Mathurin[1]. Eh bien! précepteur de Simon, est-ce toi qui présides aux mines d'ellébore?

RABELAIS.

C'est ainsi, et j'espère que d'ici peu de mois tu viendras me demander de t'en livrer.

MONTANO.

Mais, en te voyant dispensateur de l'ellébore, toi plus sot que Chorèbe, que penseront, que diront de toi ceux qui ont l'esprit dont tu manques?

RABELAIS.

Ce qu'on dit en te voyant, barbu comme un bouc, essayer de te faire passer pour un philosophe.

DUBOIS.

Je vous en prie, ne vous harcelez point de mutuelles provocations! Que ne nous égayez-vous plutôt par d'agréables entretiens? Et toi, Montano, toi dont on attend le salut de notre déesse, toi à qui incombent tout le poids et toute la responsabilité, fais plutôt ton affaire et la nôtre; car il arrivera fatalement que si tu mets fin à la maladie de la grande Proserpine, nous y gagnerons, nous dont le sort est nécessairement lié au tien, un avantage et un surcroît d'honneur dont nous ne serons pas fâchés.

MONTANO.

Voilà bien dix jours que je m'absorbe dans cette affaire, au point de bannir toute espèce d'autre pensée; en ce qui touche ma profession, j'ai toujours été celui qui n'a jamais trompé per-

---

1. Saint Mathurin avait les fous sous sa protection.

sonne; et toujours je me suis efforcé de remplir mon office de telle sorte, qu'en admettant que je ne me sois jamais trompé, je puisse accuser l'ignorance plutôt que la négligence ou l'orgueil.

DUBOIS.

Ne parlons pas de cela : quel homme tu es, on le sait jusqu'à la dernière Tyle[1]. J'ai vu l'ordonnance destinée à Proserpine, on la dit de toi, et, pour moi, je suis absolument d'opinion qu'elle t'appartient complètement : de plus, il me paraît qu'elle est composée contre l'habitude des autres médecins. Ta recette, comme on dit, est si artistement arrangée que sans conteste elle défie toute critique.

MONTANO.

Je t'en prie, assez de louange, je ne la reconnais, ni ne la désire. C'est bien moi qui ai prescrit ce que tu appelles une recette, à notre commune déesse; mais il m'est difficile de dire combien j'ai été ennuyé : tu sais, en effet, comme on aime être aux côtés du malade, voir sa face, examiner la médication précédemment suivie, interroger le malade lui-même sur ce qu'il sent, et autres choses que tu sais parfaitement.

DUBOIS.

Tu dis vrai. Mais, selon toi qui connais mieux que moi la maladie, quelle sera la fin ?

MONTANO.

Ah! la chose est assez incertaine et douteuse, si les bruits qui courent sont vrais. Je doute qu'on puisse employer un remède autre que le vin cuit.

---

1. La plus éloignée de ces deux îles du golfe Persique, considérées par les anciens comme des limites extrêmes.

RABELAIS.

Ne me dédaignez pas, hommes des douze tribus, faites-moi place, s'il vous plaît, en cette confrérie : vous entendrez peut-être des choses dont vous ne rirez pas ensuite. Je suis, sans ostentation, un homme autrement grand que vous ne pouvez l'imaginer : les prouesses que j'ai accomplies attestent, même malgré moi, qui je suis et ce que je vaux, armé du bouclier et de la pique. Mais que je vous conte, si vous avez le temps de l'entendre, le cas du superbe mulet du roi de Pologne! Cet animal, destiné à la reproduction de l'espèce, était tellement cher au roi que ses fils n'étaient rien en comparaison : atteint d'une inflammation inguinale, il était en danger si grave que tous les hommes de l'art l'avaient abandonné : eh bien, je l'ai guéri en trois heures, avec une eau de ma façon, et il est devenu plus ardent et plus robuste qu'auparavant. Oyez autre chose plus merveilleuse d'une laie qui, sans doute à cause de sa beauté, avait longtemps fait les délices du même roi : elle était pleine de marcassins, voire en plus grande quantité qu'il n'arrive ordinairement à cet animal, par certain miracle de nature. Elle était sur le point de mettre bas : les cloisons de la matrice s'effondrent sous le poids excessif qui se hâte vers l'orifice; les magnifiques bêtes sont menacées de mort; de toutes parts accourent les plus illustres médecins du globe (le roi aimait la laie au-dessus de toute expression) : Fuschius[1] arrive, tenant dans ses mains un gros livre de botanique, il le lit et le relit avec soin; dans cet amas de plantes, il ne trouve point de simple qui puisse soulager la malheureuse bête. Matheus Curtius[2] arrive aussi, malgré son extrême vieillesse : il avait apporté avec lui l'anatomie de Mundinus[3] et ses commen-

---

1. Léonard Fusch, né, en Bavière, en 1501, mort en 1566. Surnommé le Paulus Éginète de l'Allemagne.
2. Matheus Curtius, né à Pavie, mort à Pise, où il professait, en 1544; avait accompagné Clément VII dans son voyage à Marseille.
3. Mundinus, médecin milanais du xiv⁰ siècle. Son traité d'anatomie a fait loi en Italie pendant deux siècles.

taires sur lesquels il sue sang et eau pendant trois mois, les lisant et relisant jusqu'à la dernière ligne ; il perd son temps et sa peine. Arrive aussi Thomas Linacer[1], qui, debout dans le collège des médecins, veut faire une proposition qui réponde à l'opinion que tous ont de lui : dans sa hâte d'exhiber aux autres les Centuries qu'il a publiées sur Galien, le malheureux tire une grammaire latine, éditée les jours précédents : c'est dans l'assemblée un rire universel. A cette glorieuse phalange, Brassavola[2] se joint, commandant aux autres un silence profond ; il supplie instamment le roi de lui donner la préférence, surtout dans le traitement curatif de la laie : jadis, il a guéri d'une maladie d'intestins Alphonse, duc de Ferrare, et cela, si diligemment et si rapidement que tous les regards se sont tournés vers lui.

D'autre part, Manardi[3], qui était venu en même temps, de contredire Brassavola et de le remettre à sa place, lui et ses œuvres. A ces hommes, d'une telle valeur et d'un tel renom, à Ruelle[4] et à Mattioli da Siena[5] qui se vantaient d'avoir remis Dioscoride en lumière, à beaucoup d'autres que je passe sous silence, le roi ne voulut rien accorder sinon que, jetant les yeux sur moi : « A toi la palme, dit-il, toi qui, ces jours derniers, as guéri mon mulet ; ton génie dans l'art vétérinaire me paraît un don, un effet même de la nature en travail : je suis sûr que, même morte, tu pourrais ranimer la bête en lui soufflant au derrière ; que la cure t'appartienne donc tout entière ! les autres seront payés de la bonne volonté qu'ils m'ont marquée : toi, à

---

1. Thomas Linacer, anglais, né en 1461, mort en 1524. Avait fait le voyage d'Italie. Élève de Chalchondyle pour le grec et d'Ange Politien pour le latin. Médecin d'Henri VII et d'Henri VIII.
2. Antoine-Musa Brassavola florissait à Ferrare en même temps que Manardi, qu'il a fort maltraité dans ses ouvrages.
3. Jean Manardi, de Ferrare (1461-1536). Rabelais put le voir à ses premiers voyages. En tout cas, il le connaissait bien de réputation, puisqu'il avait donné une édition de ses *Epistolæ medicinales*, chez S. Gryphe.
4. Jean Ruelle, né à Soissons en 1474, mort en 1537, chanoine de l'église de Paris. Budé lui avait donné le titre d'*aigle des interprètes*.
5. Matthioli, de Sienne 1500-1577), médecin de Ferdinand, archiduc d'Autriche.

l'ouvrage, et sans tarder! » Amis, pour abréger, en moins d'un jour, la laie fut rendue à la vie, aux acclamations de la tant illustre compagnie, qui me donnait tour à tour le nom d'Esculape et d'Apollon.

DUBOIS.

Comme tu as fait avancer l'art médical! cela ressort clairement des exemples que tu as allégués et nul ne croira que tu aies rêvé. Toute la France a vu ce dont tu es capable; on ne se borne pas à te porter aux nues dans un brillant panégyrique, on t'accompagne encore de merveilleux regrets : il n'existe personne qui n'avoue hautement que la médecine elle-même a péri avec toi. Je sais personnellement en quels termes flatteurs ce grand cardinal, qui ne t'aimait pas encore tant qu'il ne t'admirait, a toujours parlé de toi depuis ta mort.

RABELAIS.

Passons, s'il te plait, et, comme la barque (à moins que je ne sois victime d'une vue affaiblie par l'âge) a déjà dépassé la moitié du marais, n'hésite pas à me dire les noms des plus illustres médecins qui soient aujourd'hui non seulement en France, mais en Europe, si cependant tu te les rappelles tous, ou si leur renommée est venue jusqu'à toi.

DUBOIS.

En vérité ce n'est pas une petite besogne, surtout pour moi qui n'eus jamais de goût pour les choses étrangères; qui n'eus de temps que pour moi, vivant pour moi seul, presque mort pour les autres. Cependant, je te dirai très volontiers quels sont les noms qui me sont parvenus. Et comme ta conversation suffit à m'apprendre que tu as connu Fuschius, je devrais peut-être commencer par lui. Ce n'est point parce qu'en occupant le sommet, il a forcé les autres à se contenter des degrés inférieurs; mais il m'a toujours paru qu'il éclipsait les plus brillants, admirable dans la théorie et grand dans la pratique : deux choses qu'il est si difficile d'embrasser à la fois, qu'on ne sait jamais qui l'emporte : ceux-là le disent bien qui ont dépensé toute leur vie dans l'une ou se sont à grand'peine rejetés sur l'autre. Mais puisque tu sais tout ce qu'on peut savoir de Fuschius, je ne quitterai pas l'Allemagne sans faire mention de Gemma Frisius[1], non seulement parce qu'il ne le cède à bien peu de médecins, soit dans la théorie, soit dans la pratique, mais encore parce qu'il défie absolument toute comparaison en astrologie (bien que pour ma part je n'aie jamais cru l'astrologie nécessaire au médecin). S'il m'était permis de m'appesantir davantage sur l'Allemagne, je pourrais nommer encore Worsandus, Unstuellus et beaucoup d'autres. Mais pour ne pas ennuyer, je ferai d'abord le tour de nos provinces : pour abréger, pour réunir en un seul faisceau cette masse de médecins, je t'en citerai deux : l'un est mon compatriote, l'autre, tu le connais probablement de nom. Le premier, c'est Fernel[2] : la valeur de l'homme est attestée par ses nombreux et savants écrits qui le font voir médecin non moins grand que philosophe, pour ne rien dire des innombrables maladies dans le traitement desquelles il a égalé Hercule ou plutôt Esculape; le second, c'est Flesselle[3] : bon Dieu ! quel homme ! quel fléau des maladies (si je puis m'exprimer ainsi)! c'est à un point qu'il n'est pas de malade, fût-il au seuil du tombeau, qui ne reprenne un souffle de vie au seul nom de Flesselle. Certes, et l'amitié que j'ai pour un tel homme ne m'égare pas, tout ce que le dieu de la médecine peut conférer à un seul homme, Flesselle le possède, surtout du côté de la pratique, au point d'en avoir réduit beaucoup à la besace. Mais comme tu ne tarderais bientôt pas à bâiller en m'écoutant,

---

1. Reinier Gemma, dit le Frison, né en 1508, mort en 1555, à Louvain, où il professait la médecine. Grand mathématicien surtout.

2. Jean Fernel, de beaucoup le plus illustre praticien de Paris. Fut longtemps inquiété par Flesselle qui avait l'humeur très acariâtre.

3. Philippe de Flesselle, mort en 1562. Médecin de François Ier, Henri II, François II et Charles IX

je te nommerai quelques Italiens à cette heure en crédit, et je me tairai.

RABELAIS.

Poursuis, je te prie, car jamais je ne me suis vu plus attentif qu'en ce jour où je bois tes paroles.

DUBOIS.

Avant de m'expliquer sur les médecins d'Italie, je dois demander pardon à Montano, leur dieu. Mais, grand Pluton, quels sujets de discours il m'a ravis et comme arrachés des mains en mourant, lui qui, s'il vivait encore, me fournirait à lui seul assez ample matière! Mais pour en finir vite avec la besogne commencée, à part Brassavola que tu as connu en ton vivant, quelques mots de Trincavelli[1] et de Frigimelica[2], deux astres éblouissants dans les ténèbres de ce siècle. Le premier professe publiquement la médecine au gymnase de Padoue et enthousiasme son auditoire; l'autre est, pour ainsi dire, en retraite, comme il appartient à qui exerça longtemps dans la même ville; parfois il quitte son repos pour mettre en déroute les maladies furieuses et alors tous les regards sont tournés vers lui. Outre les susdits, il y a deux autres hommes que je ne louerai jamais assez : Mantoue s'enorgueillit de les avoir mis au jour : l'un est Giulio Delfino, lecteur en médecine au gymnase de Pavie, et il répond si bien à l'attente générale, qu'il n'y a qu'une voix pour dire qu'on ne professa jamais en ce gymnase avec autant d'éclat. Et je ne dis rien du cas qu'en fait Son Excellence Fernand de Gonzague qui, à chaque maladie dont il est atteint, s'en remet au seul Delfino du soin de le guérir, sans appeler les médecins célèbres à d'autres titres. Antonio Cipriani est le nom de l'autre; c'est le médecin d'une

---

1. Vittorio Trincavelli, né à Venise en 1496, mort en 1568. Professeur à Padoue, le plus rétribué peut-être de tous les médecins italiens de son temps.

2. François Frigimelica, professeur de l'Université de Padoue, sa patrie, né en 1491, mort en 1559, fut premier médecin du pape Jules III.

élite de médecins. L'école arabe épuisée, Avicenne, Mesué et Sérapion, il a embrassé celle des Grecs, Galien, Dioscoride, Éginète et consorts, et il est parvenu à une telle érudition qu'il peut sans conteste prétendre à la suprématie. Il serait long d'énumérer les hauts faits de cet homme et toutes les maladies qu'il a guéries. Le jour ou la force m'abandonnerait avant que je ne puisse en conter la plus petite partie. Mais peut-être vous ai-je ennuyé plus qu'il ne convenait : toi, Rabelais, prends telle quelle, et en bonne part, cette énumération de médecins si confusément présentée : j'ai pour excuse ce que j'ai dit en premier lieu.

RABELAIS.

Rien ne m'afflige plus que la sobriété de ton discours : tu t'es contenté de nous montrer les tapisseries roulées[1], tant s'en faut que tu nous aies fatigué les oreilles.

DUBOIS.

Cela me fait un plaisir autrement grand que si le sommeil avait fermé vos yeux.

RABELAIS.

Mais parle sérieusement, homme remarquable. Ton opinion? je te prie. Penses-tu que l'astrologie soit inutile à la médecine?

DUBOIS.

Oui, je le pense.

RABELAIS.

Permets-moi de te dire que si tu méprises ainsi l'astrologie, c'est que tu ne la connais pas. L'ignorant n'a pas de désir, c'est connu. Eh bien, moi, j'estime qu'elle n'est pas moins essentielle au médecin que les doigts et les ongles. Je pourrais appuyer cette opinion par des exemples qui montreraient peut-

1. *Peristromata ostendisti.*

être qu'on ne se joue pas facilement de moi. Mais le metteur en scène à qui l'on doit ce grand spectacle parle assez pour moi, il résume assez tout ce qui se rapporte à la question. Et, de plus, qui ne voit que le fait lui-même supplée à mes paroles? Qui ne sent qu'en prescrivant indifféremment des recettes, sans aucune indication du ciel et des astres, vous torturez misérablement les malades désespérés? Jupiter est merveilleusement favorable au malade; mais il peut arriver qu'il soit sous un signe tout à fait contraire; vous autres, ignorants et, qui pis est, contempteurs de l'astrologie, vous ordonnez le remède dans des moments où Jupiter détruit tout. Si vous attendez que la rage de la planète s'adoucisse, tenez pour certain que le malade s'en trouvera bien. Mais, pour discuter de choses plus claires que le jour, il faut que je sois fol à ne pouvoir être guéri par l'ellébore! je ne sais ce qui me retient de te vomir à la face toute cette vilaine bile dont tu m'as empoisonné par tes paroles!

DUBOIS.

Et moi, je ne puis m'empêcher de rire en voyant dans une telle agitation un astrologue qui est, en outre, un philosophe. Quelqu'un, Jupiter ou plutôt Mars, est probablement sous un signe qui te pousse malgré toi à cet excès. Mais, ô le plus astrologue des astrologues, en argumentant contre les médecins ignorants de ton astrologie, et contre les erreurs dans lesquelles ils tombent, quand ils ne reconnaissent pas à quel signe une planète est contraire, pourquoi n'as-tu pas ramené ou plutôt étendu l'exemple aux autres planètes? Ainsi, Jupiter est, comme on dit, en ascendance; comme il est naturellement doux et bénin, il me promettra toujours de bonnes choses; qu'un autre, Mars, par exemple, me soit tout à fait contraire, naturellement rude et cruel, il me menacera de mille maux. Il faudra donc que celui-ci ne soit pas toujours mauvais et que Jupiter ne soit pas toujours bon. Par conséquent le médecin se trompera en ordonnant le remède s'il ne sait à quel signe reconnaître la malignité de la planète. Tu aurais pu ajouter cet exemple, et, par là, mettre plus de lumière dans ce que tu avais avancé.

RABELAIS.

Je ne te croyais pas assez obtus pour conclure de telle sorte, après ce que je viens de dire.

CHARON.

Hé! vous qui nous assourdissez tous par vos clameurs et faites de ma barque un marché, silence! n'est-ce pas? ou, si vous désirez fouler l'autre rive, envolez-vous! Ma barque n'a jamais entendu pareil tapage : il semble que ce soit le rendez-vous en masse de toutes les âmes tant mortes que vivantes. Par ma foi! vous faites plus de bruit que cent Stentors. Mais, ô homme de marque, rends-moi, je te prie, l'ordonnance de Montano que je t'ai donnée il y a longtemps déjà; on pourrait l'oublier.

RABELAIS.

Quelle ordonnance? Pour qui?

DUBOIS.

De Montano, pour Proserpine.

RABELAIS (*la lisant*).

Tu permets?

DUBOIS.

Que t'en semble?

RABELAIS.

Étonnante! Parfaite ainsi, parfaite en tout point.

CHARON.

Amis, la barque approche : allons! réveillez-vous! la main à la poche! (*A Dubois.*) Toi, dont je fais si grand cas, tu as assez payé, je ne te réclame rien. (*A Rabelais.*) Mais toi, dont les éclats de voix ont presque brisé ma barque, pourquoi cette paresse à solder ton passage ?

RABELAIS.

Ce n'est point paresse, je suis sourd et paralytique : mes bras sont engourdis, mes pieds sont glacés, je suis de pierre, je suis de marbre.

CHARON.

De pierre, soit! et de fer, tant que tu voudras! pourvu que tes écus soient d'argent!

RABELAIS.

Tu délires, mon brave, je n'ai pas de bourse, car je suis moine, voire Franciscain.

CHARON.

Par Pollux! ton habit ne le prouve pas.

RABELAIS.

Tu extravagues. Es-tu fou et n'as-tu jamais entendu dire que l'habit ne fait pas le moine? Point de plaisanterie : non, je ne suis pas moine, je suis médecin. Puisse Pluton m'aimer ainsi, sans argent, comme il t'aime, toi, sans cœur et sans vertu! Puisque je ne puis te payer mon passage, mets-moi à contribution si je puis te servir par mon art.

DUBOIS.

Il dit vrai, Charon; c'est un homme dont l'érudition passe

ta croyance, c'est la perle de la médecine : s'il te plait d'user de lui, tu le trouveras merveilleusement capable.

CHARON.

Je souffre, en effet, d'un mal qui me travaille trop souvent, à mon gré : mais puis-je me fier à lui en toute sécurité ?

DUBOIS.

Tu le peux.

CHARON.

Apprends donc, prince de la science, que depuis dix ans déjà je souffre d'hémorrhoïdes, une maladie grave assurément : si tu veux, si tu peux me prescrire un remède qui me soulage, ce ne sera pas assez de t'exonérer de ce voyage-ci, et dorénavant, chaque fois qu'il te plaira, à toi et aux tiens, de passer le marais, je tiens ma barque à ta disposition.

RABELAIS.

Charon, c'est assez dissimuler, j'avoue. Je suis Rabelais ; mon nom est connu dans toute l'étendue du royaume. Tu sais quels priviléges m'a conférés le trois fois grand Pluton : non seulement notre bon roi m'a exempté de cette maladie, mais encore il m'a préposé à la chasse, et commis à la garde de Cerbère à la triple gueule, avec charge de le mener faire ses besoins tous les jours : et quels besoins ! nul n'en ignore. Mais je me suis déguisé, et j'ai caché mon nom pour te faire enrager.

CHARON.

Ainsi tu es Rabelais ? Grand Pluton ! jamais je ne t'eusse reconnu, car ordinairement tu entrais en costume de chasse, dans une cohue de chasseurs et de chiens : maintenant tu me fais l'effet d'un charlatan.

RABELAIS.

Ah ! tu fais de l'esprit ! Outre tes hémorrhoïdes, je t'enlèverai encore les dents et les testicules, à la mode des charlatans.

CHARON.

Grand merci.

RABELAIS.

Voici mon remède contre les hémorrhoïdes : j'y ai mis toute la diligence possible. Tu m'en diras des nouvelles.

DUBOIS.

Bon Dieu ! tu as mis si peu de temps ?

RABELAIS.

Ainsi fais-je. Mais avant de procéder à la lecture de l'ordonnance, laisse-moi te donner quelques-unes de mes raisons ; tu pourras juger mon diagnostic. Tous les médecins traitent les hémorrhoïdes par la saignée de la veine poplitée ou malléolaire. Moi, j'estime, contre l'opinion commune des médecins, que les hémorrhoïdes, situées près de l'anus, ont plus de chance d'être réduites par le médecin qui est monté le dernier dans la barque ; par certaine qualité occulte et pourvue d'un secret pouvoir, les médecins montés les derniers dans la barque, et derrière Charon, ont la faculté de guérir facilement les maladies qui siègent à son derrière. En pareil cas, ils ordonnent aussi un détersif, afin d'épargner les hémorrhoïdes, dans l'expulsion des excréments solides, et de ménager le patient.

On détergera les entrailles avec le clystère suivant :

Recipe. Racines d'avarice et de morosité, deux livres de chaque ; fleurs d'orgueil, de fatuité et de saleté des collèges de Paris, quatre poignées de chaque ; d'une des bottes de Dubois, *quod sufficiet,* dans un seau ou deux d'eau de superstition de

Bandello, compilateur de fables (car celui-ci doit venir ici prochainement, botté aussi, comme je le crois, et en chaire, portant à la ceinture en guise de boîte à plumes un énorme flacon de vin d'Agen) : faire dissoudre six onces de sucre britannique, c'est-à-dire d'humanité, et autant de sel toulousain, c'est-à-dire de sagesse, laquelle me paraît nulle d'ailleurs ou tout au moins bien petite. A prendre, après avoir bien mangé, contrairement à ce qu'enseignent tous les médecins. Pour débarrasser Dubois de son autre botte, en faire une seringue. Au cas où les racines ordonnées ci-dessus manqueraient, on les trouverait presque toutes dans le seul Dubois.

Suit un liniment contre la même maladie :

Recipe. Cheveux de toutes les Furies, quatre onces de chacun, rocher de Sisyphe, deux livres : pulvériser le tout avec soin dans la marmite infernale; mêler, additionner avec de l'excrément de Lucifer ou d'un autre dieu des Enfers, à la dose suffisante : faire le liniment.

DUBOIS.

Je te dois beaucoup, je le vois, pour ne m'avoir pas oublié dans ton ordonnance. Qui eût jamais pensé que mes bottes serviraient d'adjuvant à tes remèdes? Mais tu pouvais encore, si cela t'était venu à l'esprit, joindre à ta décoction une petite once au moins de ton léger pétase : il est en bois de gaïac, ce me semble.

CHARON.

Comment notre homme s'est-il acquitté de sa mission?

DUBOIS.

Au delà de tes vœux : tes hémorrhoïdes disparaîtront immédiatement : elles prendront la fuite loin de ton anus, et sans retour, je crois.

MONTANO.

Par Hercule! à mon avis, Rabelais mérite le ciel, il guérit les mulets, il ressuscite les laies, il met les hémorrhoïdes en déroute, il extrait dents et testicules ; il lui reste seulement à soigner la gale, les pustules, le fic, et maladies semblables.

CHARON.

Trêve de querelles. Nous arrivons sur l'autre bord. Je vous fais remise de votre passage. Quant à vous, grands hommes, qui m'avez fait tant d'honneur, si vous n'avez pas encore mangé et que vos dents ne soient pas d'airain, vous pouvez entrer avec moi dans mon logis, ou, si vous aimez mieux, allez au cabaret voisin, je vous rejoins à l'ombre.

RABELAIS.

Tu es bien honnête. Allons.

AU LECTEUR.

Je sais qu'il ne manquera pas de Zoïles et de fous pour soutenir, avec leur manie d'interpréter tout à l'envers, que j'ai dirigé ce dialogue contre la mémoire de Dubois : ceux qui me connaissent diront hautement combien cela est éloigné de mon dessein et de mes habitudes. De plus, je fais un tel prix du nom de Dubois que, pour l'aimer, je ne le cède à personne : le petit livre que j'ai écrit ces jours derniers à sa louange le prouve surabondamment. Mais, diront les Zoïles, pourquoi ce verbiage sur Dubois botté, les bottes de Dubois, et le reste? Je ne répondrai rien, sinon que j'ai écrit ce dialogue de Dubois botté *parce qu'il est réellement mort ainsi : en outre, j'ai voulu amuser de mon mieux votre esprit par des plaisanteries sans méchanceté; en effet, pour qui ne s'arrêtera pas à la surface, il apparaîtra bien clairement qu'en demandant ses bottes, Dubois était déjà tombé en enfance, et qu'il avait cessé d'être au nombre des vivants pour appartenir à celui des morts. Aussi comprendra-t-on qu'en plaisantant sur ses bottes ce n'est pas de Dubois, mais de cette enfance que je parle. A ces raisons j'en pourrais ajouter beaucoup d'autres que j'omets à dessein pour ne pas ennuyer trop le judicieux lecteur : pour le moment, ami lecteur, je me borne à t'avertir qu'en faisant imprimer ce dialogue, je n'ai eu d'autre but que l'éloge de Dubois. Silence donc aux pseudo-Aristarques et qu'ils s'en tiennent à la vérité! Mais s'ils aiment mieux parler, qu'ils prennent garde d'exciter, comme on dit vulgairement, les chiens dormants! Bonne santé, ami lecteur.*

Malgré cette précaution, Arrivabene fut accablé. Burgensis se fâcha tout rouge : à Paris et dans les provinces, vingt médecins tranchèrent du Martial, vingt épigrammatistes tranchèrent de l'Hippocrate, pour venger l'école française.

On a peine à concevoir aujourd'hui tant d'indignation pour si peu. Le temps explique tout : au XVIe siècle, la jalousie est une maladie de la Médecine, comme la syphilis est une maladie d'État.

TABLES

TABLE DES MATIÈRES

Pages.

Au lecteur. v

PREMIER VOYAGE A ROME

(JANVIER-FÉVRIER-MARS 1534)

I

Esprit artistique de Rabelais. — Sentiment qu'il a du pittoresque. — Attention qu'il prête aux industries d'art; les Gobelins. — Ses idées en architecture : aménagement des demeures seigneuriales. — Sa conception de l'abbaye de Thélème. — Plan et exécution de cette construction. — Son assiette au point de vue hygiénique. — Matériaux employés. — Détails intérieurs. — Confort de l'installation. — Dépendances. — Initiation de Rabelais au monde romain : les antiquités du midi de la France 3

II

Premier voyage à Rome avec Jean du Bellay. — Portrait de l'évêque de Paris. — But diplomatique du voyage : le divorce d'Henri VIII. — Partie liée entre du Bellay et Rabelais contre les théologiens rebelles au divorce. — Rabelais instrument de la politique royale. — But particulier : études d'histoire naturelle; description des antiquités de Rome. — Départ en janvier 1534. — Arrêt à Ferrare. — Vue de Rome. — Compagnons d'études de Rabelais. — Essais topographiques sur la Rome latine. — Rabelais et Marliani. — Système topographique de Rabelais. — Supercheries italiennes en matière philologique. — Rabelais secrétaire de du Bellay pendant les débats du divorce d'Henri VIII. — Retour à Lyon (avril). — Publication de la *Topographia Romæ*, de Marliani, par Rabelais. — L'édition italienne et l'édition française 19

SECOND VOYAGE A ROME

(JUILLET-AOUT-SEPTEMBRE-OCTOBRE-NOVEMBRE-DÉCEMBRE 1535
JANVIER-FÉVRIER-MARS 1536)

I

Note 51

II

Opinions des du Bellay sur la question religieuse. — Leur attitude vis-à-vis des protestants d'Allemagne. — Leurs agents ordinaires. Tout est bon contre Charles-Quint. Rôle de Rabelais. — J. du Bellay nommé cardinal. Son départ pour Rome (juillet 1535) avec Rabelais et Pellicier. — Séjour à Ferrare ; à Florence. La ménagerie du seigneur Strozzi. Frère Bernard Lardon et les beautés de la Piazza della Signoria. 54

III

Arrivée à Rome. Lettres de Rabelais à G. d'Estissac, évêque de Maillezais. Types de gentilshommes campagnards. Rabelais pourvoyeur des jardins du Maine et du Poitou. — Nouvelles courses aux antiquailles. La *vigne* de Saint-Laurent in Palisperna. Rabelais guide du voyageur Thevet. Les architectes archéologues : Sébastien Serlio, Philibert de l'Orme. Entourage du cardinal et relations de Rabelais. — Situation de Rabelais au point de vue des règles monastiques. Sa supplique au pape Paul III. Faveurs dont il est l'objet en Cour de Rome. — Feintes du cardinal pour échapper aux pièges de Charles-Quint. Une ordonnance de Rabelais. Retour précipité (mars 1536). — Instruction commencée contre Rabelais à Lyon. Lettre du cardinal de Tournon. Le *quart d'heure de Rabelais*. 69

SÉJOUR EN PIÉMONT

(1539-1540-1541-1542)

I

Guillaume du Bellay, seigneur de Langey, nommé gouverneur de Turin. — Sa carrière diplomatique et militaire. — Administration du Piémont. — Les Français à Turin. — Cour de Langey. — Théodule Rabelais : sa mort. — Rabelais appelé comme médecin et conseiller. Souvenirs d'Ambroise Paré. — Sa science utilisée pour la défense et la « colonisation » du Piémont. — Ingénieurs italiens. 95

II

Amis de Rabelais ambassadeurs en Italie. — Pellicier à Venise. — Correspondance entre Langey, Rabelais et Pellicier (1540). — Le cas de messer Philippus Saccus. — Publications de Paul Manuce. — Manuscrits grecs. — Herbes et plantes. — Amis de Rabelais au Parlement de Savoie. Jean de Boysson s'appuie sur Rabelais pour obtenir les bonnes grâces de Langey. Guillaume Bigot va à Turin. — Rabelais, allant en France, passe par Chambéry (janvier 1541). — *Triomphe* de Bigot. Retour de Rabelais à Turin. Nouvelle correspondance avec Pellicier. — *Orationes* de Cicéron dédiées à Langey, par P. Manuce. — Serlio entre au service de François Ier. — Mort de Mme de Langey. Poésies de Boysson à Rabelais. — Assassinats de Rincon et de Fregose, envoyés de France à Venise. Représailles conseillées par Langey. 123

III

Langey obtient congé pour aller en France avec ses serviteurs (novembre 1541-mai 1542). — Apogée de sa gloire. Rabelais *maître des requêtes* de François Ier (vers de C. Chappuis). *Stratagèmes et ruses de guerre de Langey*, publiés par Rabelais. Retour de Langey en Piémont. — Emmenait-il Ronsard avec lui ? — Sourde reprise des hostilités avec les Impériaux. Maladie de Langey. — Ses funestes pressentiments. Son testament. — Il part pour la France et meurt (janvier 1543). Quelle perte ce fut pour Rabelais. — Traces de ce long séjour en Piémont dans l'œuvre de Rabelais. Philibert de l'Orme et les machines de guerre. 153

LE TIERS LIVRE

I

Poursuites contre Étienne Dolet. — Censures nouvelles contre *Gargantua* et *Pantagruel*. — Les trois éditeurs lyonnais de 1542. — Concessions à la Sorbonne. — Dolet éditeur de Rabelais. — Ses audaces. — Protestations de l'imprimeur gothique au nom de Rabelais. — L'*Avertissement au lecteur*. — Dolet abandonné par l'ancien cénacle, Marot, Rabelais et autres. — Exaspération sorbonique. — Reprise des persécutions contre les savants. — Supplice de Dolet. (3 août 1546). — Lamentations de Théodore de Bèze. — Les bûchers de Meaux 187

II

Apparition du *Tiers livre* (deuxième de *Pantagruel*). — Le *Prologue*. — Raisons pour lesquelles Rabelais reprend la plume. — Martin du Bellay aux fortifications de Champagne. — Défi du *Prologue* relevé par la Sorbonne. — Les poursuites et leurs causes. — Intervention de Pierre du Chastel et du cardinal de Châtillon. — Rabelais se réfugie à Metz. — Autres éditions du *Tiers livre* en 1546. — Les images de l'édition de Valence, 1547. 198

EXIL A METZ
(1547-1548)

I

Indépendance politique de Metz et de Strasbourg. — Menées anti-impériales de Sturm et de Sleidan. — Le seigneur de Saint-Ay. — Lettres de Rabelais (6 février 1547) et de Sturm (28 mars) à Jean du Bellay. — Mort de François Ier (31 mars). — Rabelais médecin de la ville de Metz (avril). — *Extraits des comptes de la ville*. — Sa maison en Jurue. — Sa popularité à Metz. — *Almanach pour 1548*. 221

II

Ambassade des seigneurs de la Cour auprès de Rabelais. — Le bréviaire. — Commencement du *Quart livre* paru en 1548. — Parodie du *Catéchisme* de Calvin 244

DERNIER VOYAGE A ROME
(JUIN 1548-JUILLET 1550)

I

Avènement de Henri II. — Du Bellay éloigné de la Cour. — Envoyé à Rome (août 1547). — Il rappelle son médecin ordinaire. — Quittance donnée par Rabelais à son protecteur (18 juin 1548). — Effets de cette protection. — Attaques de Puy-Herbault et de Calvin. — Du Bellay Mécène des poètes. Recueil manuscrit de poésies latines. — L'astrologue Tiberio della Rocqua. — La maison du cardinal d'Armagnac. — Rabelais, Philandrier et l'*Æolopile*. L'*amerina salis*. — Pierre Paschalius *pro Maulio* 257

II

Plaintes de du Bellay à Charles, cardinal de Guise. — Le palais de du Bellay. — *État de sa maison.* — Fêtes données pour la naissance du duc d'Orléans, fils du roi (mars 1549). — *La Sciomachie :* relation de ces fêtes adressée par Rabelais à de Guise. — Course de taureaux. — Divertissements populaires. — Apothéose de Diane de Poitiers. — Banquet, bal et comédie. — Part d'organisation attribuée à Rabelais. — Jugements de du Bellay sur le connétable de Montmorency et la politique du roi. — Mort de Paul III. — Le cardinal de Guise à Rome. — Nostalgie et maladies de du Bellay. — Le Breton de Villandry. — Maître Jacques d'Angoulême. — Du Bellay, rappelé, se prépare à retourner en France. — Antiquailles. 281

III

Joachim du Bellay chante le retour du cardinal et de Rabelais. — Hésitations du cardinal sur le chemin. — Affaires d'Italie. — Henri II contre Jules III. — Les finances de France et le Saint-Siège. — Du Bellay tremble pour ses collections restées à Rome. — Rabelais et les *Décrétales*. — Le roi s'oppose à de nouvelles poursuites. — Mort de Rabelais. — Son influence spirituelle jugée par Botero Benese. 320

IV

Retraite définitive de du Bellay à Rome (1553-1560). — Encore Philibert de l'Orme. — Le mausolée de Langey au Mans. — Les inscriptions, les sculptures. — Germain Pilon. . 341

LE « SYLVIUS OCREATUS »

(1555)

Une facétie de Lodovico Arrivabene. — *Sylvius ocreatus (Dubois botté)*, dialogue entre Charon, Montano, Dubois et Rabelais. — Indignation des médecins français. 353

TABLE ALPHABÉTIQUE

DES

NOMS DE LIEUX ET DE PERSONNAGES

A

Abel, 233.
Abondio, 160.
Accolto (Benedict), 141.
Agrippa (Cornelius), 221, 239, 267.
Aix, 98, 124.
Alardet, 132.
Alberti, 8, 182, 183.
Aldobrandini (Silvestre), 342.
Aleander, 60.
Alegreti (Antonio), 39.
Alençon (Chancelier d'), 155.
Alexandrie, 126.
Alger, 151.
Alard (Nicolas), 342.
Amaret, 44.
Amboise, 6, 7.
Ambrantius, 78.
Amiens, 280.
Andigné (D'), 284.
André (Jean), 196.
Androis (Antonin d'), 145.
Aneau (Barthélemy), 154.
Anet, 344.
Angennes (Charles d'), 80.
Angennes (Jacques d'), 80.
Angennes (Jean d'), 80.
Angers, 4, 8, 12.
Angier, 158.
Annebault (D'), 100, 122, 124, 134, 135, 159, 163, 175.
Antoine (Maître), 175, 230, 346.
Antonin, 101.
Antonin le Pieux, 16.
Aquilée (Patriarche de), 325.
Aragon (Catherine d'), 22,

Arioste (L'), 4.
Arles, 16.
Arma (Francesco), 161.
Armagnac (Georges d'), 79, 124, 148, 149, 184, 261, 274, 275, 278, 306, 313.
Arrivabene (Giov. Francesco), 354.
Arrivabene (Lodovico), 353, 354, 383.
Asola (Blado d'), 46.
Assier (Seigneur d'), 170.
Asulanus ou d'Asola, 143, 144.
Aubiers (Des), 177.
Aumale (Comte d'), 257.
Aunay (Charlotte d'), 164.
Aunay (Jacques d'), 166.
Aunay (Renée d'), 164.
Augsbourg, 97.
Augustinus (Antonius), 41.

B

Bachet (Pierre), 132.
Bagno (Cesare da), 102.
Bahuet, 166.
Baïf (Lazare de), 28, 79, 155, 158, 163, 321.
Baïf (Madeleine de), 103.
Baldoino, 318, 322.
Barbé (Jehan), 182.
Barbeau, 68.
Barberousse, 67, 71, 125, 149.
Barges, 160.
Barizey, 242.
Bavière (Duc de), 97.
Barthélemy, 24.
Baudoche (François), 231.
Bayonne, 20, 22.
Bazillac (Jean de), 70, 81.
Béarn, 92.
Beauregard (De), 315.

Beauvais, 261.
Beda, 25, 26.
Begin, 239, 240, 247.
Belon (Pierre), 72.
Bertrand (Jean), 212.
Bertrandi, 132, 139, 257, 260.
Berty, 80.
Deynes, 120.
Bèze (Th. de), 195, 215, 267.
Bièvre (La), 5.
Bigot (Guillaume), 125, 136, 138, 140, 133.
Birague (René de), 145, 164.
Blanc (Guillaume), 274.
Blanchemain (Prosper), 158.
Blandin (François), 312.
Blois, 6, 7.
Boccace, 339.
Bocchio, 79.
Bochetel, 126.
Bologne, 4, 79, 88, 127.
Boleyn (Anne de), 23, 45.
Bonacurio, 68.
Bonnivet (Château de), 10.
Bontemps, 348.
Borromée, 341.
Botero (Giovanni), 338.
Bouchard, 14.
Boucher, 322, 328.
Bouchet (Jehan), 67.
Bouhier (Jean), 240.
Bouilliers (François et Louis de), 280.
Bouju, 321.
Boullancourt (M. de), 166.
Boullioud (Pierre), 163.
Boulogne (Cardinal de), 66, 259.
Bourbon (Cardinal de), 259, 322.
Bourbon (Connétable de), 96.
Bourges, 4, 32, 288.
Bourgueil, 6.
Bourré (François), 170.
Boutières (De), 100, 122.
Boysson (Jean de), 32, 107, 108, 114, 116, 132, 134, 135, 136, 138, 140, 161, 192, 193, 257.
Bragmardo (J. de), 25.
Bramante, 275.
Brantôme, 42, 58, 60, 88, 89, 107, 124, 174, 347.
Brassavola, 371.
Brentius, 187.
Brest, 199.
Breton (Richard), 216.

Briançon, 98, 100, 116.
Bricot (Guillaume), 26.
Brissac (De), 103.
Brisson, 41.
Brouillier, 146.
Bruno du Pont, 221.
Bryon (De) ou Byron (Jean de), 165.
Bucer, 56, 188.
Budé, 22, 26, 32, 36, 96, 133, 161, 183, 193, 321.
Bufalino, 75.
Bullinger, 56, 188.
Bullon ou Bullan (Jean), 166.
Bullou (De), 164, 166, 170.
Burgaud des Marets, 51, 52, 53.
Burgensis, 156.
Burgensis, 383.
Burie (De), 100.

C

Cabrières, 139.
Cahours, 119.
Calepin, 191.
Calvin, 32, 187, 251, 252, 253, 267, 340, 341.
Cambrai, 4.
Cambray (Guillaume de), 154.
Campeggio, 68.
Canappe (Jehan), 58.
Candie, 73, 126.
Cane, 67.
Caramith ou Keramo, 83.
Carles, 269, 321.
Carmagnole, 60.
Carnesecque, 76.
Caro (Annibale), 39.
Carpentras, 28, 68.
Casale (Gregorio), 88.
Cascina (Pandolfo della), 168.
Casella, 160.
Castel (Luc), 286.
Caturce, 133.
Caus (Salomon de), 276.
Cavazza, 160.
Cental, 120.
Cercu, dit Bourguemaistre, 170.
Cercus (Jehan de), 165.
Cère (Baron de), 80.
Ceres (Rentio), 97, 163.
Cesarini (Cardinal), 141.
Chabot (Amiral), 54, 58, 122, 207.

Chabot (Catherine), 73.
Chabanay (Catherin), abbé de Perseigne, 177.
Chambéry, 110, 132, 134, 135, 138, 139, 140, 162, 168, 257.
Chambord, 8, 9, 10, 11, 13.
Champier (Symphorien), 221.
Chantelle, 4.
Chantilly, 10.
Chapot, 196.
Chappelain (Jean), 82.
Chappuis (Claude), 32, 39, 66, 67, 98, 154, 156.
Charles, 58.
Charles (L'abbé), 348.
Charles (Antoine), 129.
Charles (Geoffroy), 129.
Charles (Laurent), 129.
Charles-Quint, 22, 31, 44, 54, 71, 88, 89, 95, 102, 124, 139, 148, 151, 153, 180, 199, 234, 249.
Charlieu, 171.
Chasay (De), 285.
Châtillon (Cardinal de), 107, 207, 210, 260, 261, 313, 319, 324.
Châtillon (M** de), 107.
Chauvigné (De), 175.
Chelius (Ulrich), 58, 124, 229.
Chemant (François Errault, seigneur de), 104, 122, 135, 139, 145, 155, 166, 170, 175, 193, 194, 207.
Chemiré, 177.
Chenu (Isabeau), 345, 346.
Chesmeré (De), 103.
Chinon, 8.
Christie, 196.
Chypre, 73.
Cibo, 67.
Cicéron, 3, 40, 72, 128, 140, 141.
Cipriani (Antonio), 374.
Citeaux, 4.
Clagny (Lescot, seigneur de), 183.
Clédat (L.), 34.
Clément VII, 22, 23, 31, 43, 44, 330.
Cohuau, 170.
Coictier, 23.
Coirenot, 322.
Colin (Jacques), 44, 222, 269.
Colleste (Marguerite), 242.
Columelle, 72.
Combraglia (Arnault), 261.
Concariet (Pierre), 342.
Constance, 228.
Constantinople, 4, 73, 83, 125, 274.

Conteleon (Christophe), 82.
Conti, 98.
Cornillon, 278.
Cornu (Pierre), 26.
Corrozet (André et Gilles), 306.
Cosnan, 111.
Cotereau, 136, 138, 222, 223.
Coucy, 56.
Coursin (Raphael), 139.
Courtalain (De) 175.
Courtavaut, 234.
Cousin (Jean), 292.
Couturier ou Cordonnier (Pierre), 26.
Cras, 240.
Crassus (Benoit), 134, 136.
Crissé (De) 103, 124, 159.
Cromwell, 22.
Curione (Celio Secundo), 161.
Curtius (Matthens), 370.
Cuspidius (Lucius), 40.

D

David (Mathieu), 354.
Daillon (Anne d'), 73.
Daly (César), 6, 14.
Dandolo (Palais), 125.
Danesius, 155.
Daniel (François), 32.
Darmel (Gaspard), 139, 140.
Dasypode, 230.
Dauphin (Le), 159.
Decrue (Francis), 112.
Degovea (Antoine), 267, 270.
Delbenne (Thomas), 261, 262.
Delfino (Giulio), 355.
Della Rocqua (Tiberio), 273.
Démocrite, 276.
Deperius, 267.
Desaches (Michel), 165.
Desachius, 114, 116.
Deschamps (Jacques), 337.
Des Masures (Louis), 268, 269.
Dherbie, 166.
Dijon, 19.
Dioclétien (Thermes de), 29, 298, 341.
Dolet (Étienne), 26, 32, 132, 136, 187 et suiv., 250, 262, 267.
Donluci (Renée), 342.
Dorat, 321.
Doré (P.), 5.

Doria (André), 71, 78, 89, 96, 112, 122.
Douhet (Le), 14.
Dorigny (Charles), 292.
Du Bellay (Eustache), 346.
Du Bellay (Guillaume, seigneur de Langey), 19, 22, 23, 24, 26, 27, 47, 55 et suiv., 67, 80, 95 et suiv., 194, 260, 273, 274, 281, 312, 345 et suiv.
Du Bellay (Jean), 19, 20, 21, 23, 24, 25, 26, 27, 28, 31, 34 et suiv., 54, 73 et suiv., 107, 111, 124, 167, 178, 183, 194, 214, 257, 259 et suiv., 345 et suiv.
Du Bellay (Joachim), 74, 261, 269, 278, 320, 321, 344, 347.
Du Bellay (Louise), dame de Villeneuve-la-Guyart, 167.
Du Bellay (Marie), 342, 346.
Du Bellay (Martin), seigneur de la Herbaudière, 102, 111, 112, 159, 160, 164, 167, 169, 174, 177, 178, 180, 199, 315, 345, 346, 349.
Du Bellay (Philippes), 80.
Du Bellay (René), 68, 71, 72, 167, 174, 207.
Dubois ou Sylvius, 145, 353 et suiv.
Du Bois le Court, 306.
Du Bourg, 53, 91.
Du Castel (Pierre), 58.
Du Cerceau (Androuet), 184, 271, 305, 316, 333.
Du Chastel (Pierre), évêque de Tulle et de Mâcon, 188, 194, 195, 210, 274.
Ducher (Gilbert), 62, 132, 133.
Du Chesne (Guillaume), 26.
Du Fou, 231.
Du Fresne (Seigneur), 177.
Du Gart (Michel), 164.
Du Guast (Alphonse d'Avalos), 98, 102, 112, 120, 139, 146, 148, 150, 154, 159, 160.
Du Guer, 136.
Du Moulin (Antoine), 279.
Du Peyron, 124.
Du Pot, 260.
Du Prat, 60, 96, 97.
Durer (Albert), 183.
Du Rozet (Louis), 134.
Durtal, 104.

E

Écouen, 13.
Embrun, 116.
Enay, 4.
Entommeures (Jean des), 6, 8, 120.

Épicure, 276.
Érasme, 24, 26, 96, 264.
Estienne (Henri), 353, 354, 355.
Estienne (Robert), 191, 195.
Estissac (D'), 31.
Estissac (Bertrand d'), 73.
Estissac (Geoffroi d'), évêque de Maillezais, 51, 52, 60, 69, 71, 72, 80, 84.
Estissac (Louis d'), 73.
Estissac (Madame d'), 73.
Étampes (Duchesse d'), 112, 154, 228.
Étienne (Olivier), 316.
Eugubinus (Augustinus), 88.

F

Fabri (Luigi), de Fano, 39.
Fabritio, 301.
Fabritius, 215.
Farel (Claude et Gaucher), 60.
Farel (Guillaume), 58, 91, 92, 232.
Farges (Étienne de), 164.
Farnèse (Horace), 283, 286.
Farnèse (Les), 77.
Faron Langlois, 165.
Faure (Jean), 215.
Faustus, 88.
Fernel (Jean), 373.
Ferrare, 28, 60.
Ferrare (Cardinal de), 307, 313, 323.
Ferrare (Duc de), 71.
Ferrière (Augier), 342.
Ferron, 170.
Ferry (Jacques), 242.
Ferry (Paul), 232, 233.
Festi (François), 342.
Fezendat (Michel), 337.
Fillon (Benjamin), 262.
Fischart, 217.
Flesselle (Philippe de), 373.
Fleury, 284.
Florence, 31, 41, 61, 64.
Foës, 247.
Fontaine (Charles), 158.
Fontainebleau, 10, 82, 125, 149, 154.
Fontevrault, 6, 14, 262.
Forteguerra (Jean-Pierre), 342.
Fossanus, 136, 138.
Fou, village, 247.
Fourquevaulx (F. de Pavie, s' de), 174, 331.
Fracastor (Jérôme), 270.

Francisque, 302.
Franco (Nicolo), 354.
François Ier, 6, 14, 20, 23, 24, 32, 44, 54, 56, 61, 67, 79, 95, 102, 156, 161, 199, 221, 230, 268, 348.
Fraxineus ou de Fresse, 225, 226.
Frédeval, 175.
Frégose, 88, 150.
Fréjus, 16.
Frerot, 301, 302.
Fresse (De), 222, 229.
Freylino de Mercadillo da Chieri, 114.
Frigimelica (François), 374.
Frontin, 103, 157.
Fronton, 181.
Fugger, 62, 226.
Funet, 178.
Fusch (Léonard), 370.

G

Gaddi (Cardinal), 68, 88.
Galand (Pierre), 145.
Gamaut (Gaspard), 225, 229, 232.
Gap, 92.
Garreau (Jacques), 342.
Gasti, 164.
Gatien-Arnoult, 139.
Gaultier (Daniel), 40.
Gemma (Reinier), 373.
Gênes, 78.
Genève, 60, 265, 340.
Gentil, 342.
Georges (Maître), seigneur de Ciriny, 100, 101, 140, 158, 160.
Ghinucci, évêque de Worcester, 22, 84, 86.
Giannino da Vigone, 114.
Gilles (Pierre), 274.
Giorgi (Alexandro), 276.
Girard (Charles), 166, 170.
Girault (Odoart), 166.
Givry (Cardinal de), 259.
Glareanus (Henricus), 40.
Glatigny (Château de), 319, 346.
Gobelin (Jehan), 5.
Gomez (Louis), 39.
Gonnort (De), 103, 139.
Gonthier d'Andernach (Jean), 222, 230.
Gonzague (Guillaume de), 354.
Gonzague (Scipion de), 354.
Goujon (Jehan), 183, 292, 316.

Goulphe (Le capitaine), 120, 182.
Gournay (Michel de), 236.
Gouttière (Jean), 242.
Grammont, 44, 82.
Grandet (Antoine), 83.
Grandmaison (Mademoiselle de), 164.
Gravy (Claude de), 167.
Grégoire ou Gregorio, 146.
Grenoble, 58, 145.
Gros (Le baron), 123.
Grosley, 45.
Gryphe (Sébastien), 40, 46, 157, 275.
Guadaigne, 262.
Guibal, 139.
Guichæus (François), 152.
Guise (Duc de), 241, 249.
Guise (Cardinal de), 89, 259, 260, 261, 270, 281, 282, 283, 310, 313, 323.
Guyers (Maret Valimbert de), 101.

H

Hauenreuter (Sebald), 230.
Haumet (Jacques) ou Jacomé, 166.
Hauts Barrois (Claude des), 247.
Helym, 261.
Hémard (Charles), évêque de Mâcon, 32, 44, 53, 66, 71, 73, 74, 79, 82, 86, 88, 107, 178.
Henri II, 246, 257, 292, 310, 324, 331.
Henri VIII, 22, 23, 96.
Herberay, 156, 268.
Heroet (Antoine), 156, 158, 321.
Héron d'Alexandrie, 276.
Hesdin, 98.
Hesse (De), 274.
Heu (Gaspard de), 231 et suiv.
Hieronimo de Trévise, 120, 129.
Huet, 200.
Humières (D'), 98.

I

Inello (Antoine de), 316.

J

Jacob (Victor), 226.
Jacques d'Angoulême (Maître), 316, 317, 318, 327, 350.
Jamet (Lyon), 60, 80.
Jean de Piémont, 120.

Jennesson, 242.
Joconde (Jehan), 183.
Joinville, 337.
Joly (Élisabeth), 242.
Josson (Denis), 161.
Jules II, 332.
Jules III, 270, 314, 316, 325, 331.
Juste (François), 188, 245.

K

Keramo, 83.

L

La Basmette, 20.
Labbat, 305.
Labbe (Le père), 40.
La Boderie, 156, 158.
Labro de Ravena, 127.
La Chesnaye (Nicole de), 134.
La Colombière (François de), 164.
Lacroix (Paul), 46, 47, 226, 233, 273.
Lacuna (André de), 222.
Lætus (Pomponius), 40.
La Flotte (De), 177.
La Grise, 82.
La Josselinière, 111.
La Marche (Maréchal de), 315.
Lambert (Abbé), 153.
Lamberty, 322.
La Mirandole (Antoine de), 324.
La Mirandole, 326, 331.
La Mothe, 222.
Lange (Antoine), 280.
Langeais, 4.
Langey (Anne de Créqui, dame de), 111, 146.
Langlaine (Pernet de), 164.
La Planche (Reignier de), 223, 225, 228, 229.
La Possonière (Ronsard de), 102.
Lardon (Bernard), 64, 65.
Larigno, 118.
La Rochelle, 4.
Lascaris, 32.
Laubespine (De), 229, 260.
Laurencin, 315.
Laurent le Frison, 221.
Lautrec, 96.
Lavardin (M. de), 177.
Lavaur (De), 120.
La Ville (Claude), 215.

Le Barbier (François), 165.
Leclerc (Nicolas), 196.
Leconte (Bernard), 164.
Le Duchat, 240, 247.
Legeay, 348.
Le Mareschal (Jehan), 346.
Lenoncourt (Cardinal de), 183, 236, 313.
Lenormant, 12.
Léon X, 34, 36.
Leonicus, 32.
Leonora, 273.
Léonore, 214.
Lepelletier (de la Sarthe), 172.
L'Ermenault, 52, 72.
Le Roy (Antoine), 6, 14, 83, 107, 216, 222, 308.
Le Roy (Nicolas), 32, 39.
Lescot (Pierre), 12.
Lhermitage, 68.
Ligugé, 52, 72, 73.
Linacer (Thomas), 37.
Lizet, 196.
Loire (La), 7.
Lombardo (Cesare Cesareano), 79.
Longueil, 96, 132.
Longueval, 228.
Lorraine (Cardinal de), 158, 269.
Lorraine (Duc de), 268.
Loza di Avilinna (Alexandre), 161.
Lunebourg (Docteur de), 222.
Luther, 106, 340.
Lozio (Alessandro), 38.
Lyon, 4, 16, 23, 27, 45, 58, 60, 79, 90, 98, 106, 110, 154.

M

Macault, 156.
Maclou, 321.
Macrin, 269.
Madrid (Château de), 7.
Maffeo, 323.
Magistri, 68.
Maillard, 196.
Maillard (François), 165, 222.
Maillezais, 4, 73, 82.
Maillezais, 84.
Mailly (De), 160.
Mailly, 170.
Mainus, 153.
Major (Jean), 26.
Malapeau, 217.

Mairicy ou Mailly (Jehan-Antoine de), 166.
Majorici, 170.
Malicorne, 102, 103.
Maligny (M. de), 283, 284, 286, 327.
Manardi (Jean), 371.
Mangin (Étienne), 197.
Manilius, 323, 324.
Manne (De), 107, 284, 322, 323.
Mans (Le), 325, 328.
Mantel (Jacques), 83, 216.
Manuce (Paul), 40, 128, 140, 141, 143, 279.
Marault (Charles), 74, 342.
Marcel, 80.
Marchand (Prosper), 40.
Marguerite, reine de Navarre, 7, 24, 25, 54, 72, 92, 96, 97, 133, 149, 204, 206.
Marillac, 155.
Marin (Jérôme), 120, 199, 201.
Marin de Peschiera, 164.
Marino da Pinerolo, 114.
Marliani (Gian Bartolomeo), 39.
Marmoret (Giacomo), 149.
Marot, 60, 132, 158, 160, 161, 187, 269, 339, 346, 347.
Marreete, 66, 76.
Marseille, 23.
Martia, 67, 324.
Martin (Jean), 131, 182, 184, 269, 277, 321.
Massario, 230.
Massuau (Cl.), 157, 165, 170.
Mathurin, libraire, 225.
Mattioli da Siena, 371.
Mauléon (Jean de), 278.
Maury (Étienne), 145.
Mazzuchelli, 68.
Médicis (Alexandre de), 61, 70.
Médicis (Cardinal de), 74.
Médicis (Catherine de), 292, 314.
Médicis (Julien de), 314.
Mélanchthon, 56, 60.
Meletius d'Antioche, 82.
Ménage, 270.
Meo del Caprino, 114.
Mérindol, 139.
Merveille, 88.
Messine, 52, 53.
Metz, 206, 221 et suiv., 337.
Meudon, 83, 158, 317.
Meudon (Cardinal de), 313.
Michel-Ange, 64, 78, 87, 316.
Michelet, 20, 22, 139.

Michiele (Marc-Antonio), 79.
Milan, 122, 146, 180.
Millet, 156.
Minut, 162.
Modestus, 44, 68.
Moncalieri, 88, 120.
Monstrible, 4.
Montaigne, 23, 29, 31, 34, 39, 42, 64, 239.
Montano, 356 et suiv.
Montejean, 100, 101, 102, 111, 112.
Monte Melino, 283.
Monte Melino (Jean-Francisque de), 286.
Monte Rotondo (Di), 286.
Montholon, 193.
Montluc (Jean de), 67, 160.
Montmorency (Duc de), 10, 58, 112, 257, 260, 310, 312, 318.
Montpellier, 16, 152.
Montreuil (M. de), 82.
Monzolo (Alessandro), 79.
Moreau (Jean), 229, 310, 313, 315, 344, 353, 354.
Moret (Le), 289.
Morin (Celse), 134.
Morlet, 242.
Morus (Thomas), 6.
Mundinus, 370.
Munich, 98.
Montpellier, 104.
Munster (Sébastien), 117, 118, 119, 283.
Müntz (Eugène), 114, 318.
Muscadel, 286.
Mustel, 145.
Myconius, 56.

N

Naples, 52, 53, 72.
Naples (César de), 160.
Nemi (Lac de), 28.
Nimes, 16, 18.
Nimgodan (Mademoiselle de), 111.
Nizolius, 191.
Noel (Maître), 284, 327.

O

Œcolampade, 188.
Olicio (André), 286.
Olivier (François), 110.
Olivieri (Benvenuto), 262.
Olivier le Doyen, 261, 322.

Orange, 16.
Orbinate (Frère), 342.
Orléans (Bailli d'), 129.
Orléans, 4, 172.
Orléans (Duc d'), 159.
Orléans (Louis, duc d'), 282, 303.
Orme (Philibert de l'), 8, 78, 79, 80, 81, 154, 181, 182, 183, 199, 342, 344, 350.
Oronce, 47.
Orry (Mathieu d'), 5, 187.
Ortuinus de Graetz, 26.
Ostie, 341.

P

Padoue (Université de), 140.
Pallavicino (Giuseppe), 354.
Palmerio (J. B.), 316.
Papin, 276.
Paradin (Guillaume), 116.
Paradisus (Paulus), 47.
Paré (Ambr.), 111, 172, 241.
Paris (Évêché de), 22.
Paris, 123, 136.
Paris (Université de), 20, 23.
Paris, 7, 14, 24, 312.
Parme (Octavio, duc de), 326.
Parme, 324.
Parmentier (Michel), 70.
Parvi (Guillaume), évêque de Senlis, 24.
Pasquier (Étienne), 278.
Paschal (Pierre de), 278.
Paul (Maître), médecin, 47.
Paul III, 60, 80, 83, 85, 86, 270, 283, 313.
Pavie (Gymnase de), 355.
Pavie, 96.
Pecci (Pierre-Antoine de), 285, 286.
Pellegrini (A.), 262, 318, 342.
Pelicanus, 56.
Pelletier, 269, 325.
Pellicier (Guillaume), évêque de Montpellier, 16, 60, 61, 79, 82, 88, 120, 122, 124, 125, 126, 127, 128, 131, 132, 140, 142, 149, 150, 159, 160.
Pellicier (Guillaume), 134.
Pellisson, 132, 134, 140.
Pepin d'Évreux, 26.
Peregrino (Fabrizio), 36.
Péronne, 311.
Pérouse, 62, 74.
Persigand, 348.

Peruzzi (Baldassare), 78.
Pesche, 346.
Petillan (Comte), 285.
Petreius, 82, 125.
Pétrone, 30.
Phidias, 344.
Philandrier (Guillaume), 182, 183, 274, 275, 276, 277, 278.
Philippe (Dom), religieux de Maillezais, 52, 53.
Phyllarque, 278.
Picard, 191.
Picart, 60.
Picrochole (Charles-Quint), 32.
Pignerol, 100, 115, 120.
Pile-Saint-Mars, 4.
Pilon (Germain), 316, 317, 348, 349.
Pinelli, 30.
Pingonius, 114.
Pioche, 234, 236.
Piochet, 135.
Piolin (Dom), 348.
Piranesi, 30.
Pisan, 44, 67, 68, 76, 82, 285.
Pizzighettone, 96.
Platon, 3.
Pline l'Ancien, 62, 66, 76, 103.
Plutarque, 161.
Poitiers, 4, 70.
Poitiers (Diane de), duchesse de Valentinois, 208, 258, 286, 292, 344.
Pointeau, 167.
Pomard (Pierre), 149.
Pontan (Jovien), 40.
Porcaro (Valerio), 79.
Possevin, 354.
Proclus, 125.
Postel, 257.
Prothais, 284.
Proust (François), 170.
Puy-Herbault, 262, 264, 265, 267.
Putherbæus, 6. Voyez Puy-Herbault.

Q

Quanet (De), 285.
Quenet (Noël), 346.

R

Rabelais (Théodule), 107, 108, 109, 116.
Raguse, 83, 125.

Ruigecourt (Richard de), 231.
Rainee, 27, 67, 285, 316.
Randin (René), 316.
Rannay ou Ranvay (seigneur de), 174.
Raphael, 34, 36, 38, 332.
Rathery, 46, 51, 52, 53, 107, 110, 139, 174, 226.
Renée de France, duchesse de Ferrare, 28, 59, 60, 71, 80.
Renouard, 354.
Reuchlin, 24.
Reveil (O.), 131.
Reverdy, 149.
Rhætus (Thomas), 136, 162, 163.
Ribier, 101, 102.
Ridolphi, 82.
Rincon, 88, 149, 150.
Rivoli, 150.
Rivoli, 136.
Robbia (Della), 13.
Rodez, 274.
Rodier, 172.
Rodolphi ou Ridolphi, 44, 68.
Rome, 4, 14, 16, 18, 22, 23, 27, 28, 29, 31 et suiv., 257 et suiv., 334 et suiv.
Romus, 286.
Rondelet, 276.
Ronsard, 158, 278, 321.
Roserius, 163.
Rossiglione, 29.
Rotholano (Vincenzio), 80.
Rousseau (J. J.), 18.
Roussel (L'abbé), 322.
Rousset, 286.
Roy (François), 164.
Ruelle (Jean), 371.

S

Saccus (Philippus), 126, 128.
Sadolet, 47, 68, 88, 278.
Saintes, 14, 15, 17.
Saint-André (Famille de), 270.
Saint-André (Maréchal de), 313.
Saint-André (Président de), 337.
Saint-Ange (Château), 31.
Saint-Ay, 150, 165, 170, 172, 173, 175, 223, 224, 226, 229.
Saint-Chamas, 16.
Saint-Cloud, 68.
Saint-Douyno (Vincent de), 140.
Saint-Florent, 6.

Saint-Flour (Cardinal de), 285.
Saint-Gelais, 155, 158, 321.
Saint-Germain (Château de), 7, 226, 310.
Saint-Maur (Château de), 45, 104, 111, 124, 183, 318, 319, 323, 350.
Saint-Pol, 129, 141.
Saint-Remi, 16.
Saint-Sardos ou Saint-Cerdos, 69.
Saint-Sierge (Abbaye de), 344.
Saint-Symphorien, 169, 171, 348.
Saint-Victor (Abbaye), 25.
Sainte-Marthe (Les Frères de), 51, 52, 71, 80.
Saleratz, 284.
Salel, 156, 269, 321.
Salignac, 155.
Salior, 217.
Salmonius, 156.
Salviati, 68, 327.
Sanxay, 60.
Sardou, 66.
Saulius (Jérôme), 82.
Savigliano, 114, 120, 160.
Savio, 161.
Savius ou Le Save, notaire, 34.
Savoie (Antoine-Louis de), 163.
Saxe (Duc de), 228.
Scève (Maurice), 132, 135, 136, 321.
Scève (Guillaume), 133.
Schivanoia (Alexandre), 283.
Schmidt, 224.
Schœrtlin (Sébastien), 226.
Sciomachie (Convives de la), 304.
Sciomachie. Noms des combattants, 290, 296.
Schyron, 133.
Sénèque, 32.
Serieres (De), 242.
Serlio, 14, 16, 78, 79, 148, 149, 183, 274.
Sermoneta (Cardinal), 285.
Seuillé, 8.
Sevin (Jean), 45.
Sforza, duc de Milan, 53, 71.
Sienne, 31.
Simoneta (Jacques), 39, 42, 86.
Sion, 139.
Sleidan, 223, 230, 258.
Smalkalden, 58, 96.
Soderini (Juliano), 14, 82.
Spolete, 275.
Stracelius (J.), 47.
Strasbourg, 58, 224, 226, 230.
Strozzi (Philippe), 61, 62, 64, 66, 70, 71.

Strozzi (Pierre), 61, 71.
Strozzi (Robert), 283, 286.
Sturm, 56, 58, 222 et suiv.
Susanneau (Hubert), 145, 192.
Suse, 99, 105, 111.

T

Tabouet (Julien), 133, 136, 257.
Tabourot (Étienne), 309.
Taphenon (Gabriel), 167, 168, 170. 172. 178.
Tarare, 169.
Tartaret, 26.
Tebniz (Roger), 164.
Terzo (Antonio), 130.
Theatin (Cardinal), 285.
Thalès de Milet, 38.
Thebaldeo (Antonio), 68.
Thélème, 5, 6, 7, 8, 10, 12, 13, 14, 118, 124.
Théocrite, 72.
Thermes (P. de), 159, 163, 325.
Thero (Pyrrhus), 342.
Thevet, 76, 77, 160.
Thomas de Trèves, 234.
Tibulle, 72.
Tinteville, évêque d'Auxerre, 28.
Tiraqueau, 213, 270.
Tolet (Pierre), 152.
Toul, 247.
Toulouse, 4.
Truchon, 257.
Tournon (Blanche de), 107.
Tournon (Cardinal de), 89, 90, 91, 92, 122, 313, 325.
Tours, 4.
Toussaint, 47.
Toutain (Richard), 349.
Trani, 46, 68.
Trémelières (M. de), 82.
Trincavelli (Vittorio), 373.
Trivulce, 44, 68, 91.
Trousset (Jehan), 165.
Troyes (M. de), 322.
Truchon (Jean), 132.
Tulle (Évêque de), 131, 143.
Turin, 60, 93, 100 et suiv.
Turin, 338.
Turnèbe, 278.

U

Unstuellus, 373.

Urfé, 283, 313, 314.
Ursay ou Urfé, 103.
Ursin (Camille), 285.
Ursin (Alphonsine), 74.
Ursins (Charles-Juvénal des), 80.

V

Vacca (Flaminius), 66.
Vaillant (Jean), 145.
Valençay (Château de), 154.
Valier, 160.
Vallauri, 161.
Vallée (Briand), 136, 270, 272.
Valous (De), 27.
Vandelpien (Lucius), 342.
Varade, 156.
Varron, 72.
Vatable, 47, 195.
Vatican (Le), 13.
Vauban, 112.
Vaucanson, 309.
Vaucouleurs (Lambert), 242.
Végèce, 38, 157.
Vegliano, 111.
Veillet (Humbert), 134.
Velly, 82, 89, 155.
Vels (Juste), 230.
Vendôme (Cardinal de), 259, 313, 322.
Vendramini (Gabriel), 78.
Venise, 16, 78, 79, 82, 149, 150, 159.
Verlacque, 131, 144.
Vermigli (Pierre), martyr, 230.
Vermisselle, 284.
Vesta (Temple de), 16.
Vico (Ænéas), 305.
Vironovanus (Jérôme), 280.
Vigenère (Blaise de), 316, 318.
Vigneulles (Philippe de), 222.
Vienne, 16.
Villamont (Sire de), 66.
Villandry (Breton de), 126, 249, 315.
Villanova (François), 342.
Villanovanus, 191.
Villeneuve, 267.
Villegagnon, 122, 151, 152, 160, 222.
Villon, 73.
Villeneuve-la-Guyard, 170.
Vimercato (Francisque-Bernardin), 154.
Vincentio, 302, 306.

Vinci (Léonard de), 184.
Vinet, 168.
Vinet (Julien), 165.
Vital (François), 164.
Vital de Saint-Ghislain, 260.
Vitruve, 28, 78, 79, 181, 275, 277, 279.
Volmar (Melchior), 154.
Voré (Barnabas de), 58.
Voulté, 193.

W

Wechel (Chrestien), 3.

Windsor, 42.
Worsandus, 373.
Wunderberlich, 139.
Wurtemberg (Duc de), 97, 228.
Wurtemberg (Christophe de), 98, 224.
Wurtemberg, 100.

Z

Zeller, 124, 131, 144, 160.
Zurich, 56.

TABLE DES GRAVURES

GRAVURES HORS TEXTE

	Pages.
RABELAIS, portrait à l'eau-forte par *Giroux*, d'après le tableau conservé à la Bibliothèque de Genève............................ *En regard du titre*.	
ABBAYE DE THÉLÈME. Plan géométrique par *M. Léon Dupray*............	8
ABBAYE DE THÉLÈME. Le grand escalier, planche en couleur par *M. Léon Dupray*.....	8
ABBAYE DE THÉLÈME. Vue perspective par *M. L. Dupray*................	16
ABBAYE DE THÉLÈME. Une des tours, planche en couleur par *M. L. Dupray*.......	16
TURIN au milieu du XVIe siècle, d'après Pingonius....................	94
CHAMBÉRY à la fin du XVIe siècle............................	122
MAUSOLÉE DE GUILLAUME DU BELLAY, SEIGNEUR DE LANGEY (cathédrale du Mans). Vue ancienne..................................	168
METZ, d'après le « VRAY POURTRAICT DE LA VILLE DE METZ, 1575. »........	220
ROME EN 1549, d'après Sébastien Munster......................	256
LA PLACE SANT' APOSTOLO. (Théâtre de *la Sciomachie*.)..............	288
MAUSOLÉE DE G. DU BELLAY. Vue actuelle.......................	348

GRAVURES DANS LE TEXTE

Plan du château de Chambord. D'après du Cerceau................	9
Façade occidentale du château de Chambord. D'après du Cerceau...........	11
Ancienne vue de la ville de Saintes.........................	15
L'Amphithéâtre de Saintes. D'après Chastillon....................	17
Jean, cardinal du Bellay..............................	21
L'Albergo del Orso. D'après une photographie de M. Le Lieur.............	33
La Via del Orso. D'après une photographie de M. Le Lieur..............	37
Guillaume du Bellay, seigneur de Langey. D'après un dessin du Cabinet des Estampes. .	55
Château d'Este, à Ferrare..............................	57
Renée de France, duchesse de Ferrare. Dessin du Louvre................	59
Façade du palais Strozzi, à Florence. (Fin du XVe siècle.)..............	61
Porte du palais Strozzi, à Florence.........................	63
Piazza della Signoria, à Florence, au commencement du XVIe siècle...........	65
Antonio Thebaldeo.................................	68

TABLE DES GRAVURES

	Pages.
Plan du Quartier Saint-Laurent in Palixperna. D'après Bufalino.	75
Thevet, cosmographe du roi.	77
Philibert de l'Orme.	81
Le Pape Paul III Farnèse. Buste de Michel-Ange.	85
Pont et Château Saint-Ange. D'après Israel Silvestre.	87
Suse, à la fin du XVIe siècle.	99
Alphonse d'Avalos, marquis du Guast. D'après le médaillon de Cesare da Bagno.	102
Arc de triomphe d'Auguste, à Suse.	105
La Porte Palatine, à Turin.	113
Forteresse de Pignerol. Commencement du XVIIe siècle.	115
L'Agaric. D'après Sébastien Munster.	118
Le Larix. D'après Sébastien Munster.	119
Château de Turin.	121
Autographe de Rabelais. (*Proclus in Hesiodum.*)	125
Château de Chambéry.	137
San Giovanni, église cathédrale de Turin.	147
La Mirandole.	151
Autographe de Rabelais sur son exemplaire de Plutarque. (*Opuscula Moralia.*)	161
Mausolée de Langey. (Cathédrale du Mans.) — (Sujet principal.).	165
Mausolée de Langey. Cariatide. (Martin du Bellay.).	173
Mausolée de Langey. Cariatide. (Jean du Bellay.).	175
Plan de Saint-Julien, église cathédrale du Mans.	179
Étienne Dolet.	189
Le Tiers livre (édition originale). Fac-similé du titre.	200
Le Tiers livre (édition de Valence). Fac-similé du titre.	201
Le Tiers livre (édition de Valence).	202
Le Tiers livre. (Édition de Valence.)	204
Le Tiers livre. (Édition de Valence.)	205
François Ier. Dessin du Louvre.	207
Odet de Coligny, cardinal de Châtillon.	209
Le Tiers livre. (Édition de Valence.)	210
Le Tiers livre. (Édition de Valence.)	211
Le Tiers livre. (Édition de Valence.)	213
Le Tiers livre. (Édition de Valence.)	215
Porte Moselle, à Metz.	223
Jean Sturm.	227
L'Ancien Hôtel de ville, à Metz.	231
Rue Jurue, à Metz. D'après une photographie faite en 1890.	235

	Pages.
Maison de Rabelais (rue Jurue). D'après une photographie faite en 1890	237
Synagogue du xiie siècle (au bas de Jurue). Salle des hommes	238
Salle dépendant de la chapelle Saint-Genest, en Jurue	239
Le Quart livre. Fac-similé du titre de l'édition de 1548	246
Le Quart livre de 1548	248
Le Quart livre de 1548	250
Jean Calvin	251
Le Quart livre de 1548	252
Quittance du 18 juin 1548. (Signature autographe de Rabelais.)	263
Fragments antiques. Estampe tirée de la suite des *Fragments antiques* de du Cerceau, d'après Léonard Thiry (1550)	271
Georges, cardinal d'Armagnac	275
Guillaume Philandrier	277
L'Œolopile	279
Diane de Poitiers, duchesse de Valentinois	287
Décoration de la Porte Saint-Denis à l'*Entrée de Henri II* (juin 1549)	291
Décoration du Pont Notre-Dame à l'*Entrée de Henri II* (juin 1549)	293
Les Thermes de Dioclétien	297
Estampe tirée des *Grotesques* de du Cerceau (1550)	305
La *Sciomachie*. Fac-similé du titre de l'édition originale	307
Souvenir d'un modèle pour Saint-Pierre de Rome. Attribué à du Cerceau	317
Grégoire IX promulguant les Décrétales	329
Gravure extraite de la *Suite des Fonds de Coupes* de du Cerceau	333
Le Port d'Ostie	343

Paris. — Imp. de l'Art. E. Ménard et Cie, 41, rue de la Victoire.

www.ingramcontent.com/pod-product-compliance
Lightning Source LLC
Chambersburg PA
CBHW070931230426
43666CB00011B/2398